이주의 풍경

포스트글로벌화와 이주3.5 시대

이주의 풍경

포스트글로벌화와 이주3.5 시대

박경환 지음

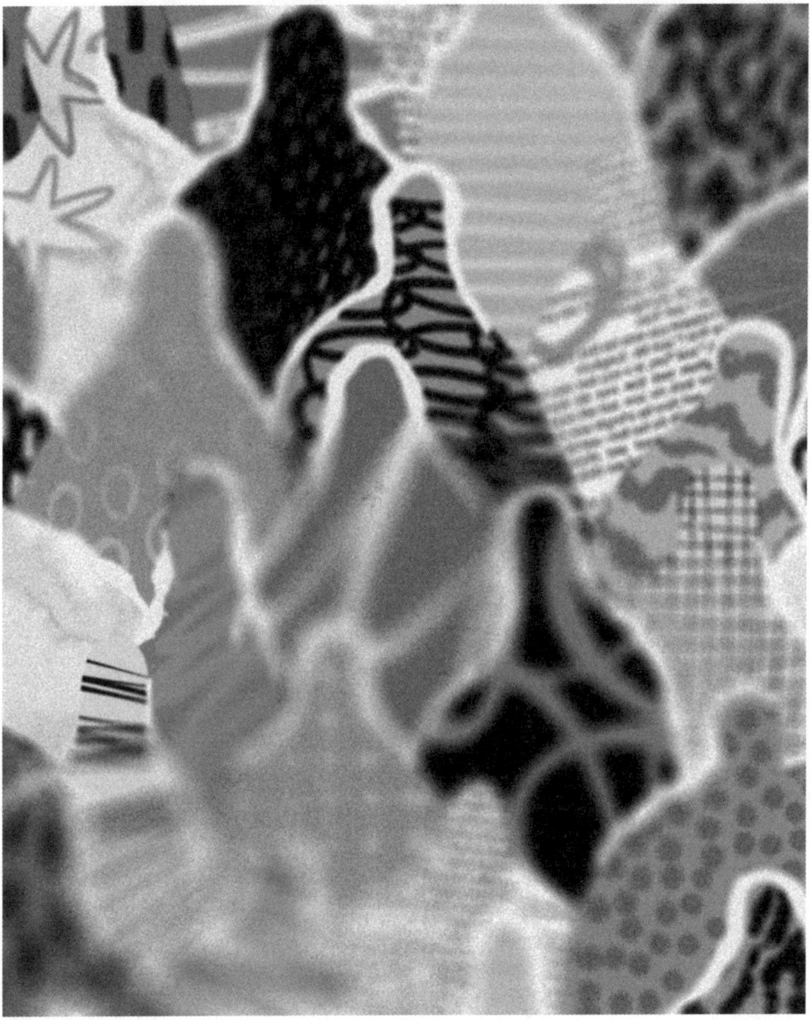

The Landscape of Migration

Postglobalization and the Era of Migration 3.5

성균관대학교 출판부

머리말

이주는 인류의 존재 조건이자 문명의 토대였다. 동아프리카를 떠난 호모 사피엔스의 대이동, 유라시아 대륙을 넘나들던 유목민의 발걸음, 근대 식민주의 팽창이 초래한 강제 이주와 신대륙으로의 대이동 그리고 가족의 생계를 위해 이동하는 이주노동자나 실리콘밸리의 고급 기술 인력에 이르기까지, 인류 역사는 끊임없는 이주의 연속을 통해 발전해왔다. 인류는 언제나 더 나은 삶, 더 안전한 터전, 때로는 단순한 생존을 위해 경계를 넘어왔다. 그리고 오늘날 이주는 그 역사적 연속성에도 불구하고, 그 어느 때보다도 복잡하고, 다층적이며, 무엇보다 깊이 정치화된 현상이 되었다.

이처럼 현대는 명실상부한 '이주의 시대'로 불린다. 기회를 찾아 떠나는 이주민이든, 박해와 위험을 피해 떠나는 이주민이든, 그리고 고향을 떠나 영구 정착하는 이주민이든, 가족의 생계를 위해 떠나는 일시적인 이주민이든, 이들은 새로운 지식과 기술, 문화와 아이디어를 이전함으로써 모국과 정착지 모두를 더욱 다양하고 혁신적이며 풍요롭게 만드는 행위자로 기능해왔다.

20세기 후반 이후 가속화되고 있는 세계화의 흐름은 이러한 이주의 시대가 낳은 결과이자 산물로서, 지역과 국가의 경계를 초월하는 교통 및 통신 네트워크와 초국적 자본주의의 확장과 긴밀히 연관되어 있다.

한편 이와 동시에 이주의 시대는 역설적이지만 '이주의 위기'를 특징으로 한다. 초국적 이주의 시대 속에서 이동의 자유와 역량은 점차 증대되고 있지만, 국가나 지역의 입장에서 바람직하지 않은 이주민의 유입을 차단하기 위한 장벽 또한 점차 높아지고 있다. 첨단산업 발전을 위한 고숙련자의 이주나 투자이민 등 '위로부터의 이주의 물결'과 달리, 노동유연성 확보를 위해 지극히 제한된 조건으로 '도입'되는 저숙련 노동, 전쟁, 박해, 자연재해 등 원치 않는 이유로 고향을 떠나야 하는 난민 그리고 그 밖의 불법적 방식으로 국경을 넘는 밀입국자의 이주 등 '아래로부터의 이주의 물결'은 완전한 차단과 감시의 대상이 되고 있다. 이러한 선별적 이주 정책이 만연하게 된 것은 승자와 패자가 극명하게 엇갈리는 신자유주의적 세계화가 국가 및 지역 간 불평등과 양극화를 심화시켰기 때문이다.

이렇게 오늘날 이주는 세계화의 그림자를 적나라하게 드러내는 장(場)이 되었다. 그 상징적 사례가 바로 미국이다. 트럼프 행정부가 보여준 상반된 이주 정책은 이주의 정치성을 여실히 드러낸다. 트럼프는 2017년 취임 직후 행정명령을 통해 중동 및 아프리카 7개국 출신 이민자의 미국 입국을 금지했고, 남부 국경 장벽 건설을 본격 추진했다. 이 책을 쓰고 있는 2025년의 트럼프 행정부 2기는 이민세관단속국(ICE)을 통해 불법이주민 색출과 추방을 강화하면서도, EB-5 투자이민 프로그램을 확대해 미국으로의 투자를 적극 유치하고, AI, 생명공학, 반도체 부문의 엔지니어나 과학자 등 고숙련 인재를 공격적인 유입 정책의 대상으로 삼고 있다. 이러한 모순적 정책의 배경에는 미국 내 저숙련 일자리 위기, 이주민 증가에 대한 백인 중산층의 불안, '아메리카 퍼스트'를 내건 자국 우선주의 경제 전략, 첨단산업의 기술 패권 유지 등 경제적·정치적 이해관계가 교차한다. 이처럼 국가의 이주 정책은 단순한 국경 통제를 넘어 국가 자본주의를 유지하고 그 경쟁력을 강화하기 위한 수단으로 이용되고 있다.

이 책은 이러한 문제의식에서 출발하여 오늘날을 이주3.5의 시대로 명명하고 현대 이주의 현황과 특징 그리고 원인과 결과를 살펴보고자 한다. 이주3.5의 시대란 자본주의 이전 시대의 이주(이주1.0), 유럽 식민주의와 자본주의 시대의 이주(이주2.0) 그리고 자본주의의 팽창으로 인한 세계화 시대의 초국적 이주(이주3.0) 이후의 현대 국제이주가 과거의 연장이면서도 격변하고 있는 과도기적·전환기적 상태에 있음을 지칭하기 위한 임시적 개념화이다.

무엇보다 이주3.5의 시대는 신자유주의적 세계화의 내재적 모순과 구조적 한계가 세계 여러 지역에 급격한 변화를 초래하고 있는 포스트글로벌화를 특징으로 한다. 포스트글로벌화의 시대에는 초국적 기업이 주도하는 국제 분업과 시공간 압축의 가속화 등 기존의 세계화 흐름이 계속되면서도, 동시에 중국과 미국의 패권 경쟁, 구사회주의 국가와 서방 자본주의 국가 간의 신냉전, 자유무역 기조의 퇴조와 보호무역주의의 부상, 글로벌 가치사슬 및 공급망의 재편, 국지적 분쟁의 증가 등 새로운 흐름들이 공존하고 있다. 특히 자본주의의 공간적 불균형이 더욱 심화하는 가운데 특정 지역과 국가는 세계화의 과실을 독점하는 반면, 그 외의 지역과 집단은 더욱 주변화되고 배제되고 있다. 이주3.5의 시대는 이러한 글로벌 자본주의의 구조적 변동 속에서 국제이주의 패턴이 지니는 복잡성과 분절성을 더욱 증대시키고 있다.

이주3.5 시대의 복합적 국제이주의 지리는 앞서 언급한 두 가지의 상반된 흐름을 형성하면서 세계 곳곳에서 다양한 양상으로 전개되고 있다. 지구온난화와 자연재해로 인한 기후난민 증가, 시리아 내전, 러시아-우크라이나 전쟁 등으로 인한 피난민 증가, 고숙련 노동력의 선진국 집중, 교육·의료·투자 목적의 글로벌 엘리트 이주, 경제 붕괴로 인한 중남미 국가의 난민 발생과 미국으로의 밀입국, 해수면 상승으로 인한 태평양 도서 지역 주민들의 집단 이주, 이주노동자 송출로 국가 경제가 지탱되는 네팔의 암울한 상황, 가족의 계급적 재생산을 위한 동아시아 국가 중상류층의 교육이주 등은 복잡한 국제이주의 양상을 보여주는 몇몇 사례에 불과하다.

이 책은 이러한 이주3.5 시대의 이주현상과 그 원인 및 결과의 입체적 양상을 포착·이해하는 것을 목표로 한다. 특히 이주의 지리적·제도적 차원에 주안점을 둔다. 이주는 공간적 이동을 본질로 삼는 현상이기 때문에, 도시, 지역, 국가 등 다양한 공간들의 특징과 관계에서부터 접근함으로써 이주의 경제적·정치적·사회적 측면 등 다양한 양상들을 일관성 있게 포착하기 쉽다. 특히 많은 국제이주 연구가 사회과학 분야에 만연한 관성적인 방법론적 국가주의를 채택하고 있는데, 이는 국가 이외의 다양한 지리적 스케일이 상호 중첩된 이주의 제 측면을 고찰하는 데 한계가 있다. 따라서 국제이주에 대한 지리적 접근의 중요성은 각별하다. 또한 국제이주는 본질적으로 국경이라는 인위적 경계를 넘는 행위이므로, 국제이주를 촉진하고 송출하거나 정착한 이주민을 관리·통제하는 개별 국가의 이주 거버넌스와 밀접하게 관련되어 있다. 더군다나 오늘날에는 국제이주를 관리·통제하기 위한 국제적 수준의 다양한 협약들도 이주현상에 직접적인 영향을 끼치고 있다. 이런 점에서 지리적 접근과 아울러 제도적 접근은 이주3.5 시대라는 포스트글로벌화 시대의 이주의 변동과 미래를 다각도로 진단하는 데에 용이하다.

이 책은 총 3부 10장으로 구성되어 있다. 먼저 서론에서는 국제이주에 대한 지리적 결정성에 대해 살펴보고, 현대 국제이주의 다면적 측면들을 고찰하는 데에 지리적·제도적 접근이 갖는 특징을 살펴본다. 제1부는 2개의 장으로 구성되어 있다. 제1장에서는 국제이주의 흐름을 검토하면서 오늘날 이주3.5 시대의 국제이주가 어떤 특징을 지니고 있고 어떤 양상을 띠고 있는지 살펴본다. 제2장에서는 국제이주의 현황을 살펴본 후 다양한 국제이주민의 특징을 경제적·사회적·정치적 측면에서 이주 집단별로 살펴본다.

제2부는 '위로부터의 이주'를 심층 분석한다. 제3장에서는 높은 수준의 이동성을 바탕으로 도시와 지역의 기술혁신과 경제성장을 촉진하는 고숙련 이주민에 관해 살펴본다. 제4장에서는 투자이민 제도를 통해 부유층의 유입을 촉진하는 일부 국가의 부상과 이러한 제도적 혜택을 통한 라이프스타일 이주의 지리를 살펴본다. 제5장에서는 중상류층 가족이 자녀의 계급 재생산을 위해 해외 유학이라는 초국적 교육 자본을 활용·전유하는 방식을 검토하면서, 어떻게 초국적 수준에서 분거 가족이 유지되는지 살펴본다. 제6장에서는 초국적 이주민의 유입으로 세계 도시로 성장한 밴쿠버, 로스앤젤레스, 런던을 사례로 검토하면서, 초국가주의가 대도시의 지리에 어떤 영향을 끼치는지 구체적으로 살펴본다.

제3부는 '아래로부터의 이주'의 물결을 살펴본다. 제7장에서는 신자유주의 세계화로 인한 빈곤과 기아, 폭력, 박해, 분쟁, 재해와 재난 등 다양한 원인으로 급증하고 있는 난민 발생의 구조적 측면을 검토하면서, 난민의 이동과 유입을 둘러싼 국제사회의 거버넌스가 지정학적 관계 속에서 어떻게 형성되어 있는지 살펴본다. 제8장은 산업화와 경제성장에서 도태되고 있는 일부 저개발국이 저렴한 인적 자본으로서 이주노동자의 국제 송출을 국가적 프로젝트로 추진하여 자원으로 전유하는 이주국가의 출현을 비판적 측면에서 살펴본다. 제9장은 초국적 이주노동자와 같이 해외 선진국에 정착했다가 다시 본국으로 유입되는 귀환 이주민들이 어떻게 모국 사회의 발전과 혁신에 영향을 끼치는지

다룬다. 제10장에서는 국제법적으로 난민 지위를 획득하지는 못했지만 심각한 위기에 처해 국제적 이슈로 대두되고 있는 기후 난민의 발생 원인과 현황 그리고 이들의 이주를 둘러싼 국제사회의 제도와 태도를 기후 이동성의 관점에서 살펴본다.

이 책에는 그간 필자가 여러 저널에 발표했던 여러 연구 논문이나 에세이 등을 수정, 발췌한 내용들과 이 책의 집필을 위해서 새로 연구하고 작성한 내용들이 공존하고 있다. 때문에 이 책은 태생적으로 단숨에 재미있게 읽어나갈 수 있는 저술이 되지는 못했고, 다소 어수선하고 분절된 느낌을 준다. 게다가 연구자로서의 글쓰기 습관이 몸에 밴지라, 이 책에는 돋보이는 솜씨를 자랑하는 작가나 인문학 전공자의 필력에는 미치지 못하는 건조하고 딱딱한 문장들이 많다. 이런 한계에도 불구하고 이 책이 출판될 수 있었던 것은 성균관대학교출판부에서 기획을 담당하는 현상철 선생님의 꼼꼼한 제안과 배려 덕분이다. 진심으로 감사드린다.

동화책도 구하기 어려웠던 가난한 어린 시절, 친구들과 함께 삼삼오오 마룻바닥에 둥글게 모여 지구본을 가운데 두고 이리저리 돌려보며 무한한 지리적 상상의 세계에 빠져들었던 건 필자만의 경험이었을까. 그렇게 여러 도시와 나라들에 대해 조잘거릴 때, 세상은 왜 그리 넓었고, 왜 그리도 가고 싶었으며, 왜 그리도 그곳 사람들이 궁금했을까. 이제 나는 너무 커버렸고 세상은 너무 좁아져버렸다. 그러나 어딘가로 떠나고 싶던 호기심 가득한 욕망은 그저 머릿속 추억이 아니라 쿵쾅대는 심장 깊숙

한 곳에 고스란히 남았다. 바로 그곳으로부터 이주의 물결과 인류의 발전은 시작되었다. 혼탁해 보이는 이주3.5 시대의 전환기도, 결국 새로운 이주의 물결을 따라 인류 진보의 바다로 나아갈 것이다.

2025년 겨울, 용봉동 연구실에서

박경환

목차

서론

이주, 지리, 제도

1. 들어가며: 이주와 지리적 결정성

인류의 역사는 곧 이주의 역사이다. 인간이 창조주에 의해 에덴동산으로부터 추방된 순간부터 아니면 지표 위에 무작위적으로 내던져진 실존적 존재였던 인간은 실향민이자 이주민으로서의 운명이 정해진 것은 아니었을까? 이주가 없었다면 인류 문명의 진보는 불가능했을 것이다. 이주란 지리적 이동으로 이질적인 집단과의 만남을 가정하기 때문에, 지식의 전파·융합을 통해 인류의 혁신을 증진하고 사회의 자기성찰을 촉진하여 변화를 유도하기 때문이다.[1] 어쩌면 보다 급진적으로 유발 하라리의 말을 빌자면, 현생 인류가 거쳐 온 진화의 근간인 7만 년 전의 집단적 의사소통과 사고방식의 혁명, 이른바 인지 혁명은 동아프리카를 떠나서 더 넓고 다른 세계를 점령해나갔던 호모 사피엔스의 이주를 전제로 한 것이었다.[2] 그런 점에서 원래의 서식처를 떠나 새로운 곳을 찾아 떠나는 이주의 행위는 오직 인류만이 할 수 있는 특별한 능력이자 행동이었을 뿐만 아니다. 오히려 본질적으로 말해서, 인류 자체가 이주의 결과물이다.

이주는 한 장소를 일시적 또는 영구적으로 떠나서 다른 장소로 이동하고 정착하는 공간적 현상이라고 할 수 있는데, 이때 우리가 놓치지 말아야 할 중요한 점은 이주가 등질적이고 무차별적이며 완전히 개방된 공간 위에서 발생하는 현상이 아니라 언제나 특정한 지리적인 조건과 한계 내에서 발생한다는 점이다. 동아프리카에서 집단적인 이주를 감행했던 호모 사피엔스가 다른 방향이 아닌 북쪽을 택한 것은 지형, 하천, 위도, 해발고도, 식생 등 지리적 조건이 절묘하게 만들어낸 삶의 조건 때문이었다. 이와 유사한 맥락에서 『총, 균, 쇠』에서 제레드 다이아몬드가 톨스토이의 유명한 소설 『안나 카레니나』의 첫 문장을 인용했던 것처럼, 행복한 가정은 모두 비슷한 조건에 있으나 불행한 가정은 불행한 이유가 제각기 다르다.[3] 곧 야생의 세계에서 순화할 수 있는 동·식물은 모두 엇비슷하지만 그렇지 못한 것들은 순화하지 못하는 이유가 제각기 다르다는 것인데, 이런 측면에서 보자면 인류의 이주 또한 이와 마찬가지이다. 인류가 성공적으로 정착한 현대의 풍요로운 국가, 도시, 지역은 모두 엇비슷하지만, 인류가 원 거주지를 떠나 새로운 정착지를 찾는 데에 실패했던 이유는 제각기 다르다.

따라서 이주란 균질한 공간에서 벌어지는 무궁무진한 장소의 자유로운 선택의 게임이 아니라, 제각기 다양한 장소들 가운데에 지극히 제한된 정착지를 선별, 선택하는 상당히 결정론적인 과정인 것이다. 이런 측면에서 보자면 이주에서 '지리'는 결정적이다. 곧, 지금 이곳을 떠날 것인가의 문제 그리고 만일 떠난다면 어디로 떠날 것인가의 문제는 갑작스럽게 이루어지는 개인적·집단적 선택과 관련되어 있다기보다는 지리적으로 이미 결정된 요인의 영향력이 절대적이다. 곧, 이주의 의사결정은 우리 머릿속에서의 무궁무진한 지리적 상상과 달리 지극히 한정되고 제한된 선택으로 나타나는 것이다.

이런 맥락에서 이주를 하게 된 동기와 원인, 이주의 경로와 과정, 정착지의 선택과 정착지에서의 적응 등은 지리적으로 결정된 조건들 내에서 이루어지는 것이다. 어쩌면 보다 엄밀하게 말하자면 지리적으로 결정된 조건들이 있기 때문에 이주가 가능하게 된 것이라고 보는 것이 보다 정확할 것이다. 이 책에서는 이를 필자는 이주의 '지리적 결정성(geographic determinacy of migration)'이라고 개념화한다. 이주의 지리적 결정성은 이주(migration)가 단순히 이곳에서 저곳으로의 이동만을 일컫는 것이 아니라 특정 장소에서의 정착까지 포괄하는 개념이라는 점에서도 잘 드러난다.[4] 달리 말해, 이주에 있어서 이동이라는 거의 전적으로 열린 선택을 제한된 선택으로 만드는 것은 바로 이주가 정주를 염두에 둔 이동이라는 점에서 차이가 있기 때문이다. 그 선택이 한 개인이 아니라 가족이나 무리 또는 집단적인 선택이라고 한다면 더더욱 지리적 결정성이 인간 행위자에게 미치는 영향은 더욱 강할 수밖에 없을 것이다.

이주의 지리적 결정성 개념은 오늘날 국제이주의 패턴과 관련된 몇 가지 중요한 함의를 도출하는 데에 도움이 된다. 첫째는 자본주의의 불균등 발전의 프레임에서 볼 때 오늘날에는 국가 간, 지역 간, 도시 간의 격차가 더욱 확대되고 있기 때문에, 이주

의 지리적 결정성이 과거에 비해서 훨씬 강하다는 점이다. 물론 하천, 산맥, 기후, 토양 등 자연지리적 결정성은 다양한 인간의 노력 덕분에 지속적으로 약화되어왔으며, 특히 18세기 이후 교통 및 통신의 발달에 의한 자본주의의 시공간 압축은 이를 빠른 속도로 정복해갔다. 그러나 소득수준, 일자리, 삶의 질, 안전과 같은 인문지리적 결정성이 이주에 미치는 영향은 자본주의 특유의 불균등 발전 메커니즘으로 인해 과거에 비해 더욱 증대되어 왔다. 따라서 오늘날 국제이주의 원인과 결과, 이주 경로와 패턴, 정착지에서의 적응 과정 등을 이해하기 위해서는 해당되는 장소와 이를 둘러싼 스케일에서의 지리적 변동을 고찰하는 것이 필수적이다. 이는 지속적으로 증가하는 국제이주민 규모에서도 여실히 드러난다. UN 추산에 따르면, 오늘날 모국을 벗어나 해외에 거주하는 이주민의 규모는 2억 8천만 명에 달하며 이는 세계 전체 인구 80억의 3.5%를 차지한다.[5] 이는 지리적으로 우연한 결과라기보다는 지리적 불균등 발전에 따른 각 지역, 국가, 도시 간 격차가 더욱 확대됨에 따라서 나타나는 필연적인 결과로 보는 것이 타당하다.

둘째, 이주의 지리적 결정성은 과거와 같이 특정 장소를 중심으로 하는 영역적 힘으로 작동함과 동시에, 초국적 기업이 형성하고 있는 신국제분업(New International Division of Labor)의 네트워크의 힘으로 작동하고 있기도 하다. 인구이동을 설명하는 모형으로서 널리 알려진 배출–흡인 모형(push-pull model)은 전통적으로 인구이동을 영역적으로 접근하는 대표적인 모형이다. 곧, 인구이동을 특정 지역에서의 기근, 실업, 전쟁 등 인구를 배출하는 요인과 또 다른 지역에서의 풍부한 일자리, 안정된 복지 및 정치 등 인구를 흡인하는 요인 간의 영역적 힘의 관계로 설명해왔다. 이런 접근은 가난한 국가에서 부유한 국가로의 이동을 설명하는 데에는 적합하지만 모국과 목적지를 주기적으로 순회하거나 왕복하는 초국적 패턴, 특정 지역이나 도시로의 이주민의 집중 양상 그리고 이주민의 위치성에 따라 나타나는 상이한 이주 패턴 등은 이런 영역적인 모델로 설명하기 어렵다. 이에 비해 장소, 도시, 지역 간 네트워크에 초점을 두는 관계적 접근은 신국제분업에 따른 노동시장의 분절화와 공간적 차별화 현상, 뉴욕, 로스앤젤레스, 런던 등 주요 대도시 내에 거주하는 이주민과 디아스포라 집단의 민족경제(ethnic economies)가 형성하고 있는 초국가적 연결망 등 영역적으로 포착하기 어려운 이주현상을 풀어내기에 쉽다.

셋째, 초국적 기업을 비롯한 다양한 국제 행위자들이 추동하는 자본주의의 글로벌화에도 불구하고 민족국가는 여전히 가장 강력한 행위자임을 고려할 때, 이주의 지리적 결정성에 대한 이해는 민족국가의 기능과 역할에 대한 이해 없이는 불가능하다는 점이다. 더군다나 도널드 트럼프 정부가 들어선 이후 미국의 패권주의가 점차 약화하는 대신, 오히려 고립주의와 실리주의 정책으로 변모함에 따라 그동안 글로벌화를 추동해온 행위자들보다 국가권력이 훨씬 더 강력한 힘을 발휘하고 있는 실정이다. 이러한 민족국가의 권력은 이주민에 대한 각종 정보의 독점과 데이터베이스화, 다양한 이주민에 대한 선별(프로파일링)과 관리, 국경 감시와 통제의 강화를 통한 난민 유입 차단 등에서 잘 나타난다. 특히 난민은 이주민임에도 불구하고 이주민과 분리된 집단으로 간주되어 자국의 영토와 경제를 침범하는 위험한 행위 주체로 간주되는데, 이에 가장 적극적인 역할을 하는 행위 주체가 바로 민족국가이다. 또한 노동자와 기업 간의 계약에 토대를 둔 이주노동 프로그램의 경우 인력의 규모, 업종, 체류 기간 등은 시장이 아니라 국가 간 협약이나 제도에 의해서 규정된다. 따라서 이주의 지리적 결정성에서 민족국가와 그에 토대를 둔 제도의 영향력인 매우 강하다고 볼 수 있다.

넷째, 이주의 지리적 결정성으로 인해 이주민이 발생하는 지역과 이주민이 유입되는 지역이 더욱 뚜렷이 분급되는 현상이 발생하므로, 이주민이 유출 또는 유입되는 지역에 미치는 이주의 영향력이 과거에 비해서 더욱 강해질 수밖에 없다는 점이다. 이는 오늘날 특히 대도시를 중심으로 잘 살펴볼 수 있다. 인구규모도 크고 인구성장률이 높은 도시가 이주민의 비율도 높다는 점, 기술혁신을 선도하는 세계의 주요 대도시에 이주민이 집중하고 있다는 점, 보다 개방적이고 투명하며 명성이 높은 도시와 지역에 이주민이 집중하고 있다는 점, 미국 《Fortune》 500대 기업 중 40%가 이주민이나 그 후손에 의해 창업되었다는 점을 통해서 이미 이런 사실은 확인되고 있다. 또한 이런 추론을 토대로 한다면, 이주민의 송금의 모국에 대한 경제적 기여가 계속해서 증가하게 될 것이라고 추측할 수 있다. 오늘날 이주민이 벌어들인 소득 중 15%가 모국으로 들어가며 나머지 85%는 현지에서 사용된다. 이주민의 모국으로의 송금 규모는 연간 6천억 달러에 달하며, 이는 개발도상국에 대한 국제개발원조 총 규모의 3배에 달한다.

요컨대 오늘날 많은 사람들은 국제이주가 과거에 비해서 보다 자유롭고 쉬워졌다고 생각한다. 교통 및 통신 기술의 발달에 따른 거리 마찰력 감소, 이동에 소요되는 시간적·경제적 접근성 향상, 원거리 장소에 대한 양질의 정보 취득 용이성, 텔레커뮤니케이션 발달에 따른 개인 간 네트워크 강화 등으로 인해서 국제이주는 자유로운 시민적 선택의 일부라고 말이다. 그러나 이주의 지리적 결정성 개념을 토대로 한다면 오늘날의 이주는 자본주의 불균등 발전이 형성한 지리적 여건과 민족국가나 초국적 기업 등 강력한 행위자들의 영향력을 훨씬 더 많이 받고 있음을 추론할 수 있다. 다음 절에서는 이를 토대로 이주 연구에서 지리와 제도에 초점을 두는 관점이 어떠한 강점을 지니는지 살펴보기로 한다.

2. 이주 연구의 지리·제도적 접근

앞에서 우리는 이주가 인류 진보의 결과일 뿐만 아니라, 인류가 진화하는 과정에서 필연적인 조건이었음을 살펴보았다. 서양 식민주의에서부터 현대의 포스트식민 자본주의의 글로벌화에 이르기까지 이주는 양적 확대와 질적 변동을 거듭하고 있다. 현대의 이주는 명확한 경계 권력을 지닌 민족국가에 의해 여전히 통제되지만, 다양한 사회·경제적 필요를 충족하기 위한 이주는 더욱 늘어나고 있다. 코로나19와 같은 전염성 질병과 폭력 정치로 아무리 폐쇄적인 미래가 도래한다 해도, 이주는 앞으로도 문명의 진보와 함께할 것이다.

이주의 이러한 중요성에도 불구하고 국내외 이주 연구는 지난 수십 년간 괄목할 만한 성장을 이루었으나 이에 대한 포괄적 학술서는 여전히 충분하지 않다. 여기에는 크게 두 가지 이유가 있다. 첫째는 이주현상이 본질상 학제적 성격을 띠기 때문에, 지리학, 사회학, 인류학, 정치학, 국제학, 문화연구 등을 가로지르는 특정 학문분과의 주도하에 체계성 있게 연구되지 않았다는 점이다. 둘째, 이주현상은 이주 과정과 패턴, 이주의 원인과 결과, 정착지에서의 고용 및 사회관계, 이주민의 소속감과 네트워크, 이주 정책 및 거버넌스에 이르는 넓은 스펙트럼을 갖고 있기 때문에, 이주의 다양한 경험을 일관된 이론적 접근으로 체계적으로 제시하는 것은 쉽지 않다. 한국의 경우 이주 연구 학술서는 양적으로도 적고 대개 2000년대 이후에서야 관심을 받고 있으며, 대부분의 저서가 결혼이주여성과 다문화가족 등 특정 주제에 국한되어왔다. 이는 한국의 이주 연구가 거시적·학술적 관심에서 비롯되었다기보다는 재외동포법(1999), 외국인고용허가제(2004), 다문화가족지원법(2008) 등 법률과 그에 따른 정부 정책으로부터 더 큰 영향을 받아왔기 때문이다.

이런 점에서 이주라는 이슈를 포괄적으로 다루는 작업은 중요하지만 주변화되어왔고 전례가 많지 않다는 점에서 쉽지 않다. 이를 위해 이주 연구를 포괄적으로 접근할 수 있는 접근이 특별히 요구된다. 이 책에서는 이러한 이주 연구의 주변화를 극복하고 이주의 복잡성을 드러내기 위해서 특별히 이주현상의 지리와 제도를 강조하는 이른바 '지리·제도적' 접근을 채택하고자 한다. 다음 절에서는 이를 지리적 접근과 제도적 접근으로 나누어, 현대 사회의 이주에 접근할 수 있는 포괄적 관점을 제시하고자 한다.

1) 이주에 대한 지리적 접근

이 책은 "지리적 접근"에 착목하여 신자유주의적 글로벌화의 연장이자 변형인 "포스트글로벌화" 시대의 이주현상을 정치·경제적, 산업적, 사회·문화적 변동의 측면에서 고찰하고, 이에 따른 국가, 도시, 지역사회의 변동 양상을 검토하여 글로벌 이주에 대한 학술적 이해를 도모하는 데에 목적을 둔다. "지리적 접근"과 "포스트글로벌화"라는 용어는 이 책의 독창성을 특징짓는 핵심 키워드이다. 우선 글로벌 이주에 대한 "지리적 접근"은 이주의 본질이 "공간적 이동과 재정착"에 있다는 인식을 토대로 주체(이주민)와 장소(기원지와 정착지) 간 역동적 관계 속에서 이주현상의 정치·경제, 사회·문화, 인종·젠더의 다양한 차원을 총체적으로 엮는 플랫폼을 제공한다.[6] 이주는 사회학, 인류학, 지리학에서부터 여성학, 문화연구 등 다양한 분야에서 접근하기 때문에,[7] 학제적 성격이 강한 지리학의 특성상 구체적인 사례 중심으로 분야의 다양성을 포괄하는 데 강점이 있다. 또한 이주에 영향을 미치는 흡인요인과 배출요인은 글로벌 자본주의의 영향을 공통적으로 받으면서도 로컬 정치·경제적 환경에 따라 지역적으로 상이하기 때문에, 투자이민자나 숙련노동의 이주에서부터 이주노동자와 정치·환경적 난민에 이르는 이주의 넓은 스펙트럼을 포괄하면서도 상호 관련성을 제시하는 데에 유리하다.

이러한 지리적 접근은 다양한 이주의 스케일 중에서 특히 '국제' 이주를 다루는 데에 각별한 중요성이 있다. 여기에는 크게 두 가지 이유가 있다. 첫째, 국제이주는 뚜렷한 물리적 경계를 지닌 민족국가에 의해 통제되고 있기 때문에 정치적·사회적·경제적으로 복잡한 양상과 문제를 야기하고 있다. 국내이주는 국가별로 차이가 있기는 하지만 대체로 이주를 선택할 것인지에 대한 의사결정에서부터 시작해서 이주 기간과 목적지를 선택하는 것은 전적으로 개인의 선택 및 자율성에 달려 있다. 그러나 국제이주의 경우에는 개인이나 가족의 선택보다는 이를 허용하거나 금지하는 국가의 의사결정에 더 큰 영향을 받기 때문에, 특정 국가가 이주에 대해서 어떤 이데올로기적 위치나 정책을 취하는가가 각별히 중요하다. 따라서 오늘날 국제이주는 그 자체로서 정치성을 띨 수밖에 없다.

둘째, 국제이주는 국내이주와 달리 단순히 거주지를 옮기는 문제만이 아니라, 정치적·문화적·종교적·인종적·역사적·경제적으로 상이한 집단 간의 만남과 관련되어 있다. 현대 사회는 국가의 영토를 중심으로 형성되어 있기 때문이다. 따라서 이주의 정착지에서는 상이한 집단 간의 만남과 상호 작용이 야기하는 포용과 배제, 차이와 관용, 교류와 협력, 경합과 갈등 등 다양한 경제적·문화적·사회적 현상과 문제가 나타난다. 그리고 이는 이주민과 원주민(선주민)뿐만 아니라 더 광범위한 사회와 국가 전체에 영향을 끼치기도 한다. 국제이주는 사회의 역동적인 변화를 일으키는 주요 요인으로 작동한다는 점에서 국내이주와는 질적으로 다르다.

이러한 이주현상의 총체적 이해에 대한 지리적 접근의 이점을 글로벌 이주의 구조적 요인, 이주현상에 대한 연구방법론, 이

이주현상의 측면	지리적 관점의 특징
글로벌 이주의 구조적 요인	글로벌 이주의 두 추동력인 (1)신국제분업과 금융자본주의가 유발하는 공간적(선진국과 개발도상국, 대도시와 로컬 주변부 간의) 소득 · 고용 · 기회의 불평등과 (2)시 · 공간 압축에 따른 이주 모빌리티 및 공간 접근성 향상을 중심으로 세계 여러 지역에서 발생하는 이주현상이 어떻게 상호 연관되어 있는지 포착하기에 유리함
이주현상에 대한 연구방법론	지리적 접근은 방법론적 국가주의에 대해 비판적 사고를 견지하므로, 민족국가의 탈영역화라는 맥락 속에서 기존의 국가 간 이주를 넘어 도시 및 지역 간의 '초국가적' 이주와 네트워크를 이해하기에 용이함
이주민의 초국적 네트워크	이주의 기원지(모국)와 정착지(체류국)를 이원적으로 이해하기보다는 관계적으로 이해함으로써 복수의 지점들 간에 형성된 사회 · 공간적 네트워크가 이주민의 의사결정과 어떠한 관계를 갖는지 파악할 수 있음
이주의 스케일 (범위)	이른바 "지리적 다중 스케일성" 접근을 통해 지역 수준에서 권역 및 대륙 수준에 이르는 이주현상의 다양한 지리적 스케일이 형성하고 있는 일정한 공간적 계층성과 조직성을 파악할 수 있음
이주현상의 경험적 사례와 일반화	특정 지역이나 도시의 구체적 이주현상을 글로벌 자본주의의 변동이라는 거시적인 프레임 속에서 설명함으로써 구체적 경험과 추상적 이론 또는 미시적 특수성과 거시적 일반성이라는 이분법적 한계를 극복하는 데에 유리함

<표1> 이주현상에 대한 총체적 접근으로서 지리적 관점의 특징
자료: 저자 작성

주민의 초국적 네트워크, 이주의 스케일(범위) 그리고 이주현상의 경험적 사례와 일반화라는 5가지 측면에서 세부 기술하면 〈표 1〉과 같다. 우선 글로벌 이주의 구조적 요인과 관련해서 지리적 접근은 이주현상의 두 가지 측면을 명료하게 드러내는 데에 유리하다. 첫째는 글로벌 이주의 두 추동력인 신국제분업과 금융자본주의가 유발하는 공간적(선진국과 개발도상국, 대도시와 로컬 주변부 간의) 소득·고용·기회의 불평등에 주목할 수 있다. 이뿐만 아니라 시·공간 압축에 따른 이주 모빌리티와 다양한 공간 접근성 향상을 중심으로 세계 여러 지역에서 발생하는 이주현상이 어떻게 상호 연관되어 있는지를 포착하기에 유리하다. 이는 국제이주의 행위자들이 어떻게 보다 광범위한 사회적·경제적·정치적 구조와 영향을 주고받는지 이해하는 주요 관점이 될 수 있다.

둘째, 지리적 접근은 이주현상에 대한 연구방법론과 관련해서 방법론적 국가주의에 대해 비판적 사고를 견지하므로, 민족국가의 탈영역화라는 맥락 속에서 기존의 국가 간 이주를 넘어 도시 및 지역 간의 '초국가적' 이주와 네트워크를 이해하기에 용이하다. 이는 이주민이 다양한 장소를 연결하여 형성한 초국적 네트워크를 밝히는 데에 효과적이기 때문에, 이주의 기원지(모국)와 정착지(체류국)를 이원적으로 이해하기보다는 관계적으로 이해함으로써 복수의 지점 간의 형성된 사회·공간적 네트워크가 이주민의 의사결정과 어떠한 관계가 있는지 파악할 수 있다.

셋째, 이주민이 형성하는 초국적 네트워크와 관련하여 이주의 기원지(모국)와 정착지(체류국)를 이원적으로 이해하기보다는 관계적으로 이해함으로써 복수의 지점 간의 형성된 사회·공간적 네트워크가 이주민의 의사결정과 어떠한 관계가 있는지를 파악할 수 있다. 특히 지난 20여 년간 인문지리학에서 부상한 '관계적 전환'은 기존의 초국가주의(transnationalism) 논제에서 다루어왔던 초국적 사회 공간을 다양한 장소 및 이와 연결된 여러 물질, 제도, 비인간 행위자 등 다양한 이주 인프라(migration infrastructure)

와의 수평적 관계 속에서 이주민을 이해한다는 점에서 보다 실재론적인 이주의 지도화가 가능할 것이다.

넷째, 지리적 접근은 이른바 지리적 다중 스케일성(multi-scalarity)을 강조하기 때문에 지역 수준에서 권역 및 대륙 수준에 이르는 이주현상의 다양한 지리적 스케일이 형성하고 있는 일정한 공간적 계층성과 조직성을 파악할 수 있다. 다중 스케일성이 중요한 이유는, 이주란 민족국가나 초국적 기업과 같이 거시적 글로벌 스케일에서 작동하는 권력과 가족이라는 가장 작은 스케일에서 삶을 영위하는 사람에 이르기까지 본질적으로 다중적 스케일에서 발생하는 현상이기 때문이다.

마지막으로 지리적 접근은 이주현상의 경험적 사례를 발굴하고 이를 일반화하는 데에 다른 학문보다 오랜 역사와 전통을 지켜왔기 때문에, 이주노동자, 초국적 투자자, 숙련된 엔지니어, 결혼이주여성, 난민, 망명 신청자, 실향민 등 다양한 사회적·정치적·계급적 위치성이 어떠한 지리적 경험 속에서 드러나는지를 포착할 수 있다. 특히 지리적 접근은 특정 지역이나 도시의 구체적 이주현상을 글로벌 자본주의의 변동이라는 거시적인 프레임 속에서 설명함으로써 구체적 경험과 추상적 이론 또는 미시적 특수성과 거시적 일반성이라는 이분법적 한계를 극복하는 데에 유리하다.

2) 이주에 대한 제도적 접근

이와 동시에 이 책은 특히 국제이주를 둘러싸고 다양한 행위자들이 참여하는 '제도적' 측면에 초점을 두어, 어떻게 이주민들이 관리, 통치, 조정되는지를 분석하고자 한다. 앞서 살펴본 것처럼 국제이주는 국경을 초월하는 인구의 지리적 이동이라는 의미를 넘어 정치적·사회적·문화적으로 상이한 집단의 유입과 정착과 관련되어 있으므로, 이주민에 대한 인식과 태도는 국가나 지역이 처한 제도적 차이에 따라 다르다. 우리는 대개 자국의 시민권을 갖지 않은 이주민을 '외래적인'이라는 의미를 지닌 '외국인'이라고 지칭하지만 반드시 그런 것만은 아니다.

가령 이스라엘의 경우, 1990년대에만 거의 100만 명이 유입되어 전체 인구가 20% 이상 증가했는데, 이 중 유대인 이주민의 경우에는 현지 공항에 도착해서 공항 밖으로 나가기도 전에 아무 조건 없이 시민권을 받아 이스라엘에 정착하는 데에 큰 혜택과 지원을 받는다.[8] 이스라엘에서는 유대인 이주민을 지칭할 때 '이주민'을 뜻하는 히브리어인 '하기라'가 아니라 '승천', '오름' 등을 뜻하는 히브리어인 '아리야'라는 용어를 사용한다.[9] 이처럼 이스라엘의 강력한 민족주의 제도는 이주민을 차별화하고 있다. 또한 우리나라에서 사용하는 '재외동포(overseas compatriots)'라는 용어 또한 혈연적·인종적 동질성을 의미하면서도 동시에 공유된 역사와 문화를 내포한다는 점에서 포착하기가 쉽지 않은 용어로서, 다른 나라에서는 흔히 찾아보기 어려운 개념이라고 할 수 있다. 이는 우리나라가 재외동포에 대해서 다른 이주민과는 다른 별개의 제도적 틀을 통해서 관리, 통제하고 있기 때문이다. 또한 많은 국가에서는 동일한 이주민이라고 할지라도 해당 이주민의 출신 국가, 종교, 직업 및 교육 수준 등에 따라 차별화된 입국 정책을 취하고 있다.

이런 점에서 케른과 뮐러-뵈커(Kern and Müller-Böker)는 아시아의 대표적 이주 송출 국가인 네팔을 사례로 국제이주노동자 송출에 관여하는 다양한 중개 행위자들의 네트워크를 '이주의 중위 공간(middle space of migration)'이라고 지칭한 바 있다.[10] 곧 이주의 중위 공간은 일자리를 포함하여 보다 나은 삶의 조건을 찾기 위한 다양한 이주민과 이주노동력을 활용하고자 하는 기업이나 고용주를 연결하고 매개하는 행위자들의 공간이다. 이런 점에서 이메일과 홈페이지, SNS, 온라인미디어 등 다양한 텔레커뮤니케이션 네트워크는 이주의 중위 공간 형성을 촉진하고 있다는 점에서 주목할 만하다. 이러한 이주의 중위 공간에 있어서 최근에는 온라인플랫폼의 역할이 중시되고 있다.

또한 플랫폼 이주(platform migration)는 "이주가 사람들의 초영토적 흐름을 촉발하고, 구속하고, 제한하며, 재설정하는 변화무쌍한 다중적 요소와 애플리케이션을 통해서 발생한다"는 점을 강조하는 개념으로서, 오늘날 국제이주를 연결, 촉진하는 다양한 제도적 공간을 지칭한다.[11] 이런 점에서 플랫폼 이주는 이주의 중위 공간과 같이 개별 이주민을 글로벌 경제와 연결하는 이주 제도를 통해서, 잠재적 이주자와 해외의 고용주들을 연결하여 시공간을 가로지르는 사회관계를 형성하는 현상을 잘 드러낼 수 있다. 다만, 여기에서 플랫폼 이주는 단순히 모바일 앱만을 지칭하는 것이 아니다. 기존의 이주 연구가 이주민과 국가(미시와 거시, 이주민의 경제적 필요와 국가의 노동 정책)에 두었다면, 플랫폼 이주 개념은 체현적 차원, 통제의 논리와 작동 그리고 현재 이주 시스템의 붕괴나 재구성의 가능성이라는 맥락에 초점을 둔다.[12]

콜린스는 이주 과정에 참여하는 다양한 행위자와 제도를 포괄하는 이른바 '이주산업'에 초점을 두기 때문에 자발적·강제적 이주의 이원론을 넘어설 필요가 있다고 강조한다. 이런 측면에서 이주 인프라는 중요한 의미가 있다. 이주 인프라는 단지 행위자, 제도, 기술에만 초점을 두는 것이 아니라 비행기, 국경 보안, 이주 목적지에 대한 유통 정보 등을 아우르는 출국 인프라와 도착 인프라까지 포함한다. 또한 이주 인프라는 국가, 산업, 사회적 행위자 간의 구별을 넘어서 이들이 어떻게 상호 연관되어 있는지를 드러내기에도 효과적이다. 이런 점에서 콜린스는 다국적 이주(multinational migration)에서 플랫폼 이주의 특성이 잘 드러난다고 본다. 다국적 이주는 유럽으로의 난민이주에서 알 수 있는 바와 같이 사전에 순차적으로 계획되는 것도 아니고 예측될 수 있는 것도 아니다. 플랫폼 이주는 권력관계와 이주민의 행위성을 문제시하며, 이주에 대한 국가주의적 접근을 넘어서고, 기술을 비롯한 다양한 인간 및 비인간 행위자들이 이주에 참여하는 방식들에 초점을 둔다는 점에서 유용하다.

다음 절에서는 이를 토대로 오늘날 점차 중요해지고 있는 국제이주를 다루기 위해서 국제사회에서 구축하고 있는 거버넌스를 검토하고자 한다. UN을 토대로 하는 이 거버넌스는 국제이주로 인해서 야기되는 불확실성을 줄이면서도 국제이주를 장려하기 위한 지리적·제도적 노력의 결과물이라는 점에서 중요하다.

3. 글로벌 이주 거버넌스

오늘날은 이주의 시대이면서 동시에 '이주 위기(crisis of migration)'의 시대이기도 하다. 왜냐하면 많은 사람들이 가난과 굶주림을 벗어나기 위해, 가족의 생계를 책임지기 위해, 재난과 전쟁에서 살아남기 위해서 그리고 종교적·정치적 박해를 피해서 모국을 떠나 이주민으로 생활하고 있기 때문이다. 이들은 이주의 목적지에서 온전히 받아들여지지 못하기 때문에 그곳에 뿌리를 내리고 정착하지 못하고 늘 새로운 목적지를 향해 나아가야 한다. 특히 최근 미국의 국경을 향한 베네수엘라의 카라반운동, 내전을 피해 자국을 탈출한 시리아 난민 그리고 보다 최근 탈레반의 재집권으로 인해 세계 곳곳으로 탈출한 아프가니스탄 난민의 사례는 오늘날 이주의 시대가 어떤 사람들에게는 넓은 기회의 땅이겠지만 어떤 사람들에게는 비좁은 탈출구라는 모순적인 현실을 잘 드러낸다.

특히 2015년은 국제이주와 관련하여 특별한 해였다. 왜냐하면 시리아와 예멘의 난민으로 인해 생겨난 수백만 명의 난민이 유럽으로 '침입'해 들어온 이른바 '유럽난민사태'가 일어났기 때

카불 함락 후 아프간 난민을 태우고 떠나는 C-17 수송기

문이었다.[13] 이 결과 독일의 경우 2015년 한 해에만 109만 명에 달하는 난민이 유입되었다. 뿐만 아니라 난민 유입을 우려하는 유럽의 '요새화' 정책으로 인해 무려 3천 명에 달하는 난민이 유럽에 도착하지 못한 채 지중해 해상에서 방치되어 사망했다. 독일에서는 난민 유입에 반대하는 우파 집단의 시위와 목소리가 확산되었지만, 이른바 유럽 '요새'를 수호하기 위해 국경 안보를 강화하며 난민의 생명을 도외시하는 유럽 국가들을 비판하는 인도주의적 목소리도 동시에 불거지게 되었다. 결과적으로 유럽과 미국을 비롯한 선진국 중심의 국제사회에서는 난민을 비롯한 국제이주가 촉발한 지정학적 위기를 타개하기 위해서 이주민에 대한 포괄적인 거버넌스와 국제협약이 필요하다는 인식을 갖게 되었다. 이 결과 이듬해인 2016년 9월 뉴욕에서 193개국의 대표들이 모인 UN총회에서는, 사람들의 모빌리티에 대해 국제적 수준에서 상호 협력하여 포괄적으로 접근할 필요성이 있다는 공통된 인식하에 이른바 '난민과 이주민을 위한 뉴욕선언(New York Declaration for Refugees and Migrants)'을 채택했다. 이는 당시 유럽으로의 난민 급증 등 대외 정치적 이주 현안의 부상에 따른 민족국가의 반작용으로서 난민과 이주민을 포괄적으로 다루기 위한 단일한 국제협약을 채택하려는 목적에서였다.

그러나 2016년의 뉴욕선언에서의 합의와는 달리, 난민과 일반 이주민의 이슈를 결합할 경우 각 사안의 특수성이 희석될 수 있다는 우려가 선진국을 중심으로 제기되었다. 왜냐하면 선진국의 경우에는 전문기술 인력과 같은 고숙련노동이 필요한 연구

개발 부문, 저임금 및 기피직종 중심의 제조업 부문 그리고 돌봄 노동이 요구되는 서비스업 부문에 대해서는 지속적으로 이주민의 유입을 촉진함으로써 국가경제를 뒷받침하면서도, 인도주의적 지원과 보호가 필요한 난민에 대해서는 최대한 배타적인 정책을 취하고자 했기 때문이다. 또한 인도, 파키스탄, 필리핀, 네팔, 캄보디아, 베트남, 인도네시아 등 해외이주노동자의 국가경제에 대한 기여도가 높은 남아시아 및 동남아시아 개발도상국 또한 소말리아, 시리아, 예멘, 아프가니스탄 등 난민이 유출되는 '실패국가'와 스스로를 구별함으로써 해외 디아스포라 경제를 더욱 촉진시키려는 목적이 있었다. 곧, 이주노동을 송출하는 국가이든 아니면 도입하는 국가이든 간에 공통적으로 난민의 문제를 이주의 문제로부터 분리해서 다루는 것이 국가적·경제적으로 이주경제의 활력을 계속 유지하면서도 난민 문제에 효과적으로 대처할 수 있는 거버넌스를 수립하기에 용이했던 것이다.

이 결과 당초의 국제협약 초안이 난민과 이주노동자를 포함하는 모든 국제이주민에 대한 포괄적인 입장을 취했던 것을 파기하는 대신, 이주민과 난민을 엄밀히 분리한 별개의 두 협약을 만들자는 입장이 대두되었다.[14] 그리고 2년 후인 2018년 12월 17일 모로코에서 개최된 UN총회에서는 152개국의 찬성으로 뉴욕선언에 기반을 둔 두 협약인 《글로벌 이주협약(GCM; Global Compact for safe, Orderly, and Regular Migration)》과 《글로벌 난민협약(GCR; Global Compact for Refugees)》을 발표했다.[15] 우선 GCM은 국제이주의 패턴에 안전, 질서, 정규성을 부여한다는 목표를 두고 있는데, 협약의 주요 내용은 네 가지로 구성되어 있다. 첫째는 이주 정책을 결정하는 개별 국가의 주권을 인정하되 국제이주의 현 상황을 개선하기 위해 국제협력을 한다는 것이다. 둘째는 첫째 조항을 기반으로 하는 23개의 협력과제 내용의 목표로서 GCM의 핵심 내용을 담고 있다. 셋째는 23개의 협력과제를 실행하기 위한 구체적인 방안으로서 이주 관련 정보 및 지식 플랫폼의 구축과 실행 재원 마련에 관한 내용을 포함하고 있다. 또한 각 국가는 이주 관련 핵심 이해당사자로서 이주민, 시민사회단체, 민간 부문, 지방정부, 노동조합 등과 적극적으로 협력할 것으로 제안하고 있다. 마지막은 후속 작업에 관한 사항으로서 2022년 UN총회부터 4년마다 GCM의 협약 이행도를 평가하는 국제이주리뷰포럼(International Migration Review Forum)을 개최한다는 것이다.

둘째, GCR은 현행 이주 위기의 핵심에 난민 발생이 있다는 인식을 토대로 이에 대한 인도주의적 해결을 모색하기 위한 것으로서, 크게 4가지의 목표를 특정하고 있다. 여기에는 난민 수용 국가에 대한 압력을 낮추는 것, 난민의 자립을 촉진하는 것, 제3국으로의 난민 접근을 확대하는 것 그리고 안전과 존엄을 갖춘 상태로 귀환을 지원하는 것 등이다. 보다 구체적으로는 뉴욕선언에서 합의했던 사항인 포괄적난민대응체제(CRRF; Comprehensive Refugee Response Framework)를 구축하며, 이와 동시에 4년마다 "세계난민포럼(Global Refugee Forum)"을 개최하여 난민 수용에 대한 책임과 부담을 개별 국가들이 공유하고, 난민 수용을 위한 국가적·지역적 대응을 지원하며, 이의 실행을 위한 재원 마련, 파트너십 구축, 데이터 수집과 공유 등 구체적인 프로젝트를 이행하는 것을 내용으로 한다.

이처럼 GCM과 GCR의 공통적인 목적은 이주에 대한 통치성을 강화하고 이를 제도적으로 뒷받침할 수 있는 국제거버넌스를 구축하려는 데에 있는데, 이는 양가적인 측면을 지니고 있다. 우선 긍정적으로는 GCM과 GCR이 추구하는 것처럼 이주 패턴에 대한 투명하고 신뢰성 있는 정보를 통해 국제이주에 연계되어왔던 불법체류, 인신매매, 폭력, 마약, 금전갈취, 밀입국브로커 등 다양한 문제들에 대해 효과적으로 대응할 수 있다. 그러나 또 다른 한편에서는 일부 연구자들이 지적하는 것처럼, 통치성(governmentality) 강화는 이주의 자유를 효과적으로 통제·관리·조정하는 제도적 권력에 예속되게 함으로써 근본적으로 국가 권력의 네트워크에 종속되게 만드는 것이다.[16] 미셸 푸코(Michel Foucault)에 따르면 통치성이란, 제도, 절차, 분석, 성찰, 계산, 전략 등을 통해 가능한 행위의 지평(범위)을 구조화하는 것으로서 개인이나 집단의 행동을 특정한 방향으로 지향시키도록 만드는 효과를 갖는다.[17] 푸코는 이런 점에서 민족국가 중심의 체제에서 '자유주의(liberalism)'란 통치적 실천의 하나로서, 리버럴하게 통치한다는 것은 자유(freedom)를 존중하려는 것이 아니라 오히려 '이를 조직하고 생산함으로써 자유로울 수 있는 조건을 관리하는 것'에 있다고 본다. 따라서 자유에 대한 관리는 한계, 통제, 위협에 토대를 둔 강제의 수단 그리고 의무 등을 수반하는 것이다.

이런 점에서 GCM과 GCR과 같은 국제사회의 이주 거버넌스 수립은 이주민의 '진정한' 자유를 증진하기보다는 제도화된 틀 내에서 자유를 관리하기 위한 노력의 결과로 볼 수 있다. 이는 국제 이주민이 국가나 지역의 '내부로 유입되는 외부인'이라는 이미지로 형상화되어 있고, 이는 논리적으로 국가의 주권이 보다 일차적이고 우선적이라는 전제를 뒷받침한다. 이런 맥락에서 현대의 국제이주에 대한 거버넌스는 경제, 치안, 인도주의(humanitarianism)라는 3개 축으로 구성된 타자에 대한 생명정치를 형성한다는 비판적 견해도 있다.[18] 이런 점에서 볼 때, GCM과 GCR에 관한 논의에서는 이주를 '번영, 혁신, 지속가능한 발전의 원천'이라고 하면서도 현대 국가와 커뮤니티에 영향을 주는 '문제'라고 인식하는 모순적이고 상충적인 논리가 배후에 놓여 있다. 통치는 통치가능한 존재로의 재현을 필요조건으로 한다는 점에서, GCM과 GCR이 이주민과 난민을 분리하여 재현함으로써 '재현을 통한 통치'를 달성하고 있다.[19] 곧, 이주민과 난민을 엄밀하게 구별하여 난민을 이주민의 범주에서 제외하여 GCM이 이주민에 초점을 두는 것은, 그 자체로 바람직한 이주민과 바람직하지 않은 이주민을 구별하고, 난민은 어쩔 수 없고 불가피한 비정기적인 '강제된' 이주민으로 간주되는 반면, 다른 이주민은 자발적인, 정기적인, 정규적인 이주민으로 구별한다.[20]

요컨대 오늘날 국제사회는 '자유주의적 인도주의(liberal cosmopolitanism)'라는 기치 하에 '인간존엄성(humanity)'이라는 개념을 국제 거버넌스 속으로 끌어들여 이주민에 대한 통치성을 강화할 수 있는 법적·정치적 구조의 정당성을 확보한다. 이를 통해 모빌리티를 관리나 해결이 필요한 글로벌 정치 문제 속으로 집어넣으며, 관리의 주체와 대상의 계층과 이분법을 생산한다. 또한 노동시장의 현실, 인구 변화, 수요와 공급의 논리를 통해 신자유주의 시장과 같은 제도화된 공간을 재생산하는 데에도 기여한다. GCM은 모빌리티를 중단 또는 약화시키는 것이 목적이 아니라 오히려 모빌리티를 가속화하고 촉진하며 각종 이주 관련 허가 절차를 신속하게 만들어 여행, 투자, 노동에 대한 행정적 부담을 최소화하고 유연성을 확대하고자 한다고 주장하는 부분은 푸코의 자유와 자유주의의 관계에 관한 통찰력 있는 사유를 연상시킨다. 결국 이주에 대한 통제에 있어서 주권 국가라는 프레임을 전제로 하는 것은 자유로운 이주가 가져올 가능성을 국가와 시장의 필요성이라는 한계 속에 가두는 것이다.

4. 나가며

오늘날 이주는 각 국가와 지역의 경제적·사회적·문화적 경관을 빠른 속도로 재편하는 핵심적인 요인으로 부상했다. 각 국가는 자국의 이익에 도움이 되는 이주민을 선별적으로 도입하려는 적극적인 정책을 실행하면서도, 국가의 민족적 응집력 훼손을 막기 위해 이주민에 대한 사회적 통합 정책을 실시하고 있다. 이와 동시에 자국에 경제적·정치적으로 부담을 주는 난민과 같은 이주민에 대해서는 국제사회의 협력을 강조하면서도 국제법상의 의무와 책임을 다하는 데에는 다소 소극적인 상태다.

그러나 앞에서 이주와 인류 그리고 인류의 문명은 상호 밀접한 관계와 역사를 지니고 있음을 살펴본 바와 같이, 현재 이주에 대한 각 국가의 다양한 반응은 글로벌 자본주의의 팽창이라는 특수한 국면에 있으면서도 과거의 연장선에 있다. 보았다. 이 장에서는 특히 이주란 개인이나 집단의 자유로운 선택이라기보다는 지리적으로 특수한 조건에서 발생하는 구조적으로 제한된 사건이라는 점에 주목했다. 이런 점에서 이주에 대한 지리적 접근은 글로벌 이주의 구조적 요인, 이주현상에 대한 연구방법론, 이주민의 초국적 네트워크, 이주의 스케일(범위) 그리고 이주현상의 경험적 사례와 일반화 등 이주 연구의 5가지 측면에서 강점이 있다고 주장했다. 그리고 저자는 이를 이주의 지리적 결정성으로 개념화했다.

이와 아울러 본 장에서는 현대 사회에서 이주의 지리적 결정성은 교통 및 통신 기술의 발달 등 자본주의의 기술적 조건들이 발달하면서 상대적으로 쇠퇴되었는가의 질문을 제기했다. 개인적·집단적 이동과 재정착을 가로막았던 자연적·물리적 장벽이나 한계의 측면에서는 이주의 지리적 결정성이 약화되어왔다고 볼 수 있다. 그러나 부의 집중과 공간적 편향, 성장 지역과 쇠퇴 지역의 분급, 사회적 삶의 질의 공간적 양극화 현상, 안전·건강·교육·복지 등 제반 삶의 조건을 고려할 때, 자본주의의 불균등 발전은 이주의 발생 과정과 패턴에 영향을 미치고 이를 구조화하고 있다는 점에서 이주의 지리적 결정성을 비약적으로 증대되어왔다. 이는 개발도상국에서 선진국으로의, 촌락 지역으로부터 대도시 지역으로의 이주 과정과 패턴뿐만 아니라 이주노동자, 결혼이주여성, 엘리트 계급, 엔지니어와 기술자 등 이주 주체의 측면에서 뚜렷한 결과를 야기하고 있다. 이 책에서는 이러한 지리적 결정성과 이주와의 관계에 착목하여 이주의 현재와 미래를 진단해보고자 한다.

요컨대 우리가 새로운 곳에 안정적으로 정착하기란 과거와 달리 개인적 또는 집단적 역량뿐만 아니라 그에 적절한 사회적·경제적·문화적 환경 등 제반 조건이 뒷받침되어야 한다. 그런 점에서 선진 자본주의 진영을 중심으로 점차 요새화되고 있는 현대 자본주의 세계의 지리적 조건 속에서는, 이주민이 새로운 곳에 안정적으로 정착하는 것이 과거와 비교할 때 훨씬 어려운 실정이다. 왜냐하면 각종 제도와 기술의 발달로 인해 국가 권력이 이주민을 선별하고, 관리할 수 있는 통제력이 비약적으로 발전하고 있기 때문이다. 이러한 통제력이 보다 안전한 이주와 정착을 위해서 바람직한 것인가, 아니면 태초부터 존재했던 인류의 이주에의 열망을 차단하고 가로막는 폭력이자 권력인가에 대해서 우리는 심문해볼 필요가 있다.

제1부

이주3.5의 시대

제1장

이주 패러다임의 변동과 이주3.5

1. 이주1.0: 인류의 출현과 이주

인류는 이민과 불가분의 관계에 있다. 아니 어쩌면 이민은 인류 성립과 진화의 전제조건이었다고 말하는 것이 정확하다. 이는 인류사에 정확하게 드러난다. 필자는 이를 이주1.0의 시대, 곧 인류가 이주의 과정을 통해서 출현하여 이른바 인류가 되어가는 과정으로 지칭한다. 이는 제도적이고 체계적인 이주의 물결이 시작되었던 16세기 이후의 유럽 식민주의와 그 이후 자본주의의 등장 시기 이전까지를 지칭하는 용어로 사용하고자 한다. 이주 1.0의 시대는 시간 단면적 대비 이동의 규모는 작았지만 7만 년 이상의 오랜 기간에 걸쳐 지구 전체에 걸쳐 이주했던 장기적인 물결을 특징으로 하여 인류의 문명을 형성했다.

주지의 사실이다시피 호모에렉투스는 약 175만 년 전에 아프리카를 떠나 유라시아 전역으로 '이주'했다. 20만 년 전에 등장한 현생 인류인 호모사피엔스는 이후 대부분의 시간 동안 동아프리카를 떠돌며 수렵채집을 하는 중요치 않은 유인원 집단에 불과했다.[1] 그러다가 이른바 '인지혁명'이 발생하며 인류는 다른 동물과는 다른 특별한 행동을 하기 시작했는데, 그것은 바로

5~7만 년 전부터 수차례에 걸쳐 아프리카를 떠나 아시아, 유럽 그리고 오스트레일리아로 '이주'해나갔다는 점이다.[2]

이주가 가능했던 것은 집단과 집단 간의 협력과 의사소통이 가능했기 때문이었고, 유발 하라리는 『사피엔스』에서 인지 혁명의 발생 원인을 '지식의 나무 돌연변이'에서 기원한 것이라고 주장한 바 있다.[3] 동아시아에 정착했던 호모사피엔스는 지금으로부터 약 2만 년 전인 홍적세 말기의 빙하기 때에 육지로 드러났던 베링 해협을 건너 알래스카에 도달했으며, 그 이후 남쪽을 향해 계속 이주, 정착을 반복하여 1천 년이 지난 시점에는 남아메리카의 파타고니아에까지 도착할 수 있었다. 그리고 보다 최근인 2천 년 전에는 대만을 비롯한 동아시아 남부의 오스트로네시아인이 동남아시아 일대와 미크로네시아, 멜라네시아 그리고 폴리네시아 일대를 포함한 태평양 전역으로 서식처를 넓혀나갔다. 이러한 이주와 정착의 과정에서 호모사피엔스는 정복, 정착, 개간 및 농경 그리고 도시의 건설 등 통해 인류의 역사만이 아니라 생물과 지구 전체의 역사와 환경을 크게 바꾸어 놓았다. 이처럼 문명이 발달, 전파되기 위해서는 이동하는 사람들, 곧 '이민'의 존재가 필요했다.[4] 한곳의 문명을 다른 곳으로 전파하는 과정이 반복되면서 문명권이 확대되어 나갔고, 이 과정은 인류가 정착지를 폭발적으로 늘려나가는 방식이었다.

이주민의 중요성은 유목민의 문명과 역사에서 가장 뚜렷하게 나타난다.[5] 우리는 지금까지 정착민 중심의 역사관을 갖고 있지만, 세계사의 주역을 유목민으로 규정하려는 시도도 상당히 활발히 이루어져왔다. BC3천년 무렵 흑해 북쪽에서 카스피해 북쪽에 걸친 지역의 건조화로 활엽수림이 초원으로 변했다. 이 때문에 정착 농경을 했던 인도 유럽인이 유목민이 재탄생했고 이들은 훗날 스키타이를 형성했다. 대륙 고기압의 발달로 강수량이 적어짐에 따라 이 지역의 기후가 건조기후로 바뀌었던 것이다. 지리학자 엘스워스 헌팅턴(Ellsworth Huntington)의 『아시아의 맥박(The Pulse of Asia)』은 몽골제국이 남하하여 정착하게 된 계기를 시베리아고기압의 수축과 팽창이라는 기후적 시각에서 설명한 것과 마찬가지다.[6] 이슬람의 지리학자이자 역사학자였던 이븐 할둔의 『역사서설』에서도 정착민이 아닌 유목민과 이주민 중심적인 세계관에서 어떻게 기후적 배경으로 인해 역동적인 유목민의 이주 역사가 문명의 역사를 바꾸어왔는지를 심도 있게 짚어나간 바가 있다. 놀라울 것도 없이 인류 최초의 유목민인 스키타이 기마민족의 주요 활동무대가 아랄해와 카스피해 인근의 러시아 남부에서부터 중앙아시아까지 연결된 건조 지역이었던 점은 놀랍지 않다.[7]

하라리에 따르면 진화 덕분에 인류는 다른 사회적 포유동물들과 마찬가지로 이민족 공포증을 지닌 존재가 되었다.[8] 어떤 점에서 이민족 공포증이나 외국인혐오증은 인간을 본능적으로 '우리'와 '그들'의 두 부류의 집단으로 구분하려는 호모사피엔스의 진화적 과정과 결과의 한 부분이라고 볼 수 있다. 왜냐하면 인류가 인지혁명과 농업혁명을 이루었던 토대가 바로 집단적 의사소통과 협업에 있었기 때문에,[9] 언어, 종교, 관습 등이 유사한 사람들 간에는 일정한 응집력이 형성되는 것이 자연스러웠다. 따라서 '우리'는 서로에 대해 책임을 지지만, '그들'에 대해서는 그렇지 않다. 우리는 언제나 그들과 전혀 다르다.

이러한 집단적 소속감과 정체감은 인류의 이주 및 정착 과정에서 당연하게도 그들이 발을 딛고 정착한 영토와 연결되어 일정한 영토성(territoriality)을 갖게 되었었다. 이는 하라리의 『사피엔스』에서도 지적하는 것처럼 과거 다양한 부족 집단 사회에서 자기 부족을 일컫는 용어의 의미가 다름 아닌 '사람'을 지칭한다는 점에서도 알 수 있다. 곧, 자기 부족 이외의 집단은 '사람'의 범주에 포함되지 않았다. 가령 하라리가 지적하는 것처럼, 수단의 딩카족 언어에서 '딩카'는 그냥 '사람들'이라는 뜻이다.[10] 곧, 딩카가 아닌 사람은 사람이 아니다. 한편 딩카의 숙적은 누에르족이다. 그렇다면 누에르족 언어에서 누에르는 무슨 뜻일까? '원래의 사람들'이란 뜻이다. 수단 사막으로부터 수천 킬로미터 떨어진 알래스카의 동토와 시베리아 북동부에는 유픽족이 살고 있다. 유픽어로 '유픽'이란 단어는 무슨 뜻일까? '진정한 사람들'이란 뜻이다. 결국 이주민과 정착민 간에 누가 '우리'에 속하고 누가 '그들'인지에 관한 구별의 정치는 특정한 전통, 문화, 관습과 같이 역사적 누층에 의한 내생적(endogenous) 과정이라기보다는 한 장소를 토대로 정주(dwelling)하며 살아가는 사람들의 공동체 의식과 그에 대한 타자성을 발견에서 비롯된 것이라 볼 수 있다.

반면 지리적 정복과 팽창을 기반으로 한 제국의 이데올로기는 이러한 인종적·민족적 배타성을 정반대로 하여 모든 것을 아우르는 힘을 토대로 한다. 피식민지인과 마찬가지로 제국의 중심을 향해 이주해오는 이민족의 물결은 제국 그 자체의 성공이면서도 제국의 존립을 위협하는 존재들로 간주되기도 하기 때문이다. 이런 맥락에서 생각해보면 고대 그리스나 로마의 고전적 제국주의는 적어도 피상적으로는 포용적이고 수용적이어야 하며, 그런 유형의 담론을 토대로 움직이는 권력사회라고 볼 수 있다. 이는 글로벌화를 추동해온 제국의 중심으로서 1990년대 이후 미국의 제국적 위상과도 견줄 수 있는 공통점이 있다.[11] 어떤 점에서 권력의 집중은 문명의 역사와 운명을 함께해왔다. 곧, 권력이 없이는 문명이 없고, 문명이 성장하기 위해서는 권력의 공간적 팽창을 이룩할 수 있는 제국 시스템의 등장이 필수적이다. 그렇기 때문에 인류 문명의 굵직한 발전은 제국주의의 성쇠와 그 맥락을 함께해왔다. 이런 점에서 어느 시대이든 특정 문명이 지리적으로 팽창하여 제국화가 이루어지게 되면 제국 안으로 몰려드는 이민의 물결을 거스를 수 없다. 따라서 제국의 팽창과 이민자의 유입은 동전의 양면과 같이 불가분의 관계에 있다. 이의 가장 대표적인 사례가 지중해로서, 오늘날 그리스와 튀르키예를 비롯한 지역에 널리 산재하며 옹기종기 모여 살던 도시국가가 서로 경쟁하면서 문명을 꽃피우던 시기는 인근 지역으로부터 대규모의 이민자가 유입되며 대제국이 지배하는 지역으로 변모할 수 있었다.

이처럼 이주는 문명과 문명을 연결해서 새로운 문명을 창출하는 데에 결정적인 역할을 했다. 인류 최초의 문명을 보여준 오늘날 튀르키예 지방의 나투피안 유적은 농경 기반이 아니라 교역 기반의 도시 문명이었던 점에서도 드러난다. 또한 거대한 제국의 형성에 있어서도 이주민의 경험과 역사에 대한 지식의 축적은 중요한 역할을 했다. 알렉산더 대왕이 정복했던 길은 새로운 길이 아니라 그 이전부터 존재했었던 출(出) 아프리카, 엘람인, 아케메네스왕조 페르시아로 이어져 내려온 교역로의 확대가 있었기 때문에 가능했다.[12] 또한 지구 표면적의 1/3을 차지하는 넓은 태평양 도서 권역은 이미 오래전부터 각기 고립된 상태에서 인류가 정착한 것이 아니라 거대한 해양 이주민들의 네트워크로 통합되어 있었다. 그렇기에 상당한 문화적 일체성을 유지할 수 있었고, 이는 광범위한 태평양 도서 지역의 문명권을 형성했다.

고대 인류가 이주한 원인에는 기후변화와 그에 따른 식생 및 동식물 경관 변화 그리고 이와 연관된 식량 공급의 부족으로 인구 유지가 어려운 점 등이 요인으로 작용했었다. 앞서 언급했던 오스트로네시아인은 이미 8천 년 전에 새로운 식량원을 찾기 위해서 중국 남부에서 대만으로 이주했던 해양 세력이었다.[13] 그리고 4세기에는 중앙아시아 훈족의 생활반경이 확대되면서 게르만족의 대이동이 일어난 전무후무한 사건에는 시베리아 대륙이 유목 생활이 불가능할 정도로 혹독한 기후환경으로 변했던 이유도 결정적인 역할을 했다. 또한 인도 아리아인은 청동기 시대 중반에서 후반 동안에서 인더스 계곡에서 갠지스강으로 이동하면서 정착 농경을 시작하여 하라파 후기 문명을 형성했고, 그 이후 중앙아시아에서 그리스, 스키타이, 파르티아 등 연속적으로 이민족들이 침입하여 정착했다.

이 외에도 9세기에 마자르족이 오늘날 헝가리 일대로 들어와 정착했고, 투르크족은 6세기부터 11세기 사이에 중앙아시아에서 유럽과 중동 지역으로 들어왔다. 마다가스카르의 경우에는 사람이 거주하지 않다가 5~6세기경에 인도네시아의 오스트로네시아인들이 배를 타고 이주해 들어와서 정착이 시작되었다. 한편 영국의 경우에는 유럽 대륙을 지배했던 켈트족 중 브르타뉴 지방의 켈트족이 그 이전에 정착했던 이베리아 출신의 이주민들을 몰아내고 정착했고, 그 이후 라틴, 게르만, 슬라브족에 차례로 주도권이 바뀐 극적이고 역동적인 이주의 역사를 경험해왔다.[14] 이런 점에서 중세는 유럽 대륙을 향한 이주의 물결이었다면, 근대는 아메리카 대륙을 향한 이주의 물결이었다고 볼 수 있다.

2. 이주2.0: 유럽 식민주의와 자본주의의 이주

이주2.0의 시대는 15세기 말부터 시작된 아프리카, 아시아 및 신대륙으로의 진출을 욕망했던 유럽의 식민주의와 그 이후 제2차 세계대전까지 계속되었던 폭력적인 정복, 살육, 정착, 착취의 시대로 볼 수 있다. 이는 크게 두 가지 시기로 나눌 수 있다. 첫째는 이른바 유럽의 지리상 발견과 그 이후 포르투갈과 스페인 등이 주도했던 제1차 식민주의의 물결의 시대로서 15세기 말부터 대략 18세기 후반까지의 시기이다. 이 시기에는 전 지구적으로 유럽인의 이주가 시작되어 세계 전역에서 지리적 권력관계가 재편되어 정복과 파괴 그리고 전쟁과 폭력이 나타났던 시기이다. 신대륙이라 지칭되는 남아메리카와 중앙아메리카 그리고 북아메리카 전역에서 유럽인의 식민지들이 만들어졌다. 두 번째 시기는 18세기 후반부터 20세기 초반까지 계속되었던 이른바 제2차 식민주의 시기의 이주로서 프랑스, 영국, 네덜란드, 벨기에 등 서유럽 국가들을 중심으로 하여 체계적인 자본주의적 시스템이 발달하면서 이주의 물결이 자본주의의 재생산을 위한 노동으로 전유되었던 시기로 볼 수 있다.

포르투갈과 스페인이 새로운 항로 개척으로 나가게 된 것은, 중동 지역과 북아프리카 일대에 이슬람 세력이 발흥함에 따라 지중해에서 동방으로의 무역이 차단됨에 따라 이를 대체할 수 있는 루트를 찾기 위한 점이었다는 것은 주지의 사실이다. 그러나 이러한 경제적 동기를 뒷받침할 수 있었던 것은 이슬람 문명으로부터 각종 지리정보와 항해에 필요한 기술이 남부유럽으로 전달되었기 때문이었다. 1492년 콜럼버스의 신대륙 발견 이후 1500년대부터 스페인과 포르투갈이 본격적으로 신대륙의 식민화에 나서게 되면서 광산물과 농산물의 착취 중심의 식민 경제가 형성되기 시작했고, 이에 필요한 노동력으로서 아프리카 흑인들이 동원되기 시작했다.

아프리카인이 신대륙의 식민 경제를 위한 노동력을 동원된 것은 유명한 1550~1551년에 스페인의 내륙 도시 바야돌리드에서 아메리카의 식민화를 둘러싼 신학적인 논쟁으로 인한 것이었다. 유럽인의 시각에서 식민지 원주민의 "인권"을 둘러싸고 벌인 최초의 논쟁인 이 회의에서는, 아메리카 원주민은 이성과 문화가 있는 "사람"으로 간주된 반면, 아프리카 흑인은 사람의 범주로 간주되지 못했기 때문에 아메리카 대륙 개척을 위한 노예로 이용하기로 했다. 물론 아메리카 원주민은 유럽인이 정착하기 시작하면서 굶주림, 영양실조, 전염병 등으로 인구가 급감했기 때문에 방대한 플랜테이션을 운영할 수 있는 노동력으로 충분하지 못했다. 16세기 초반부터 19세기 중반까지 대략 1,000~1,300만 명의 흑인 노예가 아메리카로 이동한 것으로

LANDING NEGROES AT JAMESTOWN
FROM DUTCH MAN-OF-WAR, 1619

아프리카인 노예의 아메리카 도착 일러스트

추정되며, 대서양 항로에서 이동 중 사망한 흑인 노예의 비율은 15%로 추정된다. 노예 거래의 수익률은 총 50~100%였던 것으로 추정될 정도로 식민주의자들에게는 그 자체로 상당한 거래 수익을 가져다주었을 뿐만 아니라, 노예가 정착한 중앙아메리카와 남아메리카의 플랜테이션에서는 막대한 농업 생산으로 이윤을 얻을 수 있었다. 프랑스가 식민 지배를 했던 아이티의 경우 울창했던 삼림과 정글이 모두 사탕수수 플랜테이션으로 뒤바뀌고 무려 70만 명에 달하는 흑인 노예가 노동력으로 동원되었다. 또한 이와 동일한 시기에 이슬람에서도 아프리카, 동유럽, 중앙아시아 일대의 주민들을 노예화하여 농업 및 상업 부문에 동원했었다는 점도 주목할 만하다.[15]

신대륙에서 유럽인의 식민 경제가 부흥함에 따라 16~19세기 동안 무려 5천만 명이 유럽을 떠나 아메리카에 정착했는데, 이는 아프리카에서 노예로 이주된 흑인들의 인구 규모의 5배에 육박하는 규모로서 아메리카 대륙의 인구 분포의 토대를 이루었다. 19세기에는 주로 노동이주, 난민이주, 도시화가 3가지 이주의 주요 패턴이었다. 산업화로 이주가 촉진되면서 노동시장의 글로벌화가 이루어졌고, 1820년 이후 대서양을 둘러싼 노예무역은 급속하게 줄어들었다. 그 대신 자발적인 유럽과 아시아에서 자발적인 계약노동자들이 플랜테이션 농장으로 대거 이주했고, 교통의 발달은 이를 더욱 가속화했다.[16]

한편 유럽 식민주의의 연장선에서 유럽 내부에 부의 축적과 식민지 쟁탈을 위한 경쟁이 가열됨에 따라, 유럽 내부에서도 활발한 역내 이주가 발생했다. 여기에는 두 가지 요인이 있다. 첫째, 19세기에 들어 나폴레옹에 의한 유럽의 정복 확대 속에서 낭만적 민족주의가 발흥했고, 이는 자민족중심주의를 근간으로 했다. 이 결과 민족국가가 탄생하게 되면서 유사한 관습, 언어, 문화를 지닌 집단이 공간적으로 일정한 영토성을 갖게 되었다. 둘째, 산업화의 진전도 같은 문화, 언어, 종교, 역사 등을 배경으로 하는 사람들을 선호하게 만들었다. 19세기부터 노동분업에 기초를 둔 공장제수공업과 기계공업이 발전하게 되면서, 동일한 생산조직 내에서는 노동을 규율할 수 있는 문화적·언어적 도구가 필요했기 때문에 이 과정은 동일한 민족집단이 노동인력을 구성하도록 만들었다. 이 과정에서 유대인 등 배경이 다른 사람들에 대한 차별과 격리가 유럽에서 나타났고, 공간적으로 이는 게토(ghetto)를 형성하게 되어 유대인의 민족경제가 내부도시를 중심으로 형성되기 시작했다. 한편 이 시기에는 제국주의와 식민주의로 인해 원래 정착하던 식민지에서 다시 본국으로 귀환하는 일부 이주민 가족들도 있었다.

20세기에 들어 초국적 노동이주가 활발해지면서, 이탈리아, 노르웨이, 아일랜드, 중국의 광둥 지방 등에서 해외로 이주하는 노동이주민의 발생이 대규모로 나타났다. 아일랜드의 경우 1840년대부터 1914년까지 무려 400만 명이 해외로 이주했다. 특히 1845년부터 1852년까지의 감자 기근으로 인해 800만 명에 달하던 인구 중 100만 명이 굶주림으로 사망했고 다른 100만 명이 유럽 대륙 및 아메리카 대륙으로 이주하는 격변을 경험했다. 또한 이탈리아는 19세기 말부터 20세기 초반까지 시칠리아를 비롯한 가난한 남부 농촌 지역으로부터 북아메리카의 도시 지역으로 대거 이주했다. 이는 1861년 공업지대인 북부지방을 중심으로 한 통일된 이탈리아 공화국이 건설됨에 따라 농업지역인 남부는 이 통일에 반대하여 무려 10여 년간 남북 간 내전이 계속됨에 따라, 남부 농업지역이 황폐화되었기 때문이다. 이뿐만 아니라 미국을 비롯한 신대륙으로부터 저렴한 농산물이 수입됨에 따라 농업 중심의 남부 지역은 소작 및 자작 농업에 종사했던 인구가 대규모로 파산, 실직했기 때문에, 새로운 곳으로의 이주를 선택할 수밖에 없었다.[17]

미국은 20세기 들어 내부 이주가 광범위하게 발생했다.[18] 1910년부터 1970년까지 7백만 명의 흑인들이 남부 농촌지역을 떠나 북동부, 중서부, 서부 지역으로 이동했다. 이러한 내부 이주의 흐름은 북미에서 이른바 '대이주(Great Migration)'의 시기로 알려져 있다. 그리고 이는 1910년대부터 대공황 시기까지 농촌에서 도시로 그리고 중소도시에서 대도시로 이주민이 집중하던 제1기와 제2차 세계대전이 발발하여 미국이 참전함에 따라 북동부잉글랜드와 캘리포니아 지역으로 인구가 재집중했던 제2기로 나눌 수 있다.[19] 두 차례의 세계대전으로 인해 유럽과 유럽의 식민지 영토에서 전쟁과 대량 학살로 막대한 사망자가 발생했을 뿐만 아니라 이를 피하려는 많은 이주민을 발생시켰다. 일부 이주민은 전쟁 후 고향과 가족으로 되돌아갔지만, 나머지 이주민들은 귀환의 기회를 놓친 실향민이자 난민이 되었다. 이 집단 중 가장 대표적인 사례는 유대인이었다. 이들은 유럽 전역에서 나치즘을 비롯한 파시즘적 폭력을 피해 상당수가 미국을 비롯한 북아메리카와 그 외의 여러 지역으로 뿔뿔이 흩어져 디아스포라(diaspora)를 형성했다.[20]

한편 오스만제국의 붕괴 이후 무슬림은 발칸반도를 떠나 튀르키예로 이주했고 기독교도는 유럽 지역으로 이주했다.[21] 1915년 오스만 정부는 아르메니아 인구를 체계적으로 근절하려는 정책을 취했고, 이는 1923년까지 계속되었다. 또한 러시아 내전으로 3백만 명의 러시아계, 독일계, 폴란드계 이주민들이 소련을 떠났다. 유대인들은 다시 팔레스타인으로 되돌아갔다. 1960년대에 차별제도가 철폐되면서 일부 흑인들은 남부로 되돌아갔고, 교외화로 인해 발생한 내부도시의 빈곤한 근린 지구에는 아시아 및 라틴아메리카 출신의 이민자들이 유입되었다. 또한 1945년 포츠담 선언 이후 1,600만 명에 달하는 독일인들이 동유럽에서 축출되어 독일로 귀환했다. 폴란드인들 또한 이와 유사하게 주변 지역에서 본국으로 되돌아갔다.

3. 이주3.0: 글로벌화와 초국가주의의 부상

이주3.0의 시대는 1970~80년대부터 포드주의 축적 체제가 쇠퇴하면서 노동의 공간적 분업을 극대화하는 신국제분업을 토대로 한다. 그 이전까지 주로 가족 단위의 영구적·장기적·일방적 이주를 특징으로 했던 이민의 시대에서 개인 단위의 일시적·단기적 이주와 초공간적 네트워크를 기반으로 하는 다방향적 초국가주의(transnationalism)를 핵심으로 한다. 케인스주의에 바탕을 둔 포드주의 축적 체제에서는 국제이주가 지극히 제한되어 있었다. 다만, 이주노동자 프로그램은 국가의 관리 하에서 통제되었다는 점에서 예외적으로 이루어지고 있다.

신국제분업에 초점을 두는 입장은 경제적 측면에 초점을 둔 노동이주에 착목하여 국제이주를 구조적인 관점에서 인식하고자 한다. 가령 1960년대부터 1980년대까지 북아메리카로 이주했던 우리나라의 이주민은 전형적으로 이 시기를 대표하는 이주의 흐름이다. 1960년대까지의 급속한 교외화로 인해 미국 대부분의 도시에서는 내부도시, 곧 도심부에서 상당한 중산층이 교외로 이주했기 때문에, 내부도시는 실업, 빈곤, 범죄 등 사회문제가 만연하고 교육과 복지 등 삶의 질이 저하되었으며 구매력을 갖춘 소비자가 부족해졌다. 이뿐만 아니라 결과적으로 소득세와 부동산세 등 지방정부의 세입이 낮아짐에 따라 지방정부의 공공 서비스의 질적 하락과 재정도 악화되어 큰 문제가 발생하기 시작했다. 이 때문에 미국 정부는 1965년에 《Hart–Celler Immigration Act》를 제정, 실시하여 1920년대부터 국적을 기준으로 이민을 통제하던 제도를 철폐하고 아시아로부터 이주민을 대거 받아들이는 정책을 실시했다.[22] 북아메리카로의 한국인의 이주는 바로 1965년 이민법 개혁의 영향을 크게 받았다. 이 때문에 뉴욕, 워싱턴DC, 필라델피아 등 동부 지역 대도시와 서부로는 샌프란시스코에 국한되었던 20세기 초반의 이민 사회는 급속한 변화와 성장을 경험하게 되었다. 로스앤젤레스, 시카고, 애틀랜타, 휴스턴 등은 이러한 1965년 이후의 이민으로 성장한 대표적인 도시가 되었다.[23]

초국가주의는 기본적으로 이주민의 네트워크에 초점을 둔다.[24] 이와 관련된 가장 대표적인 개념은 '이주연쇄(migration chains)'이라는 개념으로서 이주의 기원지와 정착지 사이에 형성된 가족, 친족, 친구, 이웃, 지역사회 등 혈연이나 지역을 바탕으로 한 강한 유대관계를 통해서 어떻게 지리적 거리를 뛰어넘어 관계를 형성하는지에 초점을 둔다. 동일한 언어, 종교, 문화, 역사 등을 기반으로 하는 민족성(ethnicity) 또한 느슨한 형태이기는 하지만 광범위한 스케일에서 이주민 간의 신뢰와 유대를 형성하는 토대가 되기도 한다. 이주민들은 신뢰를 기반으로 하는 사회 네트워크를 통해 이주에 소요되는 위험과 비용을 줄이고, 취업이나 교육 등에서 새로운 기회를 도모하며, 외부로부터의 위협이나 침입에 대응하는 자원으로 활용하기도 한다. 이주민의 사회 네트워크는 비공식경제나 지하경제를 형성하는 원천이 되기도 한다. 주류사회의 제도나 규제는 공식화된 권력과 기구를 통해 광범위한 영향력을 발휘하지만, 그럼에도 불구하고 이주민의 민족경제(ethnic economy)는 밀입국 이주, 인신매매, 불법 고용, 탈세, 조직적 폭력 등 비합법, 불법적으로 이루어지는 지하경제와도 밀접히 관련되어 있다.

멕시코에서 미국으로의 밀입국은 이러한 비공식적 관계에 기반을 둔 사회 네트워크의 대표적인 사례이다.[25] 멕시코에서 미국으로의 밀입국에는 소위 '코요테'라 불리는 전문 밀입국자들이 관여한다. 현재 멕시코와 미국 사이의 국경은 캘리포니아주 남부에서부터 애리조나주 사막까지 1천 마일에 걸쳐 장벽이 조성되어 있고, 무장된 국경 경비요원은 1만 5천 명에 달한다. 국경에는 적외선 탐지기나 CCTV가 설치되어 있고, 국경 경비를 위한 운송수단과 경비초소 및 센서 등도 동원되어 있다. 또한 지하 터널을 통해 국경을 건너거나 울타리를 절단하는 등의 방법 외에도 리오그란데강을 건너 국경을 건너는 방식이 널리 이루어지기도 한다. 최근 통계에 따르면, 전체 밀입국 시도자 중에서 1/3이 밀입국을 시도하다가 검거되고 있고 이 중 92%가 재입국을 시도한다. 또한 중동 지역이나 북아프리카 일대로부터 유럽으로의 밀입국도 지속적으로 증가하는 추세에 있다. 한편 채무의 덫을 통해 강제 이주시켜 감금 노동 등에 동원하는 인신매매는 아시아에서 특히 빠른 속도로 증가하는 추세에 있다. 미얀마와 태국의 성 산업에 종사하는 여성들의 경우 인신매매와 관련된 비율이 높은 편이다. 이러한 초국적 인신매매의 네트워크에는 로컬 엘리트, 군인, 경찰, 관료, 사업체, 성 매수자 등 다양한 행위자들이 복잡하게 관여하고 있다.

초국가주의는 이러한 국가나 도시를 가로질러 형성되는 사회네트워크뿐만 아니라 포스트식민 관점에서 초국적 이주민의 유연하고 혼성적인 정체성을 탐구할 뿐만 아니라, 이러한 제3의 위치성이 어떻게 로컬 스케일에서 다양한 문화적·사회적·경제적 양상으로 나타나는지에 관심을 두기도 한다. 따라서 기존의 초국가주의 현상에서는 국제 송금을 통한 초국적 관계 등에 초점을 두곤 했지만, 오늘날에는 이주민들이 복수의 장소들에 대한 정체성이나 유대감을 어떻게 유지하는지, 연령, 젠더, 계급, 종교 등에 따라 이주민의 수행적 정체성이 얼마나 상이한지 그리고 특정한 로컬 문화나 실천이 초국적인 관계를 통해 지리적으로 치환되는 과정에서 어떠한 사회문화적 단절, 변형, 타협, 저항 등이 일어나는지에 관심을 둔다.

4. 포스트글로벌화 시대의 이주3.5

현시대는 '가속의 시대',[26] '4차 산업혁명'의 시대,[27] 'X 이벤트'의 시대[28] 등으로 불린다. 또한 민주주의 혁명을 위한 활동가들의 SNS 네트워크로 잘 알려진 '아랍의 봄' 사태에서 목격했던 것처럼, 일반 대중들이 목소리를 내고 활동가들이 정치적으로 조직하는 방식은 기술적 진전과 더불어 과거와 크게 달라진 양상으로 전개되고 있다. 뿐만 아니라 정치적 측면에서 이주는 '무기화' 또는 '도구화'되고 있어서, 일부 국가의 보수 정치인들은 이주민에 따른 전통과 문화의 침해, 일자리의 상실, 불확실성의 증가 등을 강조하며 정치적 권위를 확보하는 대신 이주민이 창출해내는 새로운 기회와 가능성 그리고 혁신과 변화 등을 의도적으로 폄훼하려는 활동을 하고 있다. 이런 점에서 이주는 매우 정치적인 사안이자 현상이라고 할 수 있다. 실제 이주의 정치화는 냉전시대 소비에트연방 및 동유럽으로부터 서유럽으로의 이주 시기에서부터 유럽연합을 남부유럽 및 튀르키예까지 확대했던 정책, 1990년대 말 동남아시아 금융위기가 촉발했던 사회, 경제적 동요와 이주민에 대한 부정적 편향, 2001년 미국 9.11사태 이후

이주민에 대한 편견, 아프리카 출신 난민들과 이슬람에 대한 외국인혐오증 그리고 최근 코로나19사태 이후 아시아계 이주민에 대한 인종차별주의와 폭력 등이 정치적인 사안들이었다.

한편 이주는 기술 및 기술혁신과 밀접한 관련성을 맺고 있다. 기술은 특히 이주 과정과 정착지에 관한 다양한 정보를 습득할 수 있는 도구로서 각별한 중요성을 갖고 있어서, 부정기적이거나 비합법적인 이주를 수행하는 데에 중요할 뿐만 아니라 인신매매나 착취적인 브로커를 회피하거나 국경을 건너는 방법 등에 대한 정보를 확보하는 데에 매우 중요하다. 뿐만 아니라 국제 송금과 관련해서 '모바일 화폐(mobile money)'와 인터넷 뱅킹은 매우 중요한 역할을 하기도 한다. 이러한 변화를 가능케 한 것은 스마트폰과 각종 애플리케이션의 발달로 이주민이 '이동 중'에 접근할 수 있는 현지의 정보와 지식의 질적·양적 성장이 이루어졌기 때문이다.

둘째, 본 저술은 시대적 측면에서 현행의 이주현상을 '이주 3.5'로 특정하여 고위험·저성장의 뉴노멀리즘으로 대표되는 자본주의의 포스트글로벌화와 이주현상의 관계에 초점을 둔다. 기존의 글로벌 이주를 추동했던 패러다임은 크게 서양의 식민지 개척과 강제적 노동이주를 특징으로 했던 18~19세기 구국제노동분업 기반의 식민주의 시대(이주1.0), 산업화 과정에서 자본주의 국가 내 산업도시로 영구적 이주가 주류를 이루었던 19세기 중반 이후의 산업자본주의 시대(이주2.0), 1980년대 이후 선진국의 탈산업화와 신국제노동분업의 등장으로 저임금·비숙련 제조

이주 패러다임	이주1.0	이주2.0	이주 3.X	
			이주3.0	이주3.5
시대적 키워드	식민주의 및 중상주의	산업자본주의의 전성기	글로벌화	포스트 글로벌화
이주패턴의 특징	개척주의 및 비자발적 노동 이주	선진국 · 산업도시로의 영구적 이주	초국가주의와 이주 네트워크	이주패턴의 복잡성 증대와 분절화
이주와 글로벌 노동시장구조	구국제노동분업과 1차 산업 부문 노동	대량생산제조업과 지역 · 부문별 전문화(RSS)	신국제노동분업과 고용 · 소득 불평등	초국적 기업의 독점화와 금융화로 인한 자산불평등
이주 담론 및 이데올로기	서양중심주의 및 계몽주의	케인지언복지국가 및 근대화 이론	신자유주의 및 개인주의	신보호주의, 전략적 글로벌리즘
이주유형	노예, 계약노동자	가족이민	이주노동자, 결혼이주여성, 유학	투자이민, 전문직 이주, 유학, 난민

<표1-1> 이주 패러다임의 변천과 이주3.5
자료) 저자 작성

업 부문의 이주노동자와 교육이주 수요가 급증했던 글로벌화의 시대(이주3.0)로 구분해볼 수 있다. 이러한 3가지의 이주 패러다임은 글로벌 스케일에서 형성된 자본주의 내 노동시장구조와 조응할 뿐만 아니라 이주의 의사결정에 직·간접적으로 영향을 미치는 특수한 담론이나 이데올로기와 관련되어 있다.[29]

현재의 글로벌 이주 국면은 이주3.0의 연장선에 있으면서도 이와는 상이하거나 새로운 이주현상이 공생하고 있다. 자본주의의 글로벌화와 초국가주의는 현행의 이주에 여전히 지배적 영향

이주현상의 특징	이주에 대한 기존의 관점	이주3.5시대의 새로운 이주현상(관점)
경계에 대한 사고	통제 가능한 국경	다공질적 · 차별적(관계적) 국경
배출-흡인요인 상의 의사 결정	흡인요인(기회, 비용-편익의 경제성)이 보다 중시됨	배출요인(위험 회피 · 분산의 필요 또는 생존위기)의 영향력이 증대
노동에 대한 요구	비숙련 · 저임금 노동의 확보	비숙련 · 저임금 이외에 숙련노동에 대한 글로벌 경쟁 격화
이주의 공간적 방향성	일방향적 또는 양방향적 이주	다방향적 · 순환적 또는 위상학적 이주
이주민의 정체성	유연적 정체성의 동화주의 또는 다문화주의로의 포섭	고도로 유동적 · 혼성적 정체성
이주의 주요 스케일	국가적 스케일: 국가↔국가 간 이주가 일차적임	로컬 스케일: 지역↔지역 또는 도시↔도시 간 이주의 지배력 대두
이주공간에 대한 사고	국가와 영역 중심	대도시 및 도시 간 네트워크 중심

<표1-2> 이주3.5 시대의 특징
자료) 저자 작성

력을 갖지만, 최근의 이주현상은 이주 이전 시대의 이주 패러다임과는 일정 정도 차별화된 양상으로 전개되고 있다. 이런 점에서 본 연구자는 최근의 이주현상이 이주 4.0의 시대로 진입하기 이전의 과도기적 또는 전환적 시대에 진입하고 있다는 점에서 이를 '이주3.5'의 시대로 상정한다. 상술한 이러한 이주 패러다임의 변천을 간략히 요약하면 〈표1-1〉와 같다.

이주3.5시대의 특징을 단적으로 보여주는 사례는 최근 미국 트럼프 2기 행정부 하에서 발생한 조지아주 한국인 구금 사태다. 이 사건은 외국인 투자자와 숙련 엔지니어의 유입을 적극 장려하면서도, 자국민의 일자리 보호와 사회적 불안을 이유로 비숙련 노동자의 입국을 강력히 차단하는 미국 정부의 이원적 태도를 선명히 드러낸다. 즉, 글로벌 생산체계와 기술혁신의 지속을 위해 특정 범주의 이주는 필요로 하되, 동시에 국가적 정체성과 정치적 통제를 강화하기 위해 선별적 개방과 배제의 정치를 병행하는 새로운 이주관리체제가 작동하고 있는 것이다. 이처럼 이주3.5시대는 탈국경적 흐름과 인적 이동의 자유가 급속도로 확장되었던 글로벌화 시대와는 달리, 지정학적 불확실성, 자국민 중심주의, 그리고 '바람직하지 않다고 간주되는' 이주민의 유입을 적극적으로 차단하는 경향을 특징으로 한다. 이주3.5 시대의 이주는 경제적 필요에 의한 단선적 흐름이 아니라, 안보, 민족정체성, 기술, 노동시장의 정치가 교차하는 복합적 경합의 장으로 전환되었음을 보여준다.

현재의 시점에서 포스트글로벌화 시대의 이주3.5의 특징을 기존의 관점과 비교하면 〈표1-2〉와 같다. 이 책이 초점을 두는 "이주3.5"는 저성장·고위험의 뉴노멀시대를 특징하는 "포스트글로벌화(post-globalization)"의 다각적 영향 하에 있다고 가정한다.[30] 포스트글로벌화는 현행의 글로벌화가 초국적 기업과 금융자본에 의해 주도되면서도, 신자유주의적 이념과 정책이 지닌 자기파괴적 본질을 스스로 회피하기 위해 국가, 지역, 도시 스케일에서 고도로 선택적·전략적인 글로벌화로 변형되고 있다는 점을 포착한다.[31] 브렉시트로 인한 유럽경제의 재구조화는 이의 대표적 사례이다. 포스트글로벌화와 유사한 용어로 '탈글로벌화(de-globalization)'가 사용되기도 하는데, 이는 2008~9년 미국의 서브프라임모기지 금융위기와 유럽재정위기의 파괴적 영향력에 주목하면서 신자유주의 이념 대신 국가와 지역 기반 경제로의 전환의 당위성을 강조한다는 점에서 차이가 있다.[32] 이상에서 기술한 포스트글로벌화로 인한 10가지의 이주3.5 현상은 이주3.5 시대의 특성을 공유하면서도 상이한 변화를 가져올 것으로 예상된다.

5. 이주3.5 시대의 주요 이슈

1990년대부터 세계의 이주는 목적지에 영구적으로 정착하는 패턴이 사라지는 대신 다양한 스케일에서 세계의 여러 장소를 연결화는 초국가적인 이주패턴 현상이 등장했다. 이른바 초국가주의라 불리는 이 현상은 이주 행위자들이 민족국가의 경계를 횡단하고 탈영역화된 사회적 장을 형성하여 본국과 정주국을 네트워크로 연결하는 현상으로 가리키는 용어이다.[33] '초국적 이주민(transmigrants)'이라 지칭되는 이들은 이주민은 글로벌 자본주의의 형성 속에서 국가의 경계를 넘나들며 사회적·경제적·조직적·정치적·가족적·종교적 관계를 초국적인 네트워크로 형성하여 다양한 자원을 전유하고 위험을 회피할 수 있는 장치로 이용한다. 이와 동시에 이들은 여러 장소에 뿌리를 내림으로써 여러 장소 간의 지리적 격차를 인식하고 있고 그 차이를 전유한다는 특징을 지닌다.

이주 연구에서는 이러한 초국가적 이주의 새로운 차원에 주목하면서 크게 3가지 요소에 초점을 두어왔다.[34] 우선 신속, 저렴한 항공 교통의 발달, 국제 송금과 금융 거래의 자유화, 정보통신 기술의 발달과 네트워크 구축을 기반으로 한 이동성의 혁신, 원격 의사소통의 발달 등의 기술적 진전이 주요 원인이다. 둘째, 점차 많은 이주민이 문화적 정체성이나 경제적 생계를 특정 지역이나 도시 내에 온전히 의존하기보다는 가족 구성원을 모국에 남겨두고 취업, 사업 운영, 자녀 교육 등 다양한 가족의 프로젝트를 달성하기 위해서 기회를 극대화하여 유연성을 확보하려는 전략을 띤다. 셋째, 모국과 정주국을 연결하는 초국적 연계는 필리핀이나 엘살바도르의 사례에서와 같이 정부의 인력 송출과 외화 확보를 위한 정치적·제도적 자원의 확보 전략과 밀접한 관계가 있다는 점이다.

이주의 미래는 생산 체계와 생산 과정의 산업·기술적 혁신, 글로벌 자본주의의 거버넌스 변동, 지정학적·환경적 위기 등 다각적 변화가 기존의 초국가주의 현상과 교차할 가능성이 크다. 이런 점에서 초국가주의의 이 주의 물결은 신자유주의 세계화가 추동하고 있는 세계, 국가, 지역, 도시, 커뮤니티의 정치경제적, 사회적 양극화와 이원적 세계의 출현을 더욱 가속화할 것으로 예상된다. 이러한 포스트글로벌화의 혼성적·양가적 성격이 어떠한 이주의 미래를 가져올 것인지는 불분명하나, 국제이주의 물결이 자본과 공간의 흐름을 대변하는 '위로부터의' 이주의 물결과 이주노동자와 난민 등 자본주의의 생산을 뒷받침하고 있는 '아래로부터의' 이주의 물결로 양분화되어 전개되리라는 점에는 의심할 바 없다.

1) 위로부터의 이주의 물결

우선 위로부터의 초국가주의는 고숙련 노동의 국제이주, 금융화와 투자이민, 도시의 혁신과 이주, 교육이주와 초국적 분거가족의 네 주제로 나눌 수 있다. 첫째는 고숙련 노동의 국제이주이다. 자동화, 원격화, 디지털화 기반의 4차 산업혁명은 노동시장의 재구조를 가져오고 있으며, 특히 생산체계와 과정에서 숙련도에 따른 노동시장 재편을 가져오고 있다. 인공지능, 로보틱스, 사물인터넷, 원격감시 등 자동화와 디지털화 기술 기반의 4차 산업혁명은 산업 생산과 노동시장에 중대한 변화를 가져올 것이다.[35] 물론 이는 디지털·소프트웨어부문을 중심으로 상당한 신규고용을 창출했지만, 기존의 산업 생산 중심의 고용규모가 크게 감소할 것으로 우려된다. 지역별로는 EU·북아메리카 등 선진 노동시장 외에도 동아시아 및 ASEAN 국가들의 산업 고용 중 56% 이상 감소하고, 부문별로는 숙박업, 농업, 운수·창고업, 제조업, 도·소매업 부문이 자동화에 의한 고용감소가 심각히 우려된다. 특히 대상별로는 특히 고등교육을 받지 못한 인구의 46%가 실직할 것으로 예측된다.[36]

4차 산업혁명은 숙련노동이주와 비숙련노동이주에 차별화된 영향을 끼칠 것이다. 수입 제한 정책은 숙련노동의 이주 모빌리티에 집중적인 영향을 미치며, 해외의 숙련노동이주를 제한하기 위해 취해지는 기술집약적 상품에 대한 수입제한 조치가 숙련노동의 해외이주를 촉진시킨다는 점도 지적되고 있다.[37] 또한 디지털플랫폼과 긱(Gig) 경제의 발달에 따른 임시고용 및 간접고용의 증가로 노동유연성과 고용불안을 가중되고 있다. 농업 부문의 경우 라틴아메리카에서는 온실가스(GHG) 배출 저감 정책이 목축업 및 수산업의 쇠퇴를 가져올 것인 반면, 곡물 생산의 비중은 증가할 것으로 예측되는 등 농업 부문 내에서의 영향 또한 차별적으로 나타날 것이다.[38]

둘째는 금융화와 투자이민이다. 금융화(financialization)와 이에 따른 자본의 도시화 경향으로 인해 글로벌 도시 내 이주노동 집단의 생존 위기가 보다 복잡한 양상으로 전개되고 있다.[39] 2008~9년의 미국 주택시장 금융위기 및 유럽 국가 재정 위기 이후 세계의 경제성장률은 연평균 3% 미만으로 경기침체를 지속하고 있다. 이와 더불어 2020년 세계 경제성장률의 경우에는 코로나19로 인해 선진국(-4.9%)과 개발도상국(-2.4%) 평균 -3.5%에 달할 것으로 추산되고 있다.[40] 이 결과 세계 각국은 경기침체로 고용 및 소비가 회복되지 못한 상태에서 막대한 양적 완화 조치와 저금리 정책을 추진해왔다.

이 때문에 금융자본의 성장은 실물경제 회복과 디커플링이 가속화되고 있고, 부동산·금융시장에의 투자가 위험 수준에 도달하고 있다. 이 결과 산업에 대한 금융의 완전한 헤게모니 장악과 금융의 일상생활화를 특징으로 하는 금융화가 초래되고 있다.[41] 그리고 이는 글로벌 스케일에서 '자본의 도시화'를 유발하여 부동산가격 폭등과 주택시장의 위기를 유발하고 있다.[42] 이는 전 세계 주요 도시에서 전문직과 비숙련 노동계급 간의 사회·경제적 격차를 심화시켜 이중도시(dual city) 현상을 심화시키며, 특히 전이지대에 집중한 이주노동자의 고용안정에 직접적인 영향을 끼친다.[43] 왜냐하면 2000년대 이후 숙련 이민자의 2/3이 OECD 국가 내의 대도시권으로 이동하고 있기 때문이다. 이들은 모국으로 귀환하기보다는 불법체류를 선택하여 도시 외곽 및 중소도시의 저임금 제조업 부문의 이주노동자로 흡수될 것으로 예측된다.

셋째는 새로운 지정학적 관계의 변동과 국제 무역 질서의 변화 속에서 세계 주요 도시로 이주가 계속되고 있고, 대도시의 성장은 이민자의 유입을 중심으로 이루어지고 있다는 점이다. 미국을 중심으로 하는 신보호주의와 EU 체제의 정치·경제적 분열 증대 경향은 선택적 글로벌화를 야기하고 있고, 이는 기존에 개발도상국에서 선진국을 향하는 이주노동의 흐름을 양극화할 것이다. 미국과 중국의 패권경쟁과 무역전쟁에 따른 신보호주의(new protectionism) 대두는 글로벌 가치사슬(Global Value Chains; GVCs)을 빠른 속도로 재편하고 있다.[44] 세계 각국은 완전한 자유무역주의를 지향하기보다는 GVCs상에서 부가가치율의 제고와 고용 규모가 큰 부문에 대한 보호정책을 실시하면서 산업별, 지역별로 고도로 선택적인 무역 정책을 실시할 것으로 예상된다.

실리콘밸리를 비롯한 도시의 혁신에 주목했던 경제학자 애나-리 색서니언은 엔지니어 및 기업가 계급이 형성하는 초국가적 커뮤니티에 주목하면서 이들을 '신흥 아르고너트(new Argonauts)'라고 지칭했다.[45] 신흥 아르고너트의 특징은 교육을 받거나 일자리를 구하기 위해 해외로 이동한 후 그 나라에서 머물면서 새로운 회사를 창업한다는 점에 있다. 이의 대표적 사례는 인도, 중국, 대만 등 모국에서 엔지니어링을 배운 후에 미국으로 이주하여 사업가들이 된 1세대 아시아계 이민자들이다. 이들은 실리콘밸리와 같은 테크노폴리스에서 경험을 축적하고 관계를 형성함으로써 숙련기술자들로 구성된 이민자 커뮤니티를 형성해나갔다. 이들의 이주패턴은 1990년대까지만 하더라도 전통적인 이주패턴과 흡사했지만, 2000년대 이후 많은 엔지니어들이 자신들의 모국으로 귀환하는 흐름이 부상했다. 이는 모국의 경제성장과 ICTs의 발전 및 기업 국제화에 큰 영향을 미쳤다. 초창기 이러한 역이주(counter-migration)의 흐름은 대만이나 이스라엘처럼 전통적인 엔지니어의 유출국에 국한되었지만, 1990년대 말부터 인도와 중국으로 확대되기 시작했다. IT 부문 엔지니어와 기업가의 초국가적 이주현상은 전통적인 '두뇌 유출' 패턴이 당사국 모두에 호혜적인 '두뇌 순환(brain circulation)'으로 대체된다는 색서니언의 주장을 뒷받침한다.[46]

신흥 아르고너트들은 핵심부에서 배양된 기능, 자본, 기술을 모국으로 주입함으로써 주변부의 성장과 고용 확대에 큰 영향을 끼친다.[47] 한편 최근 들어 서유럽에서 교육을 받거나 고용되었던 폴란드, 루마니아 등 중부 유럽 출신 이주민들의 귀환이나 한국의 고용허가제 하에 고용되었던 베트남 등 동남아시아 출신 이주민들의 귀환은 신흥 아르고너트와는 또 다른 수준에서 국가의 경제발전으로 전유되는 양상을 띠고 있다는 점이 주목할 만하다.

넷째는 교육이주와 초국적 분거가족(split-household family)의 성장이다. 2000년대 이후 폭증하고 있는 글로벌 교육이민은 가족 단위에서 자녀의 사회적 재생산이 위기에 처하거나 불확실한 상태에 놓인 중·상류층의 대표적인 공간 전략이다.[48] 이는 개인주의적·시장주의적 고등교육 시스템의 유지를 위해 개발도상국으로부터 유학생을 유치하려는 미국, 캐나다, 오스트레일리아, 뉴질랜드 등 OECD 영어권 국가들의 이해관계와 정합성을 지니며, 이들 4개국은 세계 유학 인구의 43%를 차지한다.[49] 일반적으로 교육이주민은 '초국적 분거가족'을 형성하고 있으며, 중국, 대만, 한국 등 동아시아권에서는 '기러기 아빠', '우주인 가족', '낙하산 자녀', '위성 자녀', '태공인' 등의 초국적 이주 네트워크가 형성되었다.[50]

이들의 초국적 사회 공간은 학습 가교(bridges to learning)를 통한 가족의 계급 재생산의 도구이다.[51] 보다 최근 필리핀, 인도네시아 등 동남아시아의 경우 북아메리카나 호주에서 체류자격을 얻기 위한 수단으로 유학을 활용하여 현지에서는 불법체류의 상태에서 미등록 노동자로 전환했던 과거의 패턴과 달리, 과거의 동아시아권 유학생들과 같이 현지에서 영어 구사 능력이나 기술교육을 받은 후 OECD 국가들로 이주한 후 모국의 가족들로부터 경제적 지원을 받아 귀환하는 사례가 점차 늘어나고 있다. 반면 동아시아 국가의 경우 지식, 기술, 정보의 유통이 고도화됨에 따라 해외유학을 통한 교육자본 및 문화자본의 획득이 계급 재생산에 효과적인 도구로 작동하는 경향성이 감소하고 있다.[52]

2) 아래로부터의 이주의 물결

첫째, 지정학적 위기와 난민 이슈이다. 한국에서 난민에 대한 관심은 2018년 예멘 출신자 500여 명이 제주도로 유입되면서 부각되었지만, 전 세계적으로 난민은 이미 2010년 이후 가파른 속도로 증가하기 시작했다. 대체로 최근 10여 년간의 난민 유입은 GVCs에서 글로벌 자본이 분산적 집중화(dispersed concentration) 경향을 띠면서, 생산 효율성이 낮고 시장(유효수요)도 작으며 사회 불안정성이 높아 글로벌 자본의 흐름에서 버림받은(고립된) "글로벌 슬럼지구"에서 집중적으로 나타났다.[53] 이 지역에서는 국가 간 또는 국가 내 국지적 분쟁(내전)과 아울러 기아, 빈곤, 범죄 등이 극심해졌고 결과적으로 실패국가(failed states)나 독재국가가 출현했다. 미국의 군사·외교적 영향력 축소와 신보호주의 경향으로 지정학적 원심력이 강해진 것도 요인이다.[54]

유엔난민기구(UNHCR; United Nations High Commissioner for Refugees)에 따르면 2020년 현재 전 세계적으로 강제로 모국을 떠나 흩어진 디아스포라 인구가 8,000만 명으로 추산되며, 이 중 여전히 국경 사이를 부유(浮遊)하는 난민이 약 2,630만 명 그리고 이중 망명 신청자가 약 420만 명으로 추산되고 있다.[55] 대표적인 지역은 2018년 3월에 시작된 '카라반 북상' 운동이 일어난 중남미로서, 멕시코, 미국, 남미로 유입되는 규모만 2020년 현재 500만 명에 육박한다. 특히 베네수엘라의 경우 유가 폭등에서 시작된 인플레이션으로 발생한 난민이 360만 명으로 추산되며, 마약, 마피아, 내전으로 인한 콜롬비아 난민 그리고 범죄와 빈곤으로 인한 엘살바도르, 과테말라, 온두라스 출신의 난민도 100만 명 이상이다. 또한 미얀마 정부군의 로힝야족 토벌로 인해 100만 명의 로힝야족이 난민으로 축출되었으며, 이중 방글라데시 콕스바자르 지역의 난민캠프에 수용된 인원만 90만 명에 육박하고 있다. 중동의 시리아 또한 2010년 '아랍의 봄' 이후 시작된 내전과 물·식량 부족의 원인으로 난민이 급증했고, 현재 700만 명의 인구 중 150만 명이 레바논을 비롯한 인근 국가에서 체류하고 있다.[56]

둘째는 이주노동자의 지속적인 증가와 이를 통해 이주민의 자원을 전유하여 본국의 국가 및 지역 발전에 동원하려는 흐름이다. 특히 해외직접투자(FDI)의 철수에 따른 제조업 부문의 리쇼어링(reshoring) 현상과 IT서비스 부문을 중심으로 하는 디지털 경제의 오프쇼어링(offshoring) 증대가 동시에 나타나고 있다. 우선 루틴화된 생산 기능의 리쇼어링 현상은 개발도상국의 수출 플랫폼(export platforms)에 고용된 비숙련노동의 일자리 감소를 가져오므로 인구 배출 압력의 증가에 영향을 미칠 것이다. 또한 신자유주의 글로벌화로 인해 제조업 기반의 안정적 일자리가 쇠퇴하고 임금 격차가 큰 서비스 부문 일자리에 의해 대체됨에 따라, 선진국 내 임금격차 심화와 양극화에 따른 소득 불평등 뿐만 아니라 금융투자에 의존하는 부의 대물림 현상이 심각한 자산 불평등의 사회문제가 대두되고 있다.

그럼에도 불구하고 대도시에 있어서 '디지털 플랫폼 경제'라고도 불리는 공유경제(sharing economy)는 대도시 서비스 부문 노동시장에 급격한 변화를 야기할 것으로 예측되고 있다.[57] PWC는 공유경제의 가치가 2025년 3천억 달러 이상으로 성장할 것으로 전망했다.[58] 공유경제 중 특히 디지털 아웃소싱 부문은 대체로 전문직이거나 정규직 노동의 보조적인 역할을 수행하지만 대개 개인 계약자나 프리랜서를 활용하는 등 직접 고용을 회피하려는 기업의 전략적 의사결정의 산물이기 때문에 고용안전성이 낮다. 따라서 선진국 대도시에서 디지털 아웃소싱이 가파르게 성장하고 있지만, 실제적 고용은 IT 클라우드 네트워크를 통해 연결된 개발도상국의 숙련노동에 의존하는 경향이 높다. 이는 중동이나 유럽을 향한 기존의 이주노동 패턴 약화를 가져오는 대신, 선진국 내 IT 부문 클라우드 고용시장의 축소를 가져올 것으로 예측되고 있다.[59]

셋째는 귀환이주민의 증가와 귀환이주민 및 디아스포라의 탈영역화된 정치적·경제적 자원의 국가적 전유와 재영역화 전략이다.[60] 2000년대 초반까지만 하더라도 개발도상국의 이주 정책은 주로 선진국으로의 이주노동자 송출을 통해 국제 송금의 유입을 기대하던 노동 수출 정책에 주안점을 두었으나, 최근 이들은 해외의 디아스포라 인력을 고국으로 유입시켜 이주 기업가정신을 통해 본국의 개발을 촉진하는 귀환이주를 촉진하는 '디아스포라 정책'으로 선회하고 있다. 디아스포라 정책은 재외국민과 동포의 송금과 투자를 본국 유입을 촉진하고, 이들의 사회, 문화적 정체성을 강화, 유지하여 본국 출신 이주민들의 초국적 네트워크를 강화하는 정책을 포함한다.[61] 그러나 보다 최근에는 디아스포라 정책에 있어서 국가 이외에 디아스포라 행위자들의 능동성에 초점을 두어 귀환이주민들의 기업가정신, 이익, 개발 간의 관계성을 이해하는 데에 주목하고 있다.

예를 들어, 세네갈은 귀환이주 정책에서 빈번히 언급되는 대표적 사례로서 이미 1970년대부터 전담 기구를 설립하여 재외이주민의 본국 유입을 촉진하는 디아스포라 귀환 프로그램을 설립했고, 2000년대에 들어 이주와 개발 간의 관계에 대한 국제적 관심 고조의 분위기 속에서 국제 개발 협력의 한 방편으로 선진국이 지원하거나 세네갈 정부가 주도하는 다양한 귀환이주 프로그램이 운영되고 있다.[62] 실제 많은 이주민은 경제적 동기로 인해 선진국으로 이주노동을 결심하지만 실제 정착지에서 경험하는 이주노동의 경험과 생활은 저임금 육체노동자로서의 구조화된 삶을 통해 정착지 사회구조를 인식할 수 있게 된다. 또한 본인이 목표로 했던 돈을 한정된 기간 내에 벌어서 저축하는 것의 어려움을 깨닫게 되면서 좀 더 오랫동안 정착을 할 수 있는 방법이나 보다 보수가 높은 직장으로 이직하려는 생각을 갖게 된다. 이런 점에서 이주민이 노동 이외의 다른 경험을 통해 새로운 사업 기회를 접하고 창출하는 것은 정주국 뿐만 아니라 모국에도 도움이 될 수 있다. 세네갈 속담에 '이주로 돈을 못 벌더라도 지혜를 얻는다'[63]는 속담이 있는 것처럼, 개발도상국에서는 이주를 통한 부의 축적이나 경제적 이득은 이주를 통해 얻을 수 있는 여러 이점 중 일부에 불과하며 새로운 지식이나 사업 방식을 통해 사업적 혁신에 눈을 뜰 수 있다는 것을 점차 깨닫고 있다. 귀환이주민들은 단순한 경제적 동기나 사업가적 열망에서 모국에서의 사업에 종사하기보다는 자아실현에 대한 동기, 친인척 및 근린 관계에 대한 의무감, 일자리 창출을 통한 모국 사회에 대한 기여, 자선과 같은 선행적 동기 등을 가지고 있다. 귀국이주민들은 초국적 네트워크를 유지, 활용하고 사회적 소속감을 지닌 비경제적 동기를 갖는 경우가 많다.

넷째, 지구온난화와 환경난민이다. 생태 난민이라고도 불리는 환경난민은 유엔환경계획(UNEP)에서 사용하기 시작한 것으로 '환경파괴로 인해 고향을 떠나야만 하는 이주민'을 지칭하는데, 국제이주기구(IOM)는 제15차 UNFCCC 당사국총회에서는 2009년 기준 환경난민 규모를 4천만 명으로 추산하고 있고 2050년경에는 세계 인구의 15%(10억 명)에 달할 것으로 예측했다.[64] 2016년 제22차 〈UN 기후변화 기본 협약국 회의〉는 2008년 이후 매년 약 2,150만 명이 기후변화로 인해 이주하고 있다고 보고했다. 그러나 현재 유엔난민기구(UNHCR)의 '난민' 정의에는 박해의 요인으로서 '환경'이 포함되지 않기 때문에 국제사회에서 난민으로 인정받지 못하고 있다.[65]

환경난민은 2가지 유형이 있다. 첫째는 해수면 상승과 관련되어 있는데, UNEP 산하 IPCC는 2100년에 해수면이 현재 대비 0.55m 상승할 것으로 예측하고 있다. 이의 영향이 가장 큰 곳은 아시아-태평양 및 인도양 일대 개발도상국의 도서 지역과 해안 지역이다. 인도양의 경우 방글라데시는 2050년경 토지의 17%

를 상실할 것으로 추정되며 인도와 이주계획을 협상하고 있다. 몰디브의 경우 해발고도가 2.4m에 불과하여 2009년부터 인도와 스리랑카로의 이주계획에 들어간 상태다.[66] 태평양의 경우 키리바시는 2050년 이전에 완전히 해수면에 잠길 것으로 예측되고 있으며, 최근 UN과 인근 국가인 뉴질랜드에 난민 자격에 대한 규정 개정과 환경난민 지위 부여를 요구한 상태다.

둘째 유형은 사막화와 관련되어 있는데, 특히 고비사막을 둘러싼 중국 북서부 지역과 사하라사막에 인접한 북·동부 아프리카 및 남부 사헬 지대에서 환경난민의 규모가 급격히 증가하고 있다. 고비사막은 연평균 3,600㎢씩 확장되면서 초지의 사막화로 난민이 급증하고 있고, 이들의 유입을 둘러싸고 몽골과 중국 간 갈등이 고조되고 있다. 또한 북아프리카의 모로코, 튀니지, 리비아도 사막화로 인해 관광객의 유입 감소와 농업 위축으로 잠재적 배출 압력이 증가하고 있고, 소말리아, 에티오피아, 에리트레아에서는 자급자족 농업 기반의 훼손으로 케냐 지역에서 난민캠프가 증가하고 있다.[67]

6. 나가며

요컨대 이주3.5의 시대는 자본주의 축적체제, 기술혁신과 기술 패러다임, 국제 정세의 지정학적 관계, 국가 이데올로기와 시민사회 등 다차원적 영역에서 잠재적 모순이 부상하여 변화무쌍한 갈등이 첨예하게 부딪히는 불확실한 과도기에 있다. 1980년대부터의 신자유주의적 시장자본주의 패러다임은 1990년대 초반 냉전 종식과 더불어 글로벌 자본주의의 성장 속에서 꽃을 피우면서 신국제분업을 보다 공고히 했다. 이 과정에서 지역의 노동시장 또한 글로벌 생산 체계의 공급사슬과 조응하기 위해 재편되는 한편 이주노동 프로그램과 같은 형태나 가족 단위의 이민 프로그램을 통해 선진국 내에서 저임금 노동력을 공급하는 방식으로 변동해왔다. 또한 디지털화, 자동화, 사물인터넷 등을 기반으로 하는 4차 산업혁명은 저숙련 육체노동의 수요를 급격히 감소시키는 한편 반도체, 소프트웨어 개발, 신소재 등 첨단산업 분야에서 엔지니어, 과학기술자 등에 대한 수요를 급격히 증대시키고 있다. 이에 따라 미국의 경우 캘리포니아주의 실리콘밸리와 텍사스주의 오스틴 및 댈러스 등을 중심으로 엄청난 고숙련 전문직 국제이주민이 유입되고 있고, 이와 정반대 세계에 흩어져 있던 중국계 디아스포라의 고숙련 노동인력은 베이징, 상하이, 선전 등으로 빨려 들어가고 있다. 이러한 새로운 지정학적 관계 속에서 기존 숙련노동의 국제이주패턴은 빠른 속도로 변동하고 있다.

한편 시리아, 예멘, 중앙아프리카공화국, 콩고민주공화국, 남수단 등 대내·외적으로 지정학적으로 복잡한 상태에 있는 지역에서는 국내 갈등으로 인해 수백만 명의 이주민이 발생하고 있다. 우리나라와 가까운 사례로서 미얀마에서 정부 당국에 의해 소수민족으로 인정받지 못하는 소수민족인 로힝야인 난민들은 군부와 정부의 탄압을 피해 방글라데시로 떠나고 있고 그 규모는 2021년 현재 80만 명에 육박하고 있다. 또한 최근 군사 쿠데타로 인한 새로운 군부 독재 정치의 등장과 이에 저항하는 시민 불복종 운동은 로힝야족 이외에 미얀마에서 새로운 정치적 난민을 발생하는 요인으로 등장했다. 또한 라틴아메리카의 베네수엘라에서는 급격한 유가의 폭락으로 인한 석유산업의 붕괴와 인플레이션이 발생함에 따라 경제적·정치적 불안으로 수많은 이주민이 발생하고 있고, 이중 상당수가 이른바 카라반 운동을 통해 멕시코와 북아메리카 지역으로 이동하고 있다. 또한 환경 및 기후변화는 도서 지역이나 저지대 해안가를 중심으로 인류의 모빌리티(mobilities)에 큰 영향을 끼치고 있고, 이는 특히 기후변화에 대처할 수 있는 회복력이 취약한 태평양과 인도양 도서 지역의 개발도상국에 심각한 영향을 끼치고 있다.

한편 이러한 이주의 물결은 특정 장소에서 새로운 문화적 융합을 창조하고 있다. 가령 원산지와 국적을 분명히 말할 수 없는 '치킨티카마살라'는 인도의 음식 문화가 방글라데시 출신 이민자에 의해 영국의 로컬 레스토랑에서 융합된 후 글로벌 스케일에서 확대된 문화적 혼성성(hybridity)을 극명하게 보여주는 사례다. 비록 글로벌화되지는 않았지만 '마살라 버거'나 '치킨 티카 패스티'도 로컬 문화의 혼성적 사례에 포함된다.[68] 이 외에도 제2차 세계대전 이후 인도를 비롯한 남아시아 출신 이민자들이 영국에 정착했을 때에는 전통 음식을 만들어 먹을 수 있는 식자재와 취사도구가 부족해서 채식을 하거나 유대인의 코셔 음식을 대체물로 섭취하기도 했다. 또한 일부 무슬림의 경우에는 '무슬림 만찬(full Muslim)'이라 불리는 할랄 고기 위주로 고칼로리의 영국식 아침 정찬을 먹음으로써 주간에 금식해야 하는 라마단의 계율에 순응하는데, 이 또한 영국의 음식 전통과 이민자의 종교적·문화적 전통이 결합된 사례라고 할 수 있다.[69] 중미에 위치한 벨리즈(Belize)도 외국에서 체류했던 이주노동자들이 귀환하면서 새로운 요리법과 재료를 현지에서 창출하여 음식문화를 풍부하게 만드는 데에 기여하고 있다. 또한 프로스포츠 부문의 이주민들은 인종이나 인종차별 또는 이주민에 대한 부정적인 편견을 초월하게 만든다.

이런 점에서 이주민이 주류 집단에 익숙하지 않은 특정한 문화적·사회적 행위를 반복함으로써 이주민의 문화에 대한 적대감이나 혐오를 줄이는 '살라 효과(Salah effect)'는 매우 중요한 사례이다. 잉글랜드 프리미어리그에 소속된 이집트 출신의 축구선수 모하메드 살라는 골을 넣은 후 무릎을 꿇고 땅에 이마를 대는 이슬람 기도인 수주드[70]를 한다. 그는 이슬람 혐오에 대한 항의의 차원에서 이를 수행하는데, 처음에는 이 행위로 2분간 퇴장을 당하기도 했다. 그러나 차츰차츰 시간이 지남에 따라 축구 관중을 비롯한 많은 사람들은 수주드 퍼포먼스에 익숙해지게 되었고, 이슬람에 종교적 행위에 대한 적대감이 줄어들게 되었다.[71] 살라는 단지 경기장 내뿐만 아니라 외부에도 영향을 미쳐서, 2017년 살라가 클럽으로 이적해온 후 리버풀 일대에 증오범죄가 감소했다는 통계를 냈다. 이에 대한 스탠퍼드대학의 한 연구에서는 8천 명의 리버풀 팬에 대한 설문조사를 실시해서 증오범죄 감소에 대한 원인을 파악하고자 했는데, 많은 사람들은 살라로 인해 이슬람이 친숙해졌다고 말했다. 곧, 살라의 이미지는 위협적인 이슬람이라는 편견을 부수는 데에 일조했다. 또한 살라의 아내는 이슬람의 전통 복장(베일)을 한 상태에서 남편을 응원하는 모습도 이와 관련되어 있다. '살라 효과'는 전 세계적으로 사회적 응집력을 고양하는 데에 중요한 이정표가 될 수 있다. 살라는 2019년 《Time》지의 100대 영향력을 지닌 세계 인물로 선정되기도 했다.

이처럼 사회규범은 이주민에 의해서 변동되기도 하며 새로운 문화를 창조해내는 에너지의 원천이기도 하다. 대중문화에서 차이란 귀중한 자산이며 경쟁적인 시장에서는 시장에서 우위를 점할 수 있는 동력으로 작용한다. 이런 점에서 최근 "초다양성(super

수즈드(1860년대)

diversity)" 개념이 강조되고 있고 이 때문에 문화적 융합이나 퓨전이 나타나기도 한다. 이른바 "사회적 송금"이라는 개념 또한 이런 맥락에서 중요한데, 이는 이주민이 이전시키거나 교환하는 새로운 아이디어, 가치, 실천, 습관 등을 가리킨다. 이러한 송금은 편지, 비디오, 이메일, 블로그, 전화 등 다양한 매개체를 통해서 전달된다.[72]

이러한 이주의 여러 물결과 그로 인한 개별 도시와 장소의 변화 속에서 이주3.5의 시대에는 국제이주현상을 정치·경제적 독립변수나 종속변수의 하나로만 간주할 것이 아니라 다양한 스케일에서 모빌리티를 고려함으로써, 국제이주가 인류 사회의 미래에 가져올 변화를 입체적으로 예측할 필요성이 있다. 왜냐하면 이주는 인구변동, 경제발전, 기술변화 등 장기적인 변화와 아울러 갈등이나 위기를 수반한 급격한 이벤트에 의해 단기적인 영향을 동시에 받기 때문이다.

제2장

국제이주 인구의 현황

1. 들어가며: 국제이주 인구의 성장

오늘날 국제이주 인구는 2020년 12월을 기준으로 무려 2억 8,000만 명에 달한다(〈표2-1〉 참고).[1] 전체 인구 중 국제이주 인구는 3.58%에 해당하므로 평균적으로 27명 중 1명이 이주민으로 살아가는 셈이다. 인구수로만 보자면 세계 4위인 인도네시아의 인구에 맞먹는 규모다. 불과 50년 전인 1970년대만 하더라도 국제주 인구는 8,400만 명이었으므로, 지난 70년 사이에 이주 인구가 2억 명이나 증가한 셈이다. 또한 2000년대에 들어 세계 인구 증가율은 5년 평균 5.58~6.66% 수준에 불과했지만, 국제이주 인구는 동기간 10.52~15.43% 수준으로 거의 2~3배에 달할 정도로 급속히 증가하고 있다. 비록 오늘날 이주민은 전 세계 인구 79억 명 중 3.6%로서 1970년과 비교할 때 1.3% 정도 증가했지만, 1970~80년대가 전 세계적으로 급격한 인구 폭발의 시기였다는 점을 고려한다면, 이주 인구는 출생으로 인한 인구 증가보다 훨씬 빠른 속도로 증가한 셈이다.

국제이주 인구의 지리적 흐름을 살펴보면, 국제이주 인구의 유출을 주도하는 상위 국가에는 인도, 멕시코, 중국, 러시아, 시

연도	이주민 수(명)	증가율	세계 인구(명)	증가율	비중(%)
1970	84,460,125	6.99	3,695,390,336	10.12	2.29
1975	90,368,010	12.85	4,069,437,231	9.20	2.22
1980	101,983,149	11.01	4,444,007,706	9.40	2.29
1985	113,206,691	35.12	4,861,730,613	9.35	2.33
1990	152,968,157	5.44	5,316,175,862	8.03	2.88
1995	161,289,976	7.40	5,743,219,454	7.06	2.81
2000	173,230,585	10.52	6,148,898,975	6.66	2.82
2005	191,446,828	15.43	6,558,176,119	6.52	2.92
2010	220,983,187	12.21	6,985,603,105	6.31	3.16
2015	247,958,644	13.16	7,426,597,537	5.58	3.34
2020	280,598,105	–	7,840,952,880	–	3.58

<표2-1> 국제이주 인구 현황
자료) IOM, 2021, 23

리아, 방글라데시, 파키스탄, 우크라이나, 필리핀, 아프가니스탄, 인도네시아, 폴란드 등이 포함된다. 이 중에서 인도, 멕시코, 중국 3개국은 이주노동자 송출의 핵심 국가로서 선진국의 저임금 미숙련 노동시장으로 유입되고 있다. 그러나 최근 방글라데시, 인도네시아 등 남아시아 개발도상국이 이주노동자 유출의 규모가 급속히 증가하고 있다. 시리아의 경우에는 난민이 압도적으로 높은 비중으로 차지한다.

한편 국제이주 인구가 향하는 유입국에는 미국의 비중이 압도적으로 높은데, 이는 글로벌 자본주의라는 '비가시적 제국의 중

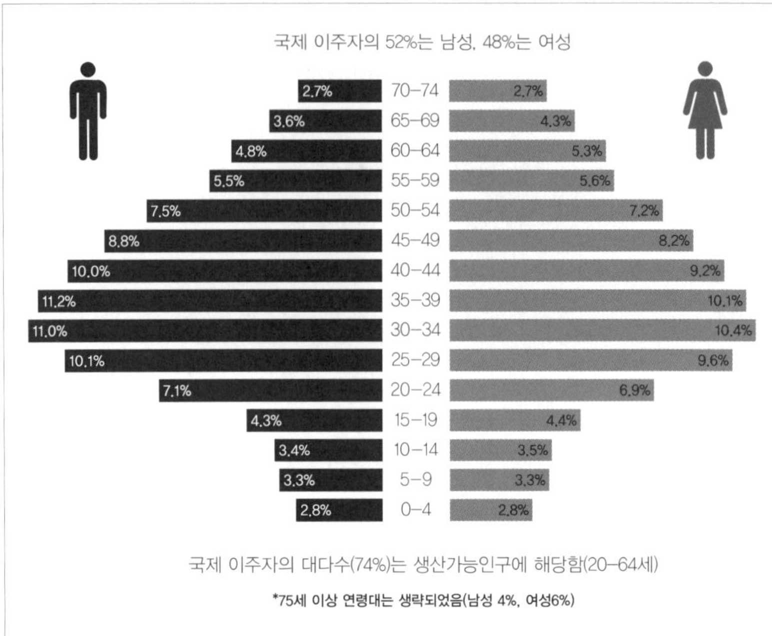

<그림2-1> 국제이주민의 성별 인구구조
자료) IOM, 2019, 22

심'으로서 미국 내 하위 노동시장의 규모가 중국의 비약적인 경제 규모 성장에도 불구하고 여전히 큰 비중을 차지하고 있음을 드러낸다. 다음으로 독일, 사우디아라비아, 러시아, 영국, 아랍에미리트공화국, 프랑스, 캐나다, 오스트레일리아, 이탈리아, 스페인, 터키 등이 포함된다. 건설 및 돌봄 부문 이주노동자의 유입이 주를 이루는 사우디아라비아와 아랍에미리트공화국을 제외하면 대체로 유럽의 선진국이 큰 비중을 차지하고 있음을 알 수 있는데, 여기에는 이주노동자 외에도 난민이나 망명 신청자의 유입도 적지 않은 규모를 차지하고 있다.

둘째, 국제이주 인구를 구성하는 집단은 다양하다. 우선 국제이주 인구의 성별 특성을 보면 30세부터 40세 사이의 생산가능 인구가 가장 두터운 층위를 보이는 것처럼 이주는 '노동력'의 문제와 직결되어 있다. 전체 국제이주 인구 중에서 개발도상국에서 선진국으로 유입, 정착한 이주노동자는 2020년 현재 남성이 1억 명에 육박하고 있고 여성은 8,000만 명에 달하며, 이들이 정착지에서 본국으로 송금하는 외환 규모는 1억 달러에 육박한다. 또한 유엔난민기구(UNHCR)가 관할하고 있는 난민 인구는 3천만 명에 달하며, 폭력과 갈등으로 인한 국내 실향민(IDPs; Internally Displaced Persons) 인구는 5천만 명에 달한다. 이러한 난민과 실향민의 급속한 증가는 글로벌 자본주의의 성장 과정에서 자본의 유입에서 이탈한 개발도상국의 권위주의 국가나 실패 국가를 중심으로 나타나고 있다. 뒤에서 살펴보겠지만 이러한 난민, 망명 신청자, 실향민의 상당 인구는 선진국이 아닌 지리적으로 인접한 개발도상국으로 유입되고 있다. 가령 적도기니와 같은 아프리카 국가는 이주민 유입으로 큰 인구 변화를 경험하고 있어 국내의 경제적 부담과 사회적 갈등이 증가하고 있다.

오늘날을 '이주의 시대'라고 부르는 것은 이러한 국제이주 인구의 양적 성장의 측면 때문만은 아니다. 오히려 이주의 패턴과 그 특징이 과거와 비교할 때 질적으로 상이한 특성을 나타내고 있기 때문이다. 『이주의 시대』를 출간한 캐슬과 밀러는 현대 국제이주의 경향성을 대략 6가지로 요약해서 제시한 바 있다.[2]

첫째는 사실상 세계의 모든 지역에서 이주민이 발생하고 있고 이주의 지리적 스케일이 전 세계로 확장된 '이주의 글로벌화' 현상이다. 이주민의 지역적 이동 범위가 확장되는 것은 인구의 거리마찰을 줄이는 교통·통신 비용의 감소 때문이다. 둘째 경향은 이주의 양적 성장률이 높아지는 '이주의 가속화'로 이주 인구의 비중이 증가하는 것을 지칭한다. 셋째는 이주의 원인, 유형, 방식 등이 더욱 다양해지는 '이주의 차별화'이다. 이는 출신 국가나 지역뿐만 아니라 성, 계급, 나이, 직업, 인종 및 민족집단 등 이주민의 스펙트럼이 확대되는 현상을 일으킨다. 넷째는 남성보다 여성의 이주 증가율이 훨씬 높은 '이주의 여성화'이다. 이는 개발도상국에서 가족 및 커뮤니티의 재생산이 위기에 처해 있음을 방증하는 것일 뿐만 아니라 선진국에서 돌봄노동이나 가사노동 등 저임금 미숙련 여성 노동에 대한 수요가 증가하는 것과 관련되어 있다. 다섯째는 국제사회의 정치에 있어 이주가 핵심 화두로 떠오르게 된 '이주의 정치화'이다. 특히 세계 여러 지역에서의 지정학적 위기로 난민, 망명 신청자, 실향민 인구는 계속 증가하는 추세에 있고, 이들에 대한 선진국의 국경 통제와 관리도 점차 많은 이슈를 낳고 있다. 마지막은 이주의 경유지가 과거에 비해 훨씬 다양해지고 있는 이주 경유지 증가 현상이다. 이주 방식과 루트에 대한 감시와 통제가 엄격해짐에 따라 이주민의 이주 전략 또한 이에 상응하여 유연하게 바뀌고 있는 것이 현실이다.

이처럼 양적·질적으로 그 이전과는 다른 패턴을 보이는 '이주의 시대' 부상에 영향을 미치는 공통 요인은 신자유주의 패러다임이 주도하는 자본주의의 글로벌화라 할 수 있다. 여기에는 교통 및 통신 기술의 혁신에 따른 시·공간 압축, 자본투자와 소득 증가의 공간적 집중이 야기한 경제적 양극화, 지역, 인종, 성 등에 기반을 둔 노동시장의 분절화가 깊이 개입되어 있다. 따라서 현대 이주를 둘러싼 이러한 외부환경과 요인의 구조적 변동을 이해하는 것이 필수적이다. 가령 일본, 한국, 싱가포르와 같은 아시아의 탈산업화 국가들은 산업(생산) 부문에서 비숙련의 저임금 남성 노동력뿐만 아니라 서비스(생산) 부문에서도 유순한 여성 노동력을 동시에 필요로 한다. 그리고 아시아의 개발도상국은 농업 부문에서의 생산성 향상과 선진국으로부터의 저렴한 식량작물 수입으로 인해 일자리 기회의 급격한 감소를 경험하여 빈곤이나 저임금 비공식 경제에 종사하기 때문에 국제이주를 통해 생계를 유지하려는 전략을 구사한다.

국제이주 인구는 초국적 기업과 글로벌 금융자본의 성장과 나란히 지역 및 국가 경제는 물론 사회 시스템에 영향을 미치는 중요한 사회 공간 주체들의 집단으로 등장했다.[3] 일반적인 수준에서 이주민은 이주노동자와 같은 비숙련노동뿐만 아니라 초국가 투자자, 엘리트, 기업가, 기타 전문 노동자와 같은 광범위한 숙련노동력을 포함한다.[4] 따라서 글로벌 자본주의의 맥락에서 나타나는 이주의 시대는 크게 초국적 투자자, 고숙련 전문직 노동, 첨단산업 부문 엔지니어 등으로 대표되는 '위'로부터의 초국가주의와 이주노동자, 결혼이주여성 등 선진국에 노동 유연성을 공급하는 '아래'로부터의 초국가주의 흐름의 두 양상으로 전개되고 있다. 가령 영어를 사용하는 필리핀 이주자들은 싱가포르나 일본 등 부유한 아시아 국가나 북미로 이주하는 경향이 지속되고 있고, 방글라데시, 네팔 등 남아시아와 베트남 등 동남아시아의 저소득층 출신 남성 이주민은 해외의 이주노동자 프로그램을 적극적으로 활용하고 있다. 이와 동시에 투자자, 기업가, 전문직 종사자, 엘리트 계층, 중산층 교육이주자들을 포함한 소위 '초국가적 자본가 계층'은 전 세계에서 더 나은 기회를 얻기 위해 더 높은 이동성을 적합하게 한다.[5]

2. 국제이주 인구의 유형화

국제이주에 대한 관점은 이주의 요인과 발생 요인, 이주 과정의 패턴과 특징, 이주민의 인구학적 특성, 이주 이후의 경제활동 등 이주 프로세스 전반에 걸친 과정에 따라 다르다. 그리고 이는 국제이주 인구를 어떻게 분류하거나 유형화할 것인지에 영향을 미친다. 이 가운데 최근 세계은행(World Bank)에서는 이주노동에 대한 경제학적 관점과 국제법적 관점 두 가지를 중심으로 국제이주 인구를 간략하면서도 통찰력 있게 유형화했다. 이 절에는 이를 간략하게 다룬다.[6]

우선 노동경제학에서는 '노동자가 국경을 넘어 출신 국가보다 더 생산적으로 노동력을 활용할 수 있는 국가로 이동'하는 것을 이주라고 정의한다. 이주의 근본적인 원인을 노동시장의 지리적 불균등성에서 찾고, 이를 추동하는 시장의 힘이 자본과 노동이라는 생산요소의 이동과 국가 간 배분을 주도한다고 본다. 이러한 관점에서 볼 때 사람들의 자유로운 이동은 글로벌 자본주의 경제가 효율적으로 작동하는 데에 핵심 요소이며, 이주노동은 국경 및 기타 정책적 제한으로 인한 마찰 없이 가장 생산적인 곳으로 이동할 수 있도록 허용되어야 한다.

노동경제학에서는 정착지에서 이주민이 지닌 기술, 자격, 전문적 경험과 이를 생산적으로 활용할 수 있는 정도에 초점을 둔다. 노동 유입이 이루어지는 정착 국가의 입장에서는 자국 내 노동력보다 숙련도와 기능 등에 있어서 보다 적합한 노동을 해외에서 찾고자 하며, 이런 측면에서 이주민이 현지의 노동시장에서 활용할 수 있는 기술을 지니고 있다는 것은 현지 기업이나 국가 또는 지역의 입장에서 보완적인 기능을 제공할 수 있음을 의미한다. 이러한 보완성은 정착 국가의 생산성을 높인다. 한편 저임금 미숙련 노동자의 유입 또한 정착 국가의 입장에서는 이주노동자를 대체 인력으로 활용함으로써 산업 전반의 요소비용을 절감하여 상품과 서비스의 대외 경쟁력을 높인다. 고용 주체, 소비자, 유통업자, 투자자 등의 입장에서는 이로부터 편익을 취득하나, 기존의 근로자는 임금 하락의 위험과 실업 가능성을 경험한다. 보완기술과 대체기술의 구분은 기술 수준이 아니라 노동시장의 요구와 얼마나 일치하는지에 따라 결정되며, 높은 기술과 낮은 기술 모두 보완기술이나 대체기술이 될 수도 있다.

한편 이주민이 제공하는 노동의 기술 수준이나 관련 특성이 목적지 노동시장의 수요와 일치하여 이주민이 정착 국가에 안정적으로 고용되면, 이주민을 송출한 국가의 입장에서도 혜택을 받는다. 특히 이주노동자를 송출하는 국가의 입장에서는 주로 정착 국가보다 임금 수준이 낮은 개발도상국인 경우가 많으므로, 이주민은 모국에서 근로할 때 더 생산성이 높은 경제에 소속되어 더 많은 임금을 받으므로 모국에서는 이주민의 송금을 통해 경제적 이득을 얻는다. 이뿐만 아니라 이 책 후반부에서도 살펴보겠지만 선진국으로부터의 귀환이주민(return migrants)은 선진국에서 학습한 지식과 기술을 익힌 상태로 귀국하므로 모국(개발도상국)의 입장에서는 자국의 경제발전을 위해 동원할 수 있는 숙련노동의 풀과 기술을 확대할 수 있게 된다. 더군다나 귀환이민자는 기술 외에도 사업가적 경험, 새로운 문화와 관습, 정착지에서의 또는 초국적 수준에서의 사회적 네트워크 등을 모국으로 함께 이전하므로 개발도상국이 취할 수 있는 잠재적 이익은 더욱 크다고 할 수 있다.

앞서 국제이주 노동시장이 얼마나 효과적으로 작동하는가는 이주민이 지닌 기술과 현지 정착 국가의 노동시장이 필요로 하는 수요의 매칭 정도에 달려 있다. 그러나 이들 이주민이 (그리고 그 가족이) 현지에 뿌리를 내리고 정착하는 과정에서 필수 불가결하게 교육, 의료, 복지, 인프라 등 공공서비스가 요구되므로 일정한 재정 지출이 발생한다. 이뿐만 아니라 앞서 언급했던 바와 같이 현지 노동을 대체하는 이주노동의 규모가 증가하게 되면 실업을 비롯한 각종 사회·경제적 문제를 해결하는 데에도 일정한 비용이 발생한다는 점도 중요하다. 따라서 세계의 많은 국가에서는 이주노동의 유입에 따른 편익과 비용의 비교를 토대로 이주 정책을 수립, 실행하고 있다.

둘째, 노동시장의 지리적 차이에 의해 발생하는 이러한 이주는 대개 자발적 이주이고 시장의 경제적 기회에 따라 좌우되나,

이주는 근본적으로 '국경(border)'이라는 국가의 영토를 횡단하는 행위이기 때문에 법적인 접근도 중요하다. 특히 이주민이라는 인간에 대한 개별 국가와 국제사회의 '보호의 책임'이 중요하다. 여기에서는 노동시장의 논리보다는 인간으로서 지녀야 할 권리와 존엄성을 보장하기 위한 국가라는 정치적 체제의 책임과 주권의 문제가 우선시된다. 현행 국제법에서는 국제법상 국가 영토에 입국할 수 있는 사람을 선택하는 것은 국가 주권의 문제로서, 국가는 누구를 어떤 자격으로 입국시킬지 결정한다. 이러한 결정은 해당 국가가 일방적으로 결정할 수도 있고 국제협약이나 양자 간 협정 등을 통해 이루어질 수도 있다.

오늘날 중요한 것은 국가의 주권적 결정임에도 불구하고 보편적으로 통용될 수 있고 (통용되어야 하는) 이주 관련 규범이 이민자에 따라서도 다르고 국가 간에도 불평등하다는 사실이다. 인간의 존엄성과 권리는 1948년 《세계인권선언》, 1951년 《난민의 지위에 관한 협약》, 1967년 《G7 난민의 지위에 관한 의정서》가 핵심을 이루고 있고 2018년에 인준된 《안전하고 질서 있고 정규적인 이주를 위한 글로벌 협약》 등이 국제사회의 규범을 이루고 있다. 이러한 국제사회의 규범이 가정하고 있는 것은, 이주민이 이주 도중에 있든, 국경에 있든, 정착지에 있든지 인간으로서 모든 이주민에게도 동등하고 완전하게 적용된다는 것을 의미한다. 그러나 이주민 집단 중 특히 노동계급, 여성, 아동, 노인, 장애인 등은 이주 과정에서 폭력이나 학대에 노출되는 경우가 적지 않고, 많은 이주민은 인종차별, 외국인 혐오 등 다양한 불평등을 경험하고 있다.

오늘날 국제법상 모든 사람은 자신이 소속된 모국(주권 국가)에 의해 (또는 모국과 거주 국가 간의 협정을 통해) 인간으로서 존엄성을 지킬 권리를 보장한다. 그러나 국가가 분쟁이나 박해 등의 이유로 일부 시민의 권리를 보호할 의사가 없거나 보호할 수 없는 상황이 발생할 수 있는데, 국제법은 이러한 사람을 "난민"라고 정의한다. 뒤에서 살펴보겠지만, 난민은 출신 국가로 돌아갈 경우 "충분한 근거가 있는 공포"를 증명할 수 있는 사람으로 난민 지위는 1951년 《난민 지위에 관한 협약》에 의해 거주 국가의 보호를 받을 수 있다. 또한 난민은 다른 국가로의 강제송환 금지 원칙을 적용받는다. 그럼에도 불구하고 많은 국가의 경우 난민은 '바람직하지 못한' 타자로 차별을 받는 경우가 많다.

노동경제학과 국제 보호의 관점은 이주민에 대한 접근이 극명하게 다르다. 전자는 난민의 발생과 난민에 대한 처우를 자본주의 체계 내의 편익과 비용에 따른 합리적 시장 논리로 설명하지 못한다. 반면 난민의 생명과 존엄성 보호에 대한 국제법적 접근은 난민이나 난민 신청자가 유입되는 국가의 재정적 소요와 비용, 노동시장에의 영향, 복지, 교육 등 공공서비스 공급의 비용 등의 문제를 접근하기에 한계가 있다. 이런 점에서 세계은행은 노동경제학에서 말하는 순이득과 순비용의 관계 그리고 국제법에서 말하는 이주민 수용에 대한 의무와 재량권의 관계를 통합하여 이른바 "매치·동기 매트릭스(Match and Motive Matirx)'를 제시했다(〈그림2-2〉).[7]

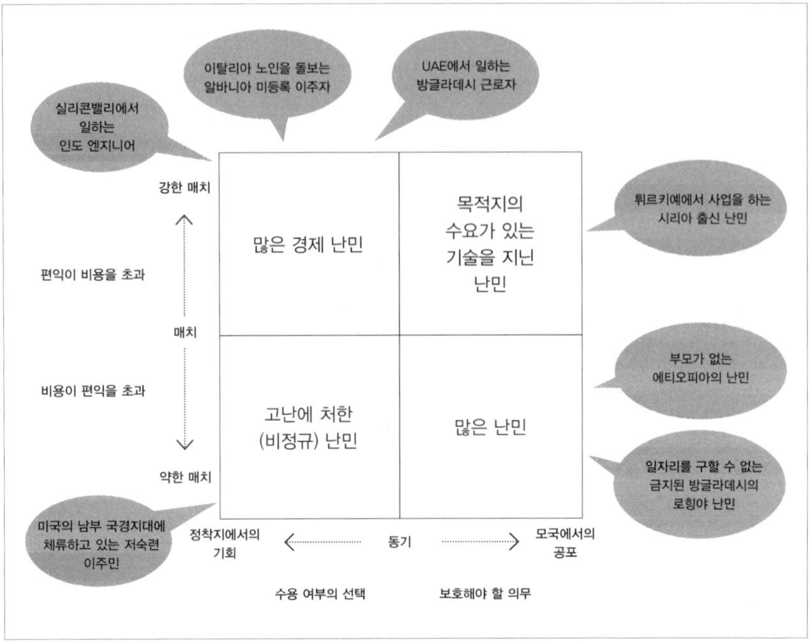

<그림2-2> 이주의 매치와 동기 매트릭스
주: '매치(match)'는 이주민 수용을 통해서 얻을 수 있는 편익에 의해 결정되며,
'동기(motive)'는 국제적 보호의 필요성에 의해 결정됨
자료) World Bank, 2023, 6

세계은행이 최근 새롭게 제시한 매치·동기 매트릭스의 가장 큰 장점은 다양한 유형의 이주민을 4가지 유형으로 분류하여 개별 국가가 각 유형 및 그에 따른 이슈에 대응할 수 있는 정책적 대안이나 수단을 개발할 수 있는 프레임이 될 수 있다는 점이다. 또한 각 국가는 선택된 정책적 대안을 역사적으로, 지리적으로 고찰하거나 비교하기에 용이하고, 특정한 유형을 대상으로 한 정책적 수단이 다른 유형의 이주민에 어떤 영향을 미칠지를 대

략적으로 가늠할 수 있다. 세계은행이 제시하는 매치(match)란 이주민이 (특히 경제적 목적의 노동이주민이) 정착하려는 국가나 지역에서 요구하는 기술이나 관련된 자질이 이주민의 기술이나 관련 자질과 일치하는 정도를 지칭한다. 매치의 정도는 '강한' 매치에서 '약한' 매치까지 구별해서 살펴볼 수 있다. 이는 국제 노동이주에 대해 접근할 때 기존의 숙련노동과 비숙련노동의 이분법적 프레임이 갖는 한계를 극복하고 이를 통합적으로 이해할 수 있다는 점에서 새롭다. 왜냐하면 숙련노동과 비숙련노동의 국제이주패턴을 보면 양자가 서로 다른 목적지나 이동 패턴을 보이기보다는 오히려 상호 관련성이 높게 나타나기 때문이다. 가령 미국의 경우 숙련노동의 유입도 많지만, 비숙련노동의 유입도 많은 편이다.

한편 동기(motive)는 이주민의 이주 동기를 지칭하는데, 이는 박해, 내전, 폭력 등의 이유로 모국으로부터 공포를 느끼는 정도에서부터 정착지에서 획득할 수 있는 양질의 일자리나 더 높은 소득 기회를 찾아야 하는 환경의 정도를 지칭한다. 기존의 이주이론에서 보면 전자는 모국의 배출요인이고 후자는 목적국의 흡인요인이라고 할 수 있다.

이주민의 자질과 정착지에서 요구하는 자질 간의 '매치'와 이주민의 이주 '동기'를 두 축으로 하여 국제이주민을 4가지 유형으로 분류하면 다음과 같다.[8]

① 매치가 강한 난민(1사분면): 첫 번째 유형은 모국에서의 두

려움이나 공포를 피해 이주한 이민자들이 정착지의 노동 필요와 수요와 매칭이 되는 경우이다. 시리아의 일부 난민 중 인접한 튀르키예에서 사업가로 활동하는 사례가 이에 해당한다. 시리아 난민은 시리아 내전이라는 배출요인으로 발생했으나 이 중 일부는 기회를 찾기 위해 이주하며, 이들은 정착 국가의 필요와 일치하는 기술과 특성이 있다. 이 집단은 이동은 경제적 기회 등을 추구하는 다른 자발적 이주민과 마찬가지로 정착 국가에도 개발 혜택을 가져온다. 정착지 국가의 입장에서는 정책 목표는 이들의 사업을 안정화하여 경제적 순이익을 더욱 늘리는 것이어야 한다.

② 매치가 강한 경제 이민자(2사분면): 대개의 이주민은 더 나은 기회를 찾아 이동하며 자신에게 적합한 목적지를 선택하며, 이들의 이동은 법적 지위와 관계없이 이주민 자신, 정착지 그리고 출신국에 상당한 경제적 개발 혜택을 가져온다. 이 유형에는 실리콘밸리에서 일하는 인도 출신의 엔지니어와 같은 고숙련 이주민에서부터 이탈리아에서 노년층 돌봄 노동자로 일하는 알바니아 출신의 미등록 이주민과 같은 미숙련 노동에 이르기까지 노동의 질의 상반된 경우가 모두 포함된다고 볼 수 있다. 물론 이 유형의 이주 흐름은 개발도상국에서 북미나 유럽과 같은 선진국으로의 이주가 가장 대표적이다. 이주에 수반되는 비용이 3자 모두에게 발생하나 국제이주로 인해 달성할 수 있는 편익

튀르키예에 도착한 시리아 난민 소녀(2016)

이 더 크다는 점에서 이주민 당사자와 출신국 그리고 정착지 국가 등 3자의 이해가 잘 맞는다. 정책적 목표는 이주의 혜택을 더욱 늘리고 비용을 줄이는 것이다.

③ 고난에 처한 이주민(3사분면): 세 번째 유형은 '고난에 처한' 이주민으로서 이주에 따른 편익이 이주를 위한 비용보다 적은 경우이다. 이 유형에 해당하는 이주민은 경제적 기회나 보다 나은 삶의 질을 위해 이주하는 자발적·경제적 이주민에 해당하나, 실제 정착지에서 필요로 하는 기술이나 노동 특징을 확보하지 못한 경우이다. 미국 남부 국경지대로 유입된 라틴아메리카 출신의 난민들이 이에 사

례라고 볼 수 있는데, 이들은 정착지 사회 경제 시스템에 뿌리를 내리지 못하고 고난에 처한 경우가 많다. 난민 자격이 없거나 목적지에서 난민으로 인정받지 못한 이주민으로서, 총인구는 많지 않으나 이주 경로와 패턴이 불규칙하고 안전하지 않은 경우가 많아 목적지 국가에 상당한 문제를 제기한다.

④ 매치가 약한 난민(4사분면): 마지막 유형에는 모국에서 정치적·경제적·환경적 고난이나 어려움을 피해 외국으로 떠났으나 실제 정착지가 필요로 하는 자질을 갖추지 못한 이주민이 해당한다. 이는 상당한 배출요인의 영향을 받으면서도 이주에 따른 편익이 비용보다 낮은 경우인데, 세계은행 자료에서는 방글라데시 동남부로 유입된 미얀마 북부 출신의 로힝야 난민이 이의 사례에 해당한다고 보고한다. 로힝야 난민을 비롯한 많은 난민은 목적지 사회의 요구와 필요에 부합하는 기술과 특성을 갖지 못한 경우가 많다. 이들은 노동시장을 고려하는 것이 아니라 안전에 대한 즉각적인 필요에 따라 목적지를 선택함. 국제법에 따라 이러한 난민을 수용하는 것이 모든 국가의 의무이며, 정착 국가는 이에 수반되는 비용을 줄이는 것에 초점을 둘 필요가 있다고 본다.

이주의 매치와 동기 매트릭스에서 이주민의 위치는 정착 국가의 정책에 따라서 결정된다. 가령 이주민의 기술과 특징이 정착 국가의 요구사항과의 여부는 해당 이주민이 정착 국가에서 일할 수 있는 권리가 있는지에 따라 달라진다. 각각의 이념형적 유형을 경험적 수준에 고찰하면 다음과 같다.

첫째, '매치가 강한 난민'은 모국에서의 정치적 박해나 위험에 대한 공포를 피해 이주하는 사람들이면서 체류 국가의 경제적·사회적 요구와 기술 및 특성이 일치하는 경우이다. 이러한 난민은 비록 정규적인 이주 집단에 해당하지는 않지만, 보완 노동에 종사할 수 있는 잠재력을 가지고 있어 정착 국가의 경제와 사회에 기여도가 높다. 오늘날 시리아, 베네수엘라 볼리바르 그리고 최근 우크라이나 등을 떠난 고숙련 전문가 집단 난민이 이에 속하며, 파키스탄의 아프간 트럭 운전사나 동아프리카의 소말리아 상인들도 이에 속한다. 정착 국가는 국제법에 따라 이들을 수용해야 할 의무가 있으면서도 이들의 수용이 노동시장을 보완할 수 있으므로 경제적인 편익도 발생한다.

둘째, '매치가 강한 경제 이민자'는 정착 국가에서 경제적 기회를 찾는 이주민으로 노동 기술과 특성이 정착지의 요구와 매우 일치하는 이주민이다. 이들은 이주민 본인과 그 가족은 물론 정착 국가와 모국 등 3자 모두에 있어서 편익을 가져온다. 대부분의 경제 이민자와 그 가족은 이에 포함되는데, 여기에는 실리콘밸리에서 일하는 인도 출신의 IT 엔지니어에서부터 걸프협력회의(GCC) 국가에 고용된 남아시아 출신의 건설 노동자나 싱가포르에 고용된 가정 돌봄 노동자까지 이에 포함된다. 또한 정착 국가에서 합법적 체류자격이 없더라도 기술과 특성으로 현지 노동시장의 공백을 메우는 미등록 이주민도 이에 해당된다. 노동 경제학에 따르면 이러한 모든 이주민에게 이주는 본인, 출신 국가, 목적지 국가 모두에 순이익을 가져다준다.

세 번째의 '고난에 처한 이주민' 집단은 정착 국가의 노동시장이 요구하는 기술이나 특성과 이주민의 요구와 일치하지 않는 집단으로 위의 4가지 유형 중에서 가장 취약한 상태에 놓여 있다. 이들은 난민의 지위를 획득하지 못하기 때문에 국제법의 보호를 받지 못하기 때문에 정착 국가가 이들을 수용할 의무를 갖고 있지 않다. 많은 경우 이들의 모국은 정치적·경제적으로 가망성이 없는 실패 국가(failed state)이거나 권위주의 정부를 형성하고 있기 때문에 모국으로 귀환도 이들에게 대안이 되기 힘들다. 주로 상당한 위험과 고통을 수반하는 불규칙하고 불안정한 이동을 하는 이주자들 미국-멕시코 국경 인근으로 이주하는 남미 및 북미 출신의 이주 행렬이 이에 해당한다.

마지막은 출신국에서의 박해나 심각한 위험에 대한 공포 때문에 이주하는 난민으로 국제법상의 보호를 받지만, 기술과 특성이 정착 국가의 노동시장과 일치하는 정도가 낮은 경우이다. 분쟁이나 박해를 피해 탈출하는 대부분이 이에 해당한다. 이 중 일부는 정식으로 난민 지위를 인정받기도 하나, 방글라데시에 체류하는 미얀마 출신의 로힝야족과 같이 난민으로 인정받지 못해서 수용소(캠프)에 수용되어 경제적·사회적 자유가 지극히 제한된 상태에서 생존의 어려움을 겪는 경우가 많다. 많은 국가는 이들에 대한 보호 의무에도 불구하고 상당한 비용이 발생하며, 이 중 많은 국가는 인근의 개발도상국인 경우가 많아서 UN을 비롯한 국제사회의 협력적 거버넌스가 중요한 역할을 한다.

3. 국제이주의 주요 집단

1) 이주노동자

국제이주 인구 중 UN을 비롯한 국제사회에서 가장 큰 관심을 두고 있는 집단은 정기 이주민을 대표하는 이주노동자 집단과 난민 신청자를 비롯한 비정규 이주민 집단이다. 전자는 각 국가 및 지역 경제의 교류와 발전에 중요한 역할을 하고 있을 뿐만 아니라 개발도상국 내 저소득층 가족 및 커뮤니티의 생계에 동맥과 같은 역할을 한다. 후자는 유럽이나 북아메리카의 국경통제 및 선진국 내 사회 통합과 연관되어 최근 국경 안보의 중요 이슈로 떠오르고 있다. 다음 절에서는 정규 이주민의 대표적인 집단인 이주노동자와 난민, 망명 신청자 등을 포함하는 비정규 이주민에 초점을 두고 UN 국제이주기구(UN International Organization for Migration)에서 매년 발간하는 《세계이주보고서》의 내용을 중심으로 국제이주 인구의 현황을 살펴본다.

국제노동기구에 따르면 전 세계의 이주노동자는 약 1억 7천만 명으로 추산되는데 이는 전체 국제이주 인구의 62%

를 차지하며, 이 중에서 남성이 58%(9,600만 명)이고 여성이 42%(6,900만 명)를 차지하는 것으로 추산된다. 또한 이주노동자의 67%가 고소득 국가에, 29%가 중소득 국가에 거주하는 등 이주노동자의 96% 정도가 소득수준 중상위 국가에 체류하는 것으로 나타난다(ILO, 2021).[9] ILO에 따르면 2013년에 고소득 국가의 체류 비중이 86.9%에 달했고 중소득 국가의 비중이 11.7%를 차지했음을 고려할 때, 선진국에서는 이주노동자의 비중이 감소했으나 인도, 중국 등 중소득 국가의 경제성장이 이주노동자의 유입을 야기한 것으로 추정된다. 이주노동자의 분포를 국가별로 살펴보면, 모든 이주노동자의 61%에 해당하는 1억 명이 북아메리카, 아랍국가, 서부·남부 유럽에 분포하고 있다. 남아시아와 아랍국가는 성비에서 남성의 비율이 압도적으로 높게 나타난다. 걸프국가들에서 이주노동자들은 건설업과 가사노동 부문의 95% 이상을 차지하고 있다.

이주노동자와 관련해서 가장 중요한 이슈는 이들이 본국의 가족에게 보내는 국제 송금으로 이는 가족 및 커뮤니티의 생계 외에도 송출국의 외화 획득과 경제발전에 중요한 역할을 한다. 국제 송금 데이터에는 각종 스마트폰 앱을 이용한 비공식적인 송금 활동이 포착되지 않는다는 한계가 있지만, UN에 따르면 2000년 당시 1,280억 달러로 추산되던 송금 규모는 2020년 현재 7,020억 달러로 6배 가까이 증가했다.[10] 국제 송금은 개발도상국으로의 외환 유입과 경제성장에 중요한 역할을 한다. 이는 크게 두 가지 측면에서 그렇다. 첫째, 1990년대 중반 이후 국제이주민의 송금 규모는 공적개발원조(ODA) 규모를 앞지르기 시작해서 오늘날 5배나 더 많다. 따라서 개발도상국의 경제발전에 있어서 국제이주민이 지닌 경제 자본의 영향이 매우 증대되었음을 알 수 있다.

국제 송금의 유입을 살펴보면 〈표2-2〉와 〈표2-3〉과 같다.[11] 2020년 현재 국제 송금의 유입은 인도, 중국, 멕시코, 필리핀, 이집트, 파키스탄, 프랑스, 방글라데시, 독일, 나이지리아가 10대 유입국으로 나타나 있다(이 중에서 프랑스와 독일의 경우는 해외로 진출한 기업에 근무하는 직원이 본국의 가족에게 송금하는 규모가 큰 것으로 생각된다). 송금액의 유입 규모를 2005년과 비교할 때 전체적으로 인도, 중국, 멕시코, 필리핀 등 전통적으로 해외로부터의 송금액이 비교적 큰 국가는 계속해서 그 규모가 큰 것으로 나타났다. 2005년 대비 송금액 비중 10권에 새로 진입한 국가에는 방글라데시, 이집트, 파키스탄이 포함되는데 이들 국가는 대개 국내 정치적 불안과 경제적 곤란이 과거 대비 가중된 국가인 것으로 보인다.

2018년 현재 글로벌 송금액은 6,890억 달러에 달하며, 저소득 및 중위소득 구가로의 송금액은 5,290억 달러에 달한다. 중국을 제외하면 2018년 현재 중, 저소득 국가로의 송금액은 해외직접투자(FDI)를 넘어서는 규모이다. 한편 국제 송금을 FDI 규모와 비교할 때, FDI는 1990년대 초반 이후 계속 국제 송금 규모를 앞질러 왔고, 특히 2000년대에 들어 빠른 속도로 증가해왔다. 그러나 2010년대에 들어 FDI 규모가 감소하기 시작했으며,

2019년에는 국제 송금 규모가 FDI를 앞지르는 시점에 도달했다. 이는 개발도상국에 대한 영향력에 있어서 선진국에서의 자본투자보다 해외이주민들의 경제 자본이 훨씬 큰 영향을 발휘한다는 것을 함의한다. 또한 FDI 규모는 세계 경기변동에 큰 영향을 받고 있는데, 2008년 유럽 금융위기로 인해 FDI는 전기 대비 큰 폭으로 감소했으며 2010년대에 들어서도 유럽 재정 위기(European Financial Crisis)로 인해 FDI가 크게 줄어들었다.[12] 그러나 이에 비해 국제 송금 규모는 지속적인 증가 추세를 보이고 있으며 경기변동에 큰 영향을 받지 않고 강력한 추세를 형성하고 있는 것으로 보인다. 따라서 개발도상국의 입장에서는 안정적인 외환을 공급받을 수 있고, 이주민을 가족 구성원으로 둔 개발도상국 본국의 가족에서도 가구소득의 위험 분산과 이윤 극대화를 추구할 수 있다는 장점이 있다.

이주민의 송금은 본국의 재정적 안정성과 리질리언스(resilience, 회복력) 개선에 크게 기여하고 있다. 본국 가족의 기본적인 생계를 유지하게 하므로 개발도상국의 빈곤 퇴치에 효과적이다. 케냐에서는 이주민의 송금과 정보통신 네트워크의 개선으로 모바일화폐가 활발히 사용되고 있다. 이들 지역에서는 오늘날 케냐 성인 인구의 95% 이상이 우리나라의 카카오페이와 비슷한 엠페사(M-Pesa)에 등록해서 다양한 금전적인 거래를 안전하고 효과적이며 무엇보다도 지리적 거리를 넘어 송금을 할 수 있게 되었다. 이러한 모바일 소액 금융의 발달로 케냐에서는 지역 주민이 협동조합의 도움을 받아 수천 개의 소규모 자영업을 창업할 수

	2005		2010		2015		2020	
1	중국	236	인도	534	인도	689	인도	831
2	멕시코	227	중국	524	중국	639	중국	595
3	인도	221	멕시코	220	필리핀	298	멕시코	428
4	나이지리아	146	필리핀	215	멕시코	262	필리핀	349
5	프랑스	142	프랑스	199	프랑스	240	이집트	296
6	필리핀	137	나이지리아	197	나이지리아	206	파키스탄	261
7	벨기에	68	독일	127	파키스탄	193	프랑스	244
8	독일	68	이집트	124	이집트	183	방글라데시	217
9	스페인	66	벨기에	109	독일	155	독일	179
10	폴란드	64	방글라데시	108	방글라데시	153	나이지리아	172

<표2-2> 10대 국제 송금 유입 국가(2005~2020, 억 달러)
자료) IOM, 2021, 41

있었다. 오늘날 엠페사는 2천만 명의 케냐인에게 금융 서비스를 공급하고 있고, 케냐에서는 빈곤층 인구(1일 1.25달러 미만 소득 인구)가 72%나 감소했다. 또한 가나의 경우 다른 인구와 달리 특히 여성이 압도적으로 모바일화폐를 사용하는 경향이 있고, 우간다에서는 저소득층이 모바일화폐 서비스에 접근할 수 있는 맞춤형 프로그램을 사용해서 혜택을 누리고 있다.[13]

한편 2017년 나이지리아에서는 처음으로 '디아스포라 채권'을 발행해서 3억 달러 규모로 인프라를 건설하는 프로젝트를 추진했다. 이는 해외이주민의 송금을 기초자산으로 한 정부 채권이기 때문에 채권의 신용도를 높이고 이자율도 낮출 수 있는 수

	2005		2010		2015		2020	
1	미국	477	미국	505	미국	607	미국	680
2	사우디아라비아	143	사우디아라비아	270	UAE	407	UAE	432
3	독일	127	러시아	214	사우디아라비아	387	사우디아라비아	346
4	스위스	108	스위스	185	스위스	260	스위스	279
5	영국	96	독일	146	러시아	196	독일	220
6	프랑스	94	이탈리아	128	독일	182	중국	181
7	한국	69	프랑스	120	쿠웨이트	152	러시아	168
8	러시아	68	쿠웨이트	118	프랑스	127	프랑스	150
9	룩셈부르크	67	룩셈부르크	106	카타르	121	룩셈부르크	142
10	말레이시아	56	UAE	105	룩셈부르크	111	네덜란드	139

<표2-3> 10대 국제 송금 유출 국가(2005~2020, 억 달러)
자료) IOM, 2021, 41

단이 되었다. 또한 유럽에서 일하는 이주노동의 인구 규모가 큰 아르메니아에서도 2018년 디아스포라 채권을 발행해서 주택과 도로 등 인프라 구축에 사용하고 있다. 전통적으로 인도와 이스라엘 또한 디아스포라의 경제적 기여도가 크며, 특히 인도는 해외 인도인들이 송금해온 돈을 인도 은행에 예치하는 경우 차별화된 높은 이율과 이자에 대한 면세 정책을 오랫동안 실시해오고 있다.

글로벌 자본주의의 불평등 심화는 선진국과 개발도상국 간의 신국제분업과 밀접한 관계가 있기 때문에, 선진국 내의 미숙련 노동을 차지하고 있는 개발도상국 출신 이주노동력의 노동조건과 환경이 중요한 이슈로 대두되고 있다. 특히 선진국보다는 이주민이 유출되는 개발도상국과 인접한 급속하게 경제가 성장하고 있는 경제권에서 잘 발생한다.[14]

2) 비정규 이주민

최근 UN을 중심으로 사용되고 있는 '비정규 이주(irregular migration)' 개념은 이주 정책과 규범적인 환경을 벗어난 이주를 지칭하는데, 난민, 망명 신청자, 유효한 비자를 받지 못한 상태에서 국경을 넘는 실향민 그리고 독립된 주권 국가를 형성하지 못한 인구집단 등을 포괄한다. 이는 이주노동자 프로그램과 같이 제도적 통제와 관리를 받는 국제이주와 대비된다. 현재 전 세계 이주민의 15~20%가 이른바 '비정규 이주민'로 간주된다. 이는 특정 이주민을 지칭하면서도 '체류 상태'를 지칭하기도 하므로 언제라도 정규 이민자도 잠재적으로 비정규 이주민으로 이탈할 수 있다. 일반적으로 비정규 이주민의 범주에는 다음의 이주민들이 포함된다.

- 사실 또는 위조된 문서로 신분을 가장하거나 속이는 경우
- 합법적이나 임시로 체류하는 경우(관광 비자로 입국 후에 취업을 하거나 이주민이 체류자격 유지를 위한 조건을 위반하여 신분이 박탈된 상태)

· 체류자격에 부여된 조건을 더 이상 충족하지 못하여 거주 지위를 상실한 경우
· 불법 입국 후에 신분을 정규화하지 못한 경우
· 정식 체류자격이 없어 추방 대상인 경우
· 부모가 불법으로 거주하고 있어 당국에 등록할 수 없거나 등록되지 못한 자녀

난민 신청자로 대표되는 비정규 이주민은 그 자체로서 실업, 빈곤, 기아 등 생존에 어려움을 겪을 수 있을 뿐만 아니라 주류 집단으로부터 다양한 폭력, 착취, 학대, 차별, 배제의 대상이 되므로 국제사회에서는 이들의 인권과 지위에 각별한 관심을 갖고 있다.

2020년 말 현재 전 세계 난민은 2,640만 명으로 추산되며, 이 중 2,070만 명이 유엔난민기구(UNHCR)의 관리를 받고 있고 나머지 570만 명이 UNRWA(팔레스타인난민기구)에 등록되어 있다.[15] UNHCR의 관리를 받는 난민 중 410만 명은 난민 자격의 결정을 기다리고 있는 신청자들이다. 한편 망명을 신청하고 난민 지위 결정을 얻기 위해 기다리고 있는 망명 신청자는 350만 명이다. 미국은 망명 신청자 중 23%에 달하는 25만 명이 망명을 신청한 상태이고, 다음으로 페루가 베네수엘라 출신 이주민들로서 20만 명 정도가 신청한 상태이며 독일이 16만 명 정도를 신청한 상태이다.[16] 2018년 말 현재 세계 난민 중 52%가 18세 미만 인구이다. 난민이 발생한 주요 국가를 난민 규모별로 살펴

보면, 시리아, 아프가니스탄, 남수단, 미얀마, 소말리아, 수단, 콩고민주공화국, 중앙아프리카공화국, 에리트레아, 부룬디 순이다.

2020년 현재 시리아 난민은 670만 명으로 2012년 시리아 내전 발생 이후 지속해서 증가하여 전 세계에서 가장 난민이 많다.[17] 시리아 난민은 미국, 캐나다, 오스트레일리아, 영국, 노르웨이, 스웨덴 등에서 최종적으로 정착하여 사는 비중이 높다. 아프가니스탄 또한 지난 30년간 계속해서 난민이 발생하여 2020년 현재 260만 명의 난민이 발생한 상태이다. 남수단은 2016년 중반 대규모의 폭력 사태가 발생한 이후 220만 명의 난민이 발생했다. 미얀마는 군부 쿠데타의 발생으로 반정부 시민들과 소수민족 집단의 탈출이 이어져왔고, 소말리아의 경우 실패 국가(failed state)로서 정부의 문제로 많은 난민인 발생한 상태이다. 난민이 체류하고 있는 주요 국가에는 튀르키예, 파키스탄, 우간다, 수단, 독일이 포함된다. 튀르키예에는 시리아에서 유입된 난민을 중심으로 전 세계에서 가장 많은 360만 명의 난민이 체류하고 있고, 파키스탄은 아프가니스탄은 아프가니스탄 난민들이 많이 유입되었다. 한편 코로나19의 영향으로 2019년부터 2020년에는 난민 자격에 대한 허가가 현격히 줄어들었다. 난민 자격을 얻고 재정착하는 주요 국가에는 미국, 캐나다, 유럽연합 등이 포함된다.

둘째, 국내 실향민(Internally Displace Peoples)은 발생의 원인으로 볼 때 홍수, 가뭄 등 자연재해나 기상이변을 포함하는 '재난'에 의한 실향민이고, 둘째는 전쟁, 인종청소 등 '갈등 및 폭력'에 의한 실향민이다. 물론 이들 사이를 뚜렷이 구별하는 것은 쉽지 않다. 2020년 기준으로 4,800만 명이 국내 실향민으로 분류되고 있는데, 대부분 국내 실향민은 중동이나 사하라 이남 아프리카 지역 출신들이다. 시리아가 660만 명으로 가장 많고, 다음으로 콜롬비아가 490만 명, 콩고민주공화국이 530만 명, 소말리아가 260만 명, 예멘이 360만 명, 아프가니스탄이 360만 명이다. 전체 실향민의 74%에 육박하는 3,500만 명이 10개국에 걸쳐 체류하고 있다.[18]

셋째, 주권 국가를 형성하지 못한 이주민(state-less migrants)은 어떤 국가도 자국의 국민으로 간주하지 않는 사람들로서 교육, 고용, 의료 등 기본적인 서비스에 대한 접근에서 차단당해 있을 뿐만 아니라, 각종 차별, 학대, 주변화에 직면해 있다. 이들은 반드시 이주민에 포함되지는 않지만, 잠재적으로 이주민이 될 수 있을 정도로 취약성도 높고 권리를 보장받지 못하고 있다. 2018년 현재 이들은 390만 명으로 추산되고 있다.[19] 방글라데시에 체류하고 있는 로힝야족이 가장 대표적인 집단으로 90만 명에 달하며, 미얀마 내에도 62만 명에 달하는 사람들이 체류 중이다. 코트디부아르는 70만 명으로 두 번째로 많은데 독립 이후에 '외국인'으로 간주되는 사람과 그 자손이 대부분이다. 라트비아에서는 소련으로부터의 독립 이후 러시아계 사람들이 귀화 자격을 얻지 못해 22만 명 정도가 체류하고 있는데, 국가 내 인구 비중으로 매우 높은 수준이다.

시리아, 예멘, 중앙아프리카공화국, 콩고민주공화국, 남수단은 국내 갈등으로 인해 수백만 명의 이주민이 발생하고 있고, 미얀마의 로힝야족은 방글라데시로 난민으로 떠나고 있으며, 베네수엘라에서는 경제적·정치적 불안으로 수많은 이주민이 발생하고 있다. 또한 환경 및 기후변화는 인류의 모빌리티에 큰 영향을 끼치고 있다. 국제이주 인구 규모를 예측하기란 어렵다. 왜냐하면 이주는 인구변동, 경제발전, 기술변화 등 장기적인 변화와 아울러 갈등이나 위기를 수반한 급격한 이벤트에 의해 단기적인 영향을 동시에 받기 때문이다.

2016년 9월, UN 정상회의에서는 '난민과 이주민을 위한 뉴욕선언(New York Declaration for Refugees and Migrants)'이 총회의 인준을 받아 통과했다. 이는 당시 유럽으로의 난민 급증 등 대외정치적 이주 현안의 부상에 따른 것이었다.[20] 2016년 9월에 개최된 UN 정상회의에서는 애당초 모든 다양한 유형의 이주민을 포괄하는 국가 간 협약으로 단일 안을 상정할 예정이었다. 그러나 이주에 난민이나 망명 신청자 등을 포함하여 이슈를 다룬다면 각 사안의 특수성이 희석될 수 있다는 우려가 제기되었다. 특히 개발도상국의 경우에는 이민과 난민을 분리하자는 입장이 대두되었다. 그래서 UN에서는 이주민에 대한 정의를 이주민과 난민을 아우르는 포괄적인 정의를 사용했으나, 그 이후에는 이주민과 난민을 구별해서 접근함으로써 두 개의 협약을 생산하게 되었다. 그리고 2018년 12월 모로코에서 열린 UN 정상회의에서 글로벌 이주협약(GCM)이 통과되었다. 152개국이 찬성, 미국, 이스라엘, 체코, 헝가리, 폴란드 5개국이 반대 그리고 오스트리아, 호주, 리비아 등 12개국이 기권했다. GCM은 '난민과 이주민을 위한 뉴욕선언'을 재확인한 것으로서 UN 헌장과 인권선언을 기초로 한 것이었다.

GCM은 4가지 요소로 구성되었다. 첫째는 국가들이 국제이주를 개선하는 데에 협조하되 이주 정책을 결정하는 국가의 주권을 인정한다는 내용이다. 두 번째 요소는 23개의 협력 내용의 목표를 기술한 것으로 이주 협약의 핵심을 이룬다. 세 번째 요소는 실행과 관련된 것으로서 역량 구축 메커니즘의 형성과 관련되어 있는데 여기에는 이주 관련 지식 플랫폼의 구축, 허브의 연결 그리고 프로젝트를 위한 스타트업 펀드 마련 등으로 내용이 구성되어 있다. 또한 국가는 관련 이해 당사자로서 이주민, 시민사회단체, 민간 부문, 지방정부, 노동조합 등과 적극 협조하는 것으로 되어 있다. 마지막 네 번째는 후속 작업과 관련된 사항으로서 2022년 UN 총회부터 4년마다 협약 이행 정도를 평가하는 국제이주 리뷰포럼(International Migration Review Forum)을 개최하기로 했다. 한편 글로벌 난민협약(Global Compact for Refugees)의 핵심 내용은 수용 국가에 대한 압력을 낮추는 것, 난민의 자립을 촉진하는 것, 제3국으로의 접근을 확대하는 것, 안전과 존엄을 갖춘 상태로의 귀환을 지원하는 것 등이다.

4. 국제이주 인구의 지리적 특성

1) 국제이주 인구의 지리적 현황

이제까지 국제이주의 핵심이 이주노동자를 중심으로 하는 경제적 이주와 난민으로 대표되는 비정규 이주민임을 살펴보았다. 이 두 집단으로 대표되는 국제이주 인구의 지리적 분포는 단순하지 않다. 왜냐하면 인구가 유출되는 지역과 유입되는 지역이 뚜렷이 구분되기보다는, 오히려 대개의 국가는 해외로 이주하는 인구가 발생함과 동시에 인구가 유입되는 경향을 동시에 보이고 있기 때문이다. 이러한 사실은 전통적으로 이주의 지리적 패턴을 분석할 때 기반이 되었던 이른바 '흡인-배출 모형(pull-push model)'의 한계를 보여주는 사실이기도 하다.

가령 영국에는 약 350만 명의 이민자가 유입되어 거주하고 있지만, 이를 능가하는 470만 명의 국민이 해외로 이주해서 살고 있는 순유출 국가이다. 또한 난민의 유입으로 여러 어려움을 겪고 있는 나이지리아는 중앙아프리카 전역에서 빈곤이나 내전을 피해 들어온 난민 등 유입된 인구가 130만 명에 달하지만 해외에서 더 나은 일자리와 교육 기회를 찾기 위해 떠난 인구가 170만 명에 달하는 순유출 국가이다. 한편 터키는 독일을 비롯하여 유럽 전역으로 경제적 목적으로 이주한 디아스포라를 보유하고 있지만, 터키 내에는 디아스포라 인구를 넘어서는 350만 명의 시리아 난민과 쿠르드족을 포함한 200만 명 이상의 난민과 이민자가 거주하는 순유입 국가이다. 우리나라 또한 국내 거주 외국인 인구가 2023년 현재 (한국으로 귀화하여 국적을 취득한 20만 명을 합쳐) 210만 명에 달하지만 북아메리카, 중국, 일본, 중앙아시아 및 기타 해외에 거주하고 있는 한인 디아스포라 인구는 600만 명에 달하는 순유출 국가이다.

한편 이런 통계의 함정을 인식하고 다음의 국제이주 인구의 지리적 분포 특성을 살펴보자. 우선 〈그림2-3〉과 〈그림2-4〉를 살펴보자. 우선 〈그림2-3〉는 2020년 말 현재 국가별 전체 인구 대비 해외 거주 인구 비율을 나타낸 지도이다. 지도의 특징을 살펴보면, 우선 영토가 작거나 영토가 넓더라도 인구가 적어 경제 규모가 작은 개발도상국에서 비율이 높게 나타나는데, 여기에는 중앙아메리카, 중앙아프리카, 동유럽, 중앙아시아 일대가 해당한다. 이 지역 대부분은 소득수준이 낮은 개발도상국으로서 해외 디아스포라 인구의 비중이 전체 인구의 25% 이상을 나타낸다. 고전적 인구이동 모형인 중력모형(gravity model)에 따르면 지역 간 인구이동의 규모는 지역 간 소득수준의 격차가 클수록 그리고 지역 간 지리적 거리가 짧을수록 소득수준이 높은 국가의 이주민 흡인력이 크다. 이를 토대로 볼 때, 발칸반도와 카프카스

산맥 일대를 포함한 동유럽 국가와 중앙아시아 지역은 서유럽과의 지리적 근접성으로 이주 인구의 비율이 매우 높게 나타나는 것으로 추정된다. 한편 아프가니스탄, 중앙아프리카공화국, 소말리아, 남수단, 시리아, 우크라이나 그리고 베네수엘라는 정치적·경제적·사회적 위기로부터 탈출한 난민 인구의 비중이 매우 높은 국가들이다.

둘째, 〈그림2-4〉는 국가별 전체 인구 중에서 해외에서 유입된 이주민의 인구 비중을 나타낸 지도이다. 〈그림2-3〉과 비교할 때 유입 인구의 지리적 분포는 국가별 소득수준과 뚜렷한 상관관계를 보이지 않고 세계 여러 국가에 퍼져 있는 모습이다. 이민자의 인구 규모를 기준으로 주요 유입국을 나열하면 미국, 사우디아라비아, 아랍에미리트, 독일, 프랑스, 호주, 캐나다, 영국 순이다. 이민자의 비율도 지리적으로 다양한데, 특히. 아랍에미리트, 사우디아라비아 등 걸프협력회의(GCC) 국가에서는 이주민의 비중이 80%를 넘는다.

〈그림2-4〉를 토대로 국제이주 인구의 핵심 집단인 경제적 이주민과 비정규 이주민(난민)의 구성비를 나타내면 〈그림2-5〉과 같다.[21] 우선 저소득 및 중소득 국가에는 약 7,500만 명의 이주민과 난민이 거주하는데, 여기에는 28%의 경제 이주민과 15%의 난민(약 2,700만 명)이 포함되어 있다. 이 지역에 거주하는 많은 이주민은 가족 부양을 위해 지리적으로 인접한 국가에서 일자리를 찾거나 도피처를 찾기 위한 비정규 이주민이다. 이 지역 대부분은 이주민의 인구 비율이 높지는 않지만, 콜롬비아, 코트

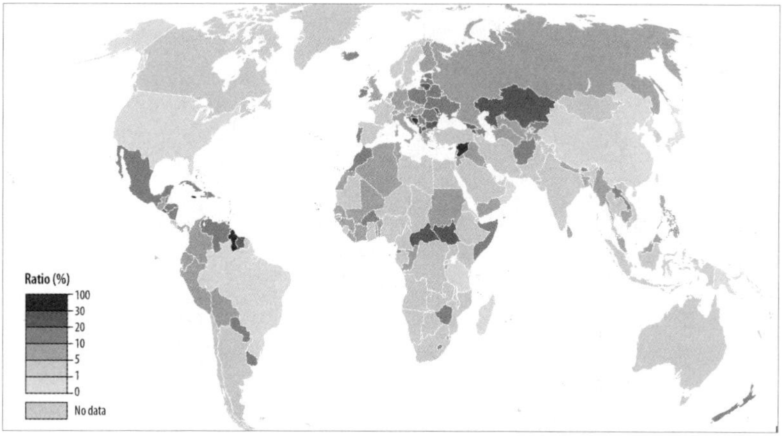

<그림2-3> 국가별 전체 인구 대비 해외 거주 인구 비중(%), 2020년)
자료) World Bank, 2023, 47

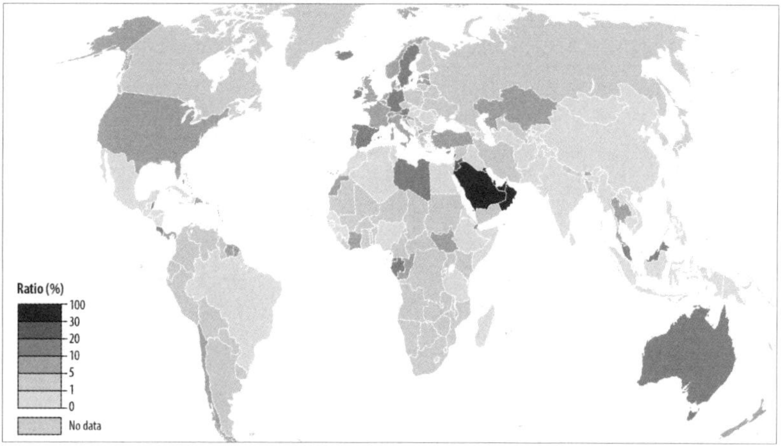

<그림2-4> 국가별 전체 인구 대비 이주민 인구 비중(%, 2020년)
자료) World Bank, 2023, 48

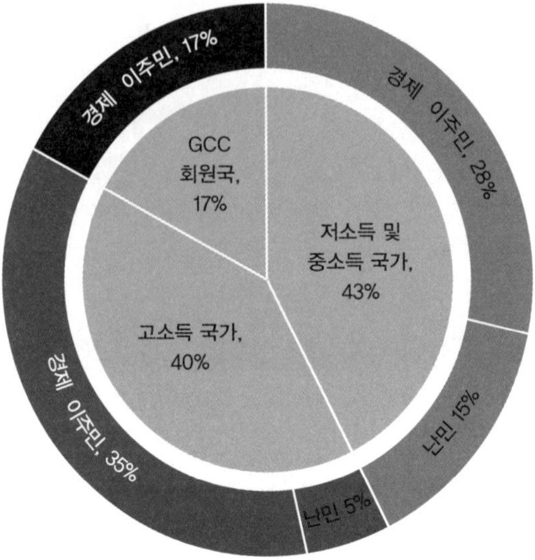

<그림2-5> 국제이주 인구의 지역별 분포: 고소득, 중·저소득, GCC 국가의 이주민 현황
자료) World Bank, 2023, 44

디부아르, 지부티, 가봉, 요르단, 레바논과 같은 예외 국가는 난민의 유입으로 비율이 높게 나타난다. 둘째는 고소득 국가에 해당되는 OECD 회원국이다. 이 지역에는 약 7,400만 명의 이주민과 난민이 거주하는데, 여기에는 고숙련 노동과 저숙련 저임금 노동, 학생 비자를 소지한 이주민, 미등록 이주민 그리고 난민 신청자를 비롯한 비정규 이주민 등이 모두 포함된다. 20세기 중·후반 이래 아시아 및 북아프리카 등으로부터의 이민자의 유입 역사가 오랜 EU에서는 배우자, 부모, 자녀 등 가족 재결합 이주가 높은 편이다. 참고로 각 EU 회원국에 거주하는 다른 EU 회원국 출신의 국민 약 1,100만 명이 이주민 인구 통계에 포함되어 있음을 염두에 둘 필요가 있다. OECD 국가에서 국제법상 보호를 받는 난민의 규모는 약 1천만 명으로 추산된다.

마지막으로, GCC 국가에는 약 3,100만 명의 이민자가 거주하고 있는데, 이들 이주민 대부분은 노동자의 신분으로 임시 체류자격을 지니고 있다. 취업 비자는 다년이며, 일정 기간 후에 취업 비자를 갱신할 수 있다. GCC 국가에는 저숙련 노동뿐만 아니라 고숙련 노동의 거주 비율도 높은 편인데, 이들은 저숙련 이주노동자와 달리 가족을 동반할 수 있고 체류 기간이나 자격도 다소 유연하고 관대한 편이다. 한편 GCC 국가는 난민 수용 규모가 지극히 적다는 점에서 UN 난민기구를 포함한 국제사회의 난민 거버넌스 구축에 더 적극적으로 협조해야 할 것으로 생각된다.

지리적 분포를 국가별로 좀 더 세분화해서 살펴보자. 지리적으로 살펴보면, 이주민이 가장 많이 거주하는 곳은 유럽과 아시아이며, 북아메리카 대륙까지 합하면 약 23억 명의 이주민이 이 3개 지역에 거주하고 있다. 2010년 이전만 하더라도 사하라 이남 아프리카 등으로부터 유럽으로의 이주민 유입이 가장 많았으나, 2010년 이후 아시아에 가장 많은 이주민이 체류하고 있고 다음으로 유럽과 북아메리카가 뒤따르고 있다. 이는 아시아의 급속한 경제성장에 따른 노동시장의 다변화와 주요 산업지역의 성장에 따른 지역 내 불균형 발전 심화와 연관되어 있다. 오늘날 아시아와 유럽은 2억 3천만 명 이상의 이주민이 집중해 있는데, 이는 전체 이주민 규모 2억 7,100만 명 중 84.9%에 해당한다.[22] 전 세계적으로 자국 내에 거주하는 장기 체류 이주민이 많은 국가로는 미국(4,000만 명), 독일(1,700만 명), 사우디아라비아(1,600만 명), 러시아, 영국, 아랍에미리트, 프랑스, 캐나다, 호주, 스페인이 포함되는데, 주로 유럽과 북아메리카의 선진국이 포함된다. 반대로 해외에 거주하고 있는 이주민의 주요 출신 국가에는 인도(1,800만 명), 멕시코(1,200만 명), 러시아(1,100만 명), 중국, 시리아, 방글라데시, 파키스탄, 우크라이나, 필리핀, 아프가니스탄, 베네수엘라 등 아시아와 라틴아메리카의 개발도상국들이 포함된다.[23]

이주 목적지와 정착지의 양자 간 이동 인구를 살펴보면, '멕시코→미국'이 900만 명으로 가장 많고, 다음으로 '시리아→튀르키예'가 390만 명이며, 그 외에도 '인도→UAE', '러시아→우크라이나', '우크라이나→러시아', '인도→미국', '아프가니스탄→이란' 등도 350만 명 이상으로 이주민의 유동이 많은 구간에 들어간다.[24] 다른 지역과 달리 러시아-우크라이나 간 인구이동은 정치적 대립과 전쟁으로 인한 인구이동과 연관되어 있다. 지역별 국제이주 인구 현황을 살펴보면 다음과 같다. 다음 절에서는 국제이주의 지리적 현황과 해당 지역에 특유한 이슈를 세계은행, OECD, IOM, ILO 등의 보고서를 토대로 살펴본다.[25]

2) 지역별 국제이주 특성과 주요 이슈

① 사하라 이남 아프리카: 비정규 이주의 급속한 증가

아프리카 이주민은 지역 내부 및 외부 모두로의 유출이 지속적으로 증가하고 있는데, 아프리카에서는 2020년 현재 2,100만 명이 아프리카 내 다른 국가에서 이주민으로 생활하고 있고, 아프리카 외부의 다른 지역에는 1,800만 명이 거주하고 있다. 아프리카 외부에서는 유럽에 1,060만 명, 아시아에 460만 명, 북아메리카에 320만 명이 거주하고 있다. 이집트와 모로코가 해외이주민의 규모가 가장 많으며, 남수단의 경우 난민의 비중이 높다. 난민과 망명 신청자가 가장 많은 국가는 남수단이며, 그 외에 수단, 콩고민주공화국, 소말리아, 중앙아프리카공화국, 에리트레아, 부룬디 등이 주요 유출국이다. 우간다, 에티오피아, 케냐는 난민의 주요 유입국이며, 수단과 콩고민주공화국은 유출도 많지만, 유입도 많은 편이다. 국내 실향민(IDPs)과 관련하여 사하라 이남 아프리카 지역에서는 재난보다는 갈등이 주요 발생 원인인데, 에티오피아와 콩고민주공화국이 매우 높은 수준이다. 모잠비크는 최근 사이클론 발생으로 많은 재난 이주민이 발생했다.

동부 및 남부 아프리카 지역은 정치적 갈등과 민족 간 폭력 그리고 평화 구축 노력의 실패로 인해 많은 이주민이 발생하고 있다. 또한 동부 및 남부 아프리카는 오랫동안 이주민이 유입되어 온 지역이기도 하고, 최근 동아프리카는 GCC 국가들로 많은 이

남수단 난민캠프(2016)

주노동자가 유출되고 있는 특징을 띠기도 한다. 케냐와 르완다에서는 서비스산업에 대한 노동 수요가 증가하고 있어서 우간다와 탄자니아를 비롯한 다른 동아프리카 국가들로부터 많은 이주민이 유입되고 있다. 특히 르완다의 기술 부문은 크게 성장하고 있어 고숙련 이주민이 유입되고 있다. 광업과 같은 전통적인 부문의 노동은 남부 아프리카로 유입되고 있다. 아프리카의 이주 요인에는 사회경제적 요인, 정치적 불안, 내부 갈등이 주요 원인이고, 이들이 복합적으로 작용하고 있다. 환경과 관련하여 소말리아는 심각한 가뭄의 영향을 받아 난민이 발생했고, 특히 농부들과 유목민들이 식량부족, 영양실조 등으로 인해 이주민이 되고 있다. 남부 아프리카에서는 외국인혐오증과 증오범죄가 크게 증가하고 있다. 특히 남아프리카공화국의 경우 타운십(township)을 비롯한 저소득층 주택지구에서 증오범죄와 폭력 범죄 발생 건수가 높게 나타난다.

서부 및 중부 아프리카가 지역은 주로 나이지리아와 말리에서 가나와 코트디부아르 쪽으로 이주하는 경향이 나타난다. 서아프리카 지역은 농산물 수확기인 7, 8월에 농업노동자의 이주가 활발하게 나타난다. 목재와 석유산업 또한 이주민을 유입하는 주요 산업이다. 나이지리아에서는 특히 급진 무장세력 보코하람으로 인해 동남부 지역은 국경이 제대로 통제되지 않고 있다. 중앙아프리카공화국에서는 2016년 다시 내전이 촉발되어 많은 난민이 발생했다. 보코하람은 2009년 나이지리아의 북부 지역은 2018년까지 부족 간 전쟁으로 발전하여 많은 난민을 일으켰다. 서부 및 중부 아프리카의 환경 변화는 이주를 발생시키는 주요 요인으로 부상하고 있다. 나이지리아에서는 2018년 홍수로 인해 60만 명의 난민이 발생했고, 이 외에도 급속한 인구 증가로 벌목, 과잉 목축, 과잉 재배 등으로 토지 악화가 나타나 농업지역으로부터 난민이 발생하는 정도가 늘어나고 있다. 차드 분지는 이 중 대표적인 지역으로서 차드호수는 지난 50년 동안 강수량이 줄어들어 지표면 유량이 90% 가까이 줄어들었다. 중부 사헬 지역은 부르키나파소, 니제르, 말리 등을 아우르는데, 각종 갈등과 폭력 발생으로 인해 많은 난민이 발생하고 있다. 또한 기후변화로 인한 가뭄도 심각하여 이재민의 발생 빈도가 높다.

북부 아프리카는 경제적으로 빠르게 성장한 지역으로서 외부로의 인구 유출이 잘 나타나는데, 모로코, 알제리, 튀니지는 유럽으로의 이주가 그리고 이집트와 수단 등 북동부 아프리카 지역은 GCC 국가들로의 이주가 뚜렷하게 나타났다. 이와 동시에 북부 아프리카는 아프리카 내 난민들이 유입되는 주요 지역이기도 하다. 2019년 현재 수단이 120만 명이 유입되었고, 리비아가 80만 명 그리고 이집트는 50만 명이 유입되었다. 수단과 같은 경우는 내부 분쟁으로 인해 많은 IDP가 발생하고 있다. 한편 북부 아프리카에서는 인신매매와 불법 브로커들의 밀입국 이주 네트워크가 발달해 있다. 주로 소말리아, 수단, 에티오피아에서 이집트, 이스라엘로 밀입국 비율이 뚜렷하게 나타난다. 또한 최근 이집트의 경제 사정이 악화됨에 따라 브로커들은 리비아와 같은 국가로 밀입국을 시도하고 있고, 이러한 지중해 중부 지역은 유럽으로 들어가는 주요 길목이자 밀입국 허브로 기능하고 있다.

② 아시아 지역: 역내 이주의 급속한 증가와 역동성

아시아 지역은 중국, 인도, 파키스탄, 방글라데시, 인도네시아 등을 비롯하여 전 세계적으로 인구 규모도 가장 많을 뿐만 아니라 신국제분업의 가속화로 인해 농촌의 유휴노동력 발생, 도시로의 인구 급증과 과도시화 현상, 농촌 및 도시 외곽 지역의 슬럼 형성 등의 문제를 안고 있다. 이런 가운데에 중국, 인도, 말레이시아, 중동 지역은 아시아 내부의 청장년층 집단이 이주노동자로서 크게 유입되고 있는 국가들이다.

아시아 지역은 아시아 '내부'에서의 이주가 급속히 증가하고 있고, 아시아 외부로의 유출은 주로 유럽과 북아메리카 지역으로 집중되어 있다. 21세기에 들어 외부로의 유출보다 내부에서의 다양한 이주 흐름의 발생이 특징을 보이고 있다. 2020년 현재 전체 인구 46억 중 1억1,150만 명의 이주민이 발생하고 있는 지역이다. 아프리카의 경우에는 아프리카 내 이주가 외부로의 이주보다 다소 많기는 하지만 양자가 비슷한 수준이라면, 아시아의 경우는 내부에서의 이주가 외부보다 2천만 명 더 많으며, 아시아 내부에서의 이주 또한 훨씬 가파른 속도로 증가하고 있는 추세다. 외부로의 이주는 유럽과 북아메리카가 비슷한 수준을 유지하고 있다.

GCC 국가에서 이주민의 비율은 매우 높은 비중을 차지하고 있다. 2019년 현재 UAE 인구의 88%, 쿠웨이트의 72%, 카타르가 79%, 바레인이 45% 등을 차지하고 있고, 이들 국가에서 일하고 있는 이주노동자들은 대개 인도, 파키스탄, 방글라데시, 네팔 등 남아시아 지역과 인도네시아와 필리핀 등 동남아시아 지역 출신이다. 난민 발생의 경우 대부분 시리아, 아프가니스탄, 미얀마에서 유출되고 있고, 난민 유입은 튀르키예, 파키스탄, 이란, 방글라데시, 레바논, 요르단 순이다. 재해로 인한 난민은 대개 필리핀, 중국, 인도에서 유출되고 있고, 갈등으로 인한 난민은 시리아에서 대부분 유출되고 있다.

동남아시아의 경우 이주는 유출과 유입 모두 활발할 뿐만 아니라 '경유 이주(transit migration)' 또한 활발하다. 경유 이주는 영구적인 정착지나 모국과 정주국 간의 이원적 이주패턴을 형성하는 목적지가 아니라, 다른 지역으로 이주하기 위해서 중간에서 일시적으로 거류하는 임시적 이주를 지칭한다. 오늘날 초국가주의의 발달과 순환이주의 증가 또한 경유 이주의 발생을 더욱 가속화하는 요인이기도 하다. 아시아 지역 내부에서는 말레이시아와 싱가포르가 대표적인 이주민 유입국인데, 이는 주변의 개발도상국을 포함하여 이들 국가가 '아세안'으로 조직화되어 있다는 점이 역내 이주를 강화하는 요인이다. 경제적으로 밀접한 관계를 형성할 뿐만 아니라, 이주민이 해외이주 목적지를 탐색함에 있어서 사회적·문화적·지리적으로 친근함을 갖기 유리할 뿐만 아니라, 비상시에 모국의 가족이나 커뮤니티로 쉽게 왕래할 수 있기 때문이다.

또한 국경이 인접한 국가 간의 이주도 매우 활발한 편인데, 특히 캄보디아, 라오스, 미얀마로부터 태국으로의 월경이 활발하며, 이주 통로 또한 장기적인 흐름을 구성하고 있다. 아시아에서는 노동이주가 가장 뚜렷한 특징으로서, 말레이시아, 싱가포르, 태국은 이주민들의 노동력을 활용하고 있는 국가들이다. 필리핀과 인도네시아 출신 이주노동자들은 지역 내에서 높은 수준의 임금을 받고 있고, 이들의 송금액 또한 큰 규모이며, 특히 필리핀 이주민들의 송금액이 가장 많다. 필리핀은 2018년 현재 340억 달러를 본국으로 송금했고, 이는 인도, 중국, 멕시코 다음으로 큰 규모이다. 한편 이주노동자가 체류국에서 경험하는 인권침해 등은 중요한 화두로 부상하고 있다.

캄보디아와 라오스로부터 태국이나 말레이시아로의 이주는 밀입국 및 이주 브로커에 의한 부분이 크며, 베트남에서 유럽으로의 이주 또한 밀입국 네트워크와 관련되어 있다. 비정기적 이주의 비율이 매우 높은 편이며 이는 빈곤과 일자리 부족 등 경제적 요인과 관련되어 있다. 말레이시아, 태국은 성 착취보다는 강제 노동의 희생자들이 많은 편이며, 이 외에도 성 착취와 관련된 여성 이주민의 인신매매의 비중도 상당히 높다. 폭력, 체계적 박해, 주변화로 인한 내부 실향민의 비중도 점차 증가하고 있다. 방글라데시의 콕스바자르(Cox's Bazar)에는 90만 명의 로힝야족이 2018년 말 현재 거주하고 있다. 콕스 바자에 있는 쿠투팔롱-발루카리(Kutupalong-Balukhali) 난민캠프는 세계에서 가장 거대하고 조밀한 난민캠프이다. 미얀마 난민 규모는 2018년 현재 세계 4위 규모이며, 2018년 8월 로힝야족을 대상으로 한 대량 학살과 인권 유린 사태가 발발한 곳은 미얀마의 라카인(Rakhine) 주에서 많은 난민이 발생하여 방글라데시 당국의 보호를 받고 있다.

남아시아 지역은 GCC 국가로 일시적 이주노동자로 유출되는 인구가 가장 많다. 남아시아는 세계에서 국제 송금 유입액이 가장 크다. 인도의 경우 2018년 현재 790억 달러로서 가장 많고, 파키스탄, 스리랑카, 방글라데시는 GDP의 5%를 상회하는 송금이 유입되고 있다. 남아시아는 경제 수준 및 일자리 격차로 인한 이주 발생이 지배적이다. 2019년 현재 남아시아의 역내 이주 인구는 전체 1,400만 이주민 중 80%를 차지하고 있는데, 주로 방글라데시-인도, 아프가니스탄-파키스탄, 네팔-인도 등이다. 또

쿠투팔롱 난민캠프(2016)

한 네팔과 방글라데시 인구의 많은 사람들이 인도의 비공식부문 경제에 종사하고 있다. 방글라데시, 인도, 파키스탄은 재난 위험이 커서 난민이 발생이 많은 지역이며, 기후변화 또한 해안침식, 범람, 지하수 고갈 등에 영향을 미친다.

동아시아 지역은 출산율 감소로 중대한 인구 변화를 경험하고 있어서 인구 정책과 이주민 도입 정책이 변화하고 있는 지역이다. 2018년 일본 의회는 새로운 이민법을 승인하여 노동력이 부족한 부문에 대한 이주노동자를 30만 명 이상 도입하는 방향으로 선회했다. 이는 도쿄 올림픽 개최와 관련된 건설업 수요와도 맞물려 있다. 또한 한국의 고용허가제(EPS) 정책은 제조업, 건설업, 농축산업, 어업, 임업, 광업 등을 중심으로 매년 5~6만 명에 달하는 이주노동인력을 개발도상국으로부터 도입하고 있다. 중국은 이주노동자가 발생하는 곳이었지만 최근 고숙련 노동과 저숙련 노동 모두를 유입시키고자 당사국과 협정을 체결하고 있다. 2018년 중국은 고숙련 노동에 대한 비자 발급 조건을 완화함으로써 제조업에서 서비스업 중심의 산업구조 조정을 모색하고 있다. 또한 중국은 필리핀과 2018년 협정을 맺어 30만 명의 필리핀 노동자들을 도입할 계획이며, 여기에는 영어교사 10만 명도 포함되어 있다. 또한 동아시아 지역 학생의 모빌리티가 매우 높은 편인데, 이는 사회문화적으로 교육에 대한 기대와 열망이 높기 때문이다. 미국, 캐나다, 영국으로의 유학생 유출이 높은 수준이며, 중국으로는 한국, 태국, 파키스탄, 인도 등으로부터 유입된 유학생도 2018년 현재 50만 명에 육박하고 있다. 2019년 현재 중국으로의 송금 유입은 세계 3위 규모이며, 2018년 현재 전 세계 송금액 6,900억 달러 중 중국으로 유비된 것은 670억 달러에 달한다. 2018년 한국에서는 예멘 출신 난민 500명이 도착해서 반이민 감정이 나타나기도 했다.

중앙아시아 지역은 5백만 명의 이주민이 유출되는데 주로 러시아 연방으로 이주하고 있고, 우리나라의 경우 《재외동포법》의 개정으로 중앙아시아 국가의 재외동포에 대해 중국의 조선족과 마찬가지로 '고려인'으로서 재외동포비자(F4)를 제공하기 때문에 한국으로 귀환하는 이주 인구의 비율도 높다. 키르기스스탄은 시베리아 지역에서 그 수가 증가하고 있고, 카자흐스탄의 경우 국제이주 인구는 주로 고숙련 전문직 종사자와 학생으로 구성되어 있는데 유럽이나 중국의 친족 네트워크를 이용해서 이주하거나 튀르키예나 한국으로 이주하고 있다. 또한 우리나라는 우즈베키스탄 및 키르기스스탄과 고용허가제(EPS) 계약을 맺고 있는 상태로서 이들 국가 내의 청장년층이 꾸준하게 유입되고 있다. 지역 내에서 카자흐스탄은 다른 중앙아시아 국가들로부터 이주민이 유입되고 있는데 주로 저숙련 노동 부문이다. 2015년에 맺어진 유라시아경제연합(Eurasian Economic Union)은 역내 이주민들의 자유로운 이동을 촉진하고 있다. 키르기스스탄과 타지키스탄은 GDP 대비 송금액 규모가 6~7% 수준으로서 세계 10위권에 포함되어 국가 내 빈곤율 감소에 기여하고 있다.

중동 지역은 세계에서 일시적 이주노동자 유입이 가장 많은 지역으로 도시 개발과 대규모 건축 경기의 활성화로 인해 건설 부문의 고용이 증대되고 있다. UAE 인구의 88%, 카타르 인구의 79% 그리고 쿠웨이트 인구의 72%가 이주민으로 구성되어 있는데 대체로 이슬람 문화권에 속하는 남아시아와 북부 아프리카 출신 이주민의 비율이 높은 편이고 네팔 노동자의 비중도 높다. GCC 국가에서 폭넓게 시행되고 있는 카팔라(Kafala) 제도는 해외의 이주노동자를 고용주와 연계하는 시스템으로서 이주민의 인권과 보호를 위한 진전을 제약하고 있는 중동 특유의 문화이다. 카팔라 제도는 이주노동자의 근로 비자 발급을 고용주가 보증하기 때문에, 노동자는 고용주의 동의 없이 직업을 바꾸거나 그만둘 수 없는 것은 물론 임금체불에도 제대로 항의할 수 없다. 해외의 많은 비판가들은 중동의 카팔라 시스템이 노동자의 지위를 사실상 고용주의 노예 신분으로 하락시키고 있다고 비판한다.

한편 시리아와 예멘은 인권 위기가 심각한 상태에 처해 있다. 시리아는 전체 인구의 절반이 넘는 660만 명의 난민과 610만 명의 국내 실향민이 발생했다. 예멘 또한 자국을 떠난 국내 실향민 수가 무려 230만 명에 달하며, 이는 예멘 전체 인구의 8% 수준이다.

③ 유럽: 난민 유입과 국경 안보 이슈의 대두

우리나라와 마찬가지로 유럽은 저출산으로 인해 노동력 부족을 경험하고 있고 아프리카와 아시아로부터 유입되는 이주노동력의 규모가 가장 크다. 특히 이는 과거 식민주의 시기 영국, 프랑스, 스페인, 포르투갈 등이 아시아 및 아메리카 대륙의 식민지를 경영하면서 형성한 불균등 발전의 구조적 결과이기도 하다. 한편 외부로의 유출은 북아메리카와 아시아 그리고 오세아니아가 높은 수준을 보인다. 유럽으로의 이주는 가파르게 증가하고 있고, 유럽 내부에서의 역내 이주도 가파르게 증하고 있다. 다만 외부로의 유출은 1990년대 이후 1,900만 명 수준으로 비슷한 수준을 유지하고 있다. 룩셈부르크, 노르웨이, 스위스는 인구가 증가하고 있지만, 다른 국가들은 감소 추세에 있으며, 특히 리투아니아, 보스니아, 헤르체고비나, 라트비아에서 인구 감소 속도가 빠르다. 러시아, 우크라이나, 폴란드, 루마니아 등은 이주민 유출이 많은 국가에 포함되며 이들 대부분은 유럽 내의 다른 지역에 정착하고 있다. 2019년 현재 독일은 1,300만 명이 넘는 이주민이 분포하고 있고, 해외 태생 주민의 비율이 유럽에서 가장 높다. 주로 폴란드, 튀르키예, 러시아, 카자흐스탄, 시리아 출신 이주민들이 많다. 영국은 950만 명, 프랑스는 800만 명이 해외 태생 이주민이다. 영국은 주로 인도, 폴란드, 파키스탄 출신 이주민의 비중이 높다. 난민 유입은 독일, 프랑스, 이탈리아, 스웨덴 순으로 많다. 독일은 난민 규모가 145만 명에 달하며, 프랑스가 다음으로 45만 명에 달한다.

남동유럽과 동유럽은 이주민 유입보다 유출이 많다. 특히 동유럽의 고숙련 노동이 서유럽으로 이주하는 경향이 강한데, 특히 루마니아, 폴란드, 슬로바키아에서 다른 유럽으로 이주하는 의료인력의 유출 규모가 크다. 루마니아의 경우 2015년에는 의사의 50%가 다른 유럽 지역으로 유출한 것으로 나타난다. 유럽에서는 출산율이 감소하면서 고령화 현상이 심화되고 있다. 2017년 현재 전 세계적으로 60세 이상 인구가 9억 6,200만 명으로 추산되는데 이 중 25%가 유럽에 거주하는 것으로 나타난다. 한편 2018년 헝가리 정부는 이른바 '노예법'이라 할 만큼 문제의 소지가 큰 법안을 통과했는데, 이는 의무적으로 초과근로를 요구할 수 있는 최대 시간을 400시간으로 편성했다. 이는 노동력 부족을 커버하기 위함이며, 이와 아울러 저출산을 극복하기 위해 대출이나 감세 정책을 유지하고 있다. 그럼에도 불구하고 이주민 유입에 대해서는 보수적인 입장을 견지하고 있다. 그러나 폴란드 내에서 우크라이나 출신 이주민의 수가 최근 60만 명에 달할 정도로 높아지고 있다. 동부 우크라이나 지역에서는 내부 갈등으로 인해 93,000명의 난민과 80만 명의 국내 실향민 인구가 발생했다. 이들 난민은 러시아 지역에서 체류하고 있다.

북부, 서부, 남부유럽은 역내 이주가 활발한 편이다. 루마니아, 폴란드, 이탈리아, 포르투갈, 불가리아는 자국 외부의 EU 국가에서 체류하는 이주민의 인구가 가장 많이 유출한 국가들이다. 이는 솅겐 협정에 따른 이주의 자유 확대에 따른 결과다. 한편 유럽 내에서 이주민에 대한 우파 정치로 인해 이주의 정치화 현상이 심화되고 있다. 특히 이주민과 관련된 가짜뉴스들이 퍼짐에 따라 우파 활동가들은 UN 글로벌 이주협약(UN Global Compact)에 반대하는 목소리가 높아지고 있다. 2018년 유럽위원회는 EU 국가 중 10개국이 이주를 기회보다는 문제라고 생각하는 경향이 있다고 발표한 바 있다. 리비아에서 이탈리아에 이르는 지중해 중부 또는 튀르키예에서 그리스에 이르는 지중해 동부에서 해상 난민이 많이 발생하고 있다. 또한 유럽의 관문 역할을 하는 스페인과 포르투갈도 많은 난민이 유입되고 있는 국가이며, 이들 국가는 유로존 재정 위기 이후 중앙정부의 재정 운영이 쉽지 않은 상태에 난민의 유입까지 가중되어 국경 관리와 난민 수용에 적지 않은 경제적·사회적 어려움에 직면해 있다.

④ 아메리카 권역: 라틴아메리카의 난민 급증과 미국의 국경 안보

뒤에서도 살펴보겠지만 아메리카 지역에서 가장 핵심적인 화두는 중미와 남미에서 권위주의 국가와 실패 국가가 등장함에 따라 이주노동자의 유출보다 난민의 유출이 압도적으로 높다는 이슈를 중심으로 한다. 라틴아메리카와 카리브해의 경우 외부로의 유출이 압도적으로 높으며 특히 북아메리카로의 유입으로 집중되어 있다. 2019년 현재 2,600만 명이 북아메리카로 이주해 나갔다. 멕시코로부터의 유출이 압도적으로 높으며, 특정 국가로의 유입이 집중되어 있지는 않지만, 아르헨티나로 유입되는 인구가 많은 편이다. 한편 전체 인구 중 이주민 비중으로 볼 때 자메이카가 38%에 달하고, 다음으로 엘살바도르, 우루과이, 도미니카공화국, 쿠바, 아이티 등의 비중이 높은 편이다.

2018년 베네수엘라는 전 세계에서 망명 신청이 가장 많은 국가로서 34만 명이 망명을 신청했다. 3백만 명의 베네수엘라인들이 자국을 떠났는데, 폭력, 박해, 경제적·정치적 위기가 그 원인이었다. 콜롬비아는 라틴아메리카에서 난민이 가장 많이 발생했고 이들은 주로 베네수엘라와 에콰도르에 체류했다. 엘살바도르는 두 번째로 난민이 가장 많은 국가이고, 다음으로 아이티가 많다. 베네수엘라의 정치적·경제적 소요 사태는 가장 첨예한 인도주의적 위기 중 하나다. 베네수엘라의 국내 실향민은 3백만 명이고, 2019년에는 4백만 명으로 증가했다. 2018년 말 베네수엘라의 경제 붕괴로 사람들은 식량, 의료 부문 등 기초적인 필요를 충족하기 어려워지게 되었다. 취약한 의료 시스템과 어린이들의 영양실조가 나타났고 이 결과 2018년 한 해에만 물가가 1백만 퍼센트나 상승하는 하이퍼인플레이션이 나타났고, 2019년에는 1천만 퍼센트로 인플레이션이 증가했다. MERCOSUR는 라틴아메리카 내부에서의 이주를 활성화함으로써 비정규적 이민 감소에 영향을 끼쳤다. 아르헨티나와 베네수엘라는 이주민이 가장 많이 거주하는 국가들이다. 아르헨티나는 주로 파라과이, 볼리비아, 칠레에서 이주한 사람들이 많고 베네수엘라는 콜롬비아 출신 이주민의 비중이 높다.

미국에는 340만 명의 남미 이주민들이 거주하고 있고, 이 중 콜롬비아가 157만 명, 브라질이 150만 명, 에콰도르가 1백만 명으로 많다. 중미로부터 북미로의 이주 흐름이 가장 특징적이다. 북부 삼각지대(Northern Triangle)라 불리는 과테말라, 온두라스, 엘살바도르는 멕시코 국경지대에 체류하는 비중이 매우 높다. 이주민 카라반(caravan)은 어린이들까지 포함하여 수천 명에 달한다. 밀입국 이주민들은 뇌물 수수에서부터 대량 납치와 금품 강탈까지 다양한 폭력에 노출되어 있고, 살해, 성폭력 등도 만연한 상태다. 과테말라인들은 오랜 세월 동안 '코요테리스모(Coyoterismo)'라는 밀입국에 의존해서 이주 정착지로 유입되고 있다. 2018년 중앙아메리카의 가뭄으로 인해 온두라스는 옥수수와 콩 생산이 82% 급감해서 3백만 명이 식량 부족의 위험에 처하게 되었다. 엘살바도르, 온두라스, 과테말라 등의 농촌지역 또한 가뭄으로 인한 피해가 심각하다. 카라반 이주민들 또한 원래 농업, 벌목, 소 방목, 어업 등에 종사했던 사람들이다. 카리브해 연안은 지진 활동과 허리케인으로 인한 피해가 심각하다.

북아메리카는 유입되는 이주민의 규모가 가장 크며, 라틴아메리카와 카리브해가 270만 명, 아시아계가 170만 명 순으로 많고 다음으로 유럽과 아프리카에서 유입되는 인구가 많다. 2019년 현재 북아메리카에는 5,860만 명의 이주민이 거주하고 있다. 2019년 현재 북아메리카로 이주하는 이주민들은 멕시코가 1,100만 명으로 가장 많고 다음으로 중국, 인도, 필리핀, 엘살바도르, 베트남, 쿠바, 도미니카공화국, 한국, 과테말라 순이다. 미국은 전체 인구의 22.7%가 외국 태생이다. 캐나다의 경우 전체 인구의 18%가 외국인 태생이며, 영국이 60만 명으로 가장 많고, 다음으로 중국, 인도, 이탈리아 순이다. 미국 정부는 2017년 이란, 이라크, 리비아, 소말리아, 수단, 시리아, 예멘 등을 여행 금지 국가로 정했는데 이는 이들 국가로부터의 이주민 유입을 줄이는 데에 영향을 끼쳤으며, 2018년에는 '무관용 정책(zero tolerance policy)'을 통해서 망명 신청자를 포함해서 서류 없이 월경하는 이주민들을 줄였다.

⑤ 오세아니아: 계절제 이주노동자 프로그램과 기후난민

오세아니아는 이주민의 유입이 유출보다 압도적으로 많으며, 유럽으로부터의 이주민이 꾸준히 증가하고 있지만 2000년대에 들어 아시아로부터의 유입이 가파르게 증가하여 현재 아시아계가 49%, 유럽이 38% 정도를 차지하는 등 전체적으로 770만 명의 이주민이 체류하고 있다.

태평양의 소규모 도서 국가의 경우 특히 통가, 사모아, 피지 순으로 이주민 유출 비율이 높은데, 대체로 농업 기반의 부족과 관광업의 침체로 인해 생업이 어렵기 때문이다. 태평양 도서 지역은 빈곤과 불평등이 심각한 수준이다. 거대시장과 거리가 멀고, 천연자원이 부족하며, 경제기반이 취약한 점도 한계이다. 한편 솔로몬제도의 경우는 34세 미만 인구가 전체의 70%를 차지하고 있고, 청년층 실업률이 높아 외부로의 이주가 높다. 그리고 호주와 뉴질랜드는 계절제 고용 프로그램을 시행하여 원예와 포도 산업 등에 노동력을 충당하고 있어서, 이를 위한 계절 이주노동자의 유입이 높다. 뉴질랜드와 호주는 이 프로그램으로 연간 9,000명 내외의 인력들이 비자를 발급받고 있다. 또한 호주는 태평양 노동 계획(Pacific Labour Scheme)이라는 별도의 프로그램으로 저숙련 및 반숙련 노동을 아시아계 이주민으로 충당하고 있다.

환경난민 또한 아시아태평양 지역의 주요 특징이다.[26] 키리바시와 투발루 인구의 50% 이상이 산호섬의 좁은 띠 모양의 도시 인구 밀집 지역에 거주하고 있고, 이들은 토지와 식수에 대한 접근이 제한되어 있다. 최근 해수면 상승으로 인해 해수가 침범하고 있고 가뭄이 빈번하게 발생하고 있다. 키리바시는 이른바 '존엄성을 갖춘 이민(Migration with Dignity)' 정책을 수립, 추진해서 기후변화에 대한 장기적인 대응 조치를 개발하고 있다.[27] 이 정책은 기후변화에 대처하기 위해서 영구적 또는 일시적 노동이주를 촉진하는 정책이다. 피지 또한 해안 지역 마을 주민들을 재정착하는 프로그램을 운영하고 있다.

5. 나가며

전 세계 인구의 2.3%인 1억 8,400만 명이 이주민으로 추정되며, 이 중 난민이 3,700만 명으로 추산되고 있다.[28] OECD 국가에는 전체 이주민의 40% 정도가 거주하고 있으며, 이 중 경제 이민자가 6,400만 명, 난민이 1,000만 명으로 추산된다. 다음으로 경제 이민자의 17%가 GCC 국가에 거주하고 있는데, 이들 대부분은 취업 비자를 소지하고 있는 임시직 근로자이다. 그리고 나머지 43% 정도가 저소득 및 중소득 국가에 거주하고 있는데, 이들은 대개 일자리를 찾거나 가족 재결합을 위해 또는 난민으로 보호를 받기 위해 이주민으로 생활하고 있다.

세계 이주민은 크게 자발적인 속성의 경제적 이주와 강제성이 주도하는 비자발적 이주로 구별할 수 있다. 부유한 국가는 노령화, 출산율 및 생산가능인구의 감소 등에 대처하기 위해서 점차 더 많은 외국인 근로자를 필요로 하며, 세계 자본주의 체제에서 기술적·산업적 우위를 점하기 위해서 더 많은 고숙련 노동을 동시에 필요로 한다. 이뿐만 아니라 가사, 보건, 육아 등 사회유지에 필수적인 재생산 부문의 노동 외주화 경향으로 인해 이를 담당할 수 있는 돌봄 노동도 필요로 한다. 한편 중소득 국가는 제조업 부문의 '아래를 향한 경쟁' 가속화 경향으로 인해 본국의 노동자보다 생산성이 높은 저임금 노동을 추구하는 경향이 있으며, 저소득 국가에서는 지리적으로 인접한 여러 실패 국가로부터 난민의 유입이 지속되고 있다. 이에 더불어 기후변화는 이주의 패턴에 여러 영향을 끼치고 있는데, 세계 인구의 40%인 35억이 물 부족, 가뭄, 폭염, 해수면 상승, 홍수 및 열대성 저기압과 같은 극단적인 재난과 기후변동에 노출되어 살아가고 있다.

이주민은 그 성격이 경제적이든 아니면 강제적이든 간에 분명 정착지 또는 이주의 과정에서 여러 가지 어려움에 노출되어 있다. 현지 정착지에서 제도적·사회적 차별이나 불평등에 노출되는 경우가 많고, 일부 상황에서는 이주에 드는 재정적 비용이 매우 많으며, 이주민은 이를 상환하기 위해 수년간 일해야 한다. 또한 수천만 명의 이주민이 가족과 헤어져 있고, 많은 사람들이 낯선 환경에서 사회적 고립의 위험에 처해 있다. 부모의 부재는 자녀 교육과 같은 가정에서 문제를 일으키며 장기적으로 잠재적인 결과를 초래할 수 있다. 이주민에게 이주는 선택이지만 이주의 배경과 동기에는 강한 배출요인이 작동한다.

또한 이처럼 경제적 기회를 적극적으로 찾아서 떠나는 경제적 이주와 강제적 이주의 패턴은 세계 여러 국가의 발전과 변화에 직접적인 영향을 끼치고 있어서, 많은 국가는 이러한 이주패턴에 때로는 능동적·적극적으로 대처해야 하고 때로는 국가의 주권과 안보 수호를 위해 방어적·방관적으로 대처하고 있다. 이주3.5의 시대에 개별 국가나 지역사회의 측면에서도 국제이주라는 거대한 물결은 글로벌 자본주의의 프레임 속에서 기회나 가능성이 될 수도 있고 위험이자 위협일 수 있다. 이런 다각적인 측면에서 이주3.5의 시대가 어떤 방향으로 흘러갈 것인지 유심히 지켜볼 필요가 있다.

제2부

위로부터의 이주의 물결

제3장

고숙련 이주민의 모빌리티

1. 들어가며

이주는 혁신을 유발한다.[1] 인류는 오랜 역사에 걸쳐 특정 지역으로의 외부 인구집단의 유입은 새롭거나 이질적인 지식, 기술, 정보, 문화, 제도, 관습을 가져오고 이를 지역사회에 뿌리내리게 함으로써 내적 다양성과 이질성을 증진해왔다.[2] 오늘날 선진국의 이민 당국은 이주노동자 프로그램과 같이 저임금의 미숙련 노동에 대해서는 체류 기간이나 자격을 엄격하게 정하여 관리하지만, 다국적기업에 고용된 숙련노동, IT와 같은 첨단산업 부문의 엔지니어, 기타 사업 서비스업 부문의 전문직 이주민 등 고숙련 노동이주민은 특정 지역, 도시, 국가의 경제적 번성과 발전에 깊은 영향을 끼친다. 이들은 중앙정부나 이민 당국의 통제보다는 민간 기업의 필요에 따라 '시장 내부에서' 적극적이고 유연하게 이동하기 때문에 이들의 이주 모빌리티에 대한 이해는 현대 도시 및 지역의 성장에 중요한 역할을 한다. 물론 이 장에서 직접적으로 다루지는 않지만, 이주노동자뿐만 아니라 심지어 난민이나 실향민도 현지의 특정 장소나 도시에 뿌리를 내리면서 활발한 기업적 활동을 통해 새로운 고용을 창출하거나 현지의 경제를 주도하는 경우도 많다는 점은 별도로 강조해 둘 필요가 있다.[3] 이런 점에서 어쩌면 이주민은 '지리적 이동'이라는 그 본질적인 특성으로 인해 다양한 방식으로 도시 및 지역의 혁신을 직간접적으로 일으킨다고 할 수 있다.

많은 통계와 보고서가 지적하는 것처럼 세계 대부분 지역에서는 이주민들의 창업률이 현지 주민보다 훨씬 높다. 세계은행의 최근 이주 보고서에 따르면, 간호사, 엔지니어, 과학자 등 고숙련 이민자들은 경제의 여러 부문에서 생산성을 향상시키며, 호주, 캐나다, 영국, 미국 등 4개국이 전체 고등교육이주민의 50% 이상을 차지하고 있다.[4] 특히 미국은 의료 종사자의 17%, 영국이 12% 그리고 GCC 국가는 무려 75%가 외국 태생이다.

세계에서 가장 많은 고숙련 이주민이 집중하고 있는 미국을 좀 더 상세히 살펴보자. 미국 전체 인구에서 이주민의 비중은 13% 정도에 불과하지만, 사업체를 소유, 경영하고 있는 기업가 중 무려 30% 정도가 (주로 개발도상국 출신의) 이주민이라는 점은 그리 놀랍지 않다.[5] 특히 실리콘밸리와 같은 곳은 성공한 이주민 기업가들과 혁신가들의 허브이자 요람이라고 할 수 있다.[6] 미국의 경우 이주민은 과학, 공학 분야에 집중해 있고, 원주민과 비교할 때 특허 출원이 2배나 높다. 최근 고숙련 이주민들은 제품 재할당(product reallocation)에 영향을 끼치기 때문에, 미국의 대표적인 전문직 체류자격인 H1-B 소지 이주민의 비중이 10% 증가할 때마다 제품 재할당률이 평균 2%씩 증가한다는 경향을 밝혀냈다.[7,8] 교육 수준이 높은 고숙련 이주민 직원들의 비중이 높은 기업일수록 보다 적극적으로 신제품을 개발하거나 현지에 특성화된 제품을 고안하는 등 다양한 제품 재할당 전략을 통해 혁신적인 상품을 생산한다는 것이다. 미국의 경우 1976년 이후 지금까지 노벨상 수상자 및 미국 국립과학원(National Academy of Sciences) 회원 중 이민자의 비중은 원주민의 3배에 달한다.

한편 유럽은 활발한 국제이주가 오랜 역사적 과정에서 뿌리내린 미국의 경우와는 다소 다르다.[9] 미국이 경우 전체 가구 중 이사하는 가구의 비중은 연평균 16%이지만 유럽은 7.2%에 불과한 것처럼, 매년 다른 나라로 이주하는 인구의 비율도 세계 평균이 3%이지만 유럽은 1.5~2%에 불과하다. 0.5~1.0%의 차이가 어느 정도 유의미한 편차인가에 대해서는 좀 더 살펴볼 필요가 있지만, 유럽은 지리적으로 오랜 사회·문화적 동질성을 토대로 하고 있어서 주민의 장소 고착성이 미국과 비교할 때 상대적으로 취약한 측면이 있다. 그럼에도 불구하고 또 다른 연구에 따르면, 영국, 프랑스, 독일 등 서유럽 국가에서도 미국처럼 고숙련 전문직 이주민의 유입과 산업 부문의 혁신 간에는 긍정적 상관관계가 존재한다.[10] 이주민이 경제가 지역사회와 도시의 '다양성 경제(diverse economies)'를 창출한다는 점에서는 일정한 공통점이 있다.[11]

UN을 비롯한 국제사회 또한 이주민이 정착지의 산업과 혁신에 끼치는 영향에 주목하고 있는데, 대체로 다음의 4가지 방식으로 혁신과 지역발전을 도모하는 것으로 인식되고 있다.[12] 첫째, 이주민은 현지인과 비교할 때 혁신 지향적인 경제 부문에 집중되어 있다. 안정적인 일자리는 기득권을 지닌 현지의 주류 집단이 이미 점유하고 있어서, 신규 유입된 이주민의 경제활동은 현지 주민보다 훨씬 적극적이고 유연하며 도전적인 경향이 있다. 둘째, 오늘날 선진국으로 유입되는 많은 이주민은 이미 모국에서 상당한 교육자본의 혜택과 가족 및 친지의 전폭적인 지원을 받는 경우가 많고, 초국적 이주 네트워크 속에서 풍부한 초국적 사회적 자본을 갖고 있어 기업가로서의 면모가 강하다. 셋째, 이주 기업가들은 원주민과 비교할 때 연구개발 부문이나 첨단산업 부문에 있어서 스타트업의 창업이나 모기업으로부터의 활발한 분사(spin-off)를 주도하는 경우가 많다. 벤처자본의 형성 또한 초국적 수준에서 많은 이주민이 참여하고 있는 것으로 나타난다. 마지막은 모국에 남아 있는 초국적 관계를 활용함으로써 국가 간 투자, 무역, 기술 연계를 촉진하여 정착지의 경제를 업그레이드하고 개방적인 경제로 만드는 데에 도움이 된다. 이는 국가 및 지역 간 상품과 서비스의 질적·양적 차이뿐만 아니라 여러 국가 간 경제적·사회적·제도적·문화적 차이를 적극적으로 전유하고 창출하려는 전략의 결과라 할 수 있다.

다음 절에서는 우선 중상류층 및 고숙련 노동의 이주를 검토한다. 그리고 오늘날 국제이주에서 이러한 고숙련 이주민의 발생 배경과 현황 그리고 이의 유입으로 어떤 변화가 나타나고 있는지를 살펴본다.

2. 고숙련 이주민의 모빌리티

이주가 인류 사회에 기여하는 측면과 방식은 실로 다양하지만 경제적 측면에서 볼 때 특정 사회로 유입되는 새로운 이주민은 로컬 경제에 총량적 (가령 인구 증가에 따른 수요와 생산 규모 확대와 같은) 수준에서만이 아니라 새로운 아이디어의 보급이나 문화를 창출함으로써 경제적 발전과 부의 증가를 가져왔다는 점은 틀림없다.[13] 물론 이주민의 영향을 어떻게 측정하고 평가할 것인가의 문제는 기술적으로 다양한 논의들이 진전되고 있다.

글로벌 컨설팅기업 맥킨지앤컴퍼니는 《People on the Move》에서 2015년을 기준으로 이주민은 전 세계 GDP의 9%(6조 7천억 달러)를 차지한다고 추정한 바 있다.[14] 또한 IMF에서 발간한 보고서 《International Migration》은 이주의 경제적 영향은 국가별로 다르고 이주가 도전을 가져오기도 하지만 모국과 정착지 모두에 경제적 이득을 가져온다고 강조한 바 있다.[15] 또한 씨티은행(Citibank)이 옥스퍼드대학교와 함께 2018년에 발간한 CPS 보고서인 《Migration and the Economy》는 대부분의 이주민은 현지인보다 경제적으로 활발한 생산가능연령층이기 때문에

GDP 총량과 1인당 GDP의 상승을 가져오기 때문에 이주는 경제성장에 긍정적으로 작용한다고 결론을 내린다.[16] 또한 이주는 인적 자본(human capital)을 증가시킴으로써 총생산의 규모 확대에 기여할 뿐만 아니라 이주는 혁신과 요소 생산성의 증가를 가져온다고 본다. 실제로 이주가 노동시장과 임금에 미치는 영향은 이주민의 특성과 정착지 사회와 경제구조가 어떠한가에 따라 매우 다양하게 나타나지만, 이주민의 기술이 로컬 노동자의 기술에 대해 얼마나 보완적이냐에 의해 이주의 경제적 기여가 결정된다고 볼 수 있다.

그러나 이주민이 경제성장과 혁신에 미치는 영향에 관한 관심과 아울러, 이들이 사회의 '강력한' 행위자로서 정착지에 미치는 다양한 영향과 사회적·문화적 결과에도 주목할 필요가 있다. 특히 이주민이 정착민보다 우월한 지위를 갖고 있거나 자원을 동원할 수 있는 위치성(positionality)을 갖고 있다면, 이들의 모빌리티는 단순한 지리적 이동이 아니라 지위재(positional goods)로 기능할 수도 있다. 즉, 모빌리티를 간단히 '이동할 수 있는 개인의 역량'으로 정의한다면, 이는 경제적·사회적·문화적 자본과 더불어 개인과 사회의 이동과 계층화를 설명하기 위한 중요한 선분이 될 수 있다. 계급, 성, 인종에 의한 계층화와 마찬가지로 공간적 모빌리티를 기준으로 할 때 지배적인 엘리트 계급은 범세계주의적 시민을 구성하는 반면, 일반 민중은 장소에 고착된 로컬 시민으로 이분화될 수 있기 때문이다. 이처럼 어떤 국가와 지역에 거주할 것인지, 어떤 사회적 네트워크에 소속될 것인지에 대한 폭넓은 "선택적 소속(elective belonging)"은 중·상류층의 뿌리내림과 연관된 협상과 전략일 수 있다.[17]

이런 점에서 많은 연구들은 고숙련 전문직 이주민의 모빌리티에 초점을 두고 이들의 공간적 행태와 계급 재생산에 주목해왔다. 고숙련 이주민은 조작적으로 정의할 때 다국적기업의 관리자와 경영진, 연구개발 부문에 종사하는 엔지니어와 기술자(의사나 약사 등 의료 전문직 포함), 대학이나 연구기관에 고용된 과학자, 사업체를 소유한 기업가와 금융 투자자 그리고 학사학위 이상을 소지한 외국인 유학생 등 5개 부류를 들 수 있다.[18] 안드레오티 등의 연구는 고숙련 전문직 이주민이 과연 뿌리 없이 초국적으로 이동하는 집단인가를 살펴보기 위해서 파리, 마드리드, 리옹, 밀라노에 거주하는 480명의 관리직 및 전문직 종사자와 중상류층 이주민 집단을 대상으로 광범위한 인터뷰 조사를 실시한 바 있다.[19] 이 연구에 따르면 고숙련 전문직 이주민의 삶에서 모빌리티가 중요한 것은 사실이었다. 그러나 중요한 점은, 공간적 제약에 얽매이거나 로컬 지리에 국한되지 않는 자유로운 초국적 삶을 영위할 것이라는 상상에 부합하지도 않았다. 왜냐하면 이들이 다국적기업의 활동으로 인해 국제적으로 높은 이동성을 가진 것은 사실이었지만, 특정한 커뮤니티나 도시 내의 유사한 계급 집단에 소속되어 가족을 재생산하는 것은 오직 장소에 대한 일정한 고착을 통해서만 가능했기 때문이다. 현지의 다른 주민과 마찬가지로 이러한 전문직 이주민들 또한 로컬 커뮤니티에 대한 강한 애착(attachment), 뿌리내림(rootedness), 소속(belonging) 등을 강조했다.

위의 연구에서 더욱 흥미로운 결과는 지방의 중소도시나 농촌보다 대도시나 인구 밀집은 국내이주나 해외이주의 비중이 높으면서도 해당 도시에 장기간 체류하는 '로컬 충성파'의 인구 비중도 많다는 점이다. 곧, 초국가주의와 뿌리내림의 두 과정은 공존의 과정이지 상호 배타적이지 않다는 것이다. 안드레오티 등은 이를 이른바 '부분 출구(partial exit)' 가설이라고 명명하면서, 국제이주의 비중이 높은 곳과 로컬 지역사회에 대한 장소 고착성이 지리적으로 배타적일 것이라는 통념인 이른바 '로컬-범세계주의 분열(local-cosmopolitan cleavage)'이라는 전통적인 가설에 대한 반론을 제기한다.[20] 이때의 '출구'란 로컬 사회에 착근되어(embedded) 있으면서도 해당 도시나 국가 외부로부터 필요한 자원을 파이프라인과 같은 다양한 의사소통 방식을 통해 적극 조달할 수 있는 역량에 기반을 둔다.

이처럼 모빌리티는 중상류층이나 전문직 종사자 가구에 있어서 단순히 로컬을 넘어서 초국적 사회적 자본에 접근하는 것만이 아니라, 자기 이해 증진을 위해 사용될 수 있는 다중 스케일적 계급 재생산 전략(multiscaled strategy of class reproduction) 전략으로 사용될 수 있다.[21] 이때 '다중 스케일적'이라는 것은 어떤 주체나 집단이 특정 시·공간적 상황에서 자원을 동원하거나 위험을 회피하기 위해서 그 상황 외부에 속한 자원을 유연하게 동원하거나 전유하는 방식을 가리킨다. 가령 특정한 커뮤니티 내에서 자신의 사회적 지위의 상대적 우월성을 선진국 대도시에서 생활 경험이나 국제적 패션 감각에 관한 지식으로 정당화하거나, 반대로 특정 국가나 민족에 대한 정체성이 약한 문화적 상류층이 자신이 속한 로컬 커뮤니티의 전통이나 관습에 대한 지식을 통해 자신의 지적 교양과 정치적 우월성을 드러내는 것 등이 이에 포함된다. 이들은 국가적 스케일과 로컬 스케일 모두에서 '부분 출구' 전략을 실행하는데, 물리적 이동은 상당한 비용이 수반되는 전략이며, 소비, 친교, 취업, 주거, 교육활동, 금융투자 등에 있어서 로컬 기관 대신 국제적 조직망을 활용한다. 해외직구, 해외 친구 사귀기, 다국적기업에 취업하기, 국제학교에 자녀 등교하기 등이 이에 해당되는 전략이라고 할 수 있다. 부분적(일시적) 출구를 통한 기회 획득은 국가 내 사회구조에서 자신의 위치를 교섭할 수 있게 하여, 높은 세율을 회피하거나 국외 자산소득이나 투자 소득을 얻거나 더 나은 교육 및 의료 혜택을 받을 수 있다. 로컬 스케일에서는 폐쇄적 커뮤니티에 거주하면서 다양한 스케일의 네트워크 관계를 통해 로컬 사회구조를 벗어난 기회를 획득할 수 있다.

안드레오티 등은 중상류층이 국지적 제약을 극복하기 위해 초국적 스케일에서의 사회 네트워크로부터 어떻게 기회를 확보하는지에 초점을 두고, 이를 초국적 차원과 국지적(로컬) 차원에서 4가지 유형의 이념형으로 제시한 바 있다(〈그림3-1〉).[22] 첫째는 로컬 커뮤니티와 유리되어 있고 고도화된 모빌리티를 바탕으로 초국적인 수준에서 활동하는 '이방인(barbarian)' 내지 유목민으로 범주화할 수 있는 집단이다. 이들은 초국적 전문가 계급이라 할

<그림3-1> 고숙련 이주민의 출구 전략: 국가적·국지적 스케일의 통합

자료) Alberta Andreotti, Patrick Le Galès and Francisco J. M. Fuentes, 2013, 47

수 있으며 로컬 사회에 물리적으로 소속되어 있지만 정체성이나 문화 인식에서는 범세계주의 인식을 토대로 한다. 이방인 집단은 주로 청장년층의 전문직 이주민으로서 미혼인 경우가 많고, 혼인했더라도 개방적·자유주의적 삶을 추구하는 경향이 있다.

둘째, 이와 정반대에 있는 집단은 이른바 국지적 충성파(local stalwart) 집단인데, 이들은 초국가적 스케일에서는 거의 활동하지 않고 지역사회에서만 활동하는 집단을 가리킨다. 또한 지역사회에 대한 강한 자부심과 애착을 특징으로 하며 외부에서 유입된 초국적 집단의 탈장소적인 태도나 사고에 대해서 비판적인 경향을 띤다. 셋째는 폐쇄공동체와 같은 곳에 거주하는 자기 격리적·

배타적 집단으로서 도시 전체 사회의 조직에서도 분리되어 있을 뿐만 아니라 국가적·초국적 스케일에서도 거의 활동하지 않는 집단이다. 마지막은 국지적으로 뿌리를 내리고 있으면서도 전략적·선택적으로 고도화된 모빌리티를 활용하여 국가 외부로부터의 기회에 접근하는 '부분 출구 전략'을 구사하는 집단이다. 이 집단은 로컬 지역사회의 주요 행위자로서 상당한 권위와 지식을 갖고 있으면서도, 초국적 수준에서 이루어지는 다양한 지식과 정보에 접근할 수 있고 외부에서 유입된 이주민과도 폭넓은 사회적 자본을 형성하고 있다는 특징을 지닌다. 이들의 이러한 '유연적' 정체성은 초국적 엘리트 및 자본가 계급이 지닌 탈장소적 범세계주의와는 뚜렷이 구별된다.

한편 위의 연구에서는 실제 물리적이고 초국적으로 활동하는 집단과는 별도로, 국지적으로 뿌리내리고 있지만 온라인 가상공간을 활용하여 초국적 스케일에서 출구전략을 구사하는 집단을 '가상적 초국가 이주민(virtual transnationals)'이라고 특정했다. 또한 국가적 구속으로부터 자유로운 상태에서 초국적으로 활동하는 중상류층 이주민도 거의 없으며, 상당수가 집 근처의 친구 및 친족 관계를 기반으로 뿌리를 내리고 있었다. 초국적 네트워크의 상당수는 자녀의 교육 및 취업 기회와 관련된 활동이었다. 유목민 또는 이방인 집단은 거의 드물었으며, 전문·관리직에 종사하는 중상류층 대부분은 부분 출구 전략을 구사하는 경우가 많았다.

이와 유사하게 2018년에 수행된 스펜스 등의 연구는 회계업 부문을 중심으로 전문 서비스업체(Professional Service Firms; PSFs)에 종사하는 전문 서비스 직원들을 대상으로 초국적 모빌리티를 조사한 바 있다.[23] 이들은 2010년부터 2016년까지 방글라데시, 중국, 일본, 캐나다, 프랑스, 영국, 스페인 등 12개국에서 근무하고 있는 127명을 대상으로 반구조화된 면담조사를 실시했는데, 이들은 시간적·지리적·기능적 차원에서 다음과 같은 모빌리티의 일반적인 경향을 발견했다. 조사 결과 많은 전문직 이주민은 지리적 모빌리티를 아주 제한적으로만 경험하고 있어 이들을 '경계 있는 전문가 집단(professionals with borders)'라고 지칭했다. 또한 일시적인 해외 경험은 개인의 이력을 강화하는 기능적 차원에서도 중요한 역할을 했다.

〈표3-1〉에서 보는 바와 같이, 고숙련 전문직 이주민에게는 항공기 등으로 직접 여러 세계의 도시를 이동하는 체현된(embodied) 모빌리티도 중요했지만, 인터넷을 활용한 영상회의와 같이 IT기술을 활용해서 세계 곳곳의 조직체와 교신하는 가상 모빌리티도 이들에 광범위하게 확산되어 있는 것으로 나타났다. 이들의 모빌리티는 전문직에 종사하는 직원들의 시간적·지리적·기능적 차원에서 접근할 수 있었는데, 이에 따라 모빌리티를 동원하여 기업 내에서 임무를 수행하거나 개인적 경력을 쌓아 나가는 데에 상이한 전략을 구사했다. 가령 지리적 차원의 경우 국내의 동업회사나 관련 정부부서로 임시 파견을 가는 경우는 지극히 모빌리티가 최소화되어 있어서 안정적이고 장소 고착적인 성향을 띠기도 했지만, 해외 다른 국가에 신규 지점이나 사무소 설립을 위

	시간적 차원	지리적 차원	기능적 차원
최소	가상적(상상적)이고 실시간적임(예: 상하이의 세무사가 다국적기업 고객의 거래와 관련해서 베를린 사무실의 직원과 정기적으로 전화함)	국내의 동업회사나 관련 정부부서로 임시 파견(예: 베이징의 직원이 중국 서부의 신규 사무소를 정기 방문)	구태의연함을 벗어난 특별한 경험 및 개인 이력에의 추가 사항(예: 몬트리올의 직원이 뉴질랜드에서 업무차 3년간 생활함)
최대	2년간의 임시 파견이나 완전한 재입지(예: 몬트리올의 회계사가 파리의 다국적기업고객사에서 2년간 근무함)	신규 사무소 설립을 위해 다른 대륙으로 출장(예: 영국의 직원이 동유럽으로 파견되어 사무소 설립)	새로운 문화나 언어에 완전히 몰입하고 새로운 환경에 적응함(예: 뉴질랜드의 회계사가 일본의 고객사들과의 거래관계의 연장선상에서 곧바로 일본으로 재정착함)
일반적 경향	가상 모빌리티와 인접국으로의 단기(0~3개월) 출장(예: 프랑스 고객사가 네덜란드 기업을 인수할 때 2회의 1주일 실사 출장이 동반됨	영어권 국가로 이동(예: 중국이나 방글라데시에서 '서양'으로, 영국에서 북아메리카로 이동. 그러나 대개 가상적 실천을 토대로 함)	제한적인 기간 동안 해외 고객사로 파견(예: 다국적기업의 회계, 세금, 인수 관련 업무. 상당 업무가 가상적으로 이루어짐)

<표3-1> 상이한 차원에서의 모빌리티의 일반적 경향
자료) Crawford Spence, Andrew Sturdy and Chris Carter, 2018, 242

해서 장기간 파견 근무를 하기도 했다. 또한 중국이나 방글라데시와 같은 개발도상국에서 서양 선진국으로 이동하거나 영국에서 북아메리카로 이동하는 경우는 개인의 경력을 쌓아 나갈 수 있다는 측면에서 상당히 보편적으로 이루어지는 경향이었다.

3. 고숙련 전문직 이주민의 지리

선진국의 고숙련 이주민은 1990년대 초반부터 계속해서 증가하고 있다. 개발도상국 출신의 고숙련 이주자 중 10%가 선진국에 거주하며, 일부 연구에 따르면 미국에서 고숙련 노동의 12%가 외국 태생으로 간주되고 있다.[24] IOM의 보고서에 따르면, EU에서는 전체 이주민 중 고숙련 이주민의 비율이 1991년 15%에서 2001년 25%로 증가했다고 보고되었다.[25] 한편 고숙련 이주민의 출신 국가나 지역도 지리적으로 차별화되어 있다. 한국은 고숙련 이주민의 86%가 아시아 출신이고, 일본도 77%가 아시아 출신인 반면, 미국은 고숙련 이주민 중 아시아 출신이 35~41%로 높다. 유럽의 경우 영국을 제외한 대부분의 국가는 다른 유럽 국가로부터 고숙련 이주민을 많이 도입하고 있으나, 영국의 경우에는 아시아가 33%, 아프리카가 21%, 유럽연합이 27% 정도를 차지하고 있어 지리적으로 고른 편이다. 이는 고숙련 이주가 단순히 경제적·기술적 목적 외에 공간적 근접성과 문화적 유사성, 이웃 국가에 대한 익숙함, 이주 비용의 감소와 이동의 편리성, 군사개입이나 이주 정책과 같은 역사적 배경과 관련이 있기 때문이다.

한편 고숙련 이주민이 갖는 범주로서의 공통점은 세부적인 관점에서 볼 때 적지 않은 내적 차이를 갖고 있다. 우선 대기업의 관리직 및 경영직에 종사하는 숙련노동이주민에 초점을 두었던 어떤 연구에 따르면, 숙련노동이주민은 뉴욕, 런던, 홍콩, 싱가포르, 취리히 등 지리적으로 상이한 곳에 위치한 기업에 고용되어 있지만 몇 가지 공통점이 있다.[26] 이들은 영국계 회계사와 은행가 집단에 주목했는데, 이들 이주민은 대개 남성이었고 해외에서 공부하거나 일했던 경험을 통해 초국적 수준에서 높은 사회적 자본(social capital)을 갖추고 있었다. 이들은 주로 국제 금융 중심지에서의 자본 축적을 강화하여 세계 여러 지역에 대한 금융상품의 투자 등 의사 결정력을 높임으로써 고숙련 이주민에 대한 수요를 더욱 높인다고 주장했다. 또한 이들은 뉴욕, 런던, 홍콩 등 주요 글로벌 도시 내에서 기술직이나 전문직에 종사하는 외국인들과 함께 어울리거나 신뢰를 축적할 수 있는 특정 커뮤니티나 상업지구를 중심으로 활발한 상호 작용을 하고 있었지만, 로컬 주민과의 광범위한 접촉은 지극히 제한되어 있었다. 이들은 스스로 국제적으로 활동하며 영향을 미치는 유력인사라는 것을 자각하면서 다른 '로컬' 주민에 대한 구별짓기와 상대적 우월감을 갖기도 했다.

둘째, 기업 관리자와 경영자 계층의 이주민 집단을 대상으로 한 면담 연구에 따르면, 이들이 고용된 외국인 소유의 다국적기업은 선진국이든 개발도상국이든 대개 현지에서 다국적 노동에 대한 수요가 있는 부유한 지역에 밀집하는 경향이 있다.[27] 영국의 경우 금융서비스 분야에서 이주민에게 발급된 취업 허가증의 91%가 런던 및 근교 지역이었다고 한다. 지리학자 도린 매시(Doreen Massey)가 공간과 글로벌 자본주의에 대한 기념비적 저술인 《For Space》에서 지적한 것처럼, 런던의 금융 지구인 더시티는 물리적으로 런던이라는 잉글랜드의 동남부에 위치하나 글로벌 금융 네트워크에서 외부 세계와 더 강한 영향을 주고받는 초국적 사회적 장이다.[28] 이런 점에서 더시티는 기능적으로는 런던에 위치하지 않는 곳이다. 이러한 지리적 이유로 인해, 런던 금융 지구의 건물이나 도로를 일상적으로 관리하고 금융 및 관리자 계층의 재생산 서비스를 담당하는 로컬 육체노동자나 심지어 경찰이나 교사와 같은 공적 서비스를 담당하는 사람들조차 해당 지역에 진입하지 못하고 외곽 지역에 거주하는 역설에 대해 비판적인 견해를 밝힌 바 있다.

셋째, 엔지니어와 기술자는 관리자와 경영자 집단에 비해 훨씬 공간적으로 넓게 분포, 거주한다.[29] 가령 미국 텍사스의 오스틴, 독일의 뮌헨과 남부 독일 등에는 IT 관련 직종의 기술직 이주민의 집중도가 높다.[30] 또한 실리콘밸리는 외국인 엔지니어를 많이 고용하는 대표적인 지역으로서, 이 지역 과학자와 엔지니어의 53%가 외국 태생이고 이중 약 75%가 인도와 중국 출신이다.[31] 엔지니어와 기술자는 IT기업 집적 지구에 고용되어 있지만 금융업 종사자나 경영·관리직 이주민 집단에 비해 교외 지역의 신흥 주택지구에서 거주하는 경향이 강한데, 이들은 중국이나 인도와 같은 모국에서의 강한 혈연 및 혈족 관계를 지니고 있어 중산층 민족집단 커뮤니티를 형성하기 때문이다. 이와 동시에 주택에 대한 차익거래를 통해 부동산 금융을 통한 이익 증진에도 상당히 적극적인 것으로 나타난다.[32] 또한 영국에서도 엔지니어와 기술직 이주민은 브리스틀부터 옥스퍼드를 거쳐 케임브리지와 런던에 이르는 삼각지대에 거주하고 있고 이들 대부분은 남성들이다.

한편 의사를 비롯한 의료기관 종사자는 지속적으로 이주민의 비율이 높아지고 있는데 이는 의료 부문 노동의 가치 하락 현상과 연관되어 있다. 영국의 경우 건강보험제도(NHS)에 속한 고숙련 이주민 중 12%만이 런던 및 동남부 지역에 거주하고 있고, 다른 이주자들은 대부분 중소도시나 지방 전역으로 흩어져 있다.[33] 한편 런던의 고급 부동산 시장인 웨스트민스터, 켄싱턴, 첼시 자치구 등 해외투자가 집중되는 신흥 지역은 자산 수준 상위 1%의 슈퍼리치(super-rich)의 배타적 커뮤니티인데, 중국을 비롯한 개발도상국의 상류층이 런던의 부동산을 '안전한 피난처'로 삼아 기존의 젠트리파이어를 몰아내고 런던 도심부를 '피에타테르(pied-à-terre)' 어버니즘으로 전환하고 있다.[34] 한편 이러한 흐름과는 별도로 미국과 영국에서는 의료 서비스 부문 전문직을 중심으로 하여 '사회-전문직의 가치 하락' 현상이 나타나고 있다. 영국으로 유입되는 의사 중 상대적으로 보수가 적은 '비전문직 의사' 부문에 이주민의 집중도가 높고, 이들은 대개 영국에서 유학생이나 망명 신청자 또는 난민으로 출발했던 사람들이다.[35]

이주민 기업가를 살펴보면 사업의 범위, 유형, 분야 등이 지리적으로 매우 다양하게 나타나지만, 북아메리카와 오스트레일리아 등 선진국에 정착한 동아시아 출신의 이주민에 초점을 둔 연구가 많다. 특히 홍콩 출신의 '우주 비행사'와 미국과 캐나다로부터 시민권을 '구입'하고 다국적 비즈니스를 운영하며 태평양을 오가는 '위로부터의 물결'이 주요 관심사이다. 이들은 1990년대 후반 홍콩의 중국 반환을 전후하여 불확실성과 위험을 느끼거나 2000년대 이후 중국의 급속한 발전 과정에서 자본을 축적한 상류층이 더 안전한 자산 도피처나 투자처를 확보하고 자녀의 교육자본 증진을 위해 아시아-태평양 권역의 선진국으로 이주한 이들이 많다. 이들이 현지의 주민과 비교할 때 경제적 자본이나 초국적 네트워크에서 훨씬 우월한 지위를 확보하여 도시의 경관을 새롭게 전환하거나 심지어 현지 주민과 마찰이나 갈등을 빚는다는 것은 틀림없는 사실이다.[36] 그러나 이와 동시에 적지 않은 초국적 투자 이민자들이 운영 관행, 규정, 현지 여건 등을 잘 알지 못해서 실패한다는 밴쿠버의 사례 연구가 있다.[37] 이와 유사하게 대만 출신 사업가와 숙련 이주민들이 오스트레일리아의 브리즈번, 멜버른, 시드니에서 왜 취업하지 못하는지를 분석한 연구도 있는데, 이들은 영어 구사 능력, 현지의 사업 문화, 지역 시장의 작은 규모가 이들이 생산하는 재화 및 서비스의 규모 차이, 이주민이 자신의 교육 수준이나 재정 수준에 맞지 않는 일은 하지 않는 경향 등을 그 이유로 제시한 바 있다.[38] 오스트레일리아는 다문화주의 정책을 바탕으로 이민자 사회의 통합의 훌륭한 사례라고 평가받고 있으나, 실제 아시아나 중동 등 비영어권, 비유럽계 출신의 유색인 이주민들은 이민자 '성공 신화'의 담론에 가리워져 구조적인 차별과 배제를 경험하고 있는 것이 현실이다.[39]

유학생 집단은 숙련 노동이주에 포함되며 잠재적으로 전문직, 관리직, 연구직 부문 노동시장으로 진입할 가능성이 높은 집단이다. 1980년부터 2000년대 초반까지만 하더라도 일본과 한국 출신의 대학원 과정 유학이 전 세계적으로 높은 비중을 차지하고 있었지만, 2000년대 초반 이후 중국의 해외 유학이 증가했고, 현재에는 인도 등 남아시아 출신 유학생 이주민의 규모가 지배적이다. 오늘날 전 세계 유학생의 80%가 오스트레일리아, 독일, 프랑스, 미국, 영국에 집중되어 있고, 캐나다와 뉴질랜드도 적지 않다. 한편 유럽에서는 에라스무스 프로그램이나 소크라테스 프로그램과 같이 유학을 장려하는 제도의 영향으로 유학생의 증가가 뚜렷하다.[40] 특히 영국에서 영어를 배우기 위해서 유학을 선택하는 유럽 학생들의 비중이 높다. 미국의 경우에는 2001년의 9.11테러로 인해 이주 절차가 복잡하게 바뀌었고 학생 비자의 발급 또한 어려워졌다.

4. 실리콘밸리와 고숙련 이주

IT기업이 집중한 북부 캘리포니아의 실리콘밸리에는 이주민의 수평적인 네트워크가 발달한 곳으로서 국제이주와 지역의 경제 성장이 긴밀히 연결되어 있는 대표적인 지역이다. 경제·지리적으로 '착근성(배태성, embeddedness)'은 사회·문화적 차원, 지리적(영역적) 차원 그리고 제도적 차원에서 살펴볼 수 있다. 제도적 착근성은 기업이 지방정부, 노동조합, 개발기구, 각종 규제와 규약과 형성하고 있는 상호 관계를 지칭하며, 사회·문화적 차원의 착근성은 개별 행위자들이 갖고 있는 전통, 문화, 관습에 기반을 둔 행위와 혈연, 학연, 지연 등의 사회 네트워크를 포괄하고, 마지막으로 지리적 착근성은 특정한 장소와 지역과 지역 내에서 통용되는 암묵적·비공식적 지식의 관계에 초점을 두는 개념이다.

실리콘밸리는 네트워크 기반 문화가 조성된 IT 부문 첨단기업의 집적 지구로서 이곳에 거주하는 많은 기업가와 엔지니어는 서로 경쟁적 협력 관계를 형성하면서 역동적인 기술혁신의 환경을 구축하고 있다. 1960년대 중반부터 열어젖힌 미국의 적극적인 이주 정책은 실리콘밸리의 형성에 직접적인 영향을 끼쳤다.[41]

실리콘밸리국제발명축제(SVIF) 시상식 수상자 단체 사진(2025)

1970~80년대 이곳에서 전자산업 부문을 중심으로 노동 수요가 폭발적으로 증가하면서 해외 출생 이주민의 비율이 급속히 증가했기 때문이다. 1990년대부터 2000년대 초반까지의 통계를 보면 이 중에서도 중국인이 50% 정도, 인도인이 25%를 차지한 것으로 나타났다. 인도인의 미국으로의 이주는 주로 저임금 직종으로서 의복, 기계류, 택시 운전사, 서부 해안가의 오렌지 농장 노동자, 신문 매정 운영자 등을 정착하며 살았다. 이런 점에서 1990년대에 인도에서 미국으로 이주해온 2세대는 인도에서 이미 공학이나 수학 분야에서 석사학위 이상을 소지한 사람들이 많았다. 이들이 형성한 대표적인 네트워크에는 〈실리콘밸리 전문직 협회(Silicon Valley Professional Association)〉와 〈인더스 기업가 모임(The Indus Entrepreneur)〉을 꼽을 수 있는데, 이들은 전통적

인 인도의 문화와 첨단기술 관행을 적절히 결합하여 인도인 간의 사회적 네트워크를 강화하고 신규로 전입해온 인도인의 성공을 돕는 촉진제 역할을 하고 있었다.[42] 이들은 자신의 직장 경험, 대인관계, 위상 등을 회원과 공유하고, 기업 설립을 위한 구체적인 지식과 각종 행정 절차에 관한 지식 그리고 창업 자본을 제공하는 멘토의 역할도 했다.

미국 내에서 인도 출신의 이민자들은 대부분 북동부 지역의 섬유, 의류, 기계 제조업 부문의 비숙련노동, 캘리포니아 지역의 농업 부문 노동 그리고 택시 운전이나 신문 가판대 운영 등 저렴한 서비스업 부문에 종사하는 것으로 정형화되어 있었다. 그러나 실리콘밸리로 이주한 인도인들은 제2세대 이주민으로서 IT 부문에 종사하는 인도계 이민자는 전체의 절반 이상이 석사학위 이상 소지자였다.[43] 본국의 카스트 제도가 지니는 계급적 속박과 위계로부터의 자유로움은 미국에 거주하는 인도 출신의 이민자들에게는 경제적 측면 이외에 사회문화적 측면에서도 매력적이고 큰 동기부여가 되는 특성이었다. 이에 따라 제2세대 인도 출신의 이민자들은 교육열이 높고, 성실하며, 수학에 유능하고, 영어구사력이 뛰어나고, 근면한 이민자 집단으로서의 정체성을 갖게 되었다. 이는 기존에 중국, 일본, 한국 등 동아시아 출신의 이민자들이 가졌던, 내부도시의 위험한 지역에서 소규모 자영업을 영위하는 이른바 '모범 소수민족(model minority)' 개념을 뛰어넘는 새로운 관념이 되었다.

애너-리 색스니언(Anna-Lee Saxenian)은 실리콘밸리를 연구한 대표적인 학자로서 1975년부터 1990년 사이에 IT 업종을 중심으로 엄청난 성장을 거듭하는 사이에 해외 태생의 이민자도 급속히 늘어났다는 점에 주목했다.[44] 특히 인도 출신의 이민자의 경우 1970년대만 하더라도 1만 명 이내 수준에 불과했으나, 오늘날 100만 명 이상을 차지할 정도로 미국 내에서 중요한 이민자 집단으로 부상했다. 색스니언이 실리콘밸리 연구에 집중했던 1990년대만 하더라도 실리콘밸리에 고용된 과학자와 엔지니어 중 1/3이 외국 출신이었고 이 중에서 70%가량이 중국이나 인도 출신의 고학력자들이었다.[45] 실리콘밸리에서 외국 태생의 고숙련 이주민 증가는 미국와 개발도상국 모두에서 이민 정책에 대한 격렬한 논쟁을 불러일으켰다. 당연히 미국에서는 개발도상국 출신의 전문 인력이 자국의 고숙련 노동시장을 어느 정도 대체하고 있는지에 초점을 두었고, 인도나 중국 등 송출국의 입장에서는 고도로 숙련된 인력이 미국으로 유출되기 때문에 자국 내 인적 자본의 대외 유출에 주목했다.

이런 맥락에서 색스니언은 실리콘밸리에 정착한 개발도상국 출신의 외국인 엔지니어들이 단순히 자국의 고학력자가 진출할 노동시장에 침입하여 이들을 대체하는 데 그치지 않고, 새로운 사업을 시작하고 빠르게 일자리와 부를 창출하고 있다고 지적했다.[46] 또한 동아시아를 비롯한 신흥 지역의 경제적 성장과 기술적 역동성은 선진국으로 이주했던 자국 출신의 숙련 이민자를 다시 끌어들이고 있다는 점도 동시에 지적했다. 이뿐만 아니라, 초국적 사회 공간이라는 글로벌 스케일에서 볼 때 이들은 귀국을 선택하지 않더라도 미국 내 기업과 해외의 다양한 지역의 기업을 연결하는 중개자 역할을 하고 있다는 점도 발견했다. 이런 점에서 색스니언은 적어도 북아메리카와 아시아-태평양 지역의 신흥 성장 국가를 포함한 세계의 일부 지역에서는 '두뇌 유출'이라는 오래된 역학관계가 이른바 "두뇌 순환(brain circulation)"이라는 새로운 관계로 바뀌고 있다고 보았다. 대부분은 기술과 인재의 이동이 다른 국가를 희생시키면서 한 국가에 이익이 되어야 한다고 생각하지만 이러한 글로벌화된 세계에서 초국적 '두뇌 순환'은 고숙련 이주가 개발도상국과 선진국 양쪽 모두에게 이익이 되고 있다는 것이다.

실리콘밸리의 새로운 외국 태생 기업가들은 저임금 부문에 고립되어 주로 많은 노동시장과 인내가 필요한 소규모 자영업에 종사하면서 소수민족 집단으로 생활하고 있던 전통적인 이주민 집단과 달리, 첨단기술에 대한 막대한 투자가 필요한 연구개발 부문이나 해외에 대한 과감한 투자와 선제적 시장 점유가 필요한 부문에서 주요 의사결정에 참여하는 고학력 전문가로 활동했다. 이런 과정에서 고숙련 이주민은 기존의 이주민과 마찬가지로 기업가적 기회를 높이기 위해 민족적 전략에 의존했는데, 기술기업 창업에 필요한 정보, 기술, 자본을 동원하기 위해 사회적·전문적 네트워크를 구축했다. 전통적인 이민자 문화 요소와 첨단기술을 결합한 이러한 이주민 단체는 수많은 전문직 협회를 형성하면서 뚜렷한 민족 정체성을 갖고 전문적인 네트워킹과 정보 교류를 유지했다. 또한 중국식 연회, 인도식 만찬, 가족 중심의 사교행사 등 친목 도모도 기업가적 활동과 기술혁신에 중요한 비공식적 제도적 환경(institutional environment)이었고 이를 통해 전문기술과 해외 시장에 관한 정보 공유, 사업계획서 작성 및 사업 관리 체계에 관한 경험 공유, 정기적인 회의와 세미나 개최를 통한 네트워킹, 외국인과의 의사소통, 협상의 기술, 스트레스 관리 등에 관한 활발한 지식의 발전이 이루어졌다.

한편 실리콘밸리에서 이주민의 성장은 본국의 경제성장과 기업 혁신에도 직접적으로 관련되어 있었다. 예를 들어, 색스니언은 1970년대 초반 미국에 전기공학 전공으로 유학을 와서 1976년 스탠퍼드대학교에서 박사학위를 취득한 민우(Miin Wu)의 사례를 든다.[47] 박사학위를 취득한 민우는 당시 그는 자신의 새로운 기술이 대만에서 쓸모가 없다고 판단하고 실리콘밸리 소재 반도체 회사인 인텔 등 반도체 기업에서 10년 이상 고위직으로 근무했는데, 1980년대 후반 대만의 경제가 급격히 발전하면서 민우는 대만으로 귀환이주(return migration)를 결심하고 1989년 신주 과학산업단지에서 대만 최초의 반도체 회사인 마이크로닉스를 창업했다. 그리고 그는 실리콘밸리와 대만의 기술 커뮤니티 간의 비즈니스 연결을 구축하는 데에 중요한 역할을 담당하게 되었다. 결국 마이크로닉스는 1996년 나스닥에 상장한 최초의 대만 기업이 되었고, 현재 대만의 반도체 부문을 이끌고 있으며, 대부분의 직원과 제조 시설은 대만에 두었지만, 실리콘밸리에 고급 설계 및 엔지니어링센터를 두는 고도의 신국제분업 전략을 구사했다. 이뿐만 아니라 마이크로닉스는 실리콘밸리와 대만의 유망한 스타트업에 투자함으로써 핵심 비즈니스와 관련된 기술을 개발하기 위해 투자했다.

실리콘밸리에서 대만은 반도체 제조 역량과 초국적 분업 관계를 형성하고 있다면, 인도는 소프트웨어 설계, 디자인, 개발 부문에서 뛰어난 고숙련 이주민을 보유하고 있어서 본국과 미국을 연결하는 초국적 산업을 형성하고 있다. 대표적인 사례로 마헤시 비리나(Mahesi Veenira)는 1993년 실리콘밸리에서 같은 인도 출신의 친척 및 동료와 인터넷 액세스 속도를 높일 수 있는 저렴한 장치 개발에 주력한 스타트업을 설립했는데, 이 프로젝트의 성공에서 중요한 역할을 했던 것은 인도에서 (보다 정확하게 말하자면 인도 중부 내륙의 주변부 도시인 하이데라바드에서) 프로그래머를 실리콘밸리의 미국인 엔지니어 인건비의 4분의 1 수준으로 고용할 수 있었던 점에 있다. 그리고 그는 하이데라바드에 본격적으로 소프트웨어 개발 센터를 설립했다. 이뿐만 아니라 비리나는 대만 출신의 기업가와 투자 협상을 벌여 대만의 반도체 제조업체와 인터넷 라우터의 대량생산을 위한 파트너십을 맺었다. 왜냐하면 대만의 라우터 제조 능력은 미국과 비교할 때 50% 저렴한 가격에 동일한 속도의 제품을 만들 수 있었기 때문이다.

결국 실리콘밸리가 오늘날과 같은 반도체, 인공지능, IT 부문의 설계, 디자인, 프로세싱 관리 등의 메카가 될 수 있었던 것은, 교통과 정보통신 부문의 급속한 혁신으로 인한 시공간 압축으로 인해 아무리 작은 규모의 기업이라도 해외 생산업체와 파트너십을 구축하여 해외 전문 지식, 비용 절감, 시장을 활용할 수 있는 여건이 조성된 데에 큰 빚을 지고 있다. 따라서 '실리콘밸리의 성공'은 '실리콘밸리에 의한 성공'이 아니라, 실리콘밸리가 [인도나 대만과 같이] 외부와 형성한 '실리콘밸리 네트워크의 성공'이라고 말할 수 있다. 이러한 새로운 환경에서 중요한 것은 해외 파트너를 신속하게 찾고 문화적·언어적 경계를 넘어 복잡한 비즈니스 관계를 관리할 수 있는 능력인데, 이러한 능력에 가장 뛰어난 역량을 발휘하는 것이 고숙련의 전문직 기술자와 엔지니어이다. 제품, 시장, 기술이 지속해서 그리고 빠른 속도로 재정의되고 제품 주기가 매우 짧은 하이테크 산업에서 이 문제는 가장 중요하다. 따라서 실리콘밸리의 중국 및 인도 엔지니어와 같이 미국과 해외 시장에서 모두 성공할 수 있는 언어, 문화, 기술력을 갖춘 고숙련 이주민은 장거리에서 협력 관계를 유지하고 아시아 자본, 제조 역량, 기술, 시장에 접근하는 데에 필수 불가결한 요소다. 물론 앞서 살펴보았던 것처럼, 이러한 고숙련 이주민 집단이 해당 도시나 국가 내 로컬 커뮤니티 내에서 현지 주민이나 노동시장과 어떤 사회적 관계를 형성하는가에 대해서는 비판적 시각이 여전히 필요하다.

5. 최근의 주요 이슈

1) 반도체 부문 기술혁신과 패권 경쟁

2010년대 이후 4차 산업혁명 담론에서 시작된 디지털화, 자동화, 인공지능화, 로봇 등 첨단기술 중심의 경쟁은, 2020년 코로나19로 인해 비대면 의사소통과 정보통신 부문의 수요가 급격하게 늘어남에 따라 그 중요성이 더욱 비대하게 확대되었다. 이에 따라 소프트웨어 기술 인력뿐만 아니라 반도체 제조업 부문의 엔지니어들 또한 그 중요성이 높아졌다. 원래 반도체의 생산은 반도체의 개발과 설계에서부터 제조와 판매까지 모든 생산 과정을 자체적으로 하는 통합생산업체(Integrated Device Manufacturer; IDM)에 의해서 이루어졌고 1980년대까지만 하더라도 이런 과정이 보편적으로서 인텔을 비롯하여 삼성전자, SK하이닉스, 텍사스인스트루먼트 등이 모두 이러한 IDM 사업을 유지했다. 그러나 IDM은 기술 외에도 자본, 인력 확보, 마케팅 등 여러 부문에서 관리 비용이 높기 때문에 개별 기업은 더욱 전문화된 방향으로 나아가기 시작했다. 이에 따라 오늘날에는 반도체 생산 과정을 중심으로 AMD, 퀄컴, 애플, 엔비디아 등과 같이 개발과 설계만을 담당하는 팹리스와 TSMC나 삼성과 같은 파운드리로 분화되고 있다. 물론 삼성이나 SK하이닉스는 파운드리 비즈니스를 하면서도 IDM을 유지하고 있는 기업이기도 하다.

이 때문에 팹리스는 물론 파운드리 부문에서도 전 세계적으로 소프트웨어, 데이터, 정보통신, 반도체 설계 등 IT 부문에서 막대한 엔지니어에 대한 수요가 요구되고 있는 실정이다. 특히 파운드리 부문은 미국의 입장에서 볼 때 중국의 과학기술 및 첨단산업 분야의 성장을 견제할 수 있는 핵심 부문이라고 인식하기 때문에, 삼성이나 SK하이닉스, TSMC와 같은 파운드리 기업들을 서방 진영의 공급사슬(supply chain) 속에 온전히 가두어 두고자 하는 정책을 펴고 있다.

더군다나 미국과 중국이 정치 및 경제의 패권을 둘러싸고 벌이는 지정학적 패권 경쟁이 진행 중이다. 2019년 인공지능(AI) 분야의 연구 경쟁력에 관한 스탠퍼드대학교의 보고서에 따르면, AI 분야의 연구 논문의 인용 점유율의 국가별 분포를 볼 때, 중국의 비중은 20.7%로서 미국(19.8%)을 앞질렀다. 인공지능 분야에서 세계 최고 권위를 자랑하는 인공신경망 학회의 보고에 따르면 2019년 기준 세계 인공지능 연구 인력 중 중국 출신 비율이 29%로 미국(20%)을 크게 앞섰다.

이런 맥락에서 미국은 과학기술 분야에서 중국의 급속한 성장에 위기감을 느끼며 중국의 패권주의를 견제하기 위해 고급 기술 인력을 확보하기 위해 주력하고 있는 상태다. 2022년 1월 AP통신의 보도에 따르면, 미 국무부는 과학·기술·공학·수학을 포함하는 이른바 'STEM' 부문에서 외국인 유학생이 최대 3년 동안 미국 대학에서 연수를 받고 체류하게 하고, 이들을 미국 내 첨단산업 부문 기업들과 연계하려는 정책을 수립할 계획이다. 이뿐만 아니라 위와 별도로 미 국토안보부(Homeland Security)는 미국 내 기업 중 클라우드 컴퓨팅, 데이터 시각화, 데이터과학 분야 등 22개 분야에서 고용된 미국 대학에서 석·박사학위를 마친 외국인 학생들도 최대 3년 동안 기업에 고용되어 연수를 받을 수 있는 프로그램을 수행해오고 있다. 이 프로그램은 2020년에 무려 58,000명이 신청했던 것으로 알려져 있다. 이 때문에 인도 출신의 이민 물결이 미국 내 전통적인 과학, 기술, 수학 분야와 반도체 및 데이터 부문의 노동 공급을 주도해왔으나, 최근에는 한국, 일본, 대만 내 반도체 기업에서 일하고 있거나 보다 높은 학위를 취득하려는 유학생이 미국으로 이주하는 사례도 늘어나고 있는 것으로 알려져 있다.

이런 점을 고려할 때 HI-B 비자 소지자와 같이 첨단기술 부문의 연구개발 인력과 엔지니어를 확보하기 위한 미국의 공세적인 이민 정책은 앞으로 한동안 지속될 것으로 예측된다. 또한 이러한 숙련노동이주민 확보를 위한 노력은 중국과 긴장 관계에 있으면서도 중국 내 고숙련 인력을 확보하기 위한 대만의 경우에도 적용될 수 있다. 가령 홍콩 및 마카우 출신으로서 대만에 체류하고 있는 중국 출신 단기 체류자는 법적으로 원래 최대 90일까지만 체류할 수 있지만, 최대 1년 동안 체류하면서 취업 기회를 가질 수 있도록 연장하기로 결정한 것으로 알려져 있다. 이는 중국과 지정학적 긴장 상태에 있는 대만 정부가 홍콩 출신의 시민단체, 노동조합, 영화제작자, 금융 및 기타 전문직 종사자 등을 흡수하려는 전략의 일환이기도 하다. 이와는 맥락이 다소 상이하나, 우리나라에서도 2022년 제36차 외국인력정책위원회에서 고용허가제 개편 방안을 심의 의결했는데, '장기근속 특례제도'를 신설해서 숙련도가 높은 E9 비자 근로자의 체류 기간을 최대 10년 이상으로 늘리기로 했다. 이는 고숙련 직종은 아니지만 제조업 부문에서 적지 않은 숙련도가 필요한 조선, 기계, 장치, 부품 제조 부문의 노동을 확보하려는 정책의 연장선에 있다고 볼 수 있다. 이로 미루어 볼 때, 우리나라도 저출산고령화의 궁극적인 대책 마련을 위해서 해외로부터 숙련노동을 장기적으로 확보하기 위한 정책은 점차 강화될 수밖에 없을 것으로 생각된다.

결국 고숙련 이주민을 확보하기 위한 글로벌 전쟁은 단순히 국가 간 정치적 지형을 수동적으로 따르거나 이주민 활용에서 비용—편익의 단순한 계산에 의존하기보다는 신국제분업과 글로벌 공급사슬의 네트워크를 통해서 이루어지기 때문에 국가 간 지정학적 관계를 한층 복잡하게 만들고 있다.

2) 스포츠 부문의 국제이주와 귀화

오늘날은 올림픽을 비롯한 각종 국제 스포츠 대회가 국가의 위상과 명성, 민족적 단결과 응집력, 국가적 브랜드 지위 향상과 마케팅에 결정적인 영향을 끼치는 시대이다. 이에 따라 스포츠 성적이 우수한 외국인이나 재외동포에 대해 국가나 민족에 특별히 기여했거나 기여할 것으로 기대되는 사람에 대해서 국적을 부여하는 행태가 점차 늘어나고 있다. 반대로 특정 국가의 대표 선수로 활동하거나 경제적 지원 등을 받기 위해서 적극적으로 해외로 이주하여 국적을 변경하는 사례도 늘어나고 있다.

'금빛 화살'이라 불린 축구 스타 알프레도 디 스테파노는 1926년에 아르헨티나에서 태어났지만 1950년대에 스페인의 축구클럽 레알 마드리드에서 황금기를 보냈다. 그는 아르헨티나 국가대표 선수로 활약하기도 했지만, 스페인과 콜롬비아의 국적을 얻어 해당 국가의 대표로 선수 생활을 했다. 2022년 베이징 동계올림픽의 경우 미국의 스키 선수인 아이린 구는 2019년부터 중국 국적을 선택해서 출전함으로써 중국인들의 우상으로 떠올랐으나 미국인들로부터는 배신자라는 낙인이 찍혔던 반면, 이와 정반대로 미국의 남자 피겨 국가대표로 참가한 중국계 미국인 네이선 첸은 중국인들에게 배신자라는 비판을 받았지만, 미국인의 시점에서 볼 때 미국의 정신을 대표하는 스타임을 다시 증명하는 계기가 되었다. 또한 한국의 쇼트트랙 국가대표였던 안현수 선수의 경우는 이미 2018년에 러시아로 귀화하여 빅토르 안으로 개명했다가 2022년에는 중국 대표팀의 코치로 활약했다.

오늘날 스포츠 스타의 국제이주는 개인적·가족적 의사결정에 머물러 있지 않고, 국가와 민족의 정체성을 유지, 강화하고 나아가 국가적 명성을 세계 무대에서 고양하는 데에 중요한 전략으로 부상했다. 위와는 다소 상이한 맥락이지만, 한국에서는 2002년 월드컵에서 국가 대표 감독이었던 네덜란드의 거스 히딩크가 자신의 국가적 업적을 인정받아 외국인으로서는 처음으로 명예국적을 취득한 바 있다. 또한 오스트리아 출신의 간호사로서 소록도병원에서 43년간 봉사했던 마리안네 슈퇴거와 마가렛 피사렛이 2016년에 명예 국적을 취득했다. 또한 제주 4.3사건 이후 1954년에 제주도에 이시돌목장을 만들고 제주의 양돈산업을 발전시켰던 아일랜드 출신의 신부 패트릭 제임스 맥그린치도 명예국적을 취득했다. 한국의 경우 명예국적을 지닌 자는 비록 국민으로서의 권리와 의무를 모두 갖는 것은 아니지만, 무비자로 대한민국 입국이 가능하며 본인이 신청할 경우에는 조건없이 즉시 한국 영주권(F5)을 받을 수 있는 자격이 있다. 이처럼 오늘날에는 본래 이중국적이었던 이민 2·3세가 국가대표를 선택하기도 하고, 출전 기회를 찾아서 조상, 부모, 배우자의 나라를 쫓아가기도 하며, 국가적으로 전력 강화를 위해 유망한 선수를 '도입'하는 일도 빈번히 발생하고 있다.

얀센 등은 올림픽을 비롯한 국제 스포츠 대회에서 자국의 명성을 높이기 위해 유망한 선수를 경쟁적으로 귀화시키는 현상을 '국적 교체(nationality switching)'라고 명명했다.[48] 주지의 사실이지만, 올림픽을 비롯한 각종 국제 스포츠 대회는 제국주의 시대가 끝나고 민족국가 중심의 세계가 형성되던 20세기 초반부터 본격화되었는데, 이는 다수의 국가가 모여 상호 경쟁하는 과정에서 자국의 국민들로 하여금 민족주의, 국가주의 이데올로기를 당연한 것으로 만들고 자연시하는 효과가 있기 때문이었다. 이런 점에서 명성 높은 선수의 국적교체 현상은 민족국가의 역사와 전통, 애국심, 자부심, 순수성 등을 침해하거나 훼손할 수 있는 위험적 요소로 받아들여지기 쉽다. 이런 점에서 국제육상경기연맹(IAAF)의 경우 2017년에 개별 국가의 경쟁적인 국적교체 현상을 '바람직하지 못한' 것으로 보고 사실상 아프리카를 비롯한 개발도상국의 유망한 선수를 '시장에서 매입하는 행위'와 동일한 것으로 보고 이를 금지하는 조치를 내렸다.[49]

2016년 리우데자네이루 올림픽에서 미국의 경우 전체 558명의 대표선수 중 44명이 외국 태생의 선수들이 28개국에서 국적을 변경해서 출전한 선수들이었다. 이보다 앞선 2012년 런던 올림픽에서는 영국 대표선수 중 무려 61명이 외국 태생의 선수들이었는데 당시 영국에서는 이들을 비꼬아 '플라스틱 영국인(plastic Brits)'이라고 지칭하면서, 영국을 대표하는 선수들임에도 불구하고 이들이 "진정한" 영국인인가를 심문하면서 영국 선수들의 '영국다움(Britishness)'을 문제시하기도 했다.[50] 이처럼 국제 스포츠 대회라는 국가적 경쟁의 장에서도 숙련된 스포츠 선수를 도입함으로써 국가적 명성을 제고하려는 전략은 점차 빈번하게

1960	정착 대륙				
출신 대륙	유럽	북아메리카	오세아니아	남아메리카	합
아프리카	37.0%	0.0%	0.0%	0.0%	21.1%
아시아	19.2%	7.4%	27.3%	0.0%	17.2%
유럽	35.6%	85.2%	72.7%	83.3%	54.7%
북아메리카	8.2%	3.7%	0.0%	0.0%	5.5%
오세아니아	0.0%	3.7%	0.0%	0.0%	0.8%
남아메리카	0.0%	0.0%	0.0%	16.7%	0.8%

<표3-2> 1960년 올림픽에 출전한 외국 태생 선수들의 국적 교체
자료) Joost Jansen and Godfried Engbersen, 2017, 10에서 재인용

2012	정착 대륙				
출신 대륙	유럽	북아메리카	오세아니아	남아메리카	합
아프리카	26.0%	10.7%	26.7%	0.0%	21.5%
아시아	8.7%	16.0%	26.7%	22.2%	13.6%
유럽	35.8%	38.7%	35.6%	44.4%	36.8%
북아메리카	20.8%	26.7%	8.9%	33.3%	20.9%
오세아니아	2.3%	2.7%	2.2%	0.0%	2.3%
남아메리카	6.4%	5.3%	0.0%	0.0%	5.0%

<표3-3> 2012년 올림픽에 출전한 외국 태생 선수들의 국적 교체
자료) Joost Jansen and Godfried Engbersen, 2017, 10에서 재인용

나타나고 있는 실정이다.

〈표3-2〉와 〈표3-3〉은 잰슨과 잉그베르센(Jansen and Engbersen)이 올림픽에 출전한 외국 태생 선수 약 40,000명을 대상으로 원래 국적과 출전 국가 국적을 대륙별로 1960년과 2012년을 비

교한 재미있는 연구 결과이다.[51] 1960년의 경우만 하더라도 북아메리카, 오세아니아, 남아메리카 대륙에서는 모두 유럽 태생의 선수들이 압도적으로 높은 비중을 차지하고 있었다. 다만, 유럽의 경우에는 유럽 출신이 35.6%에 불과했던 반면, 아프리카 출신 선수들이 37% 그리고 아시아 출신 선수들이 19.2%로 상당한 비중을 차지하고 있었다. 이는 포스트식민 상황으로서 여전히 유럽 식민 지배국으로부터 실질적으로 독립하지 못했던 개발도상국 출신의 선수들이 올림픽 출전 기회를 얻지 못했기 때문에 식민 지배국의 국적을 갖고 출전했기 때문에 나타난 것으로 해석할 수 있다. 그러나 2012년 올림픽에는 대륙별 출신 양상이 훨씬 다양화되고 그 패턴 또한 1960년대의 포스트식민적 양상과는 상이하다. 모든 대륙에 걸쳐서 유럽 태생의 선수의 비중이 현저히 줄어들었고, 대신 아프리카와 아시아 출신 선수들의 비중이 높아졌다. 결국 두 연구자는 오스트레일리아, 캐나다, 미국 등 '이민자로 구성된 국가(nations of immigrants)', 프랑스, 영국, 네덜란드, 스웨덴 등 '이민자가 유입된 국가(countries of immigration)', 이탈리아와 스페인을 포함하는 '이민자가 뒤늦게 유입된 국가(late-comers to immigration)' 그리고 아르헨티나와 브라질을 포함하는 '이민자가 유입되었던 국가(former countries of immigration)'의 4가지 양상으로 그 역사를 분류할 수 있다고 보았다. 그리고 이들을 점차 올림픽에서 국제이주현상이 더욱 두드러지고 있고, 출신국가도 과거에 비해 훨씬 다양해지고 있음을 지적했다.

6. 나가며

전 세계적으로 유능한 고숙련 노동 확보를 통해 첨단산업 부문의 기술 격차를 증진하고 글로벌 핵심부의 신국제분업 시스템을 주도하려는 경쟁이 치열해지고 있다. 영국은 2000년대 초반 토니 블레어 정부에서 포인트 기반 이민 시스템을 도입해서 '똑똑하고 우수한' 혁신가와 기업가를 유치하려는 프로그램을 시행하고 있고, 네덜란드도 2008년 '고숙련 지식 이민자' 유치를 위한 새로운 입국 절차로서 '이민 지원 종합 프로세스(Expatcenter Procedure)'을 도입했다.[52] 미국은 이미 1980년대부터 전 세계에서 가장 많은 유학생을 유치하고 있고 2000년대에 들어서도 주요 유학생의 송출국가는 달라지고 있지만 미국의 압도적인 유입 규모는 그 지배력이 더욱 강화되고 있다.[53] 한편 중국, 한국, 일본뿐만 아니라 인도와 같이 STEM 분야의 유능한 고숙련 인력을 배출하는 유럽이나 선진국으로 송출해온 국가에서도 2000년대 들어 저출산 현상이 가속화됨에 따라 연구개발 인력 및 엔지니어를 자국 내에 보유하려는 경향이 강해지고 있다. 우리나라에서도 AI, 인공지능, 반도체 디자인, 소프트웨어 설계 및 개발 분야 등에 있어서 주요 대기업은 물론 정부 당국에서도 해외로의 인력 유출을 줄이기 위한 다각적인 정책을 시도하고 있다.

그러나 앞서 살펴본 바와 같이 여전히 선진국과 개발도상국을 포함한 모든 국가에서 대학 교육 이상을 받은 사람들의 이민자 비율은 저학력자의 비율보다 높다.[54] 더 안전하고 쾌적한 환경과 가족의 계급적 상향 이동을 추구하는 고숙련 이주민은 다양한 지리적 장벽과 이민 당국의 제도적 장벽의 장애물을 통과하여 더 나은 기회를 찾아 이동하고 있다. 또한 고숙련 이민자는 언어적·문화적·전문적 지식이 더 우수하고 각종 사회적 자본과 넓은 초국적 네트워크를 확보하고 있어서 정착지에서의 적응력이 비숙련 이주민은 물론 현지의 원주민보다도 훨씬 뛰어난 경우가 많다. 이뿐만 아니라 이들은 다양한 금융자원을 동원할 수 있고 전문직이나 관리직에 부여되는 신용에 탁월한 접근성을 갖고 있어서 뉴욕, 런던과 같은 대도시나 캘리포니아 지역과 같은 탁월한 환경을 갖춘 지역에서 기존의 전통적인 이주민과 달리 양호한 환경의 교외 지역 커뮤니티에 접근할 수 있다.

최근의 연구에 따르면 OECD 국가로 유입되는 고숙련 이주민들의 출신 국가의 수는 꾸준히 늘어나지만, 개발도상국으로 유입되는 국가의 수는 줄어들고 있다.[55] 이는 OECD 국가는 고숙련 이주민 유입 정책에서 계속 성공적인 결과를 거두고 있지만, 개발도상국의 인적 자원 확보는 오히려 더 어려워지고 있음을 방증한다. 또한 국가 내에서도 고숙련 이주민의 대도시 집중

현상은 더욱 가속화되고 있다. 위의 연구에 따르면, 미국의 경우 보스턴, 캘리포니아 북부 및 남부, 시카고, 뉴욕, 마이애미, 시애틀에서 고숙련 이주민의 집중이 늘어나고 있고, 유럽 등 다른 지역에서도 런던 등 국가의 수도나 핵심 과학산업단지가 집중한 지역에서 이들의 집중도가 높아지고 있다.[56] 이는 고숙련 이주민의 유입이 도시와 밀접한 관계가 있다는 점을 보여준다. 결국 이주민은 인적 자본으로서 정착지, 특히 대도시에 밀집하는 경향이 있고, 이 때문에 이주민의 지식과 기술이 선진국의 대도시를 중심으로 새로운 혁신을 창출하는 현상은 앞으로도 지속될 것으로 보인다.

그러나 고숙련 이주민이 여러 이주 장벽으로부터 완전히 자유로운 것은 아니다. 특히 이주민이라는 이유로 정착지에서 경험하게 되는 노동법, 재산법, 형법, 세법 등 각종 법적 제약은 오히려 강화되고 있는데, 이는 유럽과 북미에서 중도좌파 정당이 전체적으로 쇠퇴하고 대중 연합주의적인 급진 우파 정당들이 대거 출현하는 것과 밀접한 관련이 있다. 여기에는 현지의 전통적인 노동계급의 후원뿐만 아니라 교육 수준이 높은 숙련 노동시장에서 고숙련 이주민의 유입으로 인해 느끼고 있는 공포나 위협의 정도가 존속한다는 사실을 말해준다.

최근 트럼프 2기 행정부는 2025년 9월의 행정명령을 통해 고숙련직종 비자(H-1B) 신규 신청자에 대해 기업당 1인당 10만 달러의 수수료를 부과하게 했다. 표면적으로는 H-1B 프로그램의 남용 방지를 명분으로 내세웠으나 실제로는 미국인 근로자의 취업을 촉진하고 고숙련 인력의 유입을 제한하는 비용 장벽을 구축하는 것이었다. 이 조치는 미국 내 노동시장 보호를 명분으로 한 이원적 이주통제체제가 더욱 심화된 형태로서, 과거에는 불법체류자와 저숙련 이민자에 대한 강경한 규제를 중심으로 정책을 추진했다면 이 조치는 고숙련 이민 영역에서도 정치적 상징과 경제적 규제가 결합되고 있음을 보여준다. 오늘날 미국은 기술 경쟁력과 혁신 역량을 유지하기 위해 외국 인재를 필요로 하면서도 자국민중심주의와 고용 민족주의를 강화하기 위해 제도적 장벽을 구축하는 이중적 전략을 취하고 있는 것이다. 이와 같은 고비용 진입 정책은 단순한 재정 조치가 아니라 이민의 '질적 선별'을 위한 정치경제적 장치라고 할 수 있다. 이런 점에서 이러한 조치는 '국가적 이익'을 이유로 한 선별적 개방과 배제의 병존이라는 점에서 이주3.5시대의 구조적 특징을 반영한다. 자국민 보호를 앞세운 강경한 통제 기조와 첨단산업 유지를 위한 선택적 유입 정책이 공존하면서, 이민은 더 이상 경제적 필요에 따른 이동이 아니라 정치적 상징과 통제의 수단으로 재편되고 있다.

제4장

투자이민과 지역발전

1. 들어가며

오늘날에는 일정 금액 이상을 투자하는 외국인에게 거주비자나 영주권 또는 시민권을 부여하는 제도가 존재한다. 이 제도의 기원은 1984년에 카리브해의 작은 섬나라인 세인트키츠네비스 정부가 처음으로 시작했다. 뒤이어 미국은 1990년에 투자이민비자(EB-5)의 발급을 시작했다. 오늘날 투자이민 프로그램(Immigrant Investor Programs; IIP)이라 불리는 이 제도는 국가가 나서서 해외의 자본을 유치하여 경제를 활성화하고 고용을 촉진하려는 데에 목적을 두며, 외국인에게 거액의 돈을 받고 시민권을 판매하는 것과 유사하기 때문에 흔히 냉소적인 의미에서 '황금여권(golden passport)이나 골든비자' 또는 '현금여권(cash-for-passport)' 제도라고도 불린다.[1]

유럽연합은 솅겐조약에 의해 국경 이동이 자유롭기 때문에 투자이민제도를 통해 특정 국가의 체류자격이나 영주권을 취득함으로써 다른 회원국으로 여행할 수 있고 종국적으로 유럽시민권을 취득할 수도 있다. 따라서 유럽연합에 속한 국가들 중 해외투자를 유치하려는 국가 정부는 황금여권 제도를 적극적으로 장려해왔다.[2] 특히 2010년 이후 유럽 재정 위기를 비롯한 금융위기를 극복하기 위해서 스페인, 포르투갈, 그리스 등 남부유럽 국가들이 이를 적극적으로 도입했다. 그러나 이 과정에서 시민권 발급이 급격하게 늘어나서 이른바 다층적인 시민권의 수준에서 여러 모순이 드러나고 있다.[3] 골든비자는 투자자 및 가족에게 거주 권리와 유럽 내의 여행 권리 그리고 일할 수 있는 권리를 부여한다.

유럽에서 황금비자 제도가 널리 확산된 시기는 2010년대 초반이다.[4] 재정 위기에 시달리던 포르투갈·그리스·스페인 등 남유럽 국가 중심으로 앞다퉈 도입했다. 외국 자본을 유치해 경기 침체에서 벗어나고 세수를 확보하기 위해서였다. 황금비자를 얻는 이들은 중국인이 압도적으로 많다. 포르투갈 황금비자는 2012년 제도 도입 이후 1,200명이 얻었는데 그중 5,000명 이상이 중국 국적자였다. 그리스 황금비자도 60% 정도가 중국인에게 발급됐다. 유럽의 거의 모든 국가를 포함해 세계 110여 국가에서 중국인에게는 단순 방문에도 비자를 요구한다. 이런 '국경 장벽'을 피하기 위해 부유한 중국인들이 황금비자를 앞다퉈 얻었다. 솅겐 조약에 가입한 유럽 27국을 자유롭게 이동할 수 있기 때문이다.

실제 포르투갈은 2010년 유럽 금융위기로 인해 EU로부터 구제금융을 지원받는 등 금융 상황을 돌파하기 위해 2012년에 골든비자 프로그램으로 알려져 있는 투자 활동을 위한 체류 허가(Residence Permit for Investment Activity) 제도를 시작했다. 50만 유로 이상의 부동산, 1백만 유로 이상의 자본(금융)투자, 10명 이상의 일자리 창출을 5년간 유지하는 조건으로 장기 거주 비자를 발급하는 내용의 제도를 발표했다. 포르투갈 정부는 장기 체류 거주 외국인의 수가 급증하자 2015년부터 과학 연구와 예술 활동의 지원, 국가 문화유산 유지 및 복구, 중소기업의 자본 확충 등 목적을 확대하여 골든비자 발급 대상을 35만 유로 이상의 조건으로 완화했다. 포르투갈은 2018년까지 6,678건의 골든비자 발급을 통해 40억 유로 이상의 투자를 유치했는데, 이 중 60% 이상이 중국인 투자자였다.[5]

글로벌 부유층을 나타내는 여러 개념 중 고액 순자산 보유자(High Net Worth Individuals; HNWIs)라는 용어가 최근 빈번히 사용되고 있다. HNWI란 100만 달러 이상의 '투자 가능' 자산을 보유하고 있는 개인으로 지칭하는데, 2008년에는 HNWI의 규모가 전 세계적으로 890만 명이었는데, 2017년에는 두 배 이상 증가한 1,810만 명으로 늘었다.[6] 세계적으로 보면 미국에 530만 명, 일본에 320만 명, 독일에 140만 명, 중국에 130만 명 정도 분포하며, 이들은 해당 국가의 수도나 대도시의 배타적인 초부유층 커뮤니티를 형성하면서 살아간다.[7] 국제이주와 관련해서 중요한 사실은 HNWI 중에서 러시아, 중국, 홍콩, 인도, 우크라이나, 싱가포르, 브라질 등에 거주하는 인구가 상당 부분 해외로 빠져나가고 있다는 점이다. 뒤에서 살펴보겠지만 이들의 대부분은 자국의 권위주의 정부의 개입에 위험을 느끼고 유럽과 북미 선진국의 금융 및 부동산 시장으로 진입해서 더욱 안전하면서도 이윤이 높은 곳을 추종하는 경향이 있다는 점이다. 이러한 초부유층의 이주와 직접적으로 연관되어 있는 제도가 바로 투자이민 제도이다. 연간 10~20만 명의 HNWI가 선진국으로 이주하고 있는 것으로 파악되고 있다.

다음 절에서는 투자이민 프로그램의 현황과 유형에 대해서 살펴보고, 투자이민 제도가 유치국의 입장에 어떤 영향을 미치는지를 검토한다. 마지막 절에서는 유럽 투자이민 제도가 가장 활발하게 진행되었던 포르투갈과 몰타의 사례를 통해 투자이민 제도와 지역발전과의 연관성을 상세히 살펴본다.

2. 투자이민과 지역발전

1) 투자이민 프로그램의 현황

투자이민 프로그램은 크게 이민자에게 시민권을 부여하는 국가와 이민비자를 발급하여 거주권을 부여하는 국가로 구분할 수 있다. 우선 투자이민자에게 시민권을 부여하는 국가를 지리적으로 살펴보면, 카리브해 연안에 위치한 소규모 도서 국가인 앤티가바부다, 도미니카, 그레나다, 세인트키츠네비스, 세인트루시아 5개국을 비롯하여 이집트, 요르단, 몰타, 캄보디아, 바누아투, 발칸반도의 몬테네그로와 북마케도니아 등 12개국이다.[8] 이 국가들은 대체로 휴양에 적합한 쾌적한 지리적 조건을 지니고 있고 영토의 크기나 인구가 적으며 외부와의 교역이 상대적으로 고립된 공통점이 있다.

이처럼 투자이민제도는 외국인에게 체류자격이나 영주권 또는 시민권을 부여함으로써 이주민과 이주 목적지의 국가가 호혜적인 관계를 형성하기 때문에 2000년대에 들어 많은 국가가 시행해오고 있다. 유치국의 입장에서는 투자이민제도를 통해 자본

확충과 일자리 창출 등의 효과를 거둘 수 있고, 투자자의 입장에서는 본국에 비해 양호하거나 안정된 환경 속에서 생활할 수 있는 장점이 있다. 투자이민제도는 다시 부동산이나 사업체를 직접 인수하여 경영하는 직접투자 방식과 자본시장을 경유하여 차익이나 배당수익 등을 추구하는 간접투자 방식이 있다. 다음은 투자이민 프로그램의 대표적인 사례이다.[9]

· 도미니카: 1993년에 프로그램을 시행하여 투자자들에게 경제 다각화 기금 기부 또는 수수료와 함께 승인된 대안 프로젝트 구매를 통해 도미니카 시민권을 취득 기회를 제공함. 경제 다각화 기금에 최소 10만 달러의 기부금과 정부 승인 부동산 프로젝트에 대한 최소 투자 20만 달러를 요구함
· 몰타: 유럽에서 투자이민 제도를 가장 적극적으로 시행해 온 국가. 최소 투자 금액은 87만 달러이며, 환불되지 않는 일회성 기부금은 70만 달러임
· 세인트키츠네비스: 1984년부터 투자로 시민권을 부여한 최초의 국가임
· 튀르키예: 투자에 의한 이른바 <튀르키예특별시민권(TCBI)>을 제공하는 새로운 프로그램 가동. 투자자는 최소 25만 달러 상당의 부동산을 구매하여 3년 동안 보유하거나 최소 3년 동안 50만 달러를 튀르키예 은행에 예치해야 함. 위의 조건이 갖추어지면 정식으로 시민권 신청서를

제출할 수 있고, 6개월 이내에 튀르키예 여권이 발급됨

- 캐나다: 오랫동안 국가 차원의 골든비자 프로그램을 시행하고 있었으나 중국인의 대거 유입으로 인한 부동산 가격 교란으로 중앙정부 차원의 프로그램은 2014년에 중단. 그러나 퀘벡 주는 자체 프로그램인 퀘벡 이민 투자자 프로그램을 유지하는 것처럼, 주 정부는 자체 이민 정책을 설정할 권리가 있음
- 포르투갈: 2006년 유럽 재정 위기 이후 외국 자본 유치와 국가 주택시장에 대한 투자를 유치하기 위해 황금비자를 도입. 2016년까지 발급한 골든비자의 80%가 중국인이 소지
- 영국: 최소 2백만 파운드 이상을 투자하고 다른 자격 기준을 충족해야 함. 비자 소지자는 최대 3년 4개월 동안 영국에 거주할 수 있으며 2년 더 연장 가능.
- 미국: E-2와 EB-5의 두 가지 유형 운영. E-2 비자는 미국에서 합법적으로 거주하기 위해 창업, 사업, 프랜차이즈에 투자할 수 있도록 허용하는 것이며, EB-5는 영주권이 보장된 비자로 실업률이 높거나 경제가 침체된 지역의 경제 활성화를 목표로 함. EB-5는 투자 지역의 지리적 위치에 따라 최소 90만 달러에서 최대 180만 사이의 투자가 요구되며 최소 10개의 일자리를 창출, 보존해야 함.
- 아랍에미리트연합: 2019년 이후 외국인이 국가의 후원 없이 UAE에서 거주하고, 공부하고, 일할 수 있는 골든비자 시

스템을 시행하고 있음. 박사학위 소지자, 특정 분야나 산업의 전문가, 의사를 포함한 의료 전문직 종사자 등에게 부여

이 외에도 중미 투자이민 프로그램의 대표적인 사례로서 중미의 카리브해 연안의 국가 중 영연방에 속한 인구 10만 명의 앤티가바부다는 아름다운 해변과 온화한 기후를 갖고 있는 휴양·관광지이다. 앤티가바부다는 정부가 승인한 40만 달러 이상의 부동산을 매입하거나 150만 달러 이상의 사업체를 인수하거나 또는 정부 당국에 (정확하게 말하자면 정부 자금을 지원하는 기금인 국가개발기금(NDF)에 10만 달러 이상 기부를 하면 시민권을 취득할 수 있다. 또한 투자이민자의 가족에는 자녀뿐만 아니라 부모와 조부모까지 이민을 신청할 수 있게 되어 있다. 투자 유지 기간은 최소 5년이며, 시민권을 취득한 후 첫 5년 내에 5일 이상 거주하는 조건이다. 부동산 투자의 경우에는 임대소득을 추구하거나 일정 기간이 지난 후 매각 차익을 누릴 수도 있다. 앤티가 바부다는 이중국적이 허용되며, 개인소득세, 부동산세, 상속세, 증여세, 부유세, 소득세가 없다.[10]

우리나라의 경우에는 기업투자 체류자격(D-8)을 소지한 외국인 투자자가 50만 달러 이상 투자 후 최소 3년 체류하거나 30만 달러 이상 투자 후 2명 이상 고용 시 장기 체류비자(F-2)를 발급하고 있고 50만 달러 이상 투자 후 5명 이상 고용 시 영구 거주비자(F-5)를 발급하고 있다. 그 외에 부동산 투자이민세도(제주도를 비롯한 6개 지역의 유양 목적 체류 시설에 투자)나 공익사업 투자이민

제도 유형	지역 및 국가		최저 투자 금액	주요 혜택
투자 시민권 제도 운영	유럽	오스트리아	EUR 300,000	EU시민권 획득 가능
		몰타	EUR 738,000	유럽 접근성. 거주나 세컨드 홈 소유에 좋음.
		몬테네그로	EUR 450,000	유럽, 러시아, 튀르키예 등으로 자유로운 이동
		북마케도니아	EUR 200,000	홍콩, 일본, 싱가포르, 튀르키예, 유럽으로 자유로운 이동
		튀르키예	USD 250,000	홍콩, 일본, 싱가포르, 튀르키예로 자유로운 이동
	카리브해 연안	앤티가바부다	USD 100,000	150개국 비자면제 또는 도착즉시비자
		도미니카	USD 100,000	144개국 비자면제 또는 도착즉시비자
		그레나다	USD 150,000	144개국 비자면제 또는 도착즉시비자
		세인트키츠네비스	USD 150,000	157개국 비자면제 또는 도착즉시비자
		세인트루시아	USD 100,000	146개국 비자면제 또는 도착즉시비자
	중동	요르단	USD 750,000	거주, 노동, 학업 가능
투자 거주권 제도 운영	유럽	오스트리아	복합적인 조건	10년 후 시민권 취득 가능
		키프로스	EUR 330,000	거주, 학업 가능
		그리스	EUR 250,000	솅겐협약국으로의 자유로운 이동
		이탈리아	EUR 250,000	거주, 노동, 학업 가능
		저지	GBP 145,000	거주, 노동, 학업 가능
		라트비아	EUR 50,000	거주, 노동, 학업 가능
		몰타	EUR 175,000	거주, 노동, 학업 가능
		모나코	최저한도 없음	거주, 노동, 학업 가능
		포르투갈	EUR 200,000	거주, 노동, 학업 가능
		스페인	EUR 500,000	거주, 노동, 학업 가능
		스위스	CHF 250,000	일류 인프라 및 우수한 은행 이용 가능
		영국	GBP 50,000	거주, 노동, 학업 가능

투자 거주권 제도 운영	북중미	캐나다(퀘벡)	CAD 120만	거주, 노동, 학업 가능
		파나마	USD 100,000	거주, 노동, 학업 가능
		미국	USD 500,000	거주, 노동, 학업 가능
	아시아 태평양 연안	호주	AUD 250만	거주, 노동, 학업 가능
		홍콩	최저한도 없음	전략적 입지, 중국으로의 교역에 편리
		말레이시아	MYR 30만	신청자와 가족에 10년 복수비자 발급
		뉴질랜드	NZD 300만	거주, 노동, 학업 가능
		싱가포르	SGD 250만	세계적 수준의 교육, 의료시설 이용
		한국	KRW 3억	거주, 노동, 학업 가능
		태국	THB 600,000	장기 복수비자 발급, VIP 대우
	아프리카	모리셔스	USD 375,000	거주, 노동, 학업 가능

<표4-1> 헨리앤드파트너스 홈페이지에 게재된 투자이민 프로그램 시행 국가
자료) Henley & Partners, Investment Migration Countries에서 재인용

제도(공익 사업 펀드 매입)의 경우 별도의 고용 요건이나 체류 요건 없이 자산 요건만으로 체류자격을 심사, 부여하고 있다.[11]

2) 투자이민 프로그램의 유형

투자이민 프로그램은 투자 의무와 자격 의무의 2가지 차원에서 분류할 수 있다. 투자 의무의 측면에서 보면, 최저 투자요건을 고려할 때, 그리스는 매우 낮은 국가에, 영국은 1백만 파운드(110만 유로)로 높은 국가에 들어간다. 둘째, 자격 요건으로는 시민권을 '취득'하기 위해 어떤 의무를 이행해야 하고, 영주권을 '유지'하기 위해서 무엇을 해야 하는가를 기준으로 5가지로 나눌 수 있다. 이는 투자국의 방문 없이 시민권을 획득할 수 있음, 거주가 필요하나 물리적 거주가 거의 요구되지 않음, 다년에 걸친 물리적 거주가 요구되나 최종적으로 시민권을 부여함, 제한된 기간의 물리적 거주가 유지되어야 하나, 세금 혜택을 받을 수 있음, 6개월 이상 지속 거주해야 하며 모든 세금도 납부해야 한다.

이를 근거로 투자이민 프로그램을 분류하면, 첫째는 시민권 취득 투자이민 유형으로서 '장거리' 시민을 유인하기 위한 프로그램이고(investment for citizenship rights), 둘째는 (요건 완화된) 영주권 취득 투자이민 유형(investment for facilitated residence rights)으로서 장거리의 이주민을 유인하는 프로그램이며, 셋째는 일반 영주권을 위한 투자(ordinary residence rights)로서 부와 참여를 유인하기 위한 투자로 볼 수 있다. 한편 포르투갈, 스페인, 아일랜드, 그리스, 키프로스, 몰타의 투자이민 프로그램은 실거주 촉진을 위한 투자의 사례로 분류할 수 있다.

첫 번째 유형은 2004년 이후 EU에 가입한 국가 중 불가리아, 키프로스, 몰타, 루마니아가 해당된다. 키프로스는 투자 의무는 높지만, 투자자에 대해 사실 관계 조사(due diligence)와 범죄기록만 조사한 후 시민권을 신속하게 취득할 수 있게 한다. 2017년 개정 이후에는 절차상의 의무로 영구거주를 요구하고 있다. 몰타, 불가리아, 루마니아는 투자 요건이 낮은 반면, 일정한 거주, 서약서, 언어 능력 등을 추가적으로 요구한다. 4년간의 실거주를 요구하는 루마니아를 제외하면, 불가리아, 키프로스 몰타는 실제로

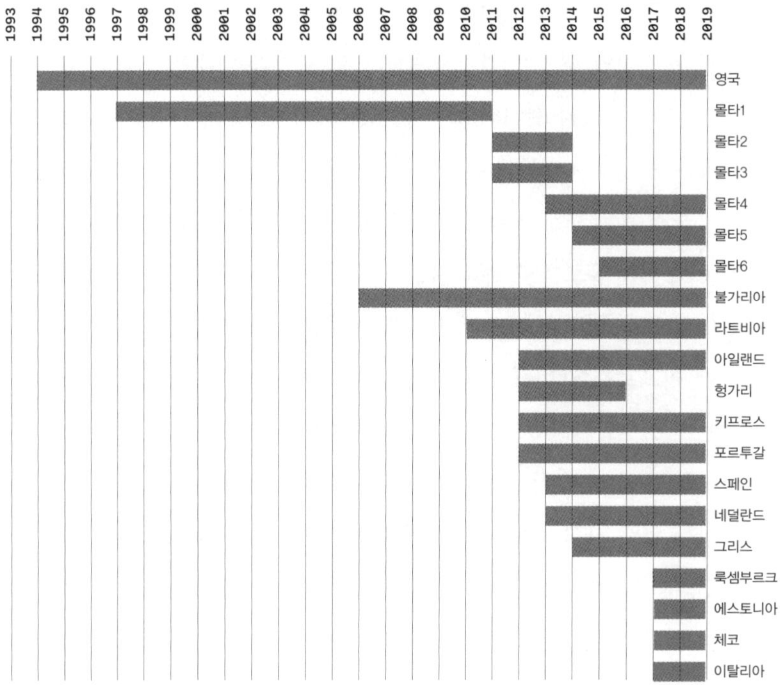

<그림4-1> 투자이민제도 시행 기간 비교
자료) Surak, Kristin and Yusuke Tsuzuki, 2021, 3372에서 재인용

거주하지 않더라도 부유한 엘리트의 투자를 유인하는 데에 목적을 둔다. 이러한 장거리 시민권은 EU 시민권을 취득할 수 있다는 장점을 지닌다. 키프로스(최저 250만 유로)와 몰타(최저 115만 유로)는 지중해권에 속한 영연방 국가들로서 소득수준이 높고 서비스 기반의 경제이다. 이들 국가는 규모가 작기 때문에 인적 자본의 유입을 통한 경제 활성화나 고용 창출보다는 자본 유입에 관심이 많다. 이들 국가는 정치적 대표 선출을 위한 투표에 있어서

작은 격차로 당락이 결정되기 때문에, 이민자나 귀화자들의 표가 정치적인 영향을 미치지 못하도록 제한하는 데에 초점이 있다. 따라서 몰타 현지의 정치에 큰 관심이 없는 장거리 투자자들에게는 시민권 취득이 완화되어 있다.[12]

중소득 국가에 속하는 불가리아와 루마니아는 각각 53만 유로, 1백만 유로의 최저 투자를 요구하는데, 실제로 유치한 투자이민 건수 실적은 미미한 편이다. 이들은 국가 경제 규모가 몰타나 키프로스에 비해서는 크다. 루마니아는 인적 자본을 유입하는 데에 더 관심이 있는 반면, 불가리아는 국가 경제에 대한 투자를 통해 경제 활성화를 하는 데에 초점을 둔다. 따라서 불가리아는 영주 자격 취득을 위해 거주 요건을 거의 요구하지 않는 반면, 루미니아는 4년간의 체류와 통합을 요구한다.

두 번째 유형은 키프로스, 몰타 외에 그리스, 아일랜드, 스페인, 포르투갈 등이 해당되는데, 특정 부문에 초점을 두고 완화된 영주권을 제공한다. 이들 국가는 상당 기간의 체류를 요구하지는 않지만, 거주자에게 세금 혜택을 부여한다. 그리스, 몰타, 포르투갈, 스페인은 물리적 거주를 거의 요구하지 않는 대신 임시 거주 허가를 부여한다. 이 국가들은 '거주'와 '세금 거주(tax residence)'를 구별해서, 183일 이상 체류한 사람들에 대해서만 통상적인 세금 납부를 요구한다. 스페인은 비상시 거주자들에 대해서 19%의 세금을 부과하며, 포르투갈은 비상시 거주자들에게 20%의 세금을 요구하는 혜택을 부여한다. 비상시 거주자들은 20%에 달하는 소득세를 납부해야 한다. 이 국가들은 키프로

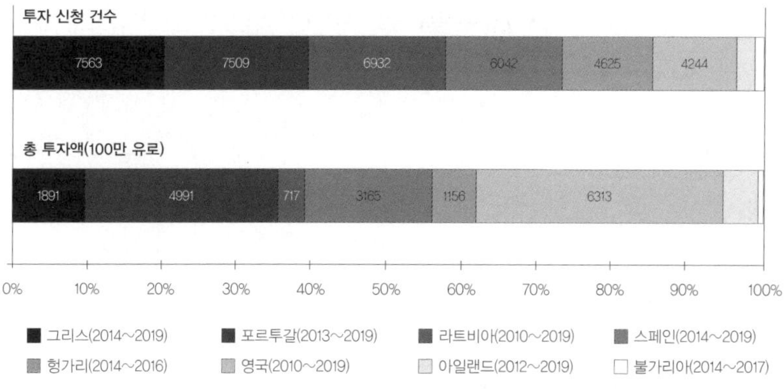

<그림4-2> 투자이민제도에 의한 투자자 유치 현황
자료) Surak, Kristin and Yusuke Tsuzuki, 2021, 3372에서 재인용

스와 몰타를 제외하면 대부분 부동산 부문에 초점을 두며, 특히 2008 금융위기의 영향을 많이 받았다는 공통점을 띤다. 이 프로그램은 이민자를 유입시키기보다는, 투자나 세금을 통해 국가의 재정에 기여하도록 하는 데에 초점을 둔다.[13]

세 번째 유형은 불가리아, 크로아티아, 체코, 에스토니아, 프랑스, 그리스, 라트비아, 리투아니아, 네덜란드, 루마니아, 영국 등이 포함되는데, 투자자들은 일시적으로 거주가 가능하나 지속적으로 갱신해야 하는 의무를 지닌다. 헝가리는 2012년에 시작된 제도를 2017년에 투자이민 제도의 투명성을 문제로 해당 프로그램을 중단했다. 프랑스는 최소 1천만 유로를 요구하고 있다. 전체적으로 크로아티아, 체코, 발트해 3국, 루마니아 등 포스트공산주의 국가들에서는 금전적 요구 수준을 10만 유로까지 낮게 정하고 있고, 불가리아는 12.7만 유로까지 낮추고 있다.[14]

3. 투자이민제도를 통한 지역발전 전략

미국, 캐나다, 호주, 홍콩의 투자이민제도를 살펴보면 다음과 같다.[15] 미국은 기본 투자이민 프로그램(EB-5)과 지역센터 프로그램(RCPP)으로 구성되어 있다. 전자는 100만 달러 이상을 투자하여 10명 이상을 고용하여 사업체를 운영하거나 기존 사업체를 확장하는 경우 총자산 가치나 종업원 수를 40% 이상 증가시킬 경우에 영주권을 부여하는 제도이다. 후자는 미국 이민청(USCIS) 허가 하에 고용 증가를 목적으로 하는 특정 지역(주로 경제 활성화나 일자리 창출이 필요한 침체 또는 낙후 지역)에 50~100만 달러 이상을 투자하는 제도로서 최초 2년간 체류자격을 얻은 후 차후에 정식 영주권을 취득하는 프로그램이다.

캐나다는 고용 창출과 자본조달을 추구하는 중소기업 부문에 투자 유입을 촉진하는 것을 주요 목적으로 하는데, 다른 나라와 비교할 때 영주비자를 곧바로 취득할 수 있고 정부가 승인한 펀드에 투자하는 간접투자의 경우 투자금이 5년 후에 무이자로 반환될 수 있다는 점을 특징으로 한다. 투자자는 160만 CAD 이상을 투자해야 하되 이민비자 신청 전에 5명 이상의 직원을 고용한 사업체의 운영 실적이 필요하며, 그 외에 교육 수준, 언어 구사 능력, 적응력 등 다양한 요소들에 대한 질적 평가를 통해 선발된다. 캐나다 정부 자료에 따르면 1986년 이후 투자이민 프로그램을 통해 입국한 이민자 중 중국 외에 홍콩, 대만 등을 포함한 범중국계 이민자의 비중이 74%로 가장 높다. 한편 호주는 조건부 투자비자, 정부 후원 투자비자, 은퇴 투자비자 등 3가지 유형의 투자 비자를 임시로 발급한 후에 일정 기간이 지난 후 영주권을 부여하는 방식으로 투자이민제도를 실시하고 있다. 대체로 3년 이상의 사업 또는 투자 경력을 지닌 외국인 투자자가 2년간 225만 AUD 또는 4년간 150만 AUD 이상 투자할 때 4년간 체류자격을 부여하고, 2년 후부터 영주권 신청이 가능한 방식의 투자이민 프로그램을 운영하고 있다. 투자 요건 외에 영어 구사 능력이나 연령 제한을 고려한다.

홍콩의 투자이민제도는 투자 유치와 아울러 인구 고령화를 고려하여 경제활동 인구를 증가시키려는 목적으로 상업용 또는 주거용 부동산과 금융상품에 대한 투자를 중심으로 했다. 그러나 2010년 홍콩 정부는 부동산 시장 과열을 막기 위해서 부동산 이민제도를 취소했고, 주식이나 채권 등 간접투자를 중심으로 하는 방식으로 전환했다.

셋째, 국가별 투자이민제도의 투자 대상을 비교하면 다음과 같다. 미국은 연방정부의 후원 아래 실업율이 높거나 인구밀도가 낮은 지역의 개발사업이 투자 대상이 된다. 일반적으로, 자본투자금을 펀드형으로 모집 가능한 자산이라면 모두 투자이민 상품이 될 수 있다. 캐나다는 정부 지원이 되지 않은 각 주의 공익사업이 투자 대상이 되며 캐나다의 투자이민으로 인한 투자금액은 캐나다 주 정부에 의해 승인된 펀드에만 투자된다. 투자금은 연방정부에서 우선적으로 수령하고, 이 금액을 투자이민 프로그램에 참여하는 각 주에 배정하며, 이 배정된 금액을 각 주는 주 정부에 의해 승인된 펀드에 투자하게 된다. 호주는 투자이민을 위해서는 임시비자가 필요한데, 이때 임시비자를 받기 위해서는 투자이민제도를 위해 설정된 지정투자가 이루어져야 한다. 지정투자는 비자의 유형에 따라서 금액이나 투자대상이 달라지며 주로 그 대상은 연방·주 정부 발행 채권이 된다. 홍콩의 간접투자이민제도의 투자 대상은 부동산과 주식, 채권, 예금과 같은 특정 금융자산에 한정되어 있다.

마지막으로, 국가별 투자이민제도의 운영 방식을 비교하면 다음과 같다. 미국은 손익 발생형으로 원금과 약정 이익을 100% 돌려주는 보장을 하지 않는다. 그리고 모든 투자이민제도는 간접투자 이민제도의 유형을 띠고 있다. 민간사업을 제도 시행에 참여시킴으로서 시장을 활성화시키고 투자를 통해 사업체를 신규로 설립하거나 기존 사업체를 인수하여 확장시킬 때, 다양한 유형의 사업체 영위가 가능하여 선택의 폭이 매우 넓다. 이에 반해, 캐나다는 원금 보장·무이자형으로 중도 상환이 불가능하며, 투자이민제도를 통해 유입되는 투자금이 공공 인프라 구축과 벤처자금 조달을 위해 사용된다. 이러한 운영 방식은 주 정부가 직접 운용하는 공익성 펀드를 신설하게 함으로써 투자금의 공익성 기능을 강화시킨다. 호주는 이자 지급형으로 중도 상환이 불가능하며, 외국인 기업가, 투자가, 은퇴자가 본인에게 맞는 유형의 투자이민제도를 선택 가능하게 하는 등 다양한 유형의 프로그램을 제공하고 있다. 홍콩의 경우 미국과 같이 손익 발생형을 택하고 있다. 그러나 홍콩의 투자이민제도 운영 방식은 이민 부양책으로 인해 부동산 가격 과열이라는 사회적 문제를 초래한 경험이 있다. 이로 인하여 홍콩 정부가 본격적으로 부동산 시장 가격 관리에 나서기 시작했으며, 투자금액 요건을 상향 조정하는 등 이민제도를 강화시키고 있다.

공급의 측면에서 보면 GDP의 증가율이 감소할수록 투자이민 프로그램은 보다 엄격해지는 경향이 있다. 이는 투자이민 프로그램이 인적 자본의 유입이나 이민 자체보다는 경제적 도구로 활용하는 경향이 크다는 점을 시사한다. 실증적인 연구결과에 따르면, 수요의 입장에서 볼 때, 관광객의 수가 많은 국가일수록 투자이민 지원자들의 많은 경향이 있다. 교육, 범죄, 오염 등 장기적인 삶의 질과 관련된 변수는 유의미하지 않았다. 또한 주택 가격 수준은 지원자 규모와 반비례하는 경향이 있으며, 주택 가격이 낮은 국가일수록 투자이민 지원자가 많다.[16]

투자이민 프로그램은 FDI의 유입에 큰 영향을 끼치지는 못했다. 아일랜드는 GDP 대비 FDI의 비중이 14%로 크지만, 투자이민이 FDI에서 차지하는 비중은 0.3% 불과한 반면, 포르투갈과 라트비아는 FDI가 GDP에서 차지하는 비중이 2.5% 수준에 불과했지만, 투자이민 프로그램이 FDI에 차지한 비중이 각각

14.4%와 12.2%로 매우 높았다. 그리스 또한 FDI가 GDP에서 1.5% 비중을 차지하지만, 투자이민은 FDI의 7.2%를 차지했다.

정보를 공개하는 라트비아, 포르투갈, 스페인의 경우 90%에 달하는 투자가 부동산에 집중되었고 나머지가 사업체나 펀드 투자에 불과했다. 그러나 부동산 시장에 대한 외국인 투자 중 투자이민이 차지하는 비중은 포르투갈이 22%, 스페인이 13~15% 수준인 것으로 나타났다. 전체 부동산 시장에서 투자이민이 차지하는 비중은 평균 1.5%에 불과했다. 라트비아는 이에 비해 부동산 시장에 대한 영향이 컸다.

그러나 그리스의 경우는 이와는 달리 2018년 한 해에만 4억 7천만 유로를 투자이민제도를 통해 유치했으며 이는 전체 부동산 시장에서 35.9%를 차지할 정도로 높았다. 이는 투기성 자금의 유입으로만 설명될 수 있다. 한편 포르투갈의 경우 전체 투자이민 중 중국이 55%, 브라질이 10%, 튀르키예가 5%를 차지했지만, 전체 부동산에 대한 외국인 투자의 경우 프랑스가 28%, 영국이 15%, 스위스가 8%를 차지했으며, 중국은 이에 미치지 못했다. 스페인의 경우 또한 부동산 시장에 투자한 외국인 출신들의 주요 국가는 영국, 프랑스, 독일, 벨기에, 스웨덴 등이 44%를 차지했다.

이주에 대한 분석에서 기존에는 주로 사회적 자본[17], 인적 자본[18], 민족적 자본[19]에 초점을 두었다면, 투자이민 제도의 경우에는 분명히 경제적 자본이 중요하다는 점을 시사한다. 유럽에서는 4개 국가가 전체 투자이민의 75%를 차지하고 있으며, 경제적 혜택은 균등하지 못하다. 다만, 라트비아와 포르투갈의 경우 유의미할 정도로 FDI와 연관이 있었지만, 이 또한 GDP 대비로는 큰 비중을 차지하지 못했다. 공급적인 측면에서 볼 때 투자이민 프로그램을 제공하는 국가들은 단기간의 금융적 목적에 치중한 경제 자본 유치에 주목하고 있기 때문에 이는 신자유주의적 이데올로기 또는 부동산 관련 부문의 고객정치(client politics)와 연관되어 있다고 본다.

또한 투자이민 집단은 장기간의 이주민이라기보다는 유동적이고 이윤 추구적인 집단으로서 관광객이나 사업가에 더 가까우며 이는 '유연적 시민' 개념에 보다 가깝다. 이들은 투자이민을 통해 자본 증식, 위험 회피 등을 추구하는 것이지 완전히 짐을 싸서 이주하는 집단은 아니다. 그러나 이들은 추가적인 투자이민의 유입의 과정에서 단순히 이윤 극대화를 추구하기보다는 경제성장이나 실업률 등 해당 국가의 내부 이슈에도 민감하다. 또한 투자이민자가 부동산 시장의 가격상승을 일으키는 원인이라고 보기는 어렵다. 유럽 투자자들에 비해 이들은 보다 원거리에서, 인종적으로 이질적인 상태에서 투자하기 때문에 미디어의 담론에 빈번히 등장하여 외국인혐오증을 일으키는 것으로 보인다. 그리스만이 예외적으로 부동산시장을 교란하는 데에 상당한 영향을 미친 것으로 드러났다. 팬데믹으로 인해 투자자들은 보건이나 의료 등에서 보다 안정적인 국가를 선택할 가능성이 높다.

4. 투자이민 제도의 주요 이슈

유럽연합은 2008년 금융위기 이후 예산 문제로 투자이민 프로그램이 급격히 증가했다. 그러나 오늘날 투자이민 프로그램은 무분별한 외국인의 부동산 투자로 인해 역내 부동산 가격의 급속한 상승 문제 발생하는 한편 유럽과 이질적인 문화를 지닌 외국인의 유입이나 이른바 '유령도시' 현상으로 발생으로 이에 대한 부정적인 시각이 대두되기 시작했다. 키프로스와 몰타의 경우 골든비자로 많은 비판을 받고 있으며, 상대적으로 스페인, 헝가리, 라트비아, 포르투갈 등은 큰 이슈로 부상하고 있지는 않다. 이에 따라 2020년 유럽의회는 쉥겐조약 지역 내 국가 간 상호신뢰와 무결성을 침해할 수 있을 정도로 증빙이 불충분하거나 투명성이 부족한 투자이민 프로그램을 폐지할 것을 권고했다.

예를 들어, 키프로스의 투자이민 프로그램(Cypriot Investment Program)은 투자이민제도의 잠재적 약점과 위험을 보여주는 사례다. 이 프로그램에 의하면, 200만 유로 이상을 부동산이나 인프라 프로젝트에 투자하면 외국인 투자자는 키프로스 시민권과 여권을 취득할 수 있는데, 연평균 9억 유로, 총 60억 유로의 부동산 투자금액을 유치했다. 키프로스의 GDP가 250억 유로에 불과하다는 것을 고려한다면 어마어마하게 높은 비중을 차지한다. 이와 비슷한 사례로, 2008년 포르투갈을 비롯한 10여 개의 유럽 국가들이 재정적자와 자본 유치를 위해 골든비자 프로그램을 실행하기 시작했다. 라트비아는 5만 유로, 네덜란드는 120만 유로를 최저 투자 금액으로 정했다. 포르투갈은 2021년에 35만 달러 투자, 1년 7일 이상 거주라는 요건의 황금비자 프로그램에 대한 제한 조치를 실행하기로 공언했다. 그 이유는 포르투갈의 주택 가격 폭등으로 국민의 불만이 고조된 가운데, 그 원인을 투자이민의 주택 구입으로 돌리는 여론이 있었기 때문이다. 유럽연합은 각국 정부로 하여금 투자이민이 민주주의의 원리에 어긋날 뿐만 아니라 불법적인 자금 세탁이나 조세회피와 연관되어 있기 때문에 황금비자 프로그램을 제한할 것을 요구해왔다. "유럽의 가치는 판매 대상이 아니다"라는 기치를 내걸었다. 이 결과 아일랜드는 2023년 2월 15일 투자이민 제도를 완전히 닫아버렸고, 그리스는 최저 투자금액을 50만 유로로 2배 놀릴 것이라고 했다.[20]

아일랜드의 경우 200만 유로 이상의 자산을 소유한 자 중 50만 달러 이상을 투자한 사람들에게 체류자격을 허가해왔는데, 2012년 이후 총 투자이민 신청자 1,727명 중 중국인인 90% 이상을 차지했다. 그리스의 경우 지난 10년간 12,818명의 황금비자 소지자 중 60%가 중국인이었다. 포르투갈의 경우 2012년 이후 11,758건의 황금비자를 허가했는데, 이 중 50%

가량이 중국인이었다. 그리고 최근 우크라이나-러시아 전쟁으로 인해 러시아계 출신 자산가들의 투자이민 신청도 늘어나고 있는 추세다. 아일랜드에서는 2022년 6만 건의 주택거래 중 황금비자 발급 건수는 매년 몇백 건에 불과하기 때문에, 부동산 시장에 미치는 영향력이 제한적이라고 보고 있다.[21]

포르투갈의 경우에도 연간 주택거래 건수 30만 거 중 대략 투자이민자에 의한 거래가 0.3% 수준에 불과하다고 보면서 그 영향이 미미할 것이라고 보고 있다.[22] 골든비자 제도가 포르투갈을 비롯한 유럽으로 부를 가져온 것은 사실이다. 2016년부터 2019년까지 연간 약 35억 유로가 유입되었다. 포르투갈은 2015년 법 개정을 통해 노화화된 주택을 구입하는 신청자들은 최소 투자금액을 1/3으로 완화해주기로 했다. 이 때문에 많은 중국계 투자이민자들은 포르투갈 내에서 노후화된 주택을 매입하는 경향이 있다.

리스본의 경우 홍등가를 낀 해안가의 노후화된 주거 지구 카이스두소드레(Cais do Sodre)라는 곳이 오늘날 멋진 호텔, 단기 렌탈 주택, 레스토랑, 고급 의류매장 등으로 넘치고 있는데, 여기에는 해외투자금이 상당히 유입되었다. 이는 임대료의 상승에 제한을 두었던 정부 정책의 완화가 영향을 끼쳤고, 해외 관광객과 투자자를 유치하려는 정부의 역할도 영향을 끼쳤다. 133년이나 된 인근 로컬 농수산물 재래시장이 오늘날 연간 4백만 명의 관광이 방문하는 먹자골목으로 탈바꿈했다. 그러나 부동산 투자와 주택 가격 상승으로 일부 주민들은 골든비자 소유자들이 원거주민인 포르투갈인을 쫓아내고 있다고 비난하기 시작했다. 리스본에서는 2015년 이후 현재 주택 가격이 3배나 급등했다. 아테네에서는 지난 5년간 48% 주택 가격이 상승했다. 아일랜드 더블린의 경우 2012년부터 지금까지 주택 가격이 130% 상승했다.

리스본에서는 2023년 4월 1일 돌과 병을 경찰에 던지는 수백 명의 사람들이 젠트리피케이션, 렌트하우스, 적정가격의 주택 부족에 항의하며 데모했다. 아테네에서는 외국인 투자자에 대해 호의적인 정부가 들어선 2019년 이후 젠트리피케이션과 부동산 투기에 반대하는 시위가 도시의 일상이 된 지 오래다. 투자이민이 많지 않은 스페인에서조차 2022년에 불과 136명의 투자이민이 유입되었으나 많은 스페인인은 투자 이민자가 부동산 시장에 미치는 영향이 식민주의적이라고 본다.

2008년 글로벌 경제위기가 유럽의 난민 위기와 결합하면서 덴마크의 경우 보호무역주의와 동시에 이민자의 가족 재결합에 대해 제한적인 조치를 취했으며, 이탈리아와 스페인과 같은 일부 남유럽 국가에서는 경제위기의 심각한 영향을 받았지만 이민정책의 강화로 이어졌고, 네덜란드와 핀란드 등 북유럽 국가들 또한 우파정부의 등장으로 다문화주의를 공격으로 이어졌다. 포르투갈은 예외적으로 극심한 경제위기가 이주 정책의 강화로 이어지지 않고 반대로 일정한 유연성을 가져온 국가라고 볼 수 있다.

1) 투자이민과 도시의 변동: 포르투갈의 사례

포르투갈을 사례로 투자이민의 유형을 살펴보면 크게 3가지 유형으로 나눌 수 있다. 첫 번째 유형은 안전한 투자처를 찾기 위함이다. 부동산 투자는 자본을 고정하고 모빌리티를 획득하기 위한 '수단적' 가치를 지니는 것이지 하이퍼 소비의 행태는 아니다. 리스본에 투자한 이민자들은 골든비자 프로그램만이 영향을 준 것이 아니라고는 한다. 포르투갈은 인프라 민영화 조치를 통해서 부채 문제를 해결하고자 했고, 중국 정부와 중국계 기업은 이를 투자의 기회로 삼았다.

부동산 중개업자들은 중국어 마케팅, 세미나 등을 개최했다. 중동, 러시아, 튀르키예 출신 고객들도 이에 관심이 있었다.[23] 튀르키예 사람들은 리스본에 거주할 의향은 없었고 대부분 안전지대를 찾기 위해서였다. 일 년에 최소 날짜만 거주하고 나머지는 닫힌 채 있다. 테러리즘, 정치적 불안, 불평등의 증가가 불확실성의 주요 요인들이었다. 물리적 벽돌과 콘크리트로 구성된 주택은 주거의 기능을 위한 공간에서 안전하고 수익성이 있는 투자처로서의 새로운 기능으로 태어나고 있다. 골든비자는 주거 요건이 낮기 때문에 사실상 '이민'이라기보다는 '투어리즘'에 가깝다. 매우 짧은 기간만 해당 도시에 육체적으로 체류하면 되기 때문에 '유령이주(ghost migration)'라고 할 수도 있다. 일부 투자자들에게는 투자의 수익, 부동산의 가치평가, 잠재적 소득 등도 중요한 요소이다. 그 외에도 중국계 투자자들에게는 교육적 열망과 세대 간 이동성(intergenerational mobility) 또한 중요한 고려 사항이다. 리스본의 해안가는 특히 영어 사용권 학교들이 많다.

둘째는 도시적 라이프스타일을 추구하는 소득 최적자(urbane lifestyle income optimizer)로 정의되는데, 이 유형의 투자자들은 유럽연합을 자유롭게 이동할 수 있다는 점을 추구한다는 점에서 전자와는 상이하다. 대부분 베이비붐 세대로 은퇴 연령에 도달한 집단이 많지만, 고부가가치 활동에 대한 정률의 낮은 세금의 혜택을 적용받으려는 전문직 집단과 경제적으로 적극적인 젊은 투자 고객층으로서 에어비앤비 등을 통해 관광객이나 단기 여행자에게 서브리스(재임대)를 하여 소득을 추구하거나 도시 안에서 살아가려는 집단도 있다. 북아메리카 은퇴자들이 에콰도르나 멕시코의 저렴한 생계비 때문에 이주하는 것과 마찬가지로 북유럽에서도 남부유럽의 낮은 인건비와 생계비를 노리고 이주하는 은퇴생활자들이 많다. 특히 프랑스와 벨기에 출신 이민자들은 자국 내의 테러리즘에 대한 두려움을 갖고 있거나 리스본에 대한 심리적 안정감을 갖고 있다.

삶의 질 향상은 소비의 증가, 사립학교나 가정부 등 고급 서비스에 대한 접근을 갖는다는 것을 의미한다. 리스본에서는 장년의 중산층이 이러한 트렌드를 따른다. 기존 연구에서는 투자이민의 '도시탈출'이 지배적이라고 보지만, 많은 투자이민자들은 레저, 여가, 문화, 예술, 활기를 느낄 수 있는 도시적 코스모폴리탄의 생활방식에 대한 열망을 갖고 있다. 맛집, 와인, 기후, 햇볕 또한 많은 은퇴이민자들이 애호하는 요건들이었다.

투자이민자들은 장소 마케팅(장소 브랜딩) 및 미디어의 영향도 강조했다. 포르투갈은 2017년 《International Living》의 10대 장소 중 9위를 기록했다. 리스본은 역사가 잘 보존된 진정성 있는 도시로 브랜딩되고 있다. 잠재적 투자 이민자들은 신문이나 라이프스타일 잡지의 정보뿐만 아니라 소셜미디어를 통해 현지 친구나 관광객들과의 교류 등을 통해 정보를 수집한다. 실제 많은 사람들이 여행이 관광 등을 통해 현지에 대한 경험을 충분히 축적한 후에 의사결정을 하는 경우가 많다. 이런 경향은 역사적으로 오래된 도시에서 주택시장의 국제화와 관광화 경향으로 귀결되기도 한다. 많은 이민자들은 두 개 이상의 주택이나 큰 빌딩을 매입하여 부동산 투자를 통한 수익 기회를 도모하기도 한다.

셋째는 안전처 라이프스타일 이주민(safe haven lifestyle migrants) 범주로서 첫 번째와 두 번째의 여러 공통점을 공유한다. 이는 포르투갈을 향한 브라질 이민자들의 이른바 '4번째 물결'과 연관되어 있다. 브라질은 포르투갈로의 이주민 중 가장 높은 비중을 차지하고 있는데, 이는 경제적 위기로 인한 것이었다. 초창기는 노동이주가 주류였지만, 새로운 물결에는 중산층과 부유층이 보다 나은 삶의 질과 안정을 위해 이주해오고 있다. 이에 해당되는 사람들은 안전처를 찾으면서도 새롭게 재정착을 추구한다는 점에서 고수익을 추구하는 부동산 투자와는 일정한 거리가 있다. 리스본에 대한 브라질 중산층의 투자는 안전함을 위한 것이다. 왜냐하면 브라질에서는 범죄의 증가, 살인, 사회불안정 등이 주요 배출요인으로 나타나기 때문이다. 비용이 듦에도 불구하고 리스본에서의 낮은 범죄율과 도시의 안정 등 중요한 흡인요인이다. 상파울루의 경우는 특히 리스본과 대비된다.

이러한 이주민의 유입에 있어서 중앙정부의 역할이 중요한 것으로 드러난다. 특히 이민 정책, 세금 정책 외에 주택정책 또한 투자이민을 유발하는 중요한 요소이기 때문이다. 오랜 역사문화 유산을 자랑하고 브라질을 비롯한 남아메리카와도 연관성이 깊은 도시인 리스본을 진정한 역사 도시로 낭만화하는 것은 도시 역사나 거버넌스 양식과 분리될 수 없다. 1940년에 그리고 1974년 혁명 이후에 임대차법은 도시의 임대료를 못박아서 사회주택 부문의 잔여적 본질을 보상하고자 했다. 임대료 수입이 적은데도 세입자를 내보내는 것이 어려워 도시의 자본은 외부로 유출되어 탈투자가 일어났고, 교외화는 공공정책 메커니즘이 주도함에 따라 도시 내부는 인구가 감소하고 고령화가 심각하여 도시의 자연증가율이 마이너스로 변했다. 도시의 임대료 동결법이 사실상 리스본을 보존해왔고 오늘날 재건축이 가능하게 했다. 과거 임대차법은 경멸스럽고 분노까지 유발하는 대상이었지만, 오늘날 역설적이게도 역사적으로 중요한 건축물이 살아남아 유지되고 있다. 1990-1991년의 법은 주택을 허무는 것을 금지했고, 도시의 관료주의는 모든 것들이 느리게 진행되도록 지체시켰다. 도시에서 건축 허가를 받는 것이 불가능했던 것이 오늘날 이 모든 혜택을 가능케 했다.

2012년 유럽연합과 IMF의 채무이행 요구조건으로 인해 리스본 당국은 새로운 도시임대차법(NRAU)를 제정했다. 이는 임대차법에 의한 주택시장의 왜곡을 제거하는 것을 목적으로 한다. 1990년 이전에 건축된 주택들은 무기한 임대계약이 가능했기 때문에 주택 소유주들은 임대계약을 종결시키거나 시장 이율 이상으로 임대료를 올리는 것이 불가능했다. 그러나 새로운 법은 이를 자유화해서 퇴거가 가능하게 했고, 계약 종료 또한 가능하게 했다. 이러한 임대차법률의 개정은 경제위기와 긴축정책의 맥락에서 이루어졌다. 로컬 인구와 개발업자들의 투자 역량에 재갈을 물려왔던 이러한 정책이 외국인 투자가 가능하게 문호를 개방했다. 관광객의 유입은 도시 계획을 활성화해서 로컬 비즈니스의 활성화를 가져왔고 사회, 물리적 환경의 개선을 가능케 했으며, 기존에 한산해졌던 시내 중심가는 새로운 코스모폴리탄의 활력이 넘치게 되었다. 그러나 로컬 주민의 입장에서 주택 가격의 상승과 임대료의 상승은 새로운 문제로 등장하게 되었다. 또한 초국적 젠트리피케이션의 과정에 의한 도시의 변동은 관광과 연계되어 있고, 이는 리스본이 지닌 역사적 진정성의 본질 그 자체를 훼손, 변형시키고 있다. 이 결과 로컬 주민들은 관광객이 덜 붐비는 지역으로 이사하고자 했으며, 포르투갈의 정체성이 훼손된다고 생각하기도 했다.

이처럼 리스본의 투자이민 정치는 이민정책과 재정정책의 교차점에 위치해 있고, 이는 국가의 역할과 밀접한 관련이 있다. 중국 등 투자이민의 모국에서는 주택시장의 과열을 줄이기 위해 높은 규제, 세율 등이 적용된다는 점을 고려한다면, 이러한 모국 주택시장의 요인 또한 글로벌 투자이민 현상을 고려해야 한다.

프랑스의 치안, 튀르키예의 정치 불안, 중국의 정치 불안 및 정부 규제 등이 리스본의 투자이민과도 연관되어 있다.

2) 투자이민의 시민권 정치: 몰타의 사례

몰타는 이민의 문턱이 매우 낮은 국가로 전문 기술직에 제한적으로 영주권이나 장기 체류 자격을 부여하는 다른 국가와 달리 학력이나 직업 등에서 매우 완화된 조건을 요구한다. '지중해의 숨겨진 보석'이라 불리는 유명한 관광지이자 섬 국가인 몰타는 2014년부터 100만 유로 이상을 투자하고 1년 이상 거주한 외국인에게 시민권을 부여하는 투자이민 프로그램을 운영하고 있다. 2013년에 몰타 정부는 외국의 부유한 개인에게 여권을 판매할 계획을 발표했는데, 이전에 카리브해의 세인트키츠네비스가 유사한 프로그램을 시작하는 데 도움을 주었던 헨리앤드파트너스(Henley & Partners)가 몰타의 투자이민 제도를 설계하는 데 도움을 주었다.[24]

몰타는 EU 회원국이자 솅겐 협약국이기 때문에 이탈리아, 프랑스, 독일 등 다른 유럽 국가로 이동할 수 있는 좋은 거점이 되고 있다. 또한 유럽 대부분의 국가는 2세대 가족까지 이민을 허용하나 몰타는 조부모, 부모, 본인, 자녀까지 4세대 이주를 허용한다. 이런 측면이 중국을 비롯한 동아시아 국가에 매우 매력적인 조건으로 작동한다. 또한 시민권 프로그램 실행 시 의무 거주

몰타의 황금여권

기간이 필요 없으며, 120만 유로를 투자하면 배우자와 자녀 1명을 동반하여 시민권을 취득할 수 있다. 또한 몰타 정부의 국채에 25만 유로를 투자하거나 그에 상당하는 주택이나 빌딩 등 부동산을 구입하여 재임대하면 영주권 취득이 가능하다.

이 몰타의 투자이민 프로그램과 관련하여 2021년 흥미로운 사건이 발생했다. 헨리앤드파트너스는 전 세계의 중상류층 고객을 대상으로 다른 나라의 비자나 여권을 구매할 수 있도록 자문, 조력하는 기업인데, 이 기업의 서버가 당시 익명의 해커그룹으로부터 해킹을 당하면서 몰타의 투자이민 제도와 연관된 수천 건의 이메일 서신과 내부 문서가 유출되었기 때문이었다. 자료의 많은 부분은 헨리앤드파트너스가 해외의 투자이민 고객들과 주고받은 편지들이었다. 그리고 유출된 데이터 일부가 몰타의 한 탐사 저널리즘 비영리단체가 확보했고, 이 단체가 관련 언론사들과 그 내용을 공유했다. 이 중 하나인 영국『가디언』지는 그 내용을 일련의 기획 기사로 게재했는데, 유출된 자료는 몰타의 투자이민 제도를 통해 시민권을 취득한 이주민이 얼마나 몰타와 무관한 사람들인지를 적나라하게 보여주었다.[25]

몰타의 투자이민 프로그램에서 자금의 투자적 성격은 지극히 낮을 뿐만 아니라 현지에서 이민자가 체류하는 기간 또한 상당히 짧고 심지어 조작되는 경우들이 발견되었기 때문이다.[26] 가령 부유한 러시아인, 중국인, 사우디아라비아인은 몰타에서 3주 미만 체류해도 여권을 받을 수 있고, 이를 통해 솅겐 협약국에 무제한으로 접근할 수 있는 것이다. 이 사건으로 유출된 데이터에 따르면, 몰타 여권을 구매하려는 일부 신청자는 아파트를 임대하거나 아니면 구매한 후 재임대하는 방식으로 몰타에 체류하는 것을 가장할 수 있었고, 어떤 경우에는 요트를 빌리거나 지역 자선 단체에 기부하는 방식도 사용되었다. 몰타 정부는 이 사건과 유출된 데이터가 사실이 아니라고 항변했지만, 이 사건으로 인해 유럽위원회는 황금여권 판매와 관련하여 몰타 정부에 대한 법적 소송을 제기하려는 정도에 이르게 되었다. 이미 2006년 몰타 정부가 자국의 시민권 판매 계획을 발표할 때 유럽 각국은 시민권 취득자에 대한 솅겐 협약국에 대한 자유로운 이동 보장이 문제가 될 것임을 경고했고, 2014년 유럽위원회는 몰타 정부 당국이 '진정한' 투자이민을 선별하여 여권을 제공해야 한다고 강조하기도 했다.

몰타에서는 법적으로 귀화나 시민권 취득의 자격을 얻으려면 적어도 12개월 동안 몰타 영토 내에 거주했다는 증거를 제출해야 하지만 몰타의 황금여권 제도는 '거주'에 대한 엄격하고 정확한 정의를 회피하고 있었다. 본 사건으로 공개된 고객과의 이메일에 따르면 어떤 중동 출신의 시민권 신청자는 생체 정보 인식을 위해 몰타에서 1~2주일 정도만 체류하면 시민권 취득이 가능하다는 것에 대해 많은 사람이 알고 있다고 말했다. 이 사건으로 공개된 250개의 몰타 시민권 취득 신청을 위한 투자이민이 몰타에 체류한 기간은 평균 16일에 불과했고, 일부 중국인 신청자는 가족 구성원이 6명을 포함하여 12명의 시민권을 신청했지만, 이들이 임대한 아파트는 침실 2개에 한 달 임대료가 1,500유로에 불과한 아파트였다. 어떤 경우에는 헨리앤드파트너스가 투자이민 신청자를 위해서 거주용 부동산을 찾아서 계약을 대리하는 일까지도 했다.[27]

3) 투자이민 유출국의 지리: 중국 홍콩

포르투갈이나 몰타와 같이 선진국으로의 투자이민의 유입과 아울러, 이들 국가로 유입되는 투자이민이 발생하게 된 유출 국가의 경제적·정치적 맥락의 이해도 중요하다. 우선 투자이민이 가장 많이 발생하는 중국 및 홍콩의 경우를 살펴보자. 중국의 경우 1979년 여러 개혁을 단행하면서 정부 주도의 주택공급을 시장 지향적으로 바꾸기 시작했으며 1998년 금융위기 극복을 위해 국영주택을 완전히 폐지했다. 그러나 2004년 이후 중국 정부는 투기 과열 및 주택 가격 상승, 중산층과 저소득층을 위한 '적정한(affordable) 가격과 질의' 주택을 공급하기 위해 개입주의 정책을 시작하여 2014년까지 지속했다. 취득세율 상향, 모기지론에 대한 제한 등이 대표적인 도구였다. 또한 공급 측면에서는 저소득층을 위한 주택을 정부 차원에서 다시 공급하기 시작했다. 또한 1가구 1주택 초과자에 대해서 중과세 정책도 실시했다. 이런 상황에서 2009년부터 중국의 대외 부동산 투자가 급격하게 늘어났다. 2008년부터 2014년까지 무려 340억 달러 규모의 해외 부동산 투자가 발생했는데, 이는 해당 기간 200배의 성장을 나타낸다. 중국인들은 북미, 유럽, 호주, 캐나다, 싱가포르 등 선진 부동산 시장을 선호했고, 이 당시 포르투갈, 스페인, 키프로스, 몰타에서는 앞서 언급했던 유럽 재정 위기를 극복하고 투자자를 유치하기 위해 부유한 중국인을 유인하기 위한 황금비자 정책을 추진했다. 투자 동기 이외에 자녀를 위한 교육 기회 제공, 자산의 안정성 보존, 세금 회피 전략 등도 중요한 동기였다.

홍콩 중산층은 내부 불확실성과 정치적 불안으로 인해 해외투자를 투자 가치가 높은 투자처를 찾는 행위를 지칭하는 홍콩 사람들의 방언인 '초루(炒樓)'를 찾으려는 홍콩의 아비투스(habitus)를 이해할 필요가 있다. 런던은 신규 주택공급의 부족으로 주택 가격이 치솟고 있어 적절한 투자처도 한계가 있다. 또한 공공주택의 부족, 노숙자의 증가, 퇴거도 사회문제로 떠오르고 있어 도시의 불평등도 가중되었고, 노동자들의 삶과 생계 또한 위협받고 있다. 이러한 위기의 진원지는 1980년대 '매입권(right to buy)' 정책으로 지방정부에 의한 주택공급 부족으로 임대주택시장에 노크온 효과가 발생하면서 공영주택이 부족해지게 되었다. 두 번째는 1990년대 중반부터 2008년 계속된 경제 호황기에 주택 가격의 상승이다. 보다 최근에는 민영주택 개발이 자유주의적 방식으로 승인과 허가가 쉬워졌으며, 2012년의 경우 신규 주택의 75%가 외국인이 구입했는데, 주로 홍콩, 싱가포르, 중국 본토 및 말레이시아 출신들이 이 중 50% 이상을 차지했다.

중국 투자자들은 기업화되어 있다기보다는 대가족의 가장으로서 농부, 상인, 수공업자, 학자 등을 포함하며 이들은 계급이라기보다는 가족으로 구성되어 있어 사회경제적 지위와 역할이 모호하다. 중국인들은 중국인들 간에 거래하는 것을 선호하며, 런던을 비롯한 주요 도시 내의 중국계 출신 간의 거래와 네트워크가 중요하다. 홍콩은 서양의 오랜 투자의 결과 금융 지식이 풍부하여, 주식이나 외환 투자에 대한 지식이 풍부한 두터운 중산층이 있고 부동산 소유의 비율도 높다. 홍콩 중산층은 해외 부동산의 구입 메커니즘의 발달로 세계 도처에 부동산을 소유하고 있고, 이는 1970년대부터 지속되어왔다. 또한 부동산 거래에 참여하는 다양한 행위자들 간의 관계를 형성하는 데에 있어서 친족관계 등 중국의 네트워크가 작동한다. 또한 홍콩인들이 해외에 주택을 소유하는 비율이 높은 것은 개인적·계급적인 기반에서 지역적 불확실성도 개입되어 있다.

5. 투자이민으로서 라이프스타일 이주

투자이민 제도 자체가 완전하고 영구적인 정착을 지향하지만 적잖은 투자이민 제도가 잠재적 신청 대상자가 비상시 주민(non-habitual residents)이라는 인식을 바탕으로 운영되고 있다. 그리고 유럽의 경우 이러한 '초국적' 비상시 주민의 역외 불로소득은 완전히 세금을 면제받으며 고부가가치 활동에 대해 20%의 정률 세율이 적용된다. 이러한 세금혜택과 시민권 획득에 필요한 비용 저하는 부동산 부문에서의 위기로 인한 가격 하락이 부동산 투자의 기폭제가 되며 더욱 황금비자에 대한 수요를 증가시키고 있다. 이처럼 부동산 투자 시민권은 부유하면서도 세율이나 불확실성이 높은 국가 출신의 이주민들을 중심으로 이루어진다. 이처럼 모빌리티를 형성하는 브로커 아상블라주(broker assemblage)를 통한 이주에 주목하는 것은 국가 및 비국가, 인간 및 비인간, 과정을 총체적으로 이해할 수 있는 틀로서, 부동산과 대학이라는 재화를 생산하고, 학생과 부동산 투자자라는 행위자를 이해하며, 이들 간의 만남을 이해하는 데에 도움이 된다.

이런 맥락에서 그리스의 투자이민 제도는 포르투갈 및 몰타의 사례와 마찬가지로 많은 관심이 대상이 되고 있다. 사실 런던, 홍콩, 밴쿠버 등 글로벌 도시는 글로벌 금융위기의 발생 이후 부유층의 투자처로 각광을 받고 있지만, 리스본, 세비야, 마드리드, 바르셀로나, 마르세유, 제노바, 나폴리, 아테네 등 유럽 내 2등급 도시들은 많은 투자이민이 유입되고 있음에도 불구하고 상대적으로 많은 주목을 받지 못했다.[28]

그리스는 2013년 외환위기를 극복하기 위해 투자이민 프로그램을 시작했다. 조사된 통계에 따르면 2015년 16명에 불과했던 황금비자 소지자가 2017년에 236명으로 급증했다. 2020년에는 527명이 발급받았고 가족들 827명을 포함해 총 1,424명이 황금비자를 발급받았다. 그리스의 투자이민 프로그램은 비자 발급 자격으로 25만 유로를 제시했는데 이는 포르투갈과 비교할 때 훨씬 저렴할 뿐만 아니라 지리적으로도 가까워서 때문에 튀르키예 투자자로서는 상당히 매력적인 조건이다. 그리스의 투자이민자 집단을 국적별로 살펴보면 중국과 러시아가 1, 2위를 차지하고 다음으로 튀르키예가 3위를 차지했다.[29] 그 외에도 우크라이나와 중동 지역이 포함되어 있었다.

여기에서 주목할 점은 그리스로의 투자이민 유입국 중에서 특히 튀르키예 출신이 크게 증가했다는 점이다. 튀르키예는 에르도안 정부의 통치하에서 양극화, 탈세속주의화, 권위주의 등에 반대하는 2016년 쿠데타가 실패한 후 외부로의 이민이 급격히 늘어났으며, 특히 지리적으로 가까운 그리스로 투자이민 유입이 늘어났다. 그리스의 투자이민 제도는 자유롭고, 범세계주의적(cosmopolitan)이고, 서구 지향적이며, 중상류층에 속한 튀르키예 투자자들이 이슬람화를 추구하고 경제적·정치적 불안을 가중하는 국수주의적 보수 엘리트 지배계급 및 정치에 우려해서 나타났다. 특히 2020년 이후의 새로운 투자자들은 정치적 동기보다는 가족을 위한 보다 안전한 안식처, 부의 증진 기회, 유럽 내의 자유로운 이동에 더 큰 매력을 느꼈다. 일부 보수적인 튀르키예인들은 역사적 관계로 인해 여전히 그리스를 적으로 간주하는 경우가 많지만, 이러한 자국 내 정치적·경제적 불안과 불만으로 인해 인접한 그리스를 안전한 '자산 도피처'로 인식한 것이다. 중국계와 비교할 때 튀르키예 투자자들은 경제적인 동기가 적었고 귀환을 덜 고려했으며, 국내의 정치적 불안정성에 더 큰 영향을 받았다.

한편 포르투갈, 스페인, 몰타, 그리스 등 지중해권 유럽이 투자이민 제도의 대상이 되는 여러 이유에 있어서 투자 자본의 수익성, 부동산 가격의 변동, 투자이민에 대한 인센티브 등 경제적 여건 외에 '지중해'라는 자연환경과 문화적 배경이라는 지리적 맥락도 중요하다. 이들 국가는 유럽연합에 소속되어 있으면서도 천혜의 쾌적하고 아름다운 자연환경, 오랜 역사와 문화적 전통, 다양하고 풍부한 지중해 연안의 음식 문화 등 매력적인 여건을 갖추고 있다. 이 때문에 투자이민 제도는 단순히 시민권 취득과 선진국으로의 접근성이라는 정치적 맥락에서뿐만 아니라 라이프스타일 이주(lifestyle migration)라는 이주의 사회적·문화적 측면과도 밀접히 관련되어 있다는 점에 주목해야 한다. 왜냐하면 투자이민은 결국 더 나은 삶의 질을 추구하기 위한 상대적으로 부유한 집단의 이주로서, 주거 관광, 은퇴 이주, 세컨드 홈 소유, 여가 이주(leisure migration) 등 이주민의 문화, 가치체계, 취향과 깊이 연관되어 있기 때문이다.

사실, 지중해 연안 남부유럽의 경우, 영국, 독일, 네덜란드 및 스칸디나비아 국가들의 은퇴자들이 지난 30~40년 동안 이주해왔는데, 이에 영향을 미친 흡인요인에는 쾌적한 기후와 자연환경, 저렴한 주거비와 생활비, 언어 및 문화의 낮은 이질성, EU에 속한 정치적 친근함과 지리적 이동의 편리, 제도적 유사성 등이 이에 포함된다. 스페인 남부의 경우 이러한 요인으로 지역발전이 크게 진전되었다. 그러나 이 과정에서 지역 커뮤니티와 은퇴자 커뮤니티 간의 분리 심화, 환경 파괴 등의 부정적인 영향도 나타났다. 이에 따라 1960년대와 70년대에 '주거 투어리즘', '라이프스타일 이주'라 할 수 있는 북유럽 사람들의 단기 및 장기 은퇴 이주가 등장했다.[30] 멕시코, 에콰도르, 코스타리카를 중심으로 한 라틴아메리카의 은퇴 커뮤니티와 태국을 중심으로 하는 동남아시아 또한 선진국의 은퇴자 유입이 이루어지고 있는 지역이다. 보다 최근에 은퇴자 커뮤니티는 유럽의 경우 모로코, 튀르키예, 불가리아 등 새로운 프런티어로 확장되고 있고, 일본의 퇴직자들은 말레이시아, 필리핀, 인도네시아 등으로 이주하고 있다.

태국의 경우에는 부유한 은퇴 노인과 젊은 태국 여성 사이의 국제결혼 또한 이러한 은퇴 이주를 부추기는 요인이기도 하다.

미국의 경우 의료보험 비용을 비롯한 높은 생계비로 인해 라틴 아메리카로 이주하는 노인의 규모가 늘어나고 있다. 북유럽과 미국의 경우 은퇴 빈곤층인 경우가 많다. 헤이즈(Hayes)는 에콰도르의 고도이자 세계문화유산 도시인 쿠엔카(Cuenca)에 있는 북미 은퇴자 커뮤니티에 대한 연구를 통해 지리-차익거래(geoarbitrage)라는 개념을 도입했는데 이는 일상적인 생계비를 저렴한 목적지로 재배치하는 것을 일컫는다. 은퇴 아웃소싱이라고 할 수 있는 이러한 현상은 현지 지역 지주, 자본가, 엘리트 계급의 이익에 크게 기여했지만, 초국가적 젠트리피케이션을 유발하여 현지 주민들의 생계비 증가에 부담을 가져왔다. 멕시코의 '산미구엘 데 아옌데'도 이와 비슷한 현상이 발생하여 경제적 격차 증가가 야기되었다.

라이프스타일 이주로서 투자이민에 관한 구체적인 사례를 몇 가지 살펴보면 다음과 같다. 우선 헤이즈는 에콰도르의 쿠엔카에 거주하는 북아메리카 출신 이주민을 연구하면서 2008년 금융위기 이후 미국 내에서 일자리가 줄어들고 투자 잔고가 줄어들면서 라이프스타일 이주로 이행하게 되었다는 의미에서 경제적 동기를 강조한다.[31] 물론 환율의 차이나 높은 수준의 생활에 부합하는 높은 비용 등의 불이익을 강조하기도 한다. 또한 외부 투자자를 유치하려는 개발도상국의 정책적 노력 또한 라이프스타일 이주를 유인하는 주요 동기로서. 이와 유사한 맥락에서 말레이시아의 경우 유럽 출신의 투자이민이 '식민주의적 관계'에 기반을 둔 열대 지역의 낭만적 자연환경과 식민주의적 문화를

추구는 라이프스타일 이주가 나타나기도 한다.[32]

둘째, 벤슨(Benson)의 라이프스타일 이주 연구는 파나마의 보케테(Boquete) 등 중앙아메리카의 여러 소도시로 이주한 미국 출신의 투자이민에 주목했는데, 많은 이주민이 현지에 도착한 후 우월적 지위와 거주를 통해 우월감이 인종화되어 있었고 자신들의 백인성을 경제적·문화적 자본과 연계시켜서 이해하려는 경향이 짙다고 말했다.[33] 또한 영국인 중 일부 중산층 은퇴 이민자들은 과거 식민지적 관계와 오리엔탈리즘이라는 식민주의적 지리적 상상으로 인해 튀르키예를 영구적 정착지로 선택한다. 이러한 은퇴-투자이민자에 관한 연구에 따르면, 이들은 최근 영국 내부로의 이주민 유입으로 전통적인 '진정한(authentic)' 영국다움이 쇠퇴하는 대신, 오히려 튀르키예에서 순수하고 전통적인 영국다움이라는 본질적인 문화를 추구하는 것이 유리하다고 생각한다.[34] 한편 코르펠라(Korpela)는 인도의 힌두 성지인 바나라시로 이주한 서양인들을 사례로 이들이 진정한 인도를 상상하고 이를 행동으로 옮긴다는 측면에서 식민주의적 정신성의 연장선에 있으며, 여전히 '구원자로서의 백인(white savior)'이라는 사명감을 갖고 있기도 했다.[35]

셋째, 마타리타 카산테와 스톡(Matarrita-Cascante and Stock)은 이른바 '어메니티 이주' 개념을 사용해서 자연환경과 원주민 문화의 생태적 보전으로 잘 알려진 코스타리카의 누에보-아레날에 거주하는 북아메리카 및 유럽 출신의 이주민을 연구했는데, 이들이 원주민들과 상호 작용을 하지만 상품이나 서비스 교환과 각종 커뮤니티 활동을 통한 교류는 지극히 제한적이라고 보고 했다.[36] 또한 카라카비(Karakabi)는 이집트 시나이 남부 지역을 연구하면서 정부 정책이 계급 기반의 민족 간 배타성을 강화했다고 보고했다.[37] 워트먼(Wortman)과 헤이즈는 라이프스타일 이주가 새로운 일자리를 창출, 특히 건설업과 서비스업 부문에 일자리를 창출했다고 보았다.[38] 그러나 이는 대부분 저임금 부문이라는 문제점이 있으며, 보다 거시적·역사적 측면에서 본다면 라이프스타일을 추구하는 투자 이민자들이 누리는 값싼 토지와 노동은 유럽 식민주의의 유산임을 부정할 수 없다.

넷째, 바스토스(Bastos)는 멕시코의 차팔라 호수(Lake Chapala)에 관한 원주민 연구를 수행하면서 이들이 어떻게 라이프스타일 이주민의 유입에 따른 토지 수탈에 저항하는지를 연구한 바 있다.[39] 이 지역은 지방정부 공무원이나 법률가들이 외부 투자에 유리한 방향으로 부동산 법률을 바꾸었고, 공무원들은 이주민의 유입이 현지를 후진성으로부터 탈출시킬 것이고 진보를 가져올 것이라고 합리화했다는 점을 지적했다. 그러나 이들이 말한 진보와 달리 저임금의 일자리만 늘어났고 원주민은 '하인'으로서 재생산되었다는 지적했다. 또한 몰레트(Mollett)은 파나마의 사례를 연구하면서 아프리카계 주민들과 원주민들의 토지 수탈을 지적했고 과거 플랜테이션 시스템의 연장 속에서 사회관계가 재생산되었다는 지적했다.[40] 코스타리카의 카리브해 남부 해변은 최근 글로벌 라이프스타일 이주의 중심지로서, 외국인들과 단기 관광객들이 자전거를 타고 다니면서 커피나 레스토랑에 앉아 있는 모습을 볼 수 있고, 요가 수업, 시 읽어주기, 다큐멘터리 영화 시청 등이 이루어진다. 코스타리카 정부는 1980년대 외환위기 이후 외국인 투자자들의 토지 구입을 촉진했다. 이에 따라 1990년대에 외국인 이주민이 크게 증가했고, 현지인들은 토지를 팔고 저임금의 서비스 부문 노동자로 전락했다.

마지막으로 로버트슨과 로저스(Robertson and Rogers) 등은 교육-이주 넥서스에 주목하여 부동산 투자, 이주, 국제교육 간의 관계를 이해하고자 했다. 호주의 경우 5백만 달러 이상 투자하면 발급되는 투자이민 프로그램에 신청하는 중국인 이주민의 비율이 높고, 호주의 학생 비자 발급의 88%가 중국인이다. 중국에서는 플랫폼을 통해 중국의 투자이민 및 유학 전문 기관과 같은 거시적 기구에서부터 특정 학교나 로컬 단위에서 활동하는 다양한 중개업자들이 활동하고 있다.[41]

6. 나가며

유럽의회는 2018년과 2019년에 「유럽연합 투자 시민권 및 영주권 계획(Investor Citizenship and Residence Schemes in the European Union)」에 관한 보고서를 통해서 투자이민제도의 위험성과 이를 제한할 필요성이 있다고 공표했다.[42] 투자이민 프로그램은 '적극적' 유형과 '소극적' 유형으로 구분할 수 있다. 전자는 사업 관련 경험과 투자와의 현행의 관련성을 증명할 수 있어야 하며, 이는 경제 자본과 인적 자본 모두를 끌어들이려는 목적에서 진행된다. 소극적 프로그램은 단순히 자본 지출의 규모를 요구한다. 그러나 투자이민 프로그램은 제도적으로나 사업투자 프로그램과 구별이 불분명한 경우가 많다.

투자이민제도는 UAE와 파나마에서부터 말레이시아에 이르기까지 세계 전역에서 활발하지만, 미국, 캐나다, 호주, 뉴질랜드에서 오랫동안 활성화된 것으로, 이들 지역에서는 1980년대 말과 1990년대 초반부터 본격적으로 등장했다. 캐나다와 호주는 특히 농촌지역에 대한 투자에서 상당한 자본을 유인하는 데에 성공했다. 캐나다는 밴쿠버의 부동산 붐을 일으킨 원인 중 하나로 지목되기도 했다. 투자의 유형으로는 사업체 투자, 펀드(금융상품) 매입, 정부 채권 투자, 은행 예치, 부동산 투자, 공공재(인프라) 투자 등 6가지 유형으로 구분할 수 있다. 현재 EU 회원국 중 절반이 투자거주 프로그램을 운영하고 있다. 라트비아, 포르투갈, 그리스 3개국이 골든비자 발행 건수의 50% 이상을 차지하고 있고, 스페인, 영국, 헝가리를 더하면 이들이 발행 건수와 투자의 95%를 차지하고 있다.

최근 들어 유럽을 중심으로 이러한 투자이민 제도에 대한 여론은 상당히 악화되고 있는 실정이며, 실제 황금비자 제도가 폐지되고 있는 국가들도 많다. 첫째 이유는 뒤에서 추가적으로 살펴보겠지만, 투자이민 프로그램이 집값 상승 주범으로 지목돼 여론이 나빠졌기 때문이다. 로이터통신에 따르면 2015년 이후 포르투갈 수도 리스본의 주택 매매가는 137%, 임대료는 65% 급등했다. 아일랜드 집값도 같은 기간 60% 올랐다. 유럽의 일부 좌파 정치인들은 "외국 자본이 점령한 식민지로 전락했다"며 분통을 터뜨린다. 포르투갈 정부는 2012년 도입한 황금비자 제도가 집값 상승을 부추긴다는 비판 여론이 거세지자 폐지 방침을 밝혔다. 블룸버그는 첸의 이야기를 전하며 "유럽 각국이 황금비자를 재검토하자 이 제도가 사라지기 전에 이용하려는 사람들이 서두르고 있다"고 전했다.

둘째, 러시아의 우크라이나 침공으로 안보 불안도 커졌다는 점도 영향을 미쳤다. 테러범이 유럽에 머무르며 자유롭게 이동하게 되면 많은 사람들의 목숨이 위험해질 수 있다는 우려가 있다. 지난해 유럽연합은 “러시아·벨라루스 국민에게 (황금비자에 따른) 거주권 발급을 중단하라”고 회원국들에 권고했다.

셋째, 불법 자금 세탁에 황금비자가 악용될 수도 있다는 점도 문제로 인식되고 있다. EU는 거주권을 넘어 시민권까지 주는 ‘황금여권’ 제도의 경우엔 완전히 폐지할 것을 회원국에 요구하고 있다. IIP의 주요 고객은 고국 밖에서 법적 안전과 더 나은 삶의 질을 추구하는 부유한 중국인과 러시아인인데, 특히 중국인은 유럽에서 2007년부터 2016년 사이에 10만 명 이상이 골든비자를 취득한 것으로 알려져 있다.[43] 또한 캐나다의 전 이민 투자자 프로그램 신청자의 4분의 3 이상이 중국인이었다. 몰타와 라트비아의 경우에는 IIP를 통해 러시아로부터 불법 자금의 세탁이 이루어진다는 의혹도 높아지고 있고, 특히 2022년 러시아의 우크라이나 침공 이후 러시아에 대한 미국 정부 당국의 금융 제재를 회피하는 수단으로 사용되기도 한다는 의혹을 받고 있다.

제5장

교육이주와 계급 재생산[1]

1. 들어가며

오늘날의 이주는 과거의 이주와는 달리 상이한 민족국가의 경계를 상대적으로 자유롭게 넘나드는 초국가적 이주 주체의 등장을 특징으로 한다. 이들은 상이한 배출, 흡인 요인을 배경으로 하여, 크게 두 가지 극단을 중심으로 넓은 계급적 스펙트럼을 형성하고 있다. 한편으로는 불균등 발전과 포스트-냉전 시대의 지정학적 위기 등으로 인해 이주노동자, 국제결혼 이주자, 망명 신청자, 난민 등을 아우르는 아래로부터의 이주자들이 급속히 증가하고 있다. 또 다른 한편으로는 초국적 투자자, 엘리트 계급, 전문직 종사자를 중심으로 하는 위로부터의 이주자들은 풍부한 경제적·사회적·문화적 자본을 바탕으로 시공간 압축에 따른 이동성을 전유하여 자신들의 지위를 확대, 재생산하고 있다.[2] 대체로 전자는 전출 국가 내부의 정치적·경제적 배출요인에 따른 영향이 크나, 후자는 전입 국가 내부의 폭넓은 경제적·사회적·문화적 기회를 아우르는 흡인요인의 영향이 크다.

국내에서도 초국가주의와 관련된 지난 10여 년간의 연구 화두는 주로 이주노동자로 대변되는 국제 노동이주와 국제결혼 이주여성으로 대변되는 다문화주의 논제 등 이중적으로 전개되었다. 지리학을 포함하여 경제학, 사회학, 인류학, 여성학, 문화연구 등의 분야에서 광범위하게 진행되어 온 소위 '외국인'에 관한 연구는 최근 초국가주의, 다문화주의라는 화두로 수렴하고 있는 양상이다. 특히 한국의 경우 최근 중앙정부가 《외국인정책기본계획법》을 중심으로 고용허가제도와 다문화가족지원제도를 체계화함에 따라, 학계의 논의는 정부 정책에 대해 상대적으로 비탄력적이다. 지리학의 경우 일부 연구는 이는 마찬가지이며, 최근 이주노동자와 결혼이주여성 외에 전문직 종사자와 유학생 집단까지 포괄한 종합적인 연구 성과로 최병두 외의 연구가 있다.[3]

이러한 맥락에서 볼 때, 오늘날 어학연수나 교환학생제도와 같은 다양한 해외 교육 프로그램에 참가하고 있는 학생들이 초국적 이주는 이주의 주체와 배경 양자의 측면에서 이중적·혼성적 성격을 갖고 복잡한 양상으로 전개되고 있다. 우선 교육이주의 주체는 국적, 계급, 민족성, 젠더의 측면에서 매우 상이할 뿐만 아니라 개별 주체의 사회적, 문화적 자본 역량에 이르기까지 광범위하게 연관되어 있다. 이 때문에 글로벌 자본주의의 공간체계와 지리적 불균등 발전이라는 문제 설정 하에 교육이주를 노동이주의 측면에서 접근하거나 계급적 차원에서 분석하는 것은 상호 무관한 것은 아니라 할지라도 분석에 있어서 상당히 제한적이고 피상적일 수밖에 없다.

둘째, 교육이주는 특정 국가 내부에서 자녀를 통한 계급 재생산 혹은 계급 상향 이동의 욕망과 이를 허락하는 사회경제적 구조와 직결되어 있는 문제이기 때문에, 이주 기원국 내부의 계급적 관계와 교육의 제도적 성격에 크게 영향을 받는다. 특히 한국과 같이 중산층으로의 계급적 상향 이동이나 재생산은 대체로 자녀의 학력에 의해 크게 좌우되는 경향이 강하기 때문에, 특히 초·중등교육 수준에서 이루어지는 교육이주는 사교육적 차원에서 이루어지는 중요한 공간적 돌파 양식 중의 하나가 될 수 있다.[4]

셋째, 포스트식민적 관점에서 볼 때, 특정 국가에서 유출된 교육이주민이 목적지를 선택함에 있어서는 이들의 식민주의적 역사적 경험, 포스트식민 상황 하에서 국가 간 관계, 국가에 대한 선입견, 편견이나 욕망 그리고 국가 간의 특수한 경제적·인종 및 민족집단적·문화적 관계들의 영향을 받기 때문에 포괄적인 접근이 요구된다. 아프리카와 아시아 전역을 포함하는 과거 포스트식민 교육이주는 대체로 과거의 식민 지배국을 향한 흐름이 지배해왔는데, 이는 정치적 독립 이후에도 여전히 과거 식민 지배국의 권력-지식 체계가 우월한 지위를 차지하고 있기 때문이다.[5]

넷째, 위에서 언급한 이주노동자나 결혼이주여성 집단에 대한 접근은 구조적 차원으로 분석 틀을 설정하거나 특정 공간이나 장소에 뿌리를 내리는 과정을 설명하는 데에 상대적으로 용이하다. 그러나 유학생과 같이 노동시장에 참여하지 않는 집단의 이주패턴은 단기적·단속적인 경향이 강하고, 유학에 대한 의사결정 및 이에 대한 요인 변수들의 스펙트럼은 매우 넓은 편이다. 유학은 일반적인 국제 노동이주현상과 마찬가지로 국제적 스케일에서의 거시적인 정치·경제적 구조와 관계에 영향을 받을 수밖에 없지만, 동시에 이주 주체의 자발적·의식적인 행위 수행의 결과이기 때문에 행위의 상황을 보다 섬세하게 고찰할 필요가 있다.[6]

마지막은 교육이주의 경우 이주 당사자를 둘러싼 가족관계의 문제와 접합하고 있기 때문에, 개별 이주 행위자들의 주체적 수행이 중시되는 이주노동자나 결혼이주여성의 경우와 비교할 때 가족–분석적인 접근이 강조된다고 할 수 있다. 특히 아시아 국가의 경우 가부장적 이데올로기, 국가의 가족주의적 이데올로기, 유교에 기반을 둔 담론 체계 등은 교육이주가 갖는 가족주의적 성격과 특성에 상당한 영향을 끼친다. 자녀의 계급 재생산을 위한 가족이나 친족 단위의 전폭적인 지원은 동아시아의 문화적 특성 중 하나기 때문이다. 따라서 교육이주를 한 개인이나 가족의 비용–편익에 대한 '합리적' 선택의 결과로 보는 것은 매우 제한적일 수밖에 없고, 가족 구성원 간의 권력관계와 그에 영향을 미치는 다양한 사회적·국가적 담론과 이데올로기의 선분들이 어떻게 교차하고 있는지를 검토하는 것이 중요하다.

오늘날 국제적 스케일에서 교육이주는 소위 '초국적 분거가족(split-household transnational family)'의 부상이라는 결과를 야기하고 있다는 점이다. 이는 특히 홍콩, 대만, 한국, 싱가포르 등 동아시아 개발국가 출신의 중상류층 가족의 초국적 재생산과 밀접하게 관련되어 있다. 분거가족은 가족이 자녀 교육이나 가족 구성원의 취업 등의 이유로 인해 공간적으로 분리된 세대를 의미하는데, 이는 특정 지역이나 국가에서부터 세계적 스케일에 이르기까지 다양하게 관찰될 수 있다. 그러나 교육이라는 제도가 민족국가의 사회경제적·이데올로기적 근간을 이루고 있다는 점을 고려할 때, 교육이주는 궁극적으로 특정 민족국가의 경계를 초월하는 탈영역적·초국적 시도라고 할 수 있다.

따라서 글로벌 스케일에서 분거가족을 유지하는 것은 민족적·국가적 차원에서 초국적 교육을 통한 가족 재생산과 밀접하게 관련되어 있음을 추론할 수 있다. 물론 이주에 따른 초국가적 가족의 형성은 과거의 전통적인 이주에서도 남성이 해외로 이주하고 여성이 본국에 남아 가정을 돌보는 경험에서도 나타난 바 있다.[7] 그러나 과거에는 교통의 발달이 제한되어 지리적 모빌리티가 취약한 상태였기 때문에 가족의 회합이 오늘날처럼 지역 및 국가를 뛰어넘어 지리적으로 자유롭지 못했다고 볼 수 있다. 이처럼 오늘날은 시공간 압축과 다양한 정보에 대한 접근성 향상 등의 이류로 위에서 언급한 분거가족이 점차 초국가화되어 '초국적 가족'을 형성하는 경향이 강해지고 있다.

본 장에서는 이러한 문제의식에 기반을 두고 오늘날 초국가주의라는 거시적인 흐름 속에서 교육이주가 가족 및 민족국가와 관계를 '초국적 분거가족'의 형태로 재편하고 있음을 주장하고자 한다. 이를 위해 우선 오늘날 글로벌화라는 거시적인 흐름 속에서 진행되는 민족국가의 경제적·사회적 재편 과정이 기존의 가족제도 등에 어떻게 영향을 미치는가에 대해 살펴본다. 둘째, 오늘날 민족국가 내 개별 주체들이 가족 단위의 계급적 재생산이나 상향 이동을 위한 핵심 전략으로 교육을 채택하고 있음을 이해하기 위해 교육과 민족국가 간의 관계 그리고 글로벌 차원에서 이러한 관계가 어떻게 변화하고 있는지를 간략히 살펴본다. 셋째, '초국적 가족'으로 요약될 수 있는 오늘날 교육이주의 사회·공간적 결과에 다양한 관점 그리고 초국적 가족이 직면하고 있는 문제의 특징에 대해 문헌을 중심으로 검토해본다. 특히 전술한 바와 같이 동아시아 개발국가 출신의 중상류층 이주 가족에 초점을 두어 검토한다. 교육이주로 인해 형성된 초국적 가족 체제가 경제적·사회적 지위의 재생산이나 상향화를 위한 가족 단위의 주요 글로벌 전략으로 부상했지만, 지리적 분리라는 근본적인 한계로 인해 가족 간, 가족 내 다양한 어려움, 위험, 스트레스 등을 인내하고 이루어지는 불안정한 관계임을 들여다본다.

2. 교육이주, 가족 그리고 국가

1) 민족국가의 변동과 가족의 '위기'

가족은 민족국가에 있어서 "국가 권력의 가장 기본적인 통제 단위이자 매개체"로서 기능하는 일차적 이데올로기적·물적 체제이다.[8] 근대 민족국가에서 가족은 결혼, 출산, 육아를 담당하고, 노동 참여 주체의 능력을 개발하고 노동력 자체를 유지하는 핵심적인 역할을 수행하고 있다. 대체로 가족은 사적 재생산의 영역으로 간주되기 때문에 근대 민족국가에서 남성들이 주도하는 공적 생산 영역에 비해 상대적으로 덜 중요한, 종속적인, 여성적인, 수동적인 영역으로 간주되어온 경향이 있다. 근대 민족국가의 이러한 이분법적 담론은 가족 구성원들이 가족이라는 '만들어진 제도'를 넘어 상호 연대하여 정치화함으로써 가정이라는 일종의 사회적 공간을 가장 중요한 정치적 투쟁과 저항의 근거지로 상상할 수 있는 힘 자체를 원천적으로 차단하는 경향이 있다.

민족국가와 가족과의 관계는 국가의 역사적·지리적 성격에 따라 상이한 경향을 띤다.[9] 사회주의 국가들은 사회 재생산의 영역의 책임을 여성에게 돌리기보다는 사회화한 경향을 띠고, 이보다 정도는 낮지만 시장주의적 성격이 상대적으로 약한 북유럽 민족국가들은 사회 재생산의 기능을 각 개인의 사회권 보장이라는 관점에서 접근하여 가족의 탈가족화(혹은 재생산의 사회화)에 적극적이다. 반면 서유럽 국가들은 가부장적 가족 이데올로기를 통해 가족을 자유주의적 관점에서 사적 영역과 같이 등식화 해온 경향이 있고, 미국은 이보다 강한 가족주의(familialism)와 사유주의(privatism)를 강조해온 경향이 있으나, 양자 모두 공통적으로 개인에 대한 사회보장제도를 강화하는 방식으로 가족이라는 제도의 기능을 유지해오고 있다.

최근 한국 사회는 현대 자본주의로 인해서 가족의 재생산 '위기'를 경험하고 있다. 글로벌화에 따라 국가의 역할이 변동함에 따라 신자유주의 이데올로기가 가족 단위에도 영향을 미치는데, 어떤 연구는 한국 사회가 1990년대 중반부터 노동시장의 유연성이 확대되고 가족을 기반으로 한 사회 재생산의 기본적인 물적 토대가 붕괴되고 있다고 지적한다.[10] 중산층 관리직에서 시작된 고용 위기는 기존 한국 산업자본주의의 근간이라고 할 수 있었던 남성 가장 노동자의 안정적인 가족 구조의 경제적 토대를 붕괴시키게 되었고, 이는 여성 배우자의 취업, 가족 단위 노동을 활용하는 소규모 자영업의 등장을 가속화했다. 한편 실질 임금의 감소에 따른 유효수요의 부족은 소비자 서비스업 부문의 생산 및 고용 규모 축소를 유발해 노무직이나 소규모 자영업에 종사하는 서민층 중심의 노동시장에도 영향을 미쳤고,

이혼, 가출, 폭력, 자살 등의 가족 해체 지표들이 급격히 높아졌음을 지적한다.

오늘날 한국 산업화의 근간이었던 개발주의 이데올로기와 정책 기조는 신자유주의의 영향으로 인해 사회 재생산 일반에 대한 국가적 관심과 책임이 최소화되고 있는 것으로 보인다. 이른바 '위험사회'라는 용어를 빗대 '위험 가족(risk family)'이라 할 수 있는 새로운 초국적 가족 시스템이 등장하는데, 그 특징을 경제·사회 체제 및 가족의 물적 토대 측면과 인구 동태학적 측면에서 보면 다음 두 가지로 요약된다. 첫째는 경제·사회 체제와 사회 재생산의 물적 토대의 붕괴 측면으로, 농가 재생산 체제의 붕괴, 노동생애와 사회 재생산, 도시 빈곤 가족과 여성, 금융 채무자와 사회적 재생산의 금융화(financialization) 등이다. 둘째는 인구 동태와 사회 재생산의 인적 교란의 측면으로 위험 회피의 개인화와 저출산, 세대 간 부양 관계 강화와 핵가족적 의존 관계 형성, 노년층 빈곤, 신자유주의적 사회 재생산으로서 가족의 세계화 등이다.

물론 현대 한국 사회가 경험하고 있는 가족제도의 위기를 위와 같은 정치·경제적 구조 변화와 정부의 경제적·사회적 정책의 신자유주의화라는 거시적 스케일에서만 이해하기에는 상당한 한계가 있다. 가족을 지탱해온 가부장주의와 유교적 가치관의 위기와 같은 이데올로기적 측면, 계급적·사회적 지위 차이의 지역화 현상과 같은 물적 위기의 지리적 측면, 기득권 집단 간 만연한 도덕적 해이와 부패 그리고 카지노 자본주의에 따른 프로테스탄트 노동 윤리의 붕괴가 낳은 개인의 도덕 위기, 포스트모던 문화와 개인 정체성의 해체와 같은 보다 미시-구조적인 측면, 또한 재생산 기본 단위로서 현대 가족제도의 위기를 초래한 중요 요인들이라고 볼 수 있다. 또한 많은 페미니스트가 비판하는 것처럼 국가 자체의 젠더화 혹은 국가의 가족주의적 상상이라는 측면도 세밀히 고찰할 필요가 있다.[11] 가령 라코프(Lakoff)는 정치적 보수주의와 진보주의가 각각 '엄격한 아버지'와 '자비로운 부모'의 메타포를 통해 시민사회를 이해한다고 지적한다.[12] 그러나 여전히 국가와 국가 정책이라는 거시적 틀은 가족이라는 작은 단위의 사회 공간에서 나타나는 변화와 위기에 직접적인 영향을 끼친다.[13] 특히 초국적 가족의 등장은 자유주의적 사회적 재생산을 위한 가족의 세계화의 측면에서 접근할 수 있다.

> 일반 시민들 차원에서도 사회 재생산 기반의 보강을 위해 다양한 형태의 삶의 세계화가 전개되었다. 앞서 지적한 농가의 생산·가사 노동력으로서 외국인 신부 영입, 자녀의 교육기회 증진을 위한 조기유학(기러기 아빠), 심지어 자녀의 선진국 시민권 획득을 위한 원정 출산 등의 현상은 결국 신자유주의 세계화가 사회 재생산 보강 차원에서도 활발히 전개되고 있음을 보여주는 것이다. … 중산층의 교육·출산 세계화는 (영구이주 가능성까지 염두에 둔) 자녀의 장기적 사회 재생산의 질적 여건을 염두에 둔 것이다. 그리고 농촌 남성들의 (중국, 베트남 등) 특정 아시아 문화권 여성들과의 국제결혼은 농가의 장·단기 사회 재생산의 문화적 (가부장적) 조건을 염두에 둔 것이

> 다. 요컨대 … 경제적 세계화 과정에서 한편으로 농민, 도시 노동자 등 대다수 한국인들의 생산 체제적 지위 및 사회 재생산 조건이 근본적으로 교란되었고, 다른 한편으로 농민과 도시 중산층의 사회 재생산 조건 체제 보강을 위한 혼인·교육의 세계화가 촉발되었다.[14]

물론 위에서 '교란'이라는 용어가 기존 가족제도가 지닌 다양한 권력관계를 무의식적으로 정당화하거나 사회적 재생산의 위기 극복에 있어서 서민층, 중산층, 상류층이 취하는 공간적 전략의 본질적 속성 차이를 간과한다는 측면을 염두에 두어야 하지만, 세계 자본주의의 변동과 한국과 같은 개발국가의 정책 변화라는 틀에서 개인적·가족적 차원의 '세계화 전략'을 이해하는 것은 상당히 유효하다고 볼 수 있다. 이처럼 '자녀의 장기적 사회 재생산'을 목적으로 하는 교육의 세계화는 오늘날 위험에 처한 시민사회가 '가족'이라는 단위에서 취하는 주요한 적응 전략의 하나라고 볼 수 있다.

2) 민족국가와 교육의 변동

역사적으로 볼 때 교육은 고대에서부터 중앙 권력으로부터 자유로운 사적 선택의 영역이었고, 정치 체제의 영토적 경계를 넘는 초영역적·초경계적 활동의 일부였다. 고대 로마 시대에 학생들은 그리스의 학문에 열광했고, 중세 이전까지 유럽에서 학생들의 자유로운 이동과 교육적 선택은 당연시되어 온 바가 있다. 우리나라에서도 오래전부터 중국 등 주변 국가들과 교육을 목적으로 한 학생들의 초영역적(trans-territorial) 교류가 있어왔다. 이러한 시민적 자유와 선택의 영역으로서 교육 부문이 국가 및 제도적 틀로 정립되기 시작한 것은 베스트팔렌 조약에 근거하여 등장하기 시작한 민족국가의 성립과 밀접한 관계가 있다.[15]

현대 공교육의 기본 원리는 '국가 관리'와 '평등' 두 가지로 요약될 수 있다.[16] 우선 근대적 의미의 교육이 시작된 것은 '시민'이라는 합리성에 기반을 둔 주체 유형의 생산 그리고 국가에 대한 지리적·정치적·사회적 소속감을 갖는 '국민'의 생산을 목적으로 하는 민족국가의 성립과 밀접한 관계가 있다. 프랑스의 사상가 루이 알튀세의 '이데올로기적 국가기구'라는 개념에서 볼 때, 학교는 계급 간 적대 관계를 희석하고 국가의 중립성을 정당화하는 데에 중요한 역할을 한다. 한편 근대 공교육은 노동계급을 중심으로 하는 사회적 주변 집단이 계급적 이동성을 확보하기 위해 지속해온 권리 확보 투쟁의 산물이기도 하다. 이는 혈연 등에 입각하여 생득적으로 취득된 신분과 계급이 일생 변함없이 개인의 일생을 정한 근대 이전의 사회구조에 대한 반발이기도 하며, 20세기에 들어서는 노동 착취와 인권 유린에 저항하는 노동계급 운동의 핵심적인 쟁취물이기도 하다.

공교육 체제가 가장 먼저 형성된 프로이센의 경우 이미 18세기 중반부터 국가가 개별 학교를 감찰할 수 있는 체제를 구축하거나 수업 연한 등을 확정했고, 이러한 토대 위에서 19세기 초반 훔볼트와 같은 개혁적 관료에 의해 초등교육의 의무화, 교사 양성 체제 정비, 체계적인 교수법 개발, 기술 및 직업 연수 기관의 발달 등 교육 전반에 걸쳐 국가 주도의 교육 제도가 정비되었다. 이와는 상이하지만 프랑스의 경우에는 귀족과 교회의 권력을 배제하고 중앙정부의 권력을 강화하고자 관료 선발에 있어서 능력주의 원칙을 실현하기 위해 부르주아적 경로는 통해 공교육을 확립하게 되었다. 그리고 영국이나 미국의 경우에는 국가적 인재 양성이라는 기획은 기존의 귀족적·엘리트주의적 체제를 통해 유지되는 반면, 국가가 관리하는 제도 교육은 노동계급의 교육 권리 쟁취 운동의 영향, 근대적 생산 및 소비의 주체로서 노동자에 대한 교육적 규율 그리고 개인적 자유와 기회의 균등을 중시하는 개인주의적·시장주의적 사고에 영향을 상대적으로 크게 받았다고 할 수 있다.

공교육의 역사적 배경과 맥락은 국가나 지역별로 상이하지만 선진국의 경우는 공통적으로 제2차 세계대전 이후에는 케인스주의적 경제 논리에 입각하여 교육을 복지의 개념으로 바라보고 공교육의 기회와 기반을 더욱 확대해나갔다.[17] 공교육은 국가 주도의 교육이 가지는 이데올로기적 성격, 민족국가를 중심으로 재편된 지식의 담론적 속성 그리고 자유주의적 입장에서 볼 때, 국가 교육이 갖는 비효율성과 경직성 등의 본질적 한계를 가질 수밖에 없다.[18] 그러나 공교육이 갖는 이러한 본질적 한계에도 불구하고 20세기 초반 이후에 구축된 근대적 대중 교육은 르네

상스 이후 지배적 관념이 되어 온 자유, 평등, 인권 개념을 중심으로 식민주의와 포스트식민 질서, 국가 및 지역 내 사회·공간적 불평등, 빈곤과 차별의 문제, 정치적·사회적 재현의 문제 등을 비판적으로 성찰할 수 있게 하는 토대로 작용했다. 이른바 후기 자본주의 사회의 '성찰적 근대성(reflexive modernity)'는 아이러니하게도 이러한 국가 주도의 공교육에 의해 훈련받은 시민들이 공교육 자체에 대한 시민적 각성과 비판적 독해가 있었기 때문에 가능한 것이라고 할 수 있다.

그러나 1980년대 중반 이후 신자유주의적 이데올로기를 중심으로 하여 중앙정부가 수행해온 많은 제도적 개혁, 가령 교육복지에 있어서 경쟁과 수월성을 중시하는 움직임, 노동 공급에 있어서 기능적 유연성을 강화하기 위한 다양한 탈-공교육적 시도 그리고 시민적 자율성과 사적 영역의 확대라는 측면에서 이루어지는 학교 교육 과정의 자율화 등은 교육을 복지의 차원보다는 개인적·국가적 경쟁력 강화라는 측면에서 접근해온 경향이 있다. 이러한 측면에서 최근 한국의 경우 이루어지는 교육개혁은 대체로 영국과 미국의 자유주의적·시장주의적 교육 제도의 영향을 많이 받고 있기 때문에, 공교육에 대한 접근에 있어서 평등한 혜택을 받아야 집단이 피해를 받을 가능성이 보다 높아지고 있는 실정이다. 이러한 측면에서 시민들에 대한 교육기회 부여라는 국가 개입의 원리를 선택과 집중, 경쟁과 효율이라는 시장적 자유주의 원리를 중심으로 대체하는 것은 문제적이다.[19]

요컨대 오늘날의 신자유주의적 글로벌화라는 맥락에서 취해지는 자본주의 민족국가의 재구조화 과정은 가족이라는 민족국가의 가장 기본적인 분자 단위에 다양한 위험 요인을 제공하고 있다. 농가 재생산의 붕괴, 노동 유연성 확대에 따른 노동 생애의 불안정화 경향, 부동산 가격의 상승으로 인한 도시 내 노동자 계급의 빈곤화, 금융 채무자와 노숙자의 급증은 경제·사회 체제의 물적 토대 붕괴와 관련되어 있다. 이러한 상황에서 시민 사회의 영역에서 이루어지는 주요 글로벌 전략 중의 하나로 자녀의 조기유학이 채택되고 있다. 이는 근대 이후 형성된 민족국가와 제도 교육 간의 관계가 신자유주의적 이데올로기 속에서 경쟁력 강화와 효율성 제고라는 논리 속에서 재편되고 있는 양상과 무관하지 않다. 특히 개인적 선택과 자유 보장이라는 자유주의적·개인주의적 담론에 기반을 둔 교육 정책이 강화되고 있기 때문에, 개별 가족의 입장에서는 자신들의 경제적·사회적·문화적 자본을 활용하여 자녀 유학이라는 전략을 채택하고 이러한 자본을 다시 재생산하고자 하는 경향을 띤다. 물론 자녀의 유학을 위한 가족의 분절화 및 이의 초국적 스케일로의 확장은 전적으로 개별 가족의 집합적 의사결정에 의존하기보다는, 교육제도를 포함한 다양한 제도적 환경 그리고 가족 내 구성원 간의 다양한 권력관계에 영향을 받기 때문에 결코 쉽고 단순히 이루어지는 것은 아니다. 기업이나 제도적 행위자의 글로벌화에 대한 기존의 관심은 최근 이러한 새로운 초국적 교육 현상의 사회·공간적 차원에 대한 관심으로 이행하는 경향을 띤다. 요컨대 '초국적 분거가족'은 이러한 글로벌화에 따른 민족국가의 정책적 선회 그리고 그에 대한 개별 가족의 글로벌 적응 전략이라는 차원에서 귀결된 사회·공간적 현상으로 해석될 수 있다.[20]

3. 조기유학과 분거가족

1) 조기유학 현상

일반적으로 유학(studying abroad or overseas studying)이라고 함은 해외의 다른 국가에서 연수나 교육을 목적으로 장기 체류하는 것을 의미한다. 우리나라는 교육기본법 제29조 3항에 의거하여 국외 유학에 관한 사항을 규정하고 있다. 이 영에 따르자면 '유학'이란 외국의 교육기관, 연구기관이나 연수기관에서 6개월 이상의 기간에 걸쳐 수학하거나 학문, 기술을 연구 또는 연수하는 것을 의미한다. 동 규정은 유학을 크게 국비유학, 자비유학, 국비연수의 3가지로 범주화하고 있는데, 국비유학과 국비연수의 대상은 대학 졸업자 혹은 졸업 예정자에 한하고 있다. 정부는 2003년부터 조기유학 자유화 조치를 실시하여 중학교 졸업자부터 유학을 공식적으로 인정하고 있으나, 원칙적으로 초·중 재학생의 '인정 유학'은 특별한 예외 대상자를 제외하고서는 불가능했다. 이러한 의미에서 중학생 이하의 학력을 지닌 자의 유학은 법률적으로 인정받지 못한 '미인정' 유학의 범주에 해당된다.

그러나 미인정 유학에 대한 현실적인 제재 수단도 없고 취학유예 등의 편법으로 조기유학을 떠나는 사례도 많을 뿐만 아니라 교육 자유화라는 거시적인 방향에 맞추어, 교육 정부 당국은 초·중등 학생의 자비 부담 조기유학을 중장기적으로 자율화한다는 방침을 세우고 있다.[21]

앞서 지적한 바와 같이 조기유학은 교육을 통한 가족의 사회적 재생산 및 지위 향상을 목적으로 하는 '가족주의적' 욕망과 실천과 깊게 관련되어 있다.[22] 가족주의를 간략히 정리하자면, 가족의 안정과 번영을 위해 가족 구성원의 활동을 유기적으로 통합하고, 가족 구성원에 대한 경제적·정서적 지원을 통해 가족의 성공을 추구하며, 가족 전체의 이익을 증진, 극대화하려는 가족적 전략 속에서 개별 가족의 의사결정과 선택이 이루어지는 것이라고 할 수 있다. 이러한 맥락에서 볼 때, 한국의 가족주의는 조기유학에 대한 교육열에 의해 매개되어 개별 주체의 글로벌 전략과 연결되어 있다.[23] 해당 연구에서 많은 피면접자들은 부모–자녀 간의 일체감을 갖고(즉, 가족 이데올로기 내에서 자녀와 부모가 주체를 상호 투사하여 동일시하며) 부모–자녀의 관계가 배우자와의 관계나 가족이 물리적으로 거주하는 가구 형태보다 더욱 중요하다고 생각한다. 이러한 측면에서 부모가 갖고 있는 교육적·사회적 경험과 그로부터 비롯되는 사회적·문화적 자본 형성은 조기유학에 결정적인 영향을 끼친다.[24] 이처럼 조기유학의 의사결정 메커니즘은 곧 가족 전체가 갖고 있는 사회적 층화 구조 내에서 자신의 가족적 지위를 투사함으로써 자신과 가족 전체를 사회적으로 '구별짓기'를 하려는 욕망과 관련되어 있다.[25]

우선 조기유학의 동기를 교육 내적·외적 요인을 중심으로 살펴보면, 서구의 제도 교육 및 학교 환경에 대한 동경과 환상이 자국 내 교육 환경에 대한 불신 및 절망과 대비되어 더욱 사람들을 유인하게 된다.[26] 국내의 경우 많은 문헌들은 조기유학과 관련된 흡인요인이 강하게 작동한다기보다는 과잉 학력 경쟁, 사교육비 지출에 대한 부담, 왕따 및 학교 폭력, 공교육의 일반적인 질, 내신에 대한 부담감, 시대에 뒤떨어지는 교육 내용 및 제도, 열악한 학교 교실 수업 환경, 창의성이나 자율성을 소진시키고 획일성을 강조하는 교육 문화 등과 같은 배출 요인들을 강조해 온 경향이 있다.[27] 물론 한국의 경우와 같이 중앙정부와 제도 교육 기구들의 영어교육에 대한 지나친 강조 그리고 실제 노동시장에서의 경쟁에 있어서 영어 능력이 중시되는 한국 사회의 구조로 인한 강한 배출요인이 미국, 캐나다, 호주, 뉴질랜드와 같은 영어권 국가로의 교육이주를 유발하는 측면을 강조하는 연구도 있다.[28]

둘째는 교육 내적·외적 배출요인에서 강조되는 자국 내 구조적·제도적 측면보다는 개별 가족 단위에서 유학을 결정하게 되는 미시적 요인들에 대한 접근이다.[29] 이러한 연구는 가족의 경제적·사회적 지위나 부모의 교육 수준 및 경험이 조기유학을 결정하는 데에 중요한 요인으로 작용한다는 점을 지적한다. 이런 점에서 교육이주의 분석에 있어서 사회적·문화적 자본을 확보하고 유지하려는 개별 이주 주체의 의지가 중요하다.[30] 특히 조혜영 외의 연구는 문화적 자본의 세 가지 측면, 즉 매일 매일의 수행적(performative) 실천을 통해 몸에 체화된 상태의 문화적 자본으로서 몸 자체, 몸짓, 표정, 말투 등의 미세한 육체적·정신적 재현을 통해 드러나는 것, 대상화된(objectified) 문화적 자본으로 개별 주체가 이용하는 도구, 책, 물건 등을 포함하는 것 그리고 졸업증명서나 학위와 같이 제도화된 문화적 자본에 주목하면서, 조기유학에 있어서 문화적 자본의 확보 욕망에 대해 세심하게 고찰한 바 있다.[31] 특히 유학 당사자나 부모의 해외 방문 및 여행 경험이나 해외에 거주하는 친족과의 초국적 네트워크도 유학 의사결정에서 중요한 요인이라는 점을 강조한다.

그러나 유학이 이루어지는 배경을 교육 제도적 환경으로부터 흡인-배출요인으로 구분하는 방식이나 가족 내부의 미시적 의사결정 과정에 초점을 두는 방식은 공통적으로 글로벌 스케일에서 이루어지는 사회적·제도적 과정의 상호 얽힘 과정을 포착하는 데에 한계가 있다.[32] 따라서 유학 이주를 두 지점 사이의 상호 관계로 국한하여 파악하기보다는 그 사이에 끼인 '초국적 사회 공간'이라는 측면에서 인식할 필요가 있다.[33] 그러나 초국적 사회 공간은 탈장소화된 비지리적 세계라기보다는 특정 국가, 도시, 장소 내의 다양한 행위자들의 관계와 네트워크의 산물로 이해될 필요가 있다.[34] 가령 선진국 정부가 교육 재정 수지 개선을 위해 적극적으로 해외 유학생을 유치하거나 이민 중개 사업체들과 연계하여 해외 유학생 송출 국가에서 마케팅 전략을 펴는 것을 간과할 수 없다는 것이다.[35] 최근 초국가주의라는 틀에 입각하여 뉴질랜드의 오클랜드에 거주하는 한국인 유학생들에 영향을 미치는 행위 주체와 그 네트워크를 분석한 콜린스(Collins)는 이러한 점을 잘 포착하고 있다.

> 본 논문에서 나는 초국가주의라는 개념을 사용하는데, … 특히 초국적 행위에 있어서 [특정 장소에서 펼쳐지는] 일상적 실천과 경험 그리고 이주민들이 정착하는 도시 당국의 역할에 초점을 두고자 한다. 이는 단순히 오클랜드에 거주하는 유학생들의 초국성을 확인하기 위한 것이 아니라, 이러한 행위 주체들이 한국과 뉴질랜드를 연결하고 있는 네트워크에 어떻게 뿌리 내리고 있는지를 포착하기 위함이다. 이는 곧 초국

> 가주의의 뿌리내림을 포착하기 위한 것이다. 이러한 틀에서 볼 때, 유학생들은 유동적(mobile)이면서도 동시에 장소화된(emplaced) 주체들로서, [민족국가나 도시와 같은] 영역을 가로지를 뿐만 아니라 공간에 뿌리를 둔 관계와 행위에 의해 도움을 받기도 하고 제한을 받기도 한다.[36]

이런 점에서 콜린스는 상이한 두 민족국가 내의 특수한 국지적 '현장(locales)'을 연결하는 초국적 기제를 강조하면서 이를 '학습 가교(bridges to learning)'라고 정의한다.[37] 콜린스가 정의하는 학습 가교에는 해외 유학생을 유치하려는 정부의 교육 당국, 개별 학교, 이민 중개 사업체 등의 초국적 경제적 활동, 유학 경험이 있는 개별 학생이나 그 가족들 간의 개인 간 초국적 정보 네트워크 그리고 학업을 마치고 본국으로 돌아간 학생들이 취업, 성장하여 형성하는 사회적 네트워크를 일컫는다. 곧 학습 가교는 국가적 영토 내의 교육 제도를 대체하거나 보완하는 강력한 인프라로 작동하는 것이다. 콜린스는 2004년에서 2006년 사이 오클랜드에서 유학 중인 한국인 학생들과 관련 정보 제공자들에 대한 광범위한 설문조사와 심층 면담 그리고 학습 가교로서 다양한 제도적 행위 주체들에 대한 담론 분석을 실시했다.[38] 궁극적으로 이 연구는 유학의 선택은 궁극적으로 '우연적(contingent)'인 것이며, 현장 내의 우연성은 다양한 제도적 행위자들의 구조적 힘과 개인 및 가족 간의 복잡한 네트워크를 통해 연결되는 일련의 과정적(processual)인 것으로 이해되어야 한다는 것을 함의한다.

2) 초국적 분거가족의 부상

앞서 언급한 바와 같이, 오늘날 민족국가 내 가족이 사회적 재생산을 위해 취하는 전략으로서의 국제 교육이주는 소위 '초국적 분거가족'이라는 사회·공간적 현상의 부상으로 요약할 수 있다.[39] 이는 가족의 번영과 안녕을 위해 공간적으로 두 개 이상의 국가로 가족이 분리되어 있으면서도 가족적 집단성을 유지하는 강한 연계를 갖고 있는 경우를 일컫는다.[40] 이러한 연계는 가족적 응집력 유지를 위해 구성원 간의 다양한 긴장이나 불협화음을 동반하기도 하며, 이를 최소화하기 위해 다양한 이데올로기적·물적 메커니즘이 작동하고 있는 것으로 착상된다. 물론 분거가족은 초국적 수준에서뿐만 아니라 국가 내부에서도 다양한 경제적·사회적 지위가 상이한 집단들이 자녀에게 보다 양질의 교육 기회를 제공하기 위한 목적으로 다양한 방식으로 이루어져 왔다.[41] 그리고 역사적으로 고려할 때에도 유학은 오래전부터 정치적·사회적 경계를 넘어 이루어진 바가 있다. 가령 박소화는 교육이 애당초 '초국적' 성격을 갖고 있었음을 교육의 자유주의적 역사, 교육의 범세계주의적(cosmopolitan) 속성, 포스트국가 시대와 현대의 탈영역적 초국가주의라는 세 가지 맥락 속에서 찾아내고 있다.[42] 그러나 현대의 초국적 분거가족은 훨씬 넓은 글로벌 스케일에서 높은 지리적 이동성을 바탕으로 하여 이루어지고 있고, 소위 '위로부터의 초국가주의'를 추동하는 집단이라고 할 수 있는 중상류층, 높은 교육 수준을 갖춘 엘리트 집단, 투자자

및 전문직 종사자 집단 등을 중심으로 이루어지고 있다는 특징을 갖고 있다.[43]

이러한 이유로 인해 초국적 분거가족은 주로 유교 문화를 바탕으로 하면서도 상당한 물적 토대를 갖추고 있는 동아시아의 민족국가 출신 이주 가족에서 발견되며, 주로 미국, 캐나다, 영국, 오스트레일리아, 뉴질랜드 등 영어권 선진 자본주의 국가들로 가족적 연계가 뻗쳐있다.[44] 스켈던(Skeldon)은 이들이 분거가족을 형성함으로써 자녀에 대한 양질의 교육 기회를 가질 뿐만 아니라, 두 개의 가구를 유지하는 데에 더 많은 비용이 지출됨에도 불구하고 국가의 경제적 불확실성에 대해 유연하게 대처할 수 있는 공간적 전략을 최대로 활용하고 있다는 점을 지적한다.[45] 스켈던은 뉴질랜드 일대에 거주하는 중국계 이주민들의 상당수가 조기유학을 위해 거주하고 있음을 확인하고, 가족 구성원이 글로벌 스케일에서 지리적으로 분리되어 있음에도 불구하고 어떻게 이러한 '초국적' 유형의 분거가족이 유지될 수 있는지를 조사했다.

'우주인 가족'이라는 용어는 중국어로 '우주인'을 뜻하는 태공인(太空人)에서 유래한 용어로서, 원래 1980년대 말부터 해외의 다른 지역에 (특히 뉴질랜드와 같이 지리적으로 아시아와 멀고 교육 환경의 질이 높다고 생각되는 지역에) 자녀나 배우자를 두고 떨어져 살고 있는 홍콩, 대만 등에 거주하는 상류층 중국인 가족을 뜻하는 용어이다.[46] 이는 삶의 상당 시간을 비행기에서 보내는 아버지를 우주인데 빗대어 표현하는 것인데, 우주인 '가족'이라고 지칭함으로써 한 개인의 행태보다는 본국의 아내 없는 가정과 정주국의 남편 없는 집 등 새로운 가족 형태를 포괄적으로 일컫는 용어이다. 한편 '낙하산 자녀(parachute children)'[47] 혹은 위성 자녀(satellite kids)[48]는 본국에 부모를 두고 어릴 때부터 홀로 외국에서 유학생활을 하는 학생을 지칭하는 용어이다. '우주인'이나 '낙하산'이라는 메타포는 공통적으로 이들 교육이주 활동이 지리적 경계나 한계를 뛰어넘어 초국적으로 이루어지는 '뿌리 없는', '탈영역적' 속성을 상징한다.[49]

스켈던의 연구 맥락과는 다소 상이하지만 옹(Ong)은 소위 '유연적 시민성(flexible citizenship)'이라는 개념을 중심으로 민족국가 내의 시민들이 자신 및 가족의 사회적 재생산과 위험 회피를 위해 어떻게 국가 경계를 넘어선 탈영역적 네트워크를 형성하는지에 초점을 둔다.[50] 옹은 홍콩, 싱가포르, 대만, 중국 등 중화권 출신 엘리트 계급에 있어서 가족의 지리적 분산은 경제적·사회적 위험 회피와 자본 축적을 위한 지리적 차이 이용에 중요한 역할을 한다고 주장한다.[51] 지리적 이동성과 초국가주의를 강조하는 이러한 관점은 아시아계 초국적 가족이 강한 유교적 윤리를 공유하고 있고, 가족 구성원들이 가족 내 남성 가장의 가부장적 권력관계에 대체로 순응하며, 가족에 대한 강한 충성심과 애착을 갖고 있다고 이해한다. 따라서 이러한 관점은 문화적·사회적 가치에 근거를 둔 이러한 가족적 유대로 인해 중국 등 동아시아 이주 가족들이 가족의 지리적 분리라는 공간적 한계에도 불구하고 가족이라는 작은 사회 단위를 유지해나갈 수 있다고 본다. 결국 초국적 가족의 유지는 민족국가 내 기득권 집단의 특수한 글로벌 전략 중 하나라고 할 수 있지만, 이는 가족 내 유교적 가부장 윤리를 바탕으로 하기 때문에 여성 배우자에 대한 억압과 차별 등을 동반하기 때문에 문제적이라고 이해한다.[52]

한편 초국적 가족에 대한 지리학계의 연구 성과는 지리적 분리를 극복할 수 있는 개별 이주 주체의 공간적 이동성이 특수한 국지적 맥락에 뿌리내리고 있다는 점을 강조하는 경향이 있다. 캐서린 미첼(Katharyne Mitchell)과 같은 홍콩, 대만, 싱가포르 등 캐나다 서부 도시 지역으로의 교육이주 가족을 초국적 엘리트 집단이나 상류층으로 간주하여 이들의 다문화주의 담론을 비판하거나 혼성적 지위의 전유를 비판한 바 있다.[53] 특히 포스트식민 이론가들이 주장하는 비판적 위치성으로서의 혼성성이 지배적 계급의 담론적 전유물이 될 수 있는 위험성을 강조한다. 그러나 앞서 언급한 바와 같이, 실제 교육이주와 관련된 많은 초국적 이주 가족은 계급적으로 넓은 스펙트럼을 가지고 있을 뿐만 아니라 모국 내부의 경제적 상황과 정주국에서의 지위 등 양 측면 모두에서 상당한 취약성과 위험성을 갖고 있음을 인식할 필요가 있다. 미첼의 비판은 초국적 이주의 계급적 측면을 밝히는 데에는 기여한 바 있으나, 그녀 자신이 동아시아의 이주민들을 특정한 계급 집단으로 범주화하고 이를 본질주의적인 시각에서 설명하는 것은 일정한 오리엔탈리즘적인 지리적 상상으로부터 자유롭지 않다는 것을 반증하는 것이라고 생각된다. 달리 말하면 미국의 정치·인류학자인 제임스 스콧(James Scott)이 불평등한 식민주의 관계에서의 발견할 수 있는 아프리카 원주민의 '약자의 무기(weapons of the weak)'를 언급했던 바와 같이, 비록 계급적으로 우월할 수 있지만 특정 장소 또는 로컬 스케일에서 사회적·언어적·문화적·인종적으로 열등한 지위에서 선택한 지배 담론의 전유 결과라고 보는 것이 더욱 타당하다.[54]

미첼과 유사한 맥락과 연구 사례 지역을 통해 초국적 가족을 세밀하게 분석한 워터스(Waters)의 연구는, 부유한 중국계 이주민 집단을 계급 집단이라는 관점에서보다는 보다 미시적으로 가족 내부에서의 젠더 관계와 가족의 '초국성(transnationality)'이 어떻게 유지되는지에 초점을 둔다.[55] 워터스는 우선 기존의 이민 연구들이 가족을 이주의 기본 단위로 간주하는 경향 그리고 여성을 이주 주체의 '동반자' 정도로 과소평가하여 다루는 경향이 문제적임을 지적한다. 이러한 측면에서 워터스는 밴쿠버에 거주하는 24명의 홍콩 및 대만 출신의 초국적 가족 이주여성의 일상생활과 가족 및 이주 담론을 분석했는데, 이른바 '우주인 가족'의 여성 배우자로서 동아시아 신흥공업국의 중산층과 상류층을 대변하는 집단에 초점을 두었다.[56] 연구 결과에 따르면, 집단적 동질성보다는 젠더 관계나 체류 기간 등 가족 내부의 상황과 국지적 맥락에 따른 집단 내부의 이질성이 더욱 강하다는 점을 지적했다.

우선 연구의 면접에 응한 여성들은 교육 수준이 매우 높음에도 불구하고 가족관계 유지와 자녀 교육을 위해 자신의 전문적인 커리어를 포기하고 있었을 뿐만 아니라, 모국에서의 친구 및 친족 관계의 상당 부분을 상실한 채 도시 내에서 협소한 사회관계에 고립적으로 생활하고 있었다. 한편 일부 여성들은 낯선 정주국에서 체류하는 기간이 길어질수록 언어 구사 능력이 향상되고 사회적·문화적 적응력이 강해졌고, 이를 토대로 모국의 남성 배우자로부터의 관계에서 점차 넓은 자유와 높은 자율성을 획득하거나 이혼을 선택하는 경우도 있었다. 이러한 측면은 초국적 가족에 있어서 여성의 억압을 지나치게 강조했던 기존의 관점과는 달리, 초국적 가족 내 이주여성이 정주국에서 체류하는 시간이 길어질수록 사회적·문화적·경제적으로 점차 뿌리를 내리게 된다는 측면을 부각시키고 있다.[57] 그녀는 다음과 같이 지적하면서, 가족의 공간적 분리와 그에 따른 지리적 마찰 효과는 유의미하다는 점을 지적한다.

> 초국가주의에 관한 많은 연구들이 이주민의 정주(settlement)와 적응(adaptation)이라는 문제를 간과하고 있지만, 본 연구에서 나는 우주인 가족의 여성의 삶은 (안정적인 사회 환경을 점진적으로 구성해나가는) 정주의 과정과 직결되어 있음을 지적하고자 한다. 초국가주의 담론은 유의미한 사회관계 유지에 있어서 지리적 근접성을 회피하고 있지만, 배우자의 물리적 부재는 가족관계 및 개인 경험에 큰 영향을 끼치고 있다.[58]

결론적으로 워터스는 '탈영역화된(deterritorialized)' 이동성이 지배적인 시대임에도 불구하고, 공간적 분리라는 지리적 조건과 삶의 역사가 장소에 뿌리내리는 국지적 성격이 초국적 가족과

그 구성원의 삶에 직접적으로 영향을 끼치고 있다고 이해한다.[59]

한편 고바야시와 프레스턴(Kobayashi and Preston)은 원거리에서 다양한 형태의 가족관계를 유지하는 초국적 가족을 현대 글로벌 사회의 특징으로 보고, 이를 삶의 일시적 상태에서 발생하는 변이로 보기보다는 생애주기(life-course) 과정에서 부단히 일어나는 일련의 단계적·누적적 현상이라고 설명한다.

> 우리는 초국가주의의 진화를 설명함에 있어서 생애주기의 관점에서 접근하는데, 이는 '요람에서 무덤에 이르는 삶의 전 과정을 문화적·제도적으로 구조화하는 일련의 단계와 변천 과정'에 초점을 둔다. 생애주기는 국제이주민의 삶이 다양한 스케일에서 작동하는 사회적·문화적·정치적·경제적 과정들에 의해 어떻게 형성되는지를 분석하기 적절한 이론적 틀이다. 생애주기는 단지 개별 가족 구성원이 아닌 가족 전체의 사건(events)에 영향을 끼친다. 우리는 가족적 사건이 개별 가구 관계를 재구성하고 가족 전체가 무엇을 우선시할지에 영향을 끼친다는 점에 주목하여, 가족을 물질적 사슬(material bonds)만큼이나 강한 문화적·사회적 사슬이라고 이해한다.[60]

두 연구자는 캐나다에 거주하는 홍콩 출신의 중국계 이주 가족이 소위 '이주 문화(culture of migration)'를 형성하고 있는 점에 주목하여, 중국 중상류층의 이주문화가 캐나다의 정책적인 이주 유치 전략 및 제도와 신흥공업국으로서 홍콩의 경제적 성장에 따른 자본 축적의 결과라는 두 가지 조건 하에서 형성되고 있음을 강조한다.[61] 특히 1997년의 아시아 금융위기는 홍콩, 대만, 한국 등 동아시아 신흥공업국 내 중상류층이 민족국가 체제 내에서 자본 축적의 위기를 경험하는 결정적인 계기가 되어, 경제적 위험 회피와 안정적인 자본 가치 유지를 위한 '초국적 가족' 형성이라는 전략을 택하게 했다.[62] 이 연구는 밴쿠버와 토론토에 거주하는 중국계 이주여성에 관한 연구를 통해 이들의 지리적 이동은 가족의 생애주기와 깊은 관련이 있음을 확인했다.

연구에 따르면, 학령기의 자녀가 있는 여성에게 캐나다는 좋은 교육 환경과 자연 그리고 안락한 생활환경을 제공하지만 자녀가 대학교를 졸업한 후에는 해외 졸업장의 가치를 활용할 수 있고 노동시장에서 우위를 점유할 수 있는 본국으로 재이주하는 경향이 강했다. 또한 자녀가 전문직, 관리직에 취업을 하게 되어 경제적으로 독립하면, 부모는 은퇴 연령에 맞추어 캐나다로 이주하거나 혹은 정기적으로 왕래하며 부동산 투자, 가족 자산의 증식, 휴식 및 여행 등으로 시간을 보내는 경향이 띠고 있었다. 결론적으로 고바야시와 프레스턴(Kobayashi and Preston)은 초국가주의와 초국적 가족의 등장은 단순한 경제적 의사결정에 근거한 일방향적 이동에 근거를 두기보다는, 가족의 생애주기에 따라 가족이 중요시하는 사건의 우선순위(priorities)와 그에 따른 이주 목적지를 전략적으로 선택하는 일련의 사회·문화적, 다중-방향적(multi-directional) 이동과 관련이 깊다고 주장한다.[63]

한편 중국의 급속한 경제적 성장과 시민사회의 내적 계층성

심화로 인해 중국 본토 출신의 초국적 가족도 급속히 성장하고 있다. 특히 황과 여(Huang and Yeoh)는 싱가포르에 거주하는 중국계 '공부 엄마(study mothers, '*pei-du mama*')'들에 초점을 두어 이들의 초국적 가족 특징을 연구한 바 있다. '공부 엄마'는 문자 그대로 유학 자녀를 동반하는 엄마를 가리키는 용어인데, 싱가포르의 경우 대체로 유치원 학령 자녀부터 18세 미만의 자녀들을 동반하고 있었다.[64] 이 연구의 심층 면담에 응한 여성들은 대개 북경, 대련, 하얼빈, 칭다오, 선양, 광동, 천진 등과 같이 지역총생산 수준이 높은 대도시 출신의 30~40대 여성들로서 대학 졸업 이상의 높은 학력 수준을 배경으로 하는 여성들이었다. 이들은 중국 본토에서 금융, 교육 등 전문직에 종사하거나 자영업을 운영해 본 경험이 있었다. 그럼에도 불구하고, 위에서 언급한 캐나다의 중국계 이민자들과 마찬가지로, 이들의 연구는 싱가포르에 체류 중인 중국계 '공부 엄마'들 또한 자녀의 유학을 뒷받침하기 위해 많은 희생을 감수하고 있었고 '아내임'으로서의 역할보다는 '엄마임'으로서의 정체성이 뚜렷하다는 점을 지적했다.[65] 이는 워터스의 연구나 옹의 연구가 공통적으로 지적하고 있는 바와 같이, 초국적 가족이 유지될 수 있는 것은 가족 내부의 불평등한 젠더 관계와 여성 배우자의 상당한 희생이 있기 때문에 가능하다는 점을 함의한다.[66]

결국 조기유학에 의해 부상하고 있는 최근의 초국적 분거가족은 여성 배우자 및 유학 당사자인 자녀의 입장에서 볼 때 감당해야 할 많은 어려움을 동반한 채 유지되고 있음을 알 수 있다. 우선 '우주인 아내'로 지칭되는 초국적 가족의 여성 배우자들은 대학 졸업 이상의 고학력자로서 전문직에 종사를 하는 등 사회적 참여가 활발한 경우가 많다. 그러나 이들은 정주국에서의 낯선 언어, 환경, 문화에 적응해야 할 뿐만 아니라, 분거가족의 한쪽을 책임지는 새로운 가장으로서의 역할로 인해 많은 스트레스에 직면하고 있다. 이는 곧 전문직에 종사하는 활발한 사회 참여자로서의 역할에서부터 가정과 가사노동 및 육아에 얽매인 주부로서의 역할로의 변화를 의미한다. 이 때문에 여러 측면에서 정주국은 이들의 모국보다는 다양한 기회와 더 나은 삶의 환경을 제공함에도 불구하고, 여성 배우자들은 따분함, 고립감, 우울증, 향수병 등에 더욱 많이 노출된다. 특히 언어적 한계와 인적 관계 형성의 어려움으로 인해 인간관계와 지리적 이동에 있어서 상당한 제약을 받을 뿐만 아니라, 자녀가 성장함에 따라 자녀와의 유착관계가 점차 멀어지고 가족 간 의사소통에서도 점차 더 높은 단절감과 고립감을 느낀다고 보고한 바 있다.[67]

한편 초국적 가족에서 성장하는 자녀의 경우에는 특히 사적 세계와 공적 세계, 가족과 사회, 집과 외부 세계 그리고 모국의 언어 및 문화와 정주국의 언어 및 문화처럼 이분화된 세계 내에서 혼성적 위치를 점유하기 때문에, 이러한 이중적인 세계에 위치한 자신의 혼성적 상황과 정체성의 정립이라는 과제를 일차적으로 홀로 감당해야 하는 스트레스를 안고 있다.[68] 특히 정주국에 있어서 아버지의 존재는 항상적이지 않은 일시적 방문객이나 원거리의 조언자에 지나지 않을 뿐만 아니라, 어머니 또한 앞서 언급했던 다양한 언어적·문화적 장애로 인해 자신이 유학 생활에서 경험하는 다양한 문제를 해결하는 데에 큰 도움이 되지 않는다는 점 또한 인식하는 경우가 많다. 또한 소위 '주류' 사회에서 규범화된 개인화된 정체성 관념은 아시아계 이주민들과 같이 상대적으로 넓은 가족, 친족, 이웃 네트워크 속에서 성장해온 '비주류' 자녀들에게 상당한 심리적·정신적 스트레스를 주는 것으로 보고된다.

또한 위의 연구와 맥락은 다르지만, 이혜경 외의 연구는 국내에 체류 중인 조선족 여성들의 이주가 대체로 가족의 전략적 차원에서 이루어진다는 점을 지적하면서, 이들 여성이 본국의 남성 배우자 및 가족과 상호 지원 체계를 유지하는 등 초국적 스케일에서 가족을 유지해나가는 다양한 전략을 조사한 바 있다.[69] 물론 이러한 초국적 가족관계가 유지되는 과정에서 조선족 여성들은 임금노동과 가사노동의 양 측면에서 그리고 양육 등과 관련된 자녀에 대한 돌봄 노동과 관련된 어려움을 경험하고 있다. 이는 초국적 가족이 유지되는 데에는 불균등한 젠더 권력관계에 있어서 여성의 희생, 고통, 스트레스가 상당히 동반될 수밖에 없다는 점을 함의한다. 요컨대 초국적 분거가족이 민족국가 내 가족의 재생산을 위한 중요한 글로벌 전략 중 하나라 부상했음에도 불구하고, '분거가족'이라는 지리적 분리와 상이한 사회적·문화적 장에서 펼쳐지는 '초국적 가족'의 일상적 삶은 가족 구성원 간의 불균등한 권력관계를 재생산하고 이를 통해 유지되는 사이지점에 위치해 있다고 볼 수 있다.

4. 나가며

글로벌화와 그에 따른 민족국가의 신자유주의적 재구조화라는 거시적 틀 속에서, 계급, 젠더, 민족성, 지위 등의 사회적 차이 관계에서 주변화된 집단은 자신의 사회적 재생산을 크게 위협받고 있다. 한국 산업자본주의의 근간이라고 할 수 있는 남성 가장 노동자를 중심으로 하는 안정적인 가부장적 핵가족 제도는 그 경제적·사회적 토대에 상처를 입고 있음을 다양한 가족 해체 지표를 통해 알 수 있다. 또한 반대로 시장영역의 확대와 개인적 역량에 기초한 경쟁 논리로 인해 시민사회의 많은 구성원들은 더 나은 기회를 위해 다양한 글로벌 전략을 구사하고 있다. 이는 사회의 계급적 층화 구조가 수직적으로 팽창되고 있기 때문에 나타나는 가족중심주의적 태도의 확대로 인한 것이다. 이런 두 가지 측면 모두에서 민족국가의 원자적 토대라 할 수 있는 가부장적 핵가족 모형의 가족제도는 점차 약화되고 있고, 개별 가족은 가족 전체의 사회적·계급적 재생산이나 상향 이동을 위해 조기 유학과 같이 민족국가의 교육 제도로부터 탈영역화된 교육 기회를 포착하고자 하고 있다.

'초국적 분거가족'의 부상은 교육을 통한 민족국가 구성원의 재생산이 가족의 국제적 네트워크와의 관계 속에서 이루어지고 있음을 보여주는 탈영역적·초국적 시도가 확대되고 있음을 보여준다. 조기유학의 동기는 자국 내 교육 환경에 대한 불신과 절망이라는 배출요인 그리고 서양의 제도 교육 및 교육적 환경에 대한 동경과 같은 유인 요인의 두 축에 의해 형성되고 있다. 한국의 경우 특히 영어 교육에 대한 교육 당국의 강조나 노동시장에 있어서 영어 구사 능력이 갖는 이점으로 인해 특히 영어권 국가로의 조기유학 비율이 높은 편이다. 이러한 교육 내적·외적 요인과 아울러 가족이라는 단위에서 사회적·문화적 자본 축적의 기회를 늘리고, 이를 가족 구성원의 계급적 재생산 및 상향 이동을 위해 전유하려는 미시적인 요인 또한 조기유학의 선택에 큰 영향을 끼친다. 마지막으로 조기유학이라는 행위는 사회구조의 일방향적 결과거나 개별 주체의 자유로운 선택이라기보다는 '초국가주의'라는 탈영역화된 공간 속에서 다양한 제도적 행위자 및 가족 구성원이라는 개별 행위 주체의 사회적 네트워크가 특정 민족국가, 도시, 지역, 학교 등의 구체적 '현장'에 뿌리내린 결과이기도 하다.

초국적 분거가족은 급속한 경제성장으로 안정적인 물적 토대를 갖추고 있고 유교 문화를 바탕으로 강한 가족적 유대감을 갖고 있는 동아시아 국가들에서 뚜렷하게 나타난다. 이 때문에 초국적 분거가족에 대한 많은 연구는 캐나다, 미국, 오스트레일리아, 뉴질랜드와 같은 영어권 국가 내에 거주하고 있는 홍콩, 대만, 한국, 중국 등의 동아시아 국가가 출신의 교육이주 가족에 초점을 두어왔다. 이 연구들이 공통적으로 지적하는 바는, 초국적 분거가족이 두 가구를 유지하는 데에 더 많은 비용이 지출됨에도 불구하고 국가의 경제적 불확실성으로 인한 가족에의 위험에 유연하게 대처하려는 공간적 전략을 보다 중요시하고 있다는 점이다. 또한 조기유학으로 인해 획득되는 가족 구성원의 학력 자본 및 사회적·문화적 자본은 본국의 노동시장 및 생애주기에 있어서 경쟁 우위를 확보하는 데에 결정적인 요인으로 작용한다는 점 또한 중요하게 인식하고 있다.

그러나 초국적 분거가족이 유교적 가족주의 이데올로기와 경제적 자본에 토대를 두고 가족이라는 제도 자체를 유연하게 지탱하고 있음은 틀림없지만, 가족 내 가부장적 권력으로 인한 불평등한 젠더 관계로 인해 자녀 교육을 위해 이주한 많은 여성은 많은 희생을 강요당하고 있다. 많은 여성은 교육 수준이 높기 때문에 모국에서 전문적인 커리어를 갖고 있음에도 불구하고, 정주국에서 가족관계 유지와 자녀 교육을 위해 모국에서의 사회적 네트워크 상실, 정주국에서의 협소한 사회관계로 인한 고립, 언어 장애로 인한 사회 참여 기회의 제한, 자녀와의 의사소통 단절과 같은 다양한 문제에 직면해 있다. 물론 이러한 문제와 어려움은 영구적인 것이 아니라 시간이 지남에 따라 이주여성의 일상적 삶이 정주국에서 뿌리를 내리는 과정에서 상당히 해소되기도 한다.

또한 초국적 가족의 여성 가장은 모국의 남성 배우자의 관계

를 전유하거나 전복함으로써 자기 주체성을 재확인할 수 있는 역량을 갖추기도 한다. 조기유학 당사자인 자녀들 또한 사적 세계와 공적 세계, 가족과 사회, 집과 외부 세계, 가족의 전통문화와 정주국의 지배라는 이중화된 세계 내에서 혼성적인 위치를 갖게 됨에 따라, 정체성의 정립과 사회적 적응이라는 과제를 홀로 감당해야 하는 스트레스를 안고 있다. 요컨대 초국적 분거가족은 신자유주의적 글로벌화와 민족국가의 제도적 재편에 대하여 가족 단위에서 자신의 사회적 재생산과 상향 이동을 위해 취하는 글로벌 적응 전략의 일환으로 부상한 사회·공간적 결과이지만, 이러한 가족적 전략을 실행하고 지속하는 과정은 매끄럽게 운영되는 것이 아니라 가족 구성원의 희생과 가족적 문제를 야기하고 있다. 이는 지리적 분리와 공간적 거리감 그리고 특정 국가나 도시에 뿌리내리고 있는 일상적 삶의 장소 고착화와 같은 문제가 가족이라는 제도를 글로벌 스케일에서 유지하는 것에 중요한 영향을 끼치고 있다는 점을 함의한다.

제6장

국제이주와 세계도시[1]

1. 들어가며: 도시의 성장과 이주

오늘날 국제이주 인구는 세계 전체 인구의 3.5%에 지나지 않지만, 이 중 상당수가 오늘날 대도시에 거주하고 있다는 점에서 도시의 성장과 발전과 깊은 연관성을 갖고 있다.[2] 특히 뉴욕, 런던, 도쿄, 싱가포르, 홍콩, 서울 등 자본주의 공간 시스템의 주요 결절을 이루는 글로벌 도시에 특히 이주민이 높은 비율로 거주하고 있다. 이들은 결코 민족적·경제적·사회적·문화적·종교적 측면에서 등질적이지도 않고 이주의 동기와 목적, 체류 자격과 체류 기간도 상이하지만, 이들이 글로벌 스케일에서 도시의 성장과 발전에 미치는 영향이 매우 중요해지고 있다는 점에서는 공통적이다. 도시의 입장에서 볼 때, 이들은 도시 내의 이질성과 분절성을 높임으로써 긴장과 갈등을 만들어내는 원인이 되기도 하지만, 글로벌 스케일에서 차이와 다양성을 증진하고 새로운 자원과 기회를 불러들여 도시를 역동적으로 만드는 중요한 원천이기도 하다.

현대 이주의 물결에서 초국적 투자자와 기업가, 전문 관리직 이주민, 고숙련 노동, 중상류층 교육이주 등 상당한 기득권과 강점을 지닌 초국적 주체가 축적 전략을 재구성하고 글로벌 자본주의를 추동하는 것이 중요하지만 이들이 특정한 로컬 도시에 맥락화되어 있다는 점에 주목할 필요가 있다. 이런 점에서 볼 때, 그동안 이주 연구나 이주민에 관한 연구는 이주민의 미시적 행위성에 초점을 두거나 반대로 이주를 유발하는 거시적 구조에 초점을 둠으로써 도시 공간이라는 '중범위 수준(medium-range level)'을 상대적으로 간과해왔다. 또한 도시에서 이주민을 다루더라도 주로 엔클레이브(enclaves)나 격리 등 군집화 경향에 초점을 두면서 도시는 이주민이 정착해서 살아가는 생태적·사회적 배경이나 그릇으로 간주되는 경향이 적지 않았다. 행태 중심적인 배출–흡인 모형이나 정치·경제적 접근에 있어서 이런 경향은 역설적이게도 공통적이다.

그러나 오늘날 이주민에 따라 도시의 성장이 크게 좌우되고 있음을 고려할 때, 이주민이 도시의 성장과 발전에 어떠한 역할과 기능을 하는지에 대해서 착목할 필요가 있다. 이 중에서도 특히 신자유주의적 유형의 도시에서 이주민의 역할 그리고 글로벌 자본주의 시스템에서 다양한 위치를 차지하고 있는 도시들에 있어서 이주민이 얼마나 다양하게 도시 내에서 기능하고 있는지에 주목할 필요가 있다. '이주 관문도시(immigrant gateway cities)'란 개념은 각종 재화와 정보의 집산지이자 발산지로서 도시가 갖는 결절, 진입 장소로서의 기능에 주목할 뿐만 아니라, 그 내부에서도 고도로 분리된 환경을 갖고 있어 글로벌 문화의 교환이 일어나며 도시로 이주한 이주민들의 정착지이자 목적지로 기능하기 때문이다.[3]

도시가 글로벌 자본주의 시스템에서 어떤 역할과 위치를 갖고 있는가의 문제는 그 도시로 유입되는 이주민들이 도시를 어떻게 재편하고 있고, 그 안에서 이주민들이 어떤 역할을 하는가의 문제와의 관계 속에서 이해되어야 한다. 이런 점에서 도시는 경계로 구획된 컨테이너로 볼 것이 아니라 관계적이면서도 동시에 영토적인 구성체(configurations)로 이해될 필요가 있다. 그런 점에서 왜 특정 도시가 이주민을 끌어들이느냐의 문제뿐만 아니라 이주민이 특정 도시를 어떻게 재구성, 유지하는지에도 초점을 둘 필요가 있다. 필자는 이를 "관계적-영역적 접근(relational-territorial approach)"이라고 부른다. 또한 장기 이주민 외에도 단기적으로 오가는 이주민들의 역할을 그동안 간과해왔는데 이에 대해서도 초점을 둘 필요가 있다. 이런 점에서 이주민의 유입으로 성장하고 혁신하는 도시는 해당 지역이나 국가의 발전을 추동하는 영구적 일시성(permanent temporariness)을 특징으로 한다.

도시 이주에 관한 연구는 "모빌리티"와 "도시성(urbanity)"의 결합에 초점을 두어야 한다. 2005년 UN에서 발간한 〈Global Commission on International Migration〉의 보고서는 영구이주는 일시 이주와 순환이주에 의해서 점차 대체되고 있다. 이는 지적한 바이다. 지리학자 데이비드 레이(David Ley)는 2000년대 홍콩, 대만, 중국 등 동아시아 대도시 출신의 이른바 '백만장자 이주민'에 초점을 두어 캐나다 서부에 거주하고 있는 부유층 이주민을 연구한 바 있다.[4] 이들이 고도로 발달된 모빌리티를 통해 경제적·교육적·가족적 측면에서 초국적으로 생활하고 있는 집단이라는 점에 주목한 바가 있다. 또한 이러한 일시성은 이주노동자 집단이나 계절노동자 도입과 같은 저숙련 노동 부문에서도 마찬가지로 발생하고 있다. 한편 북동 유럽의 지중해 출신 이주노동자들이나 일본의 브라질 출신 일본계 후손들은 해당 지역에 정착하는 경향이 있는 등 많은 연구들은 일시적 이주가 결국 영구적 정착으로 이어지게 된다고 지적하지만 이와 동시에 순환적 모빌리티를 형성하는 순환이주의 형태를 지속하는 경우도 많다. 독일의 경우만 하더라도 1963년부터 1970년까지 도입된 이주노동자 중 25%만이 영구 정착했다.

본 장에서는 글로벌화라는 맥락에서 초국적 주체가 어떤 방식으로 뿌리를 내리는지 그리고 그 과정에서 세계의 주요 도시에서는 어떠한 문제와 이슈가 발생하고 있는지에 대해 검토한다. 이를 위해 우선 본 장에서는 글로벌-로컬의 관계성을 보다 역동적인 관점에서 고찰하고 이러한 로컬리티의 다중성을 도시라는 구체적·실제적 맥락 속에서 살펴본다. 이를 위해 우선 왜 최근 인문지리학을 포함한 사회과학에서 글로벌-로컬에 대한 보다 관계적인 접근을 추구하고 있는지를 살펴본다. 글로벌화는 초국적 경제 네트워크를 통한 자본 축적을 가능케 하는 구체적이고 정치적이 프로젝트일 뿐만 아니라 로컬 대중들의 동의와 자발적 참여를 통해 정당화되고 확대되는 지배적 담론이기도 하다. 이런 측면에서 글로벌화는 로컬과 불가분의 관계에 있음을 주장하고자 한다. 특히 본 장에서는 현상학적 측면에서 이른바 로컬리티 및 장소 대한 '관계적 지리'의 중요성을 강조하면서, 로컬리티를 고정된 정체성으로 다루기보다는 복잡한 네트워크 속에서의 한 국면 내지 상황으로 인식하고자 한다.

둘째, 이러한 로컬리티의 다중성을 글로벌 네트워크에서 중요한 장소로 연결되어 있는 글로벌 도시의 맥락 속에서 살펴보고자 한다. 앞서 언급했던 바와 같이 로컬은 로컬한 것이 뿌리를 내리고 있는 특수한 지리적 상황과 맥락에서 의미가 있는 것이므로, 로컬이 유의미한 정치적 지위를 얻기 위해서는 로컬리티는 구체적이고, 상황적이고, 맥락적일 수밖에 없다. 그런 측면에서 글로벌 도시는 자본·노동·상품·정보·지식 등이 형성하는 글로벌 네트워크의 핵심 결절이며, 대도시로서 사회·공간적 다양성을 내포하고 있기 때문에 로컬리티의 다중성과 관계성을 드러내기에 유리하다.[5] 본 장에서는 특히 밴쿠버, 로스앤젤레스, 샌프란시스코의 실리콘밸리 등의 사례를 통해서 어떻게 특정 도시 내의 로컬리티가 보다 넓은 스케일에서 관계적 지리를 형성하고 있는지 그리고 이런 과정에서 어떻게 글로벌-로컬 관계의 다중성을 포착할 수 있는지 살펴보고자 한다. 그리고 맺음말 부분에서는 도린 매시가 『공간을 위하여』에서 재미있게 탐색하고 있는 런던의 관계적 지리를 대비시켜 제시하는 것으로 결론을 대신한다.

2. 글로벌화와 이주도시

도시는 이주의 주요 허브나 포털의 역할을 한다. 사람들이 이주 여정에서 정착하거나 계속 나아가기 위해 떠나는 곳이자 처음 도착하는 곳이기도 하다. 또한 다양성과 이동성이 가장 뚜렷하게 드러나는 곳이기도 하다. 고대 무역로의 교차로에 건설된 도시는 고대부터 다양한 문화가 만나는 중심지였다. 과거에는 도시가 농촌으로부터 내부 이주민을 끌어들였지만, 오늘날에는 많은 도시가 오랜 국제이주민의 유입에 의해 형성되고 있다. 뉴욕이나 런던과 같은 도시의 발전은 오랜 이주의 역사를 고려하지 않고는 이해할 수 없고, 오늘날 러시아, 중국, 남아프리카공화국, 나이지리아 등 개발도상국의 급속한 도시화도 자국 내의 농촌 인구 유입보다 국제이주 인구의 유입이 훨씬 큰 영향력을 발휘하고 있다.

한편 이주민의 시각에서 볼 때 도시는 자신들의 생계를 초국적 유지하기 위한 중요한 근거지로서 도시가 갖는 경제적·문화적·지리적 특징을 자신들의 생애 이주 프로젝트에 맞게 전유, 활용한다. 이 과정에서 도시의 성격은 이민자들에 의해 크게 변동한다. 예를 들어, 유럽의 항구 도시인 함부르크와 로테르담은 초창기에는 국제이주 인구의 외부 유출 기점으로 번성하기 시작했지만, 20세기에 들어 유럽에서 세계 전역으로부터 다양한 국제이주 인구가 유입되는 도시로 기능하고 있다. 또한 필리핀 남부의 다바오시는 1980년대부터 필리핀 정부가 노동력 수출 정책을 시작하면서 필리핀 노동이주민의 이민 허브로 변모했지만, 20세기 초반에는 외국인들이 유입되는 주요 거점으로 기능했던 도시이다. 또한 독일의 베를린은 튀르키예, 러시아, 구유고슬라비아, 시리아 등 다양한 외국인 커뮤니티가 큰 비중을 차지하는 곳으로서 독일 도시로서의 강한 성격이 뚜렷한 이민자 커뮤니티가 있는 도시로 발전했다.

처음에는 뉴욕, 런던, 도쿄와 같은 '글로벌 도시'에서는 세계의 주요 도시의 역동성과 혁신성을 이주민의 유입 및 순환과의 관계 속에서 조망한다.[6] 또한 더그 손더스(Doug Saunders)는 2011년의 저서 영향력 있는 저서인 『도착 도시』(2011)에서 세계화의 맥락에서 점점 더 많은 도시가 세계적으로 중요한 이주도시가 되었음을 보여준다.[7] 여기에는 바르샤바, 이스탄불, 토론토, 나이로비, 선전과 같은 도시도 포함된다. 그는 이 도시들을 '도착 도시'라고 부르는데, 그 이유는 이 도시들이 제공하는 경제적 기회에 이끌린 수많은 이주민의 도착으로 인해 형성되었지만, 불평등, 비공식 경제, 차별이라는 도전에 직면해 있기 때문이다. 또한 이주 연구의 지역적 전환의 맥락에서 2000년대 이후 다양한 이주도시를 조명하는 연구가 급증하고 있다. 이 때문에 다양한 규모

의 도시와 다양한 다양성 구성을 가진 도시에 대한 관심이 높아졌다.[8]

이러한 맥락에서 다양한 유형의 이주도시를 체계적으로 비교하기 위한 학술적 노력이 지속되고 있다. 가장 대표적인 두 접근을 들자면, 로컬리티에 초점을 둔 '로컬리티 비교 이론'과 '도시 다양성' 이론이다. 우선 이주민의 로컬리티에 초점을 두어 도시 환경의 다양성과 이주 과정에서의 얽힘을 개념화하려는 가장 영향력 있는 시도 중 하나는 '로컬리티 비교 이론(comparative theory of locality)'이다.[9] 이에 따르면, 전 세계의 모든 도시는 산업화 이후 글로벌 경제, 정치, 문화 구조에서 차지하는 비중의 크기에 따라 비교할 수 있다. 그리고 그 위치에 따라 해당 도시에서 이주민의 통합 경로가 결정된다. 로컬리티 비교 이론은 도시를 최상위(top-scale), 상위(up-scale), 하위(low-scale), 최하위(down-scale)의 4개 계층으로 분류했다.[10] 우선 최상위 도시는 글로벌 경제, 정치, 문화 교류에서 강력한 위치를 점하고 있고, 이는 '글로벌 도시'와 많은 특징을 공유한다.[11] 이러한 글로벌 중심지에는 사회, 경제, 문화적 경관에 매력을 느끼고 형성하는 매우 다양한 인구가 존재한다. 그 반대편에 있는 최하위 도시는 세계화된 세계에서 경제적·정치적·문화적 중요성이 부족하다고 여겨지는 곳으로, 글로벌화의 낙후된 끝에 있는 오래된 산업도시라고 할 수 있다.

다른 두 수준의 도시는 좀 더 모호한 모습을 보이는데, '하위' 도시는 단일 유형의 산업에 의존하고 있다. 반면 '상위' 도시에서는 주로 신경제 산업과 서비스를 중심으로 신자유주의적 구조조정이 빠른 속도로 진행되고 있다. 그럼에도 불구하고 아직까지 이들의 위상은 최상위 도시에 미치지 못하고 있다. 통합 경로 측면에서 볼 때, 최상위 도시는 다민족/다인종 제도, 관광 중심 경제, 국제적인 글로벌 인재 유치로 인해 이주민 통합을 위한 다양한 기회를 제공한다. 최상위 도시는 이주민 통합을 위한 다양한 경로를 제공하며, 이러한 민족 기반 조직은 이러한 도시를 경제적으로 강력하고 전 세계에 편입시키는 데 기여한다. 소규모 도시는 대규모 도시처럼 이주민 초국적 조직에 투자할 여력이 없기 때문에 이주민 통합을 위한 기회가 약하고 선별적으로 제공된다. 하위 도시는 소수민족 소기업 틈새시장과 같이 신규 이민자에게 취약한 기회 구조만 제공할 수 있다.[12]

둘째, 도시 다양성(urban variety) 이론은 도시가 내포하고 있는 거시적 구조 외에도, 이주와 관련된 다양성 구성에 따라 도시를 분석한다. 로컬리티 비교 이론이 주로 사회경제적 구조에 주목하는 반면, '도시 다양성' 이론에서는 좀 더 거시적인 관점에서 거주자의 인구·통계적, 사회적 특성뿐만 아니라 도시 내 공간적 분포와 상호 작용도 살펴본다. 즉, 출신, 종교, 문화의 다양성, 주거 및 사회적 분리, 불평등, 인구의 이동성 등이 서로 얽혀 이주 도시의 독특한 사회 풍경을 형성한다는 것이다. 도시의 다양성은 다양성의 수준과 분리라는 두 가지 차원을 기반으로 한다. 첫째의 '수준'은 도시가 얼마나 다양한가의 문제와 연관되어 있는데, 이는 특정 도시 환경에서 이주민 집단의 규모뿐만 아니라 출신 국가, 언어, 종교, 이주 경로 및 이민 신분, 성별, 연령, 공간과 장소, 초국가적 관행 등의 측면에 주목한다.[13] 이주민이 적은 도시는 인종적으로 동질성이 강한 '비-다양성 도시(non-variety city)'라고 할 수 있다.[14] 이주민과 이들의 후속 세대가 현지의 원주민보다 많은 지역에서는, 이주민이 거주민의 소속감과 연결되기 때문인데, 이주민에 대한 현지인의 태도 변화를 유발할 수 있으며, 도시 내 유쾌함의 역학관계에 영향을 미칠 수 있고, 창조경제 분야의 혁신성과 발전으로 이어질 수 있으며, 문화적 다원주의를 발전시킬 수 있다.[15]

한편 현대의 많은 이주 연구는 도시가 얼마나 분리(segregation)되어 있는지에도 초점을 둔다. 이는 도시 다양성의 관계적인 차원, 즉 이주민과 비-이주민이 서로 어떻게 상호 작용하는지에 초점을 둔다. 한편으로는 이주민과 비-이주민 간의 불평등의 다양한 측면을 고려하고, 다른 한편으로는 도시 내 이주민과 비-이주민 간의 사회적 관계의 존재 또는 부재를 살펴본다. 다양한 격차는 집단 간의 사회적 관계의 부족으로 이어지고, 사회적 관계의 부재는 사회적 이동을 막음으로써 격차를 심화시켜 불평등을 강화하기 때문에 불평등과 사회적 분리는 밀접하게 연관되어 있다. 불평등은 종종 주택 및 노동시장에서 이주민의 취약한 지위, 의료 및 사회적 지원에 대한 접근성에 초점을 맞춰 이주민에 대한 국가의 구조적 차별이라는 측면에서 논의된다. 소득, 사회 계층, 인적 및 문화적 자본 측면에서 이주민과 내국인 간의 불평등을 고려하는 것은 도시 단위의 연구에서도 널리 논의되고 있다.

한편 많은 연구자는 전체 이주 소수자에 대한 다수의 사회적·

제도적 권력을 강조하는 것 외에도 특정 인종 또는 민족 집단 간의 다양한 불평등에 초점을 둔다. 가령 로스앤젤레스의 라틴계와 아시아계 이주자, 암스테르담의 모로코계, 수리남계, 튀르키예계 대 네덜란드계의 불평등 심화에 관한 연구가 대표적이다.[16] 또한 직장에서의 이주민과 비-이주민의 상호 작용과 직업 유형별 집중도이다. 노동시장 불평등에 관한 이전 연구를 통해 이주민은 더럽고, 비하(모욕)하며, 위험한 '3D 직종'에 과대 대표되는 반면 화이트칼라의 자격을 갖춘 직종은 일반적으로 비-이주민이 차지하고 있다.[17] 결국 사회적·공간적 분리와 경제적 불평등은 상관관계가 매우 높은 것으로 나타난다. 왜냐하면 불평등은 노동시장 구조에서 이주민의 낮은 지위에 반영되어 비-이주민과의 상호 작용을 사전에 차단함으로써 사회적 분리로 이어진다. 사회적 분리는 비-이주민의 주거 패턴과 비교할 때 이주민 집단의 도시 내 집중 또는 분포, 즉 주거 분리와도 분명히 관련이 있다.

한 지역 또는 여러 지역에 이주민이 훨씬 더 많이 거주하고 다른 지역에는 비이주민이 주로 거주할 때 도시를 '분리 도시(segregated city)'라고 부른다. 이주민과 비-이주민이 도시 지역과 거리 곳곳에 섞여 있는 도시 지역은 분리되지 않은 것으로 간주된다. 실제 분리 수준은 이질성 지수 또는 이와 유사한 다른 지수로 측정할 수 있다. 종종 민족적 또는 인종적으로 분리된 지역은 사회적으로 박탈된 지역으로 게토라고 불리는 반면, 게이트 커뮤니티는 부유한 (이주민) 거주자의 분리된 지역이다.[18] 도시 전체에 걸친 이주민의 공간적 분포 패턴은 주택의 가용성 및 비용과 같은 도시 정착의 장기적이고 구조적인 역학의 결과일 수 있으며 기존의 계급 불평등을 지칭하는 것으로 이해할 수도 있다.[19]

현행의 자유시장주의가 주도하는 경제 환경은 초국적 네트워크화를 특징으로 한다. 곧, 글로벌화는 다분히 특수한 행위자들이 주도하는 의식적이고 능동적이며 목적적인 '프로젝트'로 설정될 수 있다. 자유시장주의가 주도하는 글로벌화는 오늘날 인류의 삶과 그 '로컬' 삶터에 영향을 미치는 가장 큰 요인이다. 선진국에 있든 개발도상국에 있든, 열대 지역에 살든 온대 지역에 살든, 도시에 살든 농촌에 살든, 자본가로 살든 노동자로 살든, 글로벌 시스템으로 복잡하게 얽혀 있는 자본 축적을 위한 네트워크의 속박으로부터 자유로운 삶과 삶터는 없다. 글로벌화는 일자리와 임금 등 생산 영역과 입고 먹고 쉬는 재생산 영역 모두를 관통할 뿐만 아니라, 이런 생산 및 재생산이 펼쳐지는 사회구조, 지리적 기반, 생태 및 제도적 환경 및 문화 변동에 깊이 관여하고 있다. 이런 점에서 글로벌화는 일종의 제국, 곧 "영토상의 권력 중심을 만들지 않고, 고정된 경계나 장벽들에 의지하지도 않으며, 지구의 영역 전체를 점차 통합하는 탈중심화되고 탈영토화하는 지배 장치"에 의해 정복되었다.[20]

로컬한 것은 아주 오래전부터 상존해왔던 국지적인 차이라는 점에서 글로벌화와 마찬가지로 오랜 역사를 가지고 있다. 그러나 최근 '로컬'이라는 용어는 지난 수십 년 동안 자유시장주의 글로벌화가 야기한 정치적·경제적·사회적·환경적 문제들에 대한 대

부유층과 빈곤층의 거주지 격차를 극명하게 보여주는 항공사진

안을 제시하는 데 새로운 용어처럼 부상했다. 주지의 사실이다시피 선진국, 다국적기업, 금융 투자자 등이 주도하는 현행의 글로벌화된 환경은 양극화와 빈곤, 권력 독점, 가혹한 경쟁 체제에서부터 노동 착취 공장, 환경 파괴와 지구온난화, 국지적 분쟁 등 다양한 문제들을 야기하고 있고, 글로벌화를 넘어서기 위한 여러 사회운동은 민주주의와 인권, 공동체, 협력과 협동, 정의와 공존, 분배와 분권, 원주민과 토착성, 환경과 생태, 자율을 강조하고 있다. '로컬'은 바로 이러한 다양한 사회운동들이 교차하는 접점에 위치하면서 '글로벌화라는 제국'에 맞설 수 있는 보루로 여겨지고 있다. 특히 학술적 영역에서부터 일반 대중 담론과 정치적 영역에 이르기까지 지역적 독특성, 장소 정체성, 민족 헤리티지와 전통, 토착 지식, 인간-환경에 대한 생태학적 관점 등의 주요 이슈는 '로컬'이라는 용어를 통해 도구적·목적적으로 재현되는 경우가 많다.

이 시점에서 우리가 되짚어보아야 할 질문은 과연 '로컬'이라는 것이 글로벌화에 대한 대안으로서 어느 정도 정당화될 수 있는가에 관한 것이다. 과연 로컬리티가 로컬하다는 이유 그 자체만으로 정당화될 수 있는 것인지, 만일 그렇지 않다면 로컬리티가 글로벌화에 대한 대안으로 어떻게 정당화될 수 있는 것인지에 대한 숙고가 필요하다는 점이다. 오늘날 '로컬'이 강조되는 이유는 아마도 억압과 규율적 권력이 특정 장소에 귀속되어 있거나 특정 집단이 전유하는 것이 아니라 네트워크처럼 얽혀 있는 시스템의 효과로 나타나기 때문에, 주체가 저항할 수 있는 뚜렷한 대상이나 목표를 상정하기가 어렵기 때문이다. 마이클 하트와 안토니오 네그리는 『제국』 중 「제국 안에서의 대안들」이라는 절에서 어떤 면에서 제국은 '즉자적'으로는 좋지만 '대자적'으로는 좋지 않다고 말했다. 이에 따르면 제국이 형성하고 있는 전 지구적 네트워크는 근대적 권력 기계로부터의 해방을 위한 대중적 투쟁의 산물이라고 할 수 있다. 그런 점에서 제국은 과거 민족국가나 식민주의에 기반을 둔 착취적 권력관계를 종결시켰지만, 사실상 모든 인간을 자본주의에 기반을 둔 새로운 착취적 네트워크에 포섭시켰다는 것이다. 제국을 변증법적 시각으로 이해한다면 '로컬'한 것을 글로벌화의 대립물로 설정하려는 방식을 재고할 필요가 있다.

하트와 네그리는 "비판적 사유의 많은 부분이 종종 정치적 분석의 근거를 투쟁의 국지화에 두면서 사회적 주체들이나 국민·지역 집단들의 정체성에 근거한 저항의 장소들을 재조성하려고 노력해 [왔지만,] … 오늘날 이러한 국지적인 입장이 잘못되고 해롭다고 주장한다. 그것은 무엇보다도 그 문제가 서투르게 제기되었기 때문에 잘못된 것이다"라고 말한다.[21] 하트와 네그리(Hardt & Negri)가 집단 정체성과 장소에 기반을 둔 저항의 정치적 노력이 잘못되었을 뿐만 아니라 해롭다고 말하는 이유는, 글로벌화가 지니는 변증법적 속성을 고려할 때 장소와 로컬리티를 강조한 정치가 오히려 대중적 열망의 결과물로서 제국이 궤멸시킨 정치적 속박과 착취적 권력관계를 다시 가져올 가능성이 있기 때문이다. 뒤이어 하트와 네그리는 그 문제는 전 지구적인 것과 국지적인 것 사이의 잘못된 이분법에 의거하고 있는데, 이 이분법은 전 지구적인 것은 동질성과 미분화된 정체성을 가지고 있는 반면에 국지적인 것은 이질성과 차이를 보존하고 있다고 가정하기 때문이라고 단언한다.[22]

이런 점에서 우리가 착목해야 할 또 다른 지점은, 바로 위와 같은 '로컬'에 대한 관계적 이해가 현실의 삶과 삶터에서 얼마나 다중적이고 복잡하게 전개되느냐에 관한 것이다. 글로벌한 것은 모든 것을 아우르는 완전한 제국이라기보다는 수많은 다중적 로컬과 그 네트워크로 구성되어 있기 때문이다. 또한 로컬한 것은 글로벌한 것과 직접적으로 조응하고 있기 때문에, 더 이상 특정한 장소에의 근접성(proximity)과 고착성(fixity)이 그 장소에 대한 소속감이나 정체성과 반드시 일치하지는 않는다. 사스키아 사센(Saskia Sassen)은 이러한 글로벌-로컬 관계의 복잡성을 강조하면서 세계 도처의 투자자, 전문직 종사자, 중산층 교육 이민자, 이주노동자 등 다양한 글로벌 행위자들이 밀집해 있는 로컬 공간으로서 글로벌 도시(global city)의 지리적 중요성을 강조한다.[23] 예를 들어, 글로벌 도시 내에서 살아가고 있는 고소득층의 투자자나 신흥 전문가집단은 삶의 터전이 도시라는 장소에 고착되어 있다는 점에서 로컬 행위자이지만, 글로벌 금융 네트워크나 지식생산에 접해 있다는 점에서 글로벌하다고도 할 수 있다. 결국 오늘날 글로벌 도시에서는 탈영역화된 로컬 문화가 존재하지만 이는 근접성에 바탕을 둔 것이라기보다는 글로벌 네트워크와 연결되어 있다. 따라서 사센은 "로컬 안에서 로컬한 것이 무엇인지를,

곧 오랜 역사에 걸쳐 특정한 장소에 위치함으로 인해 형성된 것이 무엇인지를 해석해낼 필요가 있다"고 주장한다.[24] 결국 오늘날 도시는 자본·노동·상품·정보·지식·권력의 복잡한 네트워크 선분들이 상호 교차하는 중요한 결절일 뿐만 아니라, 이러한 결절성은 장소로서의 도시가 지닌 로컬리티에 뿌리를 내리고 있는 것이다.

3. 로컬리티의 다중성과 관계적 지리

앞서 언급했던 바와 같이 인류는 오랫동안 자신이 거주하는 곳에 대한 지적 열망을 통해 로컬 삶터를 유지하고 확대해왔다. 지리적 지식의 축적은 이처럼 삶의 조건과 깊이 연관되어 있으므로, 인류가 형성해온 로컬 삶터에 대한 지식은 특정 집단의 공간관이 반영되어 있다. 이런 측면에서 로컬리티는 주체의 반대편에서 주체와 분리된 채 객관적으로 존재하는 실재가 아니다. 오히려 로컬리티는 특정 주체나 집단의 삶이 뿌린 내린 환경에 대한 총체적 공간성이자 이에 대한 지리적 인식을 반영하는 산물이며, 이와 동시에 특정 주체나 집단의 공간적 실천에 영향을 미치는 능동적 요인이기도 하다. 따라서 공간성에 대한 인식 체계는 특정 공간을 점유한 집단의 물적 토대, 가치체계 및 문화에 따라 상이하며, 로컬 사회의 속성은 공간성에 대한 인식의 영향을 받는다.

이와 같은 공간성에 대한 다양한 인식, 곧 로컬리티에 대한 인식의 다중성은 근대 유럽에서 태동한 모더니티와 자본주의 체제에 의해 식민화되었다. 모더니티의 근간을 형성하는 공간관은 이른바 유클리드적 또는 기하학적 공간관이라 불리는 관점으로서, 주체와 객체의 뚜렷한 분리에 토대를 둔 조망적 시각을 강조한다. 이의 근대적 공간 논의의 철학적 근간을 형성한 것은 임마누엘 칸트로서, 그는 공간이란 인식의 주체 이전에 (그리고 물질적 대상 이전에) 선험적으로 존재하는 실체였다. 이러한 유럽 중심의 근대적 공간관은 공간의 객관성과 측정 가능성을 전적으로 받아들이고, 점, 선, 면으로 이루어진 기하학적 공간 관계의 절대성이 과학에 기반을 두고 있다고 받아들인다. 그리고 이는 근대 도시계획 및 국토 공간 기획의 토대가 되었고 삶터에 대한 기하학적 변형을 통해 개발을 달성하려는 근대의 개발주의적 경향을 파생했다.

그렇지만 오늘날 세계는 복수의 여러 생활 공간이 네트워크로 연결되어 얽혀 있기 때문에 공간의 기하학적 관계보다는 위상학적(topological) 관계가 훨씬 중요하게 되었다. 곧, 어떤 행위자들이 공간적으로 서로 인접해 있다고 하더라도 반드시 그 상호 관계의 밀도나 강도가 원거리에 있는 행위자에 비해 더욱 강하다고 말할 수 없게 되었다. 가령 세계도시(world cities)나 글로벌 도시(global cities) 내부에서 금융업에 종사하는 투자자나 전문직 종사자는 인근 레스토랑에 종사하는 직원과의 관계보다는 원거리의 다른 도시에 있는 동일 분야 종사자와의 관계가 훨씬 더 위상학적 측면에서 가깝다고 말할 수 있다.[25] 또한 물질적·비물질적 요소들의 모빌리티 증가는 로컬 삶터에서의 지리적 이질성을 증대시킴으로써 기존 로컬 행위자들이 형성하고 있던 사회·공간적 관계에 영향을 미치고 재구성을 추동하곤 한다.

이런 측면에서 지리학을 비롯한 인문·사회과학에서의 관계적 전환은 공간을 상이한 관계들의 산물이자 언제나 생성 중에 있는 것으로 파악할 것을 촉구한다. 그리고 이 때문에 "공간을 사회적 현상이 발생하는 배경으로 간주하거나 반대로 특정한 장소에 고유한 장소 정체성이나 영속성이 내재되어 있다는 [기존의] 지리적 인식에 균열을 내고 있다."[26] 이러한 관계적 접근은 모든 사회적 사건을 특정한 시간 및 공간 내에서 벌어지는 상황적 순간(situated moment)으로 해석하려고 한다. 이런 관점에서 보자면 글로벌한 것, 국가적인 것, 지역적인 것, 로컬한 것 등의 지리적 스케일 역시 어떤 존재론적 대상이나 실체라기보다는 공간의 위상학적 관계에서 구성되는 담론적 산물로 파악할 수 있다.[27]

글로벌화의 맥락에서 로컬리티가 지니는 다중성과 공간적 복잡성을 드러내기 위해서는 공간적 관계를 기하학적으로 파악하려는 유클리드적 공간관을 넘어 공간의 위상학적 관계성에 초점을 둘 필요가 있다. 1990년대 이후 이른바 '관계적 지리학'으로 요약할 수 있는 인문지리학의 새로운 공간 패러다임의 부상은 바로 이러한 맥락에서 중요한 정치적 관점으로 강조되어왔다. 앞서 언급했던 것처럼 글로벌화가 미치는 모든 로컬 삶과 삶터에 대한 영향력은 시·공간의 물리적 관계를 넘어선 네트워크 관계를 통해 구현되고 있고, 그렇기 때문에 로컬리티가 갖는 공간적 속성은 본질적으로 복잡한 네트워크 하에서의 위치가 갖는 상황적·일시적·가변적 '순간'으로 파악되어야 한다. 가령 도시 내에서 어떤 장소나 동네가 지닌 속성은 일차적으로 그곳을 삶터로 점유해서 살아가는 행위자들의 관계에 의해 정의되지만, 그 행위자들은 고정된 주체가 아니라 끊임없이 이동하고 변화하는 주체이기 때문에, 그들이 점유한 곳의 공간적 속성은 다른 장소, 다른 동네, 다른 도시와의 관계 속에서만 정의될 수 있는 것이다. 다른 말로 하자면, 로컬리티는 모든 다른 로컬한 것들과의 관계 속에서 파악될 수 있으므로, 어떤 장소나 지역이 갖는 로컬리티가 관계적 지리의 입장에서 설정되지 않는다면, 그 로컬리티는 이미 로컬리티가 제거된 로컬리티일 수밖에 없다.

글로벌화에 관한 학술적 문헌이나 대중적 서사는 대개 글로벌화를 역사적 필연으로 간주하거나 자본주의의 축적 과정에서 불가피한 것으로 간주하곤 한다. 이러한 관점은 우리로 하여금 글로벌리티(globality)가 모든 로컬한 것에 위에 서 있는 강력하고 포괄적이며 총체적인 힘으로 상정하게 만든다는 점에서 문제적이다.[28] 재미있게도 이런 점은 글로벌화를 인류의 역사적 진보의 필연으로 생각하는 사람들뿐만 아니라 구조주의적 결정론에 입장에서 글로벌화를 경제 신자유주의화의 결과물로 비판하는 사람들이 공통적으로 갖고 있는 지리적 상상이라는 점이다. 한편 장소에 기반을 둔 로컬 정치와 로컬리티의 정치학을 강조하는 사람들 또한 (이의 동전의 양면과도 같이) 마치 로컬리티가 글로벌리티에 대한 저항의 위치가 될 수 있을 것으로 설정하는 경우가 많다. 이러한 문제 설정에서 볼 때 로컬리티는 글로벌리티에 의해 정복, 찬탈당할 위험에 처해 있으면서도 동시에 글로벌화에 맞설 수 있는 보루와 같은 것으로 인식된다. 결국 글로벌리티는 이동적이고 공간적이며 로컬리티는 고정적이고 장소적이라는 이분법에 갇혀 있다는 것이다.

이처럼 글로벌리티와 로컬리티를 서로 대립적인 것으로 이해하려는 방식은 모더니티의 근간을 이루는 유클리드적 공간관의 연장선상에 있다. 왜냐하면 '세계가 점차 좁아지고 있다', '세계는 평평하다', '세계는 넓고 할 일은 많다', '세계를 무대로 투자 지도를 그려라' 등과 같은 표현은 지구적 공간을 2차원의 평면이나 3차원의 구체로 투사함으로써 세계를 관찰 주체로부터 분리되어 있는 것으로 상정하기 때문이다. 이러한 관점을 따르면 인터넷의 발달과 국제 항공 교통 등의 시·공간 압축은 인류가 삶터를 확장하고 외부 세계로 나가려는 지리적 열망의 당연한 귀속물이며, 오늘날 세계 곳곳의 도시들이 전 지구적인 자본, 노동, 지식의 네트워크로 연결되는 것은 지극한 필연이다.

한편 이런 측면의 '대자적' 측면에서 로컬리티를 상정하게 되면 당연히 '우리 것', 전통적인 것, 전근대적인 것, 느린 것, 공동체적인 것, 뿌리내린 것, 유·무형의 헤리티지 등은 저항적이고 대안적인 요새로 상상될 수 있게 된다. 오늘날 글로벌화의 빛과 그림자에 대한 지리적 인식은 위와 같은 공간에 대한 지배적 상상 안에 갇혀 있다고 할 수 있다. 이러한 공간에 대한 이분법적 사유는 우리 주변의 로컬리티가 얼마나 낯설고 이질적인 것으로 구성되어 있는지에 대한 인식과 글로벌화된 자본주의의 권력이 얼마나 우리 주변에 친숙하게 자리 잡고 있는지에 대한 인식을 무디게 만든다. 왜냐하면 지리적으로 인접한 것은 로컬한 것이고 멀리 떨어진 것은 글로벌한 것이라는 생각으로 인해 글로벌리티와 로컬리티의 관계가 얼마나 변증법적이고 상호 의존적인지를 망각하기 때문이다.

영국의 페미니스트 지리학자 도린 매시(Doreen Massey)는 공간적 상상의 중요성이 정치적 대안과 연결되어 있으며 로컬리티의 관계적 지리가 얼마나 복잡한 네트워크로 얽혀 있고 얼마나 다중적이고 풍부한 것인지를 보여준 대표적인 학자이다. 도린 매시에 따르면, 글로벌리티와 로컬리티에 대한 근대의 지배적 공간 서사는 지구라는 '공간'을 자본, 노동, 상품, 정보 등의 흐름이 발생하는 표면으로 간주한다. 그러나 분명한 것은 현재의 글로벌화는 다국적기업과 금융자본이 주도하는 신자유주의가 추동하고 있다는 측면에서 아주 '독특한 형태의' 글로벌화임에도 불구하고, 이러한 지배적 공간 서사는 현행의 글로벌화를 단일하고 유일한 글로벌화인 것처럼 간주되고 있다. 이러한 글로벌화 담론은 마치 단일한 발전 모델만이, 단일한 근대화의 경로만이, 단일한 미래만이 기다리고 있는 것처럼 상정한다는 점에서 정치적 대안과 저항을 근본적으로 무력화하는 강력한 지리적 상상인 것이다. 매시는 다음과 같이 말한다.

> 모더니티 이념이 막강했던 시대에 모더니티 개념이 그랬던 것처럼, 글로벌화도 비록 모호하고 완곡하게 표현되기도 하지만 어쨌든 거스를 수 없는 대세인 것으로 회자되고 있다.

> 이는 공간적인 것이 지닌 다중성을 인정하지 않는 것이다. 그러나 글로벌화는 모든 것을 거스를 수 없는 단 하나의 방향이 아니다. 또한 서구사회 및 다른 경제 권력의 중심에서 '공간'이라는 수동적 표면을 가로질러 그 바깥으로 확장해나가는 것으로 글로벌화를 상상해서도 안 된다. 그것은 공간 만들기이다. 즉, 글로벌화는 다양한 궤적들이 실천과 관계를 통해 능동적으로 조우하고 재구성되는 것이다. 바로 거기에 정치적인 것들이 놓여 있다.[29]

결국 현행의 신자유주의적 글로벌화에 대한 대안적 정치의 모색은 글로벌한 것과 로컬한 것 중 무엇이 더욱 중요하고 무엇이 더욱 도움이 되는가하는 선택의 정치에서 출발하는 것이 아니다. 정말로 중요하게 비판받아야 할 대상은 글로벌리티와 로컬리티라는 이분법적 개념 쌍의 토대를 이루는 공간에 대한 지리적 상상력이며, 이러한 공간적 상상은 공간을 이미 닫혀 있는 단순하고도 수동적인 표면으로 간주하면서 공간을 무력화하는 것을 목표로 한다. 이런 측면에서 볼 때 공간적 차이, 로컬리티에 기반을 둔 정치, 장소의 정체성 등을 강조하는 대안적 정치는 근본적으로 글로벌화 프로젝트를 추동해온 유클리드적 공간적 상상과 동일한 자양분을 흡수하고 있는 셈이다. 이런 점은 하트와 네그리가 시도했던 제국의 지도 그리기(mapping) 프로젝트에서도 분명하게 나타난다.

> 국지적인 차이들은 현재의 장면에 앞서 [존재하고] … 그것들은 전 지구화의 침입으로부터 방어되고 보호되어야 [한다는] … 가정이 주어져 있다면, 국지적인 것에 대한 많은 방어들이 전통적인 생태학의 용어를 채택하거나 심지어 이러한 "국지적" 정치 기획을 자연 및 생체 다양성의 방어와 동일시한다는 것은 그리 놀랄 일이 못 된다. 이러한 견해는 사회관계와 정체성을 고정하고 낭만화하는 일종의 원생주의(promordialism)에 쉽게 빠져버린다. 대신 다루어야 할 필요가 있는 것은 정확히 국지성의 생산, 즉 국지적인 것으로 이해되는 정체성과 차이를 창조하고 재창조하는 사회적 기계들이다.[30]

하트와 네그리가 지칭하는 국지성이란 로컬리티를 가리키는 것이며, 이들은 매시의 주장과 마찬가지 맥락에서 장소의 정치와 로컬리티에 대한 본질주의적·원생주의적 시각의 위험을 뚜렷하게 지적하고 있다. 로컬리티에 착목한 정치적 기획은 사회관계와 정체성을 고정하는 낭만주의적 상상에 사로잡혀 있는 것이다. 사회관계의 개방성을 중시하면서도 공간적 폐쇄성을 주장할 수는 없다. 양자는 양립 불가능하다. 낭만주의에 바탕을 둔 로컬리티에 대한 이러한 공간적 상상을 극복하기 위해서는 이러한 로컬리티가 어떠한 관계적 지리 하에서 형성되어 있는지를 보다 넓은 시각에서 고찰할 필요가 있다. 이런 점에서 하트와 네그리는 "국지성의 차이는 앞서 존재하는 것도 아니고 자연적인 것도 아니며, 오히려 생산 체제의 효과이다. 마찬가지로 전 지구성을 문화적·정치적 또는 경제적 동질화의 측면에서 이해해서는 안 된다. 대신 국지화처럼 정체성과 차이의, 즉 사실상 동질화와 이질화의 생산 체제로서 이해해야 한다"고 말한다.[31] 하트와 네그리가 일컫는 '제국'은 바로 이와 같이 동질성과 이질성 그 자체가 아닌 이를 생산하는 시스템을 말하는 것이다.

관계적 지리를 고려하지 않은 로컬리티에 대한 서사는 정체성, 고정성, 역사성을 강조하는 경향이 있다. 이러한 공간 서사는 로컬리티에 대한 다분히 본질주의적·낭만주의적 상상으로서 정치적으로 가변적이거나 모순적일 수밖에 없다. 이는 공간이나 지역을 내부와 외부로 경계를 긋고 구분할 수 있는 일종의 표면으로 강조할 때 더욱 뚜렷하게 나타난다. 예를 들어, 자유무역 및 자유시장주의 주도의 글로벌화에 반대하는 사람들은 다국적기업의 초국경적 경제활동이나 금융자본의 초국적 모빌리티에 반대하면서도, 빈곤한 개발도상국의 이민자들이나 난민의 초국경적 유입을 통제하려는 정책에는 찬성하지 않는다. 오히려 앞서 언급했던 것처럼 로컬리티를 기반으로 하여 공간적으로 훨씬 배타적인 것, 전통적인 것, 본질적인 것을 정치화하기도 한다. 반면 신자유주의적 글로벌화를 옹호하는 사람들은 자유시장 자본주의가 추동하는 경제적 효율성과 투명성 제고를 강조하면서 개방성을 강조하지만 이와 동시에 문화적·사회적 측면에서는 보수주의적 입장에서 민족주의나 공동체주의 이데올로기를 동원하기도 한다. 결국 폐쇄와 개방, 공간과 장소, 경제와 문화, 노동과 자본, 글로벌한 것과 로컬한 것 등의 이분법적 선분들은 단일한 정치적 입장 위에서도 서로가 논리적으로 모순된 상태에서 교차하고 양립하고 있는 셈이다.

4. 이주민과 도시의 변동

1) 밴쿠버와 홍콩 이주민의 스케일 정치

오늘날 인종 및 민족집단의 다양성과 이민자들의 수용과 관련하여 많은 국가와 도시가 나아가고 있는 사회문화적 방향의 핵심 키워드는 다문화주의일 것이다. 다문화주의는 크게 '담론'으로서의 다문화주의와 '운동'으로서의 다문화주의로 구별할 수 있다.[32] 담론으로서의 다문화주의는 이질적 차이와 정체성을 지닌 집단과 그 문화를 인정하고 관용을 통해 통합함으로써 사회적 차별, 갈등, 불이익을 최소화하려는 정책이다. 반면 운동으로서의 다문화주의는 다문화주의를 최종적 목적이 아닌 도구 내지 과정으로 인식하고 보편화된 주류 사회와 그 문화를 탈중심화하고 다양성을 능동적으로 달성하려는 노력이다.[33] 그런 측면에서 전자는 국가적·주류적 입장에서의 사회통합 정책으로 나타나며, 후자는 집단적·비주류적·소수자적 입장에서 차이와 정체성의 정치를 위해 동원하는 운동으로 표출되는 것이 일반적이다.

북아메리카 북동부에 위치한 '로컬' 도시들에서 다문화주의라는 용어가 주요한 사회적 쟁점으로 부각되기 시작한 것은 1990년대에 들어서면서부터였다. 타이완, 한국, 홍콩, 싱가포르 등 동아시아의 신흥공업국의 중·상류층 초국적 이주자들이 자본의 글로벌화라는 흐름 속에서 북아메리카 태평양 일대의 대도시로 몰려들기 시작했기 때문이었다. 급속한 경제성장을 통해 상당한 부를 축적한 신흥 중·상류층과 투자자 계급이 형성되었던 것이다. 이러한 동아시아 중·상류층의 초국가주의 행태의 등장에는 여러 요인이 작용했지만, 일차적으로 캐나다와 미국을 경제적 불확실성이 낮아 안전하면서도 상대적으로 주택 가격이 낮고 질이 좋기 때문에 장래의 수익성 높은 투자처로 간주했다는 점을 들 수 있다. 또한 더욱 중요한 것은, 캐나다는 이른바 다문화주의 정책을 추구하고 국제 이민에 매우 우호적인 환경을 갖추고 있었기 때문에, 동아시아 중·상류층 가족의 자녀 교육에 (특히 영어 교육에) 유리하고 은퇴 후에도 영구적으로 거주할 수 있는 이로운 자연적·문화적 환경을 갖추고 있었기 때문이라고 볼 수 있다. 또한 상당한 동아시아의 가족은 현재까지도 교육을 통한 가족의 계급적 재생산과 글로벌화의 네트워크를 통한 문화적 자본 축적을 위해 분거가족을 형성하는 경우가 많다.

캐나다 연방정부, 주 정부, 도시정부 등은 중국 등 동아시아의 투자 자본 유치를 위해서 1990년대부터 투자이민 제도를 활성화하기 시작했다. 홍콩 사람들은 홍콩과 중국 외에 제3국의 시민권 취득을 원했고, 캐나다는 1980년대 말 이민법을 개정하여

'사업 목적의 이민' 내에 '투자이민'이라는 별도의 범주를 신설하여 50만 캐나다 달러를 투자하면 영주권을 부여하도록 했다. 홍콩에서 캐나다로 투자된 자본은 사업을 활성화하여 고용을 창출하는 데에 도움이 되기보다는 부동산 부문으로 집중 투자되었다. 또한 홍콩이 1997년 중국으로 반환되기 이전 시점부터 정치적·경제적 불확실성을 두려워하는 홍콩 자본이 북아메리카로 이전되었을 뿐만 아니라, 북아메리카에서 부동산 가격이 상승 추세를 보임에 따라 거주 목적에서뿐만 아니라 투자의 관점에서도 주택시장에 대한 투자가 일어나 부동산 가격이 가파른 속도로 상승하게 되었다. 특히 캐나다 서부에 위치하고 있는 브리티시컬럼비아 주는 태평양 연안 국가로부터의 자본 유입을 목표로 1980년대부터 금융 부문에 대한 규제 완화와 개발을 촉진하기 위해 연방정부나 주 정부가 소유한 토지를 적극적으로 민영화했다.[34]

캐나다의 인문지리학자인 캐서린 미첼(Katharyne Mitchell)은 바로 이러한 국면에서 캐나다에 정착한 홍콩 출신의 이민자들과 기존의 밴쿠버 주민들 간의 갈등에 초점을 두고, 양 집단이 밴쿠버라는 도시의 로컬리티와 공간적 정체성을 어떻게 동원하는지를 분석한 바 있다.[35] 원래, 홍콩을 포함한 중화권 문화에서는 자신의 부와 지위를 과시하는 것이 사회적으로 바람직한 것으로 받아들여지며, 특히 중·상류층이 자신의 부를 주택, 자동차, 가방 및 의류, 장신구 등으로 가시화하는 것은 (중산층 이하의 사람들을 대상으로 한 문화적 행태라기보다는) 다른 중·상류층으로부터 인정을 받아 주류 사회에 진입할 수 있는 통행권과 같다는 것이다. 곧, 미첼에 따르면, 가시화된 부는 개인적 정체성의 한 형태일 뿐만 아니라 주류 사회 집단의 자원과 네트워크에 접근할 수 있는 매개물 역할을 한다.

그런데 중국으로의 홍콩 반환이 가시화될 무렵인 1990년대 들어 막대한 홍콩 자본이 미국, 캐나다 등 북아메리카 지역으로 이전되기 시작했다. 이는 앞서 언급했던 것처럼 안전한 투자처 확보, 해외 금융 투자처 확대, 동아사이의 지정학적 불확실성 감소, 보다 나은 교육 기회를 통한 가족의 계급적 재생산, 노후 생활을 위한 은퇴 거주 지역으로서의 자연적·문화적 쾌적성, 이민자들에 대한 우호적 분위기 등이 복합적으로 작용한 결과로 볼 수 있다. 이런 과정에서 홍콩 출신의 이민자들은 북아메리카 북태평양 연안 일대의 막대한 주택시장에 진입하여 부동산을 구입했던 것이다. 한편 밴쿠버 도시 당국의 입장에서는 북아메리카와 캐나다 북서부의 끝자락에서 지리적으로 매우 고립적인 위치를 차지하고 있었기 때문에, 북아메리카 내부의 물적·인적 금융자본을 끌어들임으로써 도시를 성장시키기에는 지리적인 한계가 분명했다. 따라서 밴쿠버는 동아시아의 이민자 및 투자자와의 네트워킹을 통해 태평양 연안의 명실상부한 글로벌 도시로 성장할 기회를 마련하려 했던 것이다.

캐서린 미첼의 연구에 따르면, 밴쿠버에 주택을 구입하여 정착하기 시작한 홍콩 출신의 이민자들은 밴쿠버에서의 주류 문화에서는 사람들이 자신의 부나 사회적 지위를 과시하거나 뽐내지 않는 것이 일반적이지만, 어떤 주거지역에 살고 있고 어떤 주택에 거주하는가는 분명하게 밴쿠버 주민들 간에 차별화되어 있다고 판단했다. 따라서 홍콩 이민자들은 밴쿠버 대도시권의 백인 거주 지역의 서쪽 근린 지구에서부터 정착하기 시작했다. 이 과정에서 기존의 밴쿠버 주민들이 소유했던 잉글랜드풍의 작은 오두막 유형의 주택들이 빠른 속도로 해체되는 대신, 중국식의 크고 현란하며 과시적인 주택을 건설하기 시작했다. 밴쿠버에서는 이런 중국계 이민자들의 거대 주택을 '괴물 주택(monster house)' 또는 '매머드 주택'이라 불렀다.[36] 이런 주거 경관으로 가시화된 밴쿠버 로컬리티의 변화는 외부로부터 유입된 초국적 이주자들과 그들이 지닌 사회적·문화적 가치가 재현된 결과임이 분명했다. 글로벌 스케일에서의 인적·물적 자본의 유입으로 밴쿠버라는 장소의 로컬리티가 전환기를 맞이한 것이었다.

한편 밴쿠버에 살고 있던 기존의 백인 주민들은 이런 로컬리티의 변화를 달갑게 맞아들이지 않았다. 미첼에 따르면, 원래 기존의 밴쿠버 주민들은 18세기 이후 영국식 경관 전통을 이어받아 넓은 녹지대, 주거지역을 둘러싼 수풀과 관목, 넓은 정원, 소규모 단일 가구 주택, 넓은 가로수 길 등을 특징으로 하고 있고, 이들은 영국의 경관 정체성과 헤리티지를 계승하고 있다는 자부심을 가지고 있었다. 특히 밴쿠버가 본격적으로 개발되기 시작한 19세기 후반부터 밴쿠버 도시 공무원들은 밴쿠버 서부를 영국 촌락의 신화적 경관을 상징하는 장소로 재현, 개발하고자 했다. 여기에는 영국 촌락의 한가로운 전원성(rural idyllic), 촌락 공간

밴쿠버 괴물 주택의 한 사례(1980년대)

에 대한 낭만주의적 상상, 산업화 이전의 생활양식 등이 미학적으로 반영되어 있어서, 밴쿠버가 위치한 브리티시컬럼비아 주의 새로운 엘리트적 교외 지역을 상징화하는 곳이 되었다.[37] 밴쿠버 주택 경관의 로컬리티는 중국계 이민자들의 유입이 이루어지기 전에조차 밴쿠버라는 도시에 고유한 정체성을 가진 것이 아니었다. 오히려 영국과 캐나다 간의 식민주의적 관계, 도시 개발에 있어서 영국계 주민들의 엘리트주의적 모더니즘적 공간적 상상, 촌락에 대한 낭만주의 등의 보다 복잡한 관계들이 로컬 스케일에서 형성한 결과물인 것이다.

그러나 1990년대부터 중국 이민자들이 유입되어 부동산에 대한 투자가 시작되면서 주거 경관이 거대해지기 시작했다. 기존의 주민들이 가꾸어 놓았던 유럽풍의 오랜 조경수들이 점차 사라지게 되었고, 주택 소유자의 물질적 부를 명시적으로 과시하는 주거 경관이 나타나기 시작했다. 중국 이민자들은 주거 경관의 가시성을 도드라지도록 만들기 위해서 조경수를 보다 빠른 속도로 제거해나갔다. 그렇지만 중국 이주민들의 이러한 경관 변화는 자신이 소유한 재산권을 행사한 것의 결과임은 분명했다. 또한 중국인들의 '풍수' 문화가 주거 환경에 반영되어 로컬 경관과 어울리지 않는 주택들도 등장했다. 이 결과 밴쿠버 대도시권의 몇몇 중·상류층 집단의 주거 지역에서 갈등이 불거지게 되었던 것이다. 백인 주민들은 중국인들이 '더 큰 공간, 더 작은 뜰, 비싸게 보이는 건축 자재에 대한 욕망'을 갖고 있으며 탐욕스럽다고 비판하고 나섰다. 특히 영국계 캐나다 주택 소유주들은 로컬 정치인들과 연합하여 토지 구획 법률을 보다 보호적인 방식으로 바꾸게 강제함으로써 이 주거 지구의 재개발이 더 이상 진행되는 것을 막았다.[38]

밴쿠버의 홍콩계 이민자와 캐나다로의 투자이민을 계획 중인 홍콩 투자자 등은 이주 에이전시 당국의 지원 속에서 이른바 '홍콩 캐나다 클럽'을 조직했는데, 이는 밴쿠버의 주거 문화와 규범을 주제로 세미나를 개최함으로써 교육과 규율을 통해 절차적 정당성을 확보하고 이러한 조치에 대응하고자 했다. 그리고 이 모임에는 중국계 부동산업자, 개발업자, 투자회사 등이 함께 가세했다. 미첼의 연구에 따르면 이 클럽에서 조직한 세미나는 홍콩

이민자들의 캐나다로의 문화변용(acculturation)이라는 메시지를 통해 밴쿠버의 로컬 전통과 문화를 존중해야 한다는 점을 공유하는 데에 초점을 두었을 뿐만 아니라, 이른바 '글로벌화의 시대에 갖추어야 할 세계시민으로서의 범세계주의(cosmopolitanism) 태도'를 강조했다. 이는 밴쿠버의 로컬리티를 존중하면서도 중국계 이민자로서의 정체성을 중국인이 아닌 '세계시민'이라는 가치중립적인 위치성으로 대치하려는 전략이었다고 볼 수 있다. 실제, 많은 중국계 투자자와 사업가들은 스스로를 '아시아-태평양'이라는 상상의 공간 속에서 태평양 권역에서 가교 역할을 담당하고 있다고 강조했다. 이른바 '초국적 범세계주의자'로서의 이들 홍콩 출신 이민자들의 자기 정체성은 중국인들의 상업 네트워크를 강화, 전유할 뿐만 아니라 아시아-태평양 권역에 있어서 중국 사람들의 상업적 이익을 극대화하는 담론으로 기능할 수 있었다.

이처럼 밴쿠버에서와 같이 이러한 홍콩의 중·상류층 이민자들의 담론이 겉보기에는 초국가적·중립적 글로벌 이미지를 갖고 있었지만, 실제 자본이 로컬 삶터에 뿌리를 내릴 때에는 밴쿠버의 로컬 문화 및 경관을 구축해놓은 기존의 백인 중산층과 충돌하게 되었다. 중국계 투자 이민자들이 스스로를 범세계주의적 세계 시민이라는 정체성으로 규정지었던 것은 로컬 삶터에서의 이러한 갈등에서 더 우월한 지위를 확보하기 위한 전략이었다. '글로벌' 시민이 '로컬' 시민보다 중립적이고 객관적이며, 그렇기 때문에 밴쿠버의 로컬 주민들을 배타적이고 보수적인 주민으로 범주화할 수 있는 지리적 상상의 전략이었다. 그럼에도 불구하고 중국계 이민자들은 친족 네트워크를 통해 자본의 규모를 키워 밴쿠버 서쪽 일대에 대규모 부동산을 사들인 후 거대한 주택을 지어서 홍콩 이민 투자자들에게 다시 되파는 방식으로 성장하게 되었다. 결국 밴쿠버 주택 경관으로 재현되는 도시의 로컬리티는 홍콩과 밴쿠버를 연결하는 글로벌 초국적 자본의 이동이라는 맥락에 근거하지만, 로컬 삶터에서는 상이한 인종적·계급적 선분이 교차하면서 복잡한 로컬리티가 형성되었다.

한편 미첼의 연구는 이와는 또 다른 사례로서 1986년 밴쿠버에서 개최된 세계 무역 박람회 이후 당시 브리티시컬럼비아 주의 주지사가 박람회장과 주변의 수변공간을 민영화하기로 했던 사례를 제시한다.[39] 밴쿠버 도심의 1/6에 해당하는 이 광대한 박람회장을 매입한 것은 1988년에 홍콩 출신의 부동산 투자자였다. 주 정부가 이 토지를 홍콩 출신의 투자자에게 매각한 이유는 이 토지를 개발하는 과정에서 홍콩을 비롯한 중국 및 동아시아에서 더욱 큰 자본을 추가적으로 유인할 수 있을 것이라는 전략에서였다. 북아메리카 북서부의 고립된 위치에 있다는 지리적 한계를 중국 등 동아시아의 금융 네트워킹을 통해 일약 '세계도시'의 반열에 올릴 수 있다는 욕망이 배어 있었던 것이다. 그러나 밴쿠버의 상당수 주민은 이러한 외래 자본의 투자에 대해서 거부감을 갖고 이를 문제시했다. 이러한 거부감의 근원은 아시아계 이민자들에 대한 주류 집단의 오리엔탈리즘, 해외자본에 대한 두려움, 밴쿠버의 전통적 로컬리티가 훼손될 수도 있다는 경계심 등이 복합적으로 작동한 결과였다. 미첼에 따르면 특히 중국계 기업의 투자를 우선시하여 다른 로컬 투자가 배제되어 투자 기회를 중국계 자본이 모두 가져갈 것이라는 우려가 컸다.

한편 미첼에 따르면, 이 과정에서 밴쿠버의 부동산 가격이 급속히 상승함에 따라 로컬 미디어는 그 이유를 중국 투자자들에게서 찾는 보도를 연이어 내보냈다. 밴쿠버의 로컬 일간지는 「어떻게 아시아계 자금이 타오르고 있는 주택시장에 기름을 붓고 있는가?」라는 제하의 기획 기사를 보도하면서 홍콩 중심의 아시아계 투자자들이 밴쿠버 주거비용 상승의 원인이라고 주목했다. 또한 「홍콩에서는 돈이면 최고!」'와 같은 선정적인 제목의 기사를 통해 홍콩계 중국인들의 정체성을 '부동산을 투기의 대상으로 보고 이윤을 추구하는, 물질적 부의 축적을 매우 공격적이고 탐욕스럽게 추구하는, 자기 과시적이고 허세적인, 자연환경을 고려하지 않는 사람'으로 규정했다.[40]

이러한 미디어의 재현은 홍콩 이민자들은 캐나다에 속하지 않는다는 배타적 민족주의, 밴쿠버라는 도시에 이방인이라는 지역 중심주의 그리고 아시아계 출신의 이민자에 대한 배타적 공동체주의 등이 복합적으로 작동한 결과였다. 홍콩 주민들에 대한 이러한 보도 기사들은 가뜩이나 홍콩계 이민자들의 주택에 불만을 가지고 있던 밴쿠버 주민들의 불만에 기름을 붓는 격이었다. 결과적으로 홍콩계 이민자들의 주택을 괴물 주택이라고 낙인을 찍으면서 인종차별이 공공연하게 확산되었고, 홍콩계 이민자들이 자신들의 근린 지구에 '침투'하여 들어오는 것에 반대하는 운동을 벌이기까지 했다. 이 결과 밴쿠버에서는 노후 아파트나 단독주택의 철거를 반대하는 시위가 일어났고, 오래된 수령의 나무를 제거하는 것을 금지하게 했고, 주택 소유자 협회에서는 신규 주택의 크기를 제한하는 조례를 발의할 것을 강력하게 추진했다.

한편 밴쿠버 내의 여러 시민사회단체, 조직, 기관 등에서는 홍콩계 이민자의 투자와 관련된 논란을 다문화주의의 차원에서 접근하려는 움직임이 나타났다. 원래 캐나다에서 다문화주의 정책이 강화될 수 있었던 것은 퀘벡 주를 중심으로 한 프랑스계 이민자들과 북아메리카 원주민 자치 운동의 결과였다. 이런 노력이 1980년대 이후 다문화주의와 문화적 조화를 강조하는 캐나다의 국가적 정책으로 귀결되었던 것이다. 일부 미디어는 캐나다에서의 문화적 조화, 이질적 문화에 대한 관용, 다양한 문화적 배경을 지닌 사람들 간의 상호 이해 촉진 등을 강조했다. 또한 이의 연장선상에서 시민단체에서는 밴쿠버에서의 부동산 가격의 급등이 반드시 외부 투자자들 때문에 야기되는 것만은 아니라, 경기침체로 인해 이자율이 낮아지게 되어 금융자본이 부동산 부문에 집중하기 때문이며 밴쿠버의 주택시장 자체가 공급 부족이라는 분석까지도 내놓았다. 이들은 '문화적 조화'와 '글로벌화'라는 관점에서 홍콩 출신의 이민자의 투자와 이민 그리고 이들이 로컬 삶터에 정착하면서 야기하는 주거 경관의 변화 등을 보다 가치중립적인 관점에서 탈정치화하고자 했던 것이다.[41]

밴쿠버의 사례는 특정 도시의 로컬리티가 얼마나 다양한 지리적 스케일에서, 얼마나 다양한 행위자들이, 얼마나 상이한 위치에서 복잡한 관계적 지리의 한 국면에 있는지를 보여준다. 앞서 언급했던 바와 같이, 홍콩 출신의 중국계 투자자들과 기존의 밴쿠버 주민 간 마찰과 갈등의 근원은 두 가지를 중심으로 전개되었다. 하나는 도심의 중요 부지의 상업화 과정에서 지역 자본이 사업 기회에서 배제될 수도 있다는 것이었고, 다른 하나는 근린 지구의 경관 변화에 대한 걱정이었다. 이 두 가지 논제와 이에 따라 아시아계 자본이 밴쿠버의 도시 경관의 변화에 막대한 변화를 야기할 것이라는 우려가 미디어에서 재생산되면서 홍콩계 투자 이민자들과 그들의 삶터에 대한 반감이 형성되었던 것이다. 여기에는 백인중심주의, 오리엔탈리즘, 민족주의, 지역주의 및 공동체주의 등이 복합되어 있고 계급적인 속성도 포괄하고 있다. 이에 대응하여 홍콩 이민자들과 이민 에이전시 당국은 밴쿠버에서 다문화주의라는 용어를 차용하고 '초국적 범세계주의자'라는 보편적 정체성을 고안, 추구함으로써 기존 밴쿠버 주민들의 커뮤니티 운동을 배타적이고 지역적인 것으로 두고 로컬 갈등을 극복하고자 했다. 밴쿠버의 로컬리티는 다문화주의, 범세계주의와 같은 담론이 얼마나 특정 행위자들의 유연적 정체성을 위해 동원, 전유되기 쉬운지를 보여줄 뿐만 아니라, '로컬한 것'의 로컬리티가 얼마나 '로컬하지 않은 관계적 지리' 속에서 형성되는가를 보여주는 사례이다.

2) 로스앤젤레스 코리아타운의 초국적 개발

오늘날 섞임, 융합, 통섭, 퓨전 등 이질적인 것들의 혼합을 강조하는 많은 용어들이 범람하고 있다. 그 기저에는 이른바 '혼성성(hybridity)'이라는 개념이 자리 잡고 있는데, 흥미롭게도 혼성성은 그 자체로서 혼성적인 위치에 놓여 있는 듯하다. 우선 포스트식민주의에 기반을 둔 많은 이론가들은 혼성성이라는 용어를 통해 디아스포라적인, 유목민적인, 유기되거나 버려진 주체들의 위치를 재중심화하고 이들의 목소리를 통해 민족 및 국가 중심적인 모더니티의 지배적 서사에 균열을 내고 있다. 한편 이질적인 것들의 섞임은 일반 대중이나 미디어가 경축하고 있는 주요 주제 중 하나로서 혼성성을 새로운 창조물로 재현함으로써 포스트모던 시대를 특징짓는 현상으로 추앙받고 있기도 하다. 일찍이 프레드릭 제임슨(Fredrick Jameson)이 말했던 것처럼 문화적 섞임은 후기 자본주의의 문화 논리로서 의도적으로 상상, 생산, 소비되고 있는 상품이 되었고, 다문화주의라는 용어 그 자체도 인종적 갈등을 은폐하기 위한 주류 사회의 담론이 되어 버렸다.

이런 측면에서 혼성성이 특정한 로컬리티 내에서 어떤 위치를 점유하고 있고 어떻게 전유되는지를 파악하는 것은 매우 중요한 문제이다. 앞서 언급한 바와 같이 호미 바바(Hommi Bhabha)나 스튜어트 홀(Stuart Hall) 등의 포스트식민 문화이론가들에 따르면, 디아스포라나 주체들이나 이주민들의 주변화된 혼성적 경험과 문화적 혼성성이 계급, 인종, 젠더 등의 교차하는 모순적 지점을 제3의 공간성으로 전환시킴으로써 서양 및 국가 중심적 서사를 비판할 수 있는 유리한 위치성을 확보할 수 있다.[42]

그렇다면 오늘날처럼 안전한 투자처를 찾기 위해, 일자리를 찾기 위해, 자녀의 교육을 위해, 또는 모국에서의 폭력으로부터 벗어나기 위해 국가의 경계를 넘는 국제이주가 과거 그 어느 때보다도 활발해진 시기에 왜 비판적인 혼성성의 정치가 흘러넘치지 않는 것일까? 경계선 위에 서 있는 또는 양쪽 모두에 동시에 소속되어 있는 주체들은 경계나 범주화 그 자체가 권력임을 인식하고, 경계나 범주화를 비판적으로 넘어서고자 하며, 궁극적으로 경계나 범주화의 권력으로부터 해방되려는 의지를 갖는다고 할 때, 과연 그 의지는 이러한 혼성적 위치성으로 인해 자동적으로 부여받게 되는 것인가, 그렇지 않다면 특수한 조건 하에서의 의도적 결과물인 것인가? 그리고 궁극적으로 로컬리티의 혼성성은 어떻게 정치적으로 전유되는 것일까? 만일 본질적인 의미에서 존재하는 모든 것은 혼성적이고 디아스포라적이라고 한다면 이러한 질문에 대한 탐구는 우리가 꼭 심문해보아야 할 부분이다.

로스앤젤레스는 포스트모던 도시의 전형이자 도시 내부의 수많은 분절화된 구역들로 이루어진 모자이크 도시로서, 이러한 다양한 이주 주체들 간의 인종적·민족적 선분들의 관계적 지리와 이 교차점에서 이루어지는 다양한 혼성성의 정치를 살펴보기에 매우 흥미로운 로컬리티를 갖고 있다. 낯선 사람들 간의 마주침이 없는 도시, 도시 스프롤로 끝이 없는 도시, 수많은 민족 커뮤니티의 모자이크 도시, 자동차와 고속도로가 만든 도시, 미국 서부의 관문 도시이자 이민자의 도시, 극적인 아메리칸드림의 도시 등의 용어가 로스앤젤레스라는 포스트모던 도시의 로컬리티를 특징짓는다. 이는 유럽으로부터의 백인 이민자들이 기반을 구축했던 다른 미국의 도시들과는 분명 다른 역사적 궤적을 갖고 성장한 도시이다.

코리아타운은 로스앤젤레스 도심의 서쪽으로 약 3.5마일 정도 떨어진 곳에 위치한 로스앤젤레스 내 소수민족 커뮤니티 중 하나로서, 1970년대부터 소규모 자영업으로 대표되는 로스앤젤레스에 거주하는 한국계 이민자들의 최초의 정착지 이자 경제적·정치적 수도와 같은 곳이다. 이는 두 가지 중요한 의미를 갖고 있다. 하나는 로스앤젤레스의 로컬 '한인'들의 시각에서 볼 때 코리아타운은 한국의 서울과 비교될 정도로 강한 지리적 중심성을 갖고 있다는 점이다. 이들 한인들은 로스앤젤레스 주류사회의 시각에서 볼 때 중국 및 일본 이민자들과 마찬가지로 아시아계 이민자 중 일부이고, 이들은 다시 히스패닉 및 흑인 주민들을 포함한 유색인종 주민들이자 소수민족의 일부일 따름이다. 그런 측면에서 코리아타운은 도시 내부 구조의 위치로 볼 때에 중산층 교외 지역과 대비되는 저소득층 주민 위주의 하나이고, 도심 주변의 전이지대(transition zone)를 형성하는 곳으로서 재개발에 대한 기대감 등으로 주택 소유주들이 거주하기보다는 세입자들의 비중이 높으며, 흑인 및 라티노 주거지역과 필리핀 이주민 주거지역과 인접한 곳이다. 요컨대 코리아타운의 로컬리티는 주류 사회의 시각에서 볼 때와 한인 사회에서 볼 때가 그 공간적 의미가 극적으로 대비되는 결절에 위치한다.

흥미롭게도 로스앤젤레스 코리아타운의 로컬리티는 1997년 말레이시아에서 시작되었던 아시아 금융위기 국면으로 큰 변동을 겪게 되었다. 왜냐하면 로스앤젤레스 코리아타운이 한국계 기업과 투자자 집단의 초국적 투자뿐만 아니라 한국의 중·상류층 교육 이민자들의 개별적 차원에서의 이민 투자가 집중되고 있는 지역이 되었기 때문이다. 한국에서의 외환위기는 한국에서의 원화 자산 및 부동산이 불안전 자산임을 증명한 것이었고, 이에 따라 한국에 거주하던 상당수의 자본가와 투자자들은 (밴쿠버에서의 홍콩 투자자들과 마찬가지로) 미국 서부 일대의 대도시에 투자를 시작했다.

특히 E-2 비자라고 불리는 '소액' 투자 이민자들은 대략 2억~5억 원 정도의 사업체에 대한 투자를 통해 미국 내에서 거주하면서 자녀를 교육할 수 있는 기회를 획득한다. 미국 국토안보부의 시민권·이민서비스국(USCIS: US Citizenship and Immigration Services)이 E-2 비자 발급에 대한 통계를 국가별로 발표하지 않는 까닭에 정확한 수치는 알 수 없지만, 코리아타운의 부동산업체들에 따르면 미국 내 현지 사업체 매입을 상담해오는 한국인들 가운데에 셋 중 하나는 E-2 비자를 취득하려는한국 국적자들이었다. 이는 그만큼 코리아타운 내 부동산 시장에 있어서 현지 한인 자본이 아닌 한국으로부터의 초국적 자본 투자의 영향력이 크다는 것을 반증하는 것이다. 또한 로스앤젤레스에 본사를 두고 있는 미국 내 최대 규모의 한인 부동산 회사인 뉴스타부동산은 이미 2003년 한국에 지사를 설립했으며, 로스앤젤레스 현지의 한인 은행들 또한 한국으로부터의 부동산 중심의 개인 투자와 비즈니스 사업자금의 대출을 중심으로 막대한 투자 자본을 유치하는 데에 성공했다.

그러나 코리아타운의 로컬리티는 분명 한국으로부터의 초국적 자본이 투자되는 공간으로서 의미를 갖고 있지만, 이 공간의 물적 기반과 서비스는 코리아타운을 지탱하고 있는 '로컬', 그것이 뿌리를 내리고 있는 로컬 노동시장이 없이는 불가능하다. 아이러니컬하게도 2000년대에 들어 급속히 외형적으로 성장하게 된 코리아타운에서 노동하고 있는 많은 피고용자들은 젊은 한국계 이주자들로서 이들의 상당수는 미등록 상태에 있는 것으로 확인되고 있다. 이들은 한국어와 한국 문화에 능숙하기 때문에 코리아타운 내에서 한인들이 소유한 식당, 식료품점, 코인세탁소, 청소업체 등에 고용되어 한국인 고객들을 직접 상대하는 업무를 전담한다. 한편 젊은 한국계 노동자들과 더불어 코리아타운의 경제를 받치는 또 하나의 축은 라티노 노동자 집단이다. 이들은 멕시코를 비롯하여 과테말라, 엘살바도르 등 라틴아메리카 국가 내 저개발 지역에서 이주해온 노동자들인데, 코리아타운에서 이들은 출신 지역이나 국가와 상관없이 흔히 '멕시칸'이라고 불린다. 이들 집단은 코리아타운의 '보이지 않는 곳에서 그리고 보이지 않는 시간에' 바닥 청소부, 야간 경비원, 건물 내 시설물 관리원, 주방 내의 잡부, 주차 안내원 등으로 일하고 있다. 이들은 최저 임금 혹은 그에 못 미치는 임금을 받으며 코리아타운의 계급 피라미드에서 가장 하층을 구성한다.

많은 한인 노동자들이 미혼의 청년층임에 비해 이들 라티노 노동자들은 대부분 자녀들과 배우자를 둔 혼인가구를 구성한다. 그러나 이들은 대부분 임금이 매우 낮고 유연성이 높은 업종과 파트타임으로 근무하기 때문에, 생계비를 최소화할 목적으로 코리아타운 내에 임대 아파트 등에 집단으로 거주하면서 2~3개의 직업을 가지고 도보로 출퇴근한다. 미국 센서스 자료를 토대로 할 때 코리아타운 핵심부의 상주인구는 대략 25만 명 정도이며 이 중 60%가량을 라티노계 인구가 차지하고 있다. 또한 코리아타운 내 상주인구의 가구당 소득 중앙값은 2만 달러에 불과하며, 이는 로스앤젤레스 모든 카운티 중에서 가장 낮은 지역 중 하나이다. 이처럼 로스앤젤레스 코리아타운은 한국으로부터의 초국적 투자에 있어서 매력적인 지역이 되었지만, 동시에 코리아타운 내에 거주하는 주민들의 삶터는 매우 피폐한 상태에 있다.

오늘날 코리아타운으로 불리는 지역은 원래 로스앤젤레스 주류 사회에서 윌셔센터(Wilshire Center) 또는 미드윌셔(Mid-Wilshire)라고도 불리던 곳이었다. 윌셔센터는 19세기부터 20세기 초반에 이르기까지 로스앤젤레스 도심에 버금가는 백인 주민들의 쇼핑 및 사교 중심지였는데, 제2차 세계대전을 거치면서 점차 유태인 커뮤니티의 거주 및 비즈니스 중심지로 변화했다. 왜냐하면 전쟁 이후의 막대한 부를 바탕으로 로스앤젤레스가 산타모니카와 같은 해안가 주변의 신흥 도시로 급속히 교외화가 진행됨에 따라, 이곳에 거주하던 중산층이 빠른 속도로 교외로 이탈하게 되면서 공간적·사회적으로 쇠락하게 되었기 때문이다. 그리고 1950년대부터 이곳의 지배집단이 되었던 유대인들은 도심의 봉제·의류업을 장악하면서 한 차례 공간적 융성을 주도했지만, 1970년대에 불황을 겪으면서 한국계 이민자들에게 봉제·의류업을 내어주고 교외 지역으로 이탈하게 되었다. 한편 미국은 경제조직 및 노동의 경직성이 불러온 1970년대 초반의 경제적 위기를 극복하는 과정에서 내부도시의 공간 불경제를 극복하기 위해 한국 등 아시아계 출신 이민자들을 대폭적으로 받아들이게 되었고, 한국 노동자들과 소규모 자영업자들은 바로 흑인 커뮤니티와 인접하면서도 비교적 주거 환경이 좋고 임대료가 낮은 미드윌셔를 중심으로 정착하기 시작했던 것이다.

한편 오늘날 로스앤젤레스 대도시권 내 한인 인구의 분포를 살펴보면 코리아타운이 여전히 한인 밀집 지역으로 남아 있기는 하지만 한국계 주민들의 대부분은 로스앤젤레스의 북서부 해안가 및 밸리 지역 일대, 동부의 대규모 교외 주택 단지 그리고 남쪽으로 오렌지카운티에 분산되어 있는 여러 중산층 주택지구 등에 흩어져서 살고 있다. 이렇게 교외 지역에 거주하는 한인들의 일부는 로스앤젤레스 내에서 자영업 등으로 자본을 축적한 1세대 이민자 집단이지만 또 다른 일부는 한국으로부터 교육 등을 목적으로 이주해온 신흥 중산층 이민자들이다. 이런 맥락에서 볼 때 코리아타운 내에 거주하는 한인 인구 비율은 다른 지역에 비하여 상대적으로 높은 편이지만, 이들의 사회경제적 특성이

다른 도시 내 다른 지역에 밀집한 한인들에 비해 사회경제적으로 현저한 차이가 있음을 보여주고 있다. 코리아타운 내 빈곤율은 다른 한인 거주 지역에 비해 최소 2배 이상 높다. 코리아타운에 살고 있는 한인들의 주택소유 비율은 20% 미만이며 한인들의 자영업 비율과 평균 가구원 수가 낮다는 점은, 코리아타운의 많은 한인들이 미혼의 임금 생활자로서 월세로 생활하고 있다는 점을 드러낸다.[43]

마지막으로 코리아타운의 로컬리티는 로스앤젤레스라는 도시 내부의 독특한 재개발의 관계적 지리의 일부이기도 하다. 코리아타운은 로스앤젤레스 도시 당국이 추진하고 있는 38개의 재개발구역 중 하나이다. 로스앤젤레스의 재개발을 담당하고 있는 기구는 캘리포니아주의 재개발에 근거를 두고 설립된 로스앤젤레스 도시재개발국이다. 이 기구는 재개발구역으로 지정된 범위 내의 토지 및 건물을 독점적으로 수용, 재개발, 매매할 수 있는 독점적인 권한을 갖고 있다. 도시재개발국 주 또는 시 정부로부터 재정 지원을 받지 않는 대신 38개의 도시 내 재개발 대상 지역에서 재개발 사업 기간 동안 매년 증가하는 부동산 세금의 증가분을 독점적으로 전유한다. 이 기구의 가장 강력한 무기는 독점소유권 제도인데, 이는 토지나 건물을 소유한 개별 소유주들로부터 부동산을 낮은 가격에 수용한 후 조각난 부동산들을 대규모 재개발 프로젝트를 위한 거대한 공간으로 통합하고 이를 외부의 투자기업 혹은 투자자에게 판매하거나 임대함으로써 공간의 교환가치를 극적으로 증식할 수 있는 권력을 지칭한다. 독점소유권으로 무장한 재개발국은 지역의 '황폐함'을 제거하기 위하여 커뮤니티 외부로부터의 사적 자본을 유인하여 보다 높은 세금을 얻을 수 있는 상업용도 중심으로 재개발하는 방식을 취하고 있다. 도시재개발국은 재개발 사업에 있어서 중하층을 위한 주거지 개발 비율은 최소화하는 대신 세입 증가분의 절반 이상을 재개발구역 내의 토지를 상업 용도로 전환하고 이의 개발을 위해 외부 자본을 유인, 지원하는 데에 사용한다.[44]

결국 로스앤젤레스 코리아타운의 로컬리티는 이질적 시간과 공간이 상호 교차하는 복잡한 관계적 지리를 갖고 있다. 19세기 후반부터 20세기 초반까지 이곳에 정착하여 다운타운에 버금가는 부도심을 형성했던 백인 주류 집단의 역사, 제2차 세계대전 이후 백인들을 대신해서 유입된 유태인 자영업자들 그리고 1970년대 이후 또다시 유기되고 황폐해진 도시 내부로 유입되어 온 한국인들 그리고 1990년대 말 이후 초국적 자본의 물결과 함께 대대적인 부동산 투자를 단행해온 한국으로부터의 초국적 투자이민의 역사에 이르기까지 말이다. 이러한 시간적 다중성과 더불어, 코리아타운은 공간적으로 로스앤젤레스 대도시권의 대표적인 내부도시이자 부도심이고, 도시 당국이 지정한 재개발구역 중 하나이며, 로스앤젤레스 내 한인들에게는 '서울'과 같은 한인 이민 사회의 수도이며, 초국적 투자자들에게는 교육이나 사업 등의 목적으로 미국으로 진입하기 위한 관문도시인 것이다. 로스앤젤레스 코리아타운은 이러한 시·공간적으로 다중적인 선분들이 교차하는 한 지점에 형성되어 있는 공간이자 장소이며,

코리아타운(LA) 항공사진

코리아타운의 로컬리티는 고유의 고정된 정체성을 갖고 있기보다는 복잡한 지리적 관계 속에서 한 '상황' 내지 '국면'으로 존재한다는 것을 알 수 있다.

5. 나가며: '이주도시'로서의 런던

이제까지 로컬리티의 다중성이 어떻게 관계적 지리의 입장에서 드러날 수 있는지를 이론적 논의를 통해 그리고 밴쿠버와 로스앤젤레스의 사례를 통해서 살펴보았다. 밴쿠버와 로스앤젤레스에서의 복잡한 인종·민족집단의 관계적 지리는 초국가적 금융, 투자 네트워크, 이민과 이주, 도시 개발 그리고 공간에 대한 재현과 장소의 정치적 산물이다. 이런 측면에서 도린 매시는 『공간을 위하여』에서 글로벌 도시의 관계적 지리로서 런던의 '세계도시성(world citydom)'을 설득력 있게 제시한 바 있다. 아마도 매시의 '런던이라는 도시의 관계적 지리 읽기'가 위의 두 도시의 사례를 반추해보는 데에 흥미로울 것 같다.

런던은 유럽 식민 제국의 상업 허브로 시작하여 오늘날 더 시티(the City)로 대표되는 국제 금융 흐름의 핵심 결절 도시가 되었다. 글로벌 자본주의 시스템에서 런던이 차지하고 있는 금융 허브(hub)로서의 위상은 전 세계로부터 주요 다국적기업의 관리자와 경영자 집단, 투자자를 비롯한 여러 금융기구의 행위자, 사업서비스업 부문에 종사하는 전문가 집단 그리고 첨단산업 부문의 고숙련 이주민 등 '위로부터의 물결'을 끌어당기는 역할을 해왔다. 그러나 이와 동시에 런던은 금융 및 부동산업의 활황에 대한 대가로 세계적으로 높은 임대료와 물가를 기록하고 있고, 중산층을 지탱하던 제조업 기반이 임금 수준을 감내하기 어려워 몰락했을 뿐만 아니라, 보다 작고 효율적인 정부를 지향하는 정책적 결과로 공공부문의 일자리와 공적 인프라가 문자 그대로 '누더기가 되어 버린' 상태에 놓이게 되었다. 매시는 이러한 런던의 로컬리티를 이질적인 궤적들의 '충돌'이라고 표현한다.[45] 금융 산업에 의한 런던의 지배성이 토지 가격의 급등을 야기하면서 제조업 부문의 고비용 구조를 낳았을 뿐만 아니라, 런던의 세계도시 만들기 산업으로 인해 제조업 부문 생산 과정의 이윤율이 지속적으로 하락하고 있고 생산 부지를 구하기도 어려우며 높은 지대를 감당할 수 없다는 것이다. 세계 금융 허브로서 런던의 성장은 결국 제조업 부문의 실업률을 대가로 이루어지고 있고, 금융 종사자들이 누리고 있는 높은 임금은 기본적인 생필품과 아울러 주택 가격 및 임대료에 큰 영향을 끼치고 있다. 따라서 공공 부문 근로자들이나 서민들이 런던에서 살아가는 것이 거의 불가능해지고 있는 실정이다. 매시는 런던 내 각 지역별 '커뮤니티 경찰'이 사실은 해당 지역 커뮤니티에 거주할 수 있는 경제적 형편이 되지 않기 때문에 원거리에서 출퇴근하고 있는 아이러니컬한 상황을 지적한다.

결국 매시가 말하는 것처럼, '런던은 세계도시로서 성공했음에도 불구하고 상당한 지역과 주민이 빈곤과 박탈 상태에 처해 있다'고 말할 것이 아니라 '런던은 세계도시로서 성공했기 때문에 상당한 지역과 주민이 빈곤과 박탈 상태에 처해 있다'고 말해야 한다고 주장한다. 런던이라는 도시의 로컬리티는 금융 부문 주도의 '세계도시성'을 키워드로 하고 있지만, 런던의 '성공'이 빈곤과 박탈을 생산하는 주요 요인이라고 한다면 이러한 도시 성장의 모델에 대해 근본적인 질문을 제기해야 한다.[46] 그럼에도 불구하고 정치인, 기업가, 전문가 집단, 금융 투자자, 부동산 소유주, 주류 미디어 등으로 이루어진 도시의 성장연합(growth coalition)은 마치 도시의 '성장'이라는 가속 페달에서 발을 뗀다면 마치 글로벌화의 흐름에서 도시가 뒤처지고 소외되어 도시가 쇠락하게 될 것처럼 공포감을 조성한다.

과연 더시티라는 금융 산업의 승수효과가 런던의 모든 주민들에게 양질의 일자리와 경제적 파급효과를 가져올 것인가? 그리고 얼마나 많은 사람들이 '신산업'이라 불리는 이 새로운 경제 시스템에 편입되어 안정된 일자리와 삶터를 누리며 살 수 있는 것일까? 매시는 이러한 질문은 도시 내부의 공간적 관계의 정치적 본질을 간과하는 것이라고 본다. 매시는 누가 쓰레기통을 비우고, 누가 환자를 돌볼 것이며, 누가 우리 동네의 경찰이 될 것인지에 대해 반문하면서, 결국 세계도시로서 런던의 성공은 불가피하게도 계급적 양극화가 일상적인 경관으로 나타나는 이중도시(dual city)로 귀결될 것임을 단언한다. 그렇다면 중요한 것은 도시에 대한 상상, 바람직한 도시의 미래에 대한 비전 그리고 상이한 지리적 관계들이 얽혀 있는 지점에서의 정치적 선택인 것이다.

우리가 갖고 있는 정치적 목적을 둘러싸고 명시적인 갈등이 벌어지고 있다기보다는, 도시에 대한 상상들 간의 대결이 벌어지고 있다. 금융을 지지하는 자들은 '새로운 경제'와 '낡은 경제'를 대비시킴으로써 새로운 경제가 마치 만병치료제인 것 같은 신화에 의존한다. (역설적이게도 수 세기의 역사를 지닌 더 시티는 '낡은' 제조업에 대비되는 '새로운' 것으로 투사된다!) 이러한 상상에 있어서, 새로운 경제란 식탁 위의 화려한 세련된 장식물과 같으며 나머지 인구는 이를 위한 서비스를 제공하는 역할을 담당한다. … 이는 외부의 적을 만들어냄으로써 수사적인 방식으로 추동되는 통일성이다. 곧, 영국 내 다른 지역들은 재분배에 있어서 국가 전체 세입에서 훨씬 더 많은 몫을 할당받아 간다고 비난받으며, 프랑크푸르트는 유럽의 금융 수도로서 언제라도 금융 기능을 앗아갈 수 있는 것으로 묘사된다.[47]

매시는 위의 글에서 로컬리티에 대한 상상은 공간적 재현을 둘러싼 문화 정치가 아니라 현실의 지리를 구성하는 아주 구체적이고 물질적인 투쟁의 일부라는 점을 보여준다. 도시에 대한 상상 간의 대결이 펼쳐지는 오늘날 많은 사람들은 공간의 다중성과 장소를 구성하는 관계적 지리에 대한 인식의 중요성을 간과한다. 공간을 단순한 표면이나 기학학적 구조로 간주하는 한 공간을 개방할 것이냐 폐쇄할 것이냐 또는 공간의 내부에 있느냐 외부에 있느냐의 질문은 무의미하다. 왜냐하면 모든 공간은 물질과 물질 간 관계를 통해서 존재하므로 물질 없는 공간이란 허구적 산물이며, 그렇기 때문에 공간에는 일반적으로 적용될 수 있는 규칙이란 존재하지 않는 것이다. 대신 매시는 "대안적인 상상에서는 위와 같이 주장되는 통일성을 거부하는 대신, 이러한 통일성 내에 도시 경제를 구성하는 다양한 부문들의 다중성과 상호 의존성이 강조되고 다양성의 어긋남과 충돌이 동시에 인식된다"고 주장한다.[48] 바로 이러한 인식이 관계적 지리에 대한 인식의 출발점이다.

그러나 현실 정치에서는 사회·공간적 개방인가 아니면 폐쇄인가라는 지극히 단순한 정치적 선택이 요구된다. 그러나 결과는 모순적이다. 이는 앞서 말한 것처럼 글로벌화가 공간의 다중성과 공간의 역사성을 길들임으로써 공간 내부에서 대안적 상상을 처음부터 무력화시키려는 시도에 근거하고 있기 때문이다. 공간에 대한 이러한 기하학적이고 유클리드적인 상상이야말로 오늘날 글로벌화를 뒷받침하는 헤게모니적 상상이다. 매시는 줄기차게 장소 정체성의 본질은 그 장소 내외의 관계이므로 "공간과 장소에 규칙이란 없다"고 주장해왔다.[49] 본질주의에 입각한 로컬리티의 정치는 언제나 배타적이고 반동적인 정치에 전유될 가능성을 갖고 있다. 왜냐하면 이러한 정치는 이질적인 장소들 간의 정치적 연대를 열어젖히기보다는 오히려 차단한다는 점에서 문제적이다. 글로벌화 프로젝트는 공간과 장소 길들이기를 통해 번성하고 있으므로, 이에 대한 대안은 응당 공간과 장소의 풍성한 다중성과 이의 다양한 관계적 지리를 열어젖히는 것에서 찾아질 수 있다.

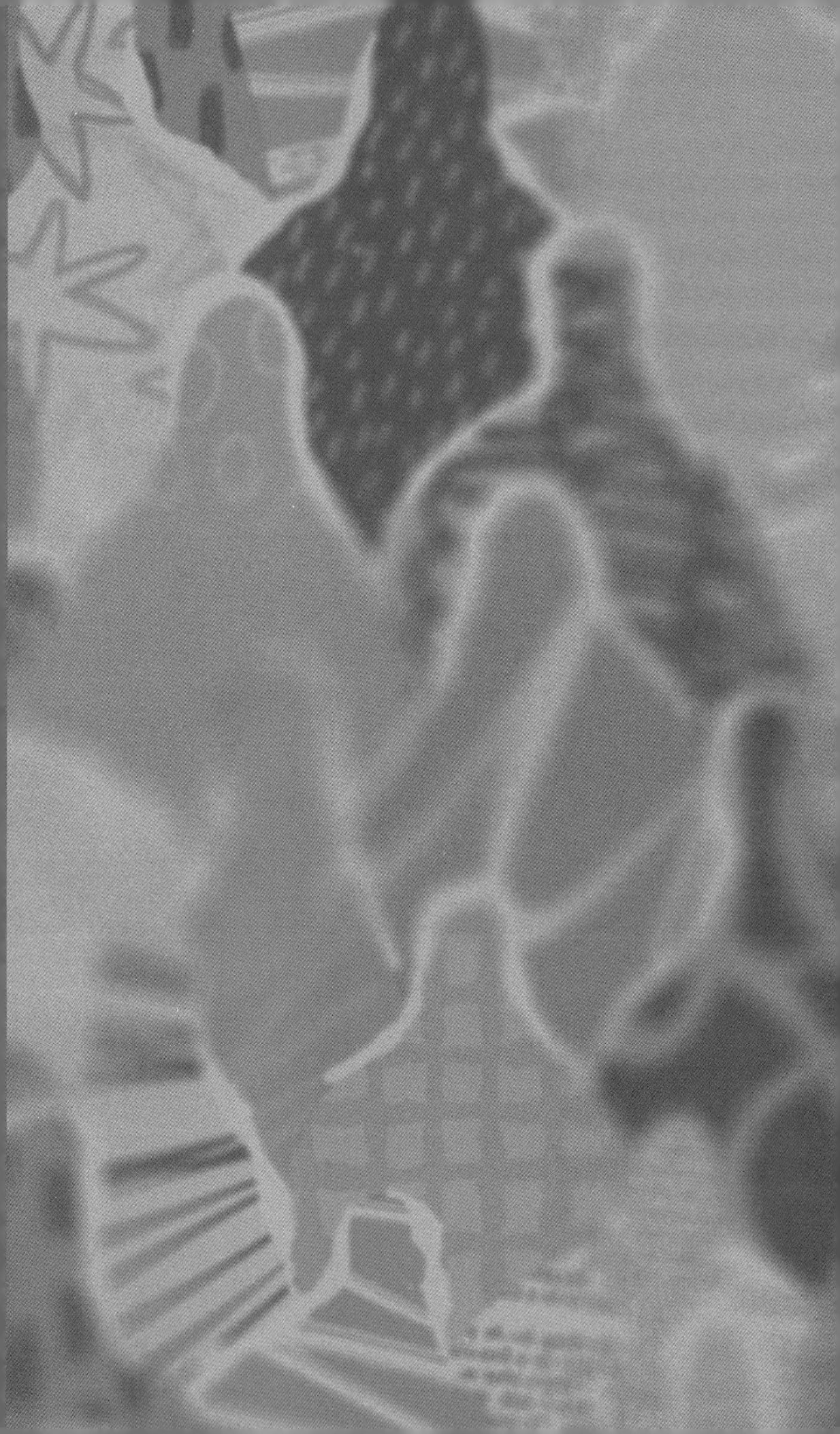

제3부

아래로부터의 이주의 물결

제7장

지정학적 위기와 난민

1. 들어가며

현대 이주는 순환이주(circular migration), 지그재그 이주(zigzag migration), 역이주(reverse migration) 등 이주의 기원지와 목적지의 지리적 다방향성을 특징으로 한다.[1] 이런 점에서 '경유 이주(transit migration)' 개념은 이주의 과정을 전체적 프로젝트의 구성물로 인식하고 '도중(en route)'에 초점을 두는 이주 과정을 포착하기 위한 것이다. 경유 이주는 각각의 장소를 일련의 이주 프로젝트 상의 한 단계나 국면으로 이해하기 때문에, 난민과 난민 신청자 또는 실향민 등 비정규 이주민에게서 발견되는 여정의 복잡성과 이주민의 비참한 경험을 드러내는 데에 효과적이다. 특히 난민에게 모든 이주의 장소는 영구적으로 뿌리내릴 수 있는 안식처가 되기보다는 '불안한 전이구역(precarious transit zone)'이라고 할 수 있다. 이뿐만 아니라 경유 이주는 어떤 장소에 머무르거나 떠나는 행위를 각각 대립적이거나 뚜렷이 구별되는 범주로 간주하기보다는 장소를 둘러싼 관계들의 접합으로 간주하므로 장소에 대한 소속과 배제의 이른바 '사이성(in-betweenness)'을 드러낼 수 있다.

많은 미디어를 통해 재현되는 난민의 모습은, 전 세계의 불균등 발전, 특히 국가 간 자유경쟁에 의한 승자와 패자의 뚜렷한 나뉨으로 인해, '글로벌 패자'라 할 수 있는 빈곤하고, 불안하고, 권위주의 정부가 들어서 개발도상국으로부터 '글로벌 승자'의 세계를 향해 진입하려는 풀뿌리 운동이나 저항처럼 그려지기도 한다. 난민은 유럽이나 북미의 국경에서만 벌어지는 일이 아니라 전 세계적인 현상으로 들불처럼 번져가고 있다. 우리나라도 이미 2018년 봄에 예멘으로부터 내전 발생으로 인한 난민 신청자들이 제주에 도착하면서 전 세계적으로 다양한 이유와 과정으로 발생하는 난민과 우리와의 상호 연관성을 처음으로 느낄 수 있는 계기가 되었다. 우리가 상상했던 난민의 모습과 예멘 출신 난민 신청자의 모습은 매우 달랐고, 깔끔한 옷에 휴대폰을 사용하며 항공기를 타고 입국했기 때문에 이른바 '가짜 난민' 이슈가 불거지기도 했다. 청와대 신문고에는 난민법, 무사증 입국, 난민 신청 허가 폐지에 대한 청원이 70만 명을 넘어서기도 했다.

유럽 전역은 난민이 문제가 되고 있다. 특히 2015년 1,850명의 난민이 유럽 국가에 입국을 거절당하고 지중해의 망망대해에서 사망하면서 유럽 난민 위기가 촉발되었다. 원래 중동 및 아프리카로부터 발생한 많은 난민은 튀르키예, 이라크, 요르단, 레바논, 이집트가 많이 수용해왔다. 그러나 2000년대에 들어 지중해 권역에서 유럽의 관문 역할을 그리스와 이탈리아로 많은 난민이 유입되고 있다. 또한 시리아 내전 이후 영국에서는 시리아 난민을 5년에 걸쳐 2만 명까지 수용하겠다고 밝혔고 독일도 수만 명의 난민 신청자 수용 의사를 밝혔다. 유럽에서는 난민캠프를 운영하는 데에 막대한 지출을 하고 있고 이들에 대한 국민들의 부정적인 편견도 강하기 때문에, 일부 보수 진영에서는 난민은 난민이 발생한 해당 국가의 근본적인 문제부터 해결되어야 한다고 본다.

난민은 난민 발생국은 물론 난민 신청자가 체류하고 있는 국가에서도 보호의 책임에 존중받지 못하는, 조르주 아감벤(Giorgio Agamben)이 말했던 이른바 '의도적 예외 상태(state of willed exception)'에 처해있다고 볼 수 있다. 유럽연합의 인도주의 가면을 쓴 국제 정책은 난민에 대한 보호과 통합보다는 국경과 유입루트에 대한 감시를 강화하는 데에 초점을 두고 있다. 이런 국경인프라와 '외부화(externalization)' 조치는 난민 신청자의 유입을 그리스나 이탈리아 또는 그 외의 경유 지역으로 밀어냄으로써 난민이 인신매매나 노동 착취 등의 폭력에 더욱 노출시켜 위험을 가중시킨다. 난민을 보호해야 하는 의무는 국제법으로도 회피되고 있으며, 현대의 정치권력은 지정학적 권력을 체계적으로 무시하며 난민을 굶주림에 놔두거나 죽게 내버려두고 있다.

강제적 이주민의 범주에 해당하는 난민은 다수의 국가에서 발생하고 있는 경제 이주민과 달리 출신 국가가 한정적이라는 특성이 있다. 그럼에도 세계 난민의 규모는 2000년대 들어서서 급속히 증가하는 패턴을 보인다. 지역별로 살펴보면, 우선 동유럽–팔레스타인–아프가니스탄–파키스탄–방글라데시 등 동유럽에서 동남아시아 북서부에 이르는 회랑지대에 난민이 집중되어 있고,

두 번째로는 남수단을 포함하는 동부아프리카 지역, 세 번째는 베네수엘라 볼리바르 등 남아메리카 북부 지역에서 난민의 비중이 높다. 난민은 다양한 원인과 배경에서 발생하지만, 국제적 보호가 필요하다고 판단되는 대표적인 난민에는 우크라이나(800만 명), 시리아(280만 명), 베네수엘라 볼리바르(550만 명), 아프가니스탄(280만 명), 남수단(240만 명), 미얀마(로힝야족 120만 명) 등이 포함된다.

난민은 다중적이고 심각한 위험에 처해 있다. 난민은 생산 가능 인구에 위주의 경제 이주민과 달리 노약자, 어린이, 장애인 등 위험과 공포에서 벗어나려는 취약계층이 다수 포함되어 있다는 점에서 각별한 보호가 필요하다. 실제, 전체 난민 중 어린이의 비중이 40% 정도를 차지하는 것으로 알려져 있다. 난민 대부분은 모빌리티가 제한되어 있어서 자산을 본국에 남겨두고 빈곤한 상태로 이주해야 하는 극단적인 상태에 처해 있다. 난민은 일자리를 구하거나 보다 높은 소득을 추구하는 것보다 자신과 가족의 생명과 안전 및 보안이 우선시되기 때문에, 정착 국가의 경제 상태보다는 자국과 인접한 국가로 이주하는 경향이 있다.

2. 난민에 대한 국제사회의 태도

2000년대 이전까지만 하더라도 독일, 네덜란드, 스웨덴 등 서북부 유럽에서는 러시아, 발칸반도(보스니아, 헤르체고비나 등), 동유럽과 같이 인종적·문화적 동질성이 높은 국가 출신의 난민들에 대해서는 관대한 수용정책을 폈다. 그러나 2000년대에 들어 아랍의 봄 이후 발생한 북아프리카와 중동 출신의 난민들에 대해서는 엄격한 통제 및 관리를 기반으로 배타적인 정책을 폈다.[2]

난민의 유입으로 유럽에서는 여러 부작용을 경험하게 되었다. 가령 유럽에서 난민은 국경은 넘어 조직적인 범죄와 연관된 중요한 수익사업과 인신매매의 근원이 되어, 사회적·정치적 불안을 일으킴으로써 거대한 난민 산업(refugee industry)으로 발전하게 되었다. 이 결과 난민과 불법 이민자가 집중된 오스트리아, 덴마크, 프랑스, 이탈리아, 네덜란드, 그리스에서는 난민 문제가 정치적 지형에 영향을 미치는 주요 변수로 대두되었고, 난민 수용 및 정착을 위한 비용의 문제도 큰 이슈로 부상했다.

유럽연합에서 난민에 대한 1차적 대응은 난민 유입의 주요 통로가 되는 유럽연합 외부 국경을 강화하여 난민 유입을 차단하는 것이었는데, 주로 지중해 루트인 스페인, 이탈리아, 그리스와 동유럽 루트인 튀르키예와 우크라이나가 대표적이다. 이들 국가로 진입한 난민들은 발칸반도와 헝가리를 경유하여 최종 기착지인 독일, 프랑스, 영국, 스칸디나비아 등 서북부 유럽을 향해 이동한다. 스페인은 북아프리카와 인접하고 있어 마약 밀매와 인신매매 경로가 발달했으며, 이탈리아 또한 남부의 섬 지역이 튀니지와 인접하고 있으며, 아드리아 해안 역시 불법 이민자들이 유입되고 있고, 그리스는 지중해 전역의 많은 섬으로 인해 북아프리카와 코카서스 지역으로부터 불법 이민자들이 전통적으로 유입되어왔다. 이런 상황에 근거해 유럽연합은 2005년 남부유럽을 통한 불법 이민자의 유입을 막기 위해 유럽국경관리기구(Frontex)를 설립했고, 2011년 2월 그리스와 튀르키예 국경에서 에르메스 작전을 펼쳐 많은 주목을 받았다. 이후 2015년 유럽국경해안경비기구(EBCGA)로 조직을 개편하여 국경 통제 기능을 대폭 강화했다.

망명은 주로 정치적 박해를 피해 제3국으로 이주하는 사람들인데, 냉전 시기만 하더라도 주로 사회주의권 국가들의 엘리트나 고학력자 등이 정치적 자유를 찾아 유입되었기 때문에, 유럽에서는 체제 우위의 선전이나 정보 취득 등의 효과로 우호적인 태도를 취했다. 그러나 2000년대 이후의 망명자들은 주로 아프리카나 중동 등 난민과 불법 이민자들 위주로 유입되면서 위험한 침입자라는 인식을 갖게 되었다. 한편 여러 국가를 떠돌아다니며 망명 신청과 불허 등이 반복되는 이른바 비자 쇼핑 문제로 여러 회원국을 전전하며 모호한 신분으로 정착하면서 살아가는 사람들의 증가로 비용 부담 또한 급증하고 있다. 이런 맥락에서 1999년에 구축된 공동유럽망명시스템(CEAS)은 망명신청자에 대한 정보를 공유하고, 망명 신청자에 대한 심사 기준과 절차를 단일화하여 비자 쇼핑을 차단하고 있다. 이처럼 유럽은 난민 구제보다는 난민 차단에 주력하고 있고, 망명 절차와 기준을 강화하여 기각 비율을 높이고 있다. 그러나 이 때문에 불법체류자가 양산되고 있어, 유입되는 이민자 중 40%만 본국으로 귀환하고 나머지는 역내에 불법으로 체류하고 있다. 우리나라에서도 2018년 7월 제주에 예멘 난민들이 500명 이상이나 유입되어 전 국가적으로 큰 이슈가 되었다. 정작 이들이 난민으로 유입된 현지의 지정학적 이슈나 국가적 위기에 대한 이유에 대해서는 여러 미디어에서 충분히 다루어지지 않았다. 실질적으로 이들 중 난민으로 인정을 받은 사람은 2023년 6월 현재 2명에 불과하다.

난민의 정의와 인정 요건에 대한 국제적 합의는 1951년에 채택된 《난민협약》와 1967년에 채택된 《난민 의정서》가 있다.[3,4] 《난민협약》은 난민 개념을 3가지 구성요소로 정의하고 있는데, 첫째는 "박해를 받을 우려가 있다는 충분한 근거와 공포"가 있어야 한다는 점이고, 둘째는 이러한 박해가 "인종, 종교, 국적, 특정 사회집단에의 소속, 또는 정치적 의견" 때문이어야 한다는 점이며, 셋째는 "국적국이나 상주국 밖에 있는 자"로서 돌아갈 수 없거나 돌아가기를 원하지 않는 자여야 한다는 점이다. 한국의 경우 1994년부터 2019년까지 총 64,358건의 난민 신청이 있었으나, 난민 인정자는 전체의 0.4%에 불과한 1,015명이었다.[5] 신청 사유로는 종교나 정치적 의견이 가장 많았지만, 난민 인정 사유의 대부분은 가족 결합 또는 재정착 사유에 해당된 경우였다. 한편 난민으로 인정되지는 않지만, 출신국의 상황으로 송환이 적절하지 않은 '인도적 체류자'는 난민보다 훨씬 많은 비중을 차지하고 있다.

난민은 발생의 원인을 기준으로 경제적 난민, 정치적 난민, 전쟁 난민, 인도적 난민으로 구분된다. 난민은 폭력, 전쟁, 재난, 경제적 궁핍, 환경파괴 등으로 발생한다. 난민은 인도주의적 이민자, 강제 이주민, 망명 신청자, 또는 국제사회를 중심으로 비정규 이주민(irregular migrants), '생존 이주민(survival migrants)'이라고도 불리며 내부 실향민(IDPs)도 별개의 범주로 구별되나 이들의 경험은 국제 난민과 유사하나 상황은 다르다. 망명 신청을 거부당한 사람들은 불법체류자로 남는 경우가 많다.

난민이라는 용어는 분명 국가중심적이다. 왜냐하면 난민은 지정학과 관련되어 있기 때문이다. 지난 20여 년간 '안보에 대한 위협'은 세계의 주요 화두로 떠올랐다. 2001년 WTC 테러 이후 국경의 요새화가 강화되었고, 난민 신청자에 대한 반감이 증폭되고 있다. 영토 내부에서 국경 통제가 더욱 강화되고 있고 글로벌화를 추동했던 지역 단위의 스케일은 다시 국가 중심의 재스케일화 정책을 동반하고 있다. 난민 정책에서 안보의 논리는 인권의 논리보다 우선시되고 있다. 지리적 측면에서는 수용 시설의 고립적 입지가 지니는 공간성에 관한 연구가 대표적이다. 국제적 수준에서는 이주 관리에 초점을 두고 IOM과 같은 국제기구의 역할이 중시되고 있다. 이주를 '관리'한다는 발상은 이주 문제를 정치적으로 근본적으로 해결하기보다는 기술적인 해결에 초점이 있다는 것을 방증한다. 또한 지역사회와 난민캠프 간의 밀착을 막기 위해서 난민캠프를 주기적으로 옮기는 경향도 확인된다.

3. 난민 위기의 실재

1) 미국의 국경지대와 카라반운동

미국과 멕시코의 국경지대는 오늘날 난민 발생과 그에 대한 글로벌 북부 세계의 모순적이고 논쟁적인 대처가 어떠한지를 극명하게 보여주는 사례이다. 미국은 그 이전의 다른 유럽의 강대국과는 다른 두 가지 원리를 기초로 하고 있다. 첫째, 미국이 국가로 성장해온 과정은 국경이나 한계를 근간으로 하기보다는 정착식민주의를 기반으로 하여 '프런티어'라는 지속적인 팽창을 통해 정의되어왔다. 이는 국경과 프런티어를 동일시하는 유럽과는 다른 측면인데, 미국이 '정착민 식민주의(settler colonialism)'에서 출발한 국가이기 때문이다. 둘째는 정치적 시민권보다 경제적 자유가 자유의 근간이라는 원리이다. 미국은 건국 당시부터 상인, 은행가, 플랜테이션 농장주 등이 주도하여 자신들의 이해를 중심으로 정치적 제도를 형성했다.

이런 점에서 미국 남부 국경과 난민 문제를 살펴보면, 미국 정부 당국의 국경에 대한 태도는 외부 침입자로부터 어떻게 국경을 수호할 것인지의 문제 이전에 영토 외부에서 벌어지는 현실과 그 영향과의 지리적 관계성을 인식하려고 하지 않는다는 데에 있다고 볼 수 있다. 글로벌 자본주의의 정치, 경제 속에서 난민의 문제는 전적으로 로컬 문제라기보다는 지정학적이고 공간적인 관계 속에서 발생하는 것이다. 또한 주권은 국가에 의해 영토 내부에서만 실행되는 것이 아니라 영토 외부로 확장되어 군사적·정치적·경제적 변동에 영향을 미친다. 그런 점에서 오늘날 난민 문제와 연관된 국경은 '비대칭적' 특징을 갖고 있다.

미국의 이민 사법 당국인 이민세관단속국(Immigration and Customs Enforcement, ICE)은 미국 전역에 흩어진 300여 개의 캠프에서 불법 이민자를 관리하고 있는데 이들은 민간 기업에 의해 소유, 운영되고 있다. 2014년 현재 가장 큰 수용소가 텍사스의 딜리(Dilley)에 있는 것으로 알려져 있다. 텍사스 남부 국경지대의 러레이도(Laredo)와 샌안토니오(San Antonio) 사이에 있는 이 수용소는 멕시코와의 국경에서 100마일 정도 떨어져 있는데, 과거에 석유 채굴 노동자들이 지냈던 곳으로서 현재 2,400명 정도가 구류 상태로 수용되어 있다.

미국 국경 안보와 난민 위기는 2018년에 시작되었던 중앙아메리카의 카라반운동이 미디어의 조명을 받으면서 본격적으로 부각되었다.[6] 2018년 10월부터 2019년 4월까지 중앙아메리카로부터 수십 대의 이주민 카라반 버스가 멕시코 국경을 넘어 미국의 남부 국경지대에 도착했다. 이 카라반운동을 갑작스러운 사건이나 이벤트라기보다는 이주민의 집단행동이라는 차원에서 그 이전부터 멕시코 및 라틴아메리카에서 계속되어 온 이주민 권리 운동의 연장선에서 인식할 필요가 있다. 가령 2000년대부터 미국-멕시코 국경지대의 실종 이주민의 어머니 모임이 멕시코 북부에 존속해왔고, 2010년에 결성된 '이주 정류장(Migrants Stations of the Cross)'이라는 단체는 멕시코 국경에서 벌어지는 이주민에 대한 인권 탄압에 대해 (가령 납치, 공갈, 살인, 강간, 협박, 여성 살해 등) 항의해왔다.

이런 맥락 속에서 2018년 10월 초순 '이민자의 행진'에 대한 요구가 온두라스의 SNS를 달구었는데, 이는 이민 자체에 초점을 두었다기보다는 온두라스 대통령과 정부의 사회, 경제 정책에 대한 항의를 위한 조직화였다. 그러나 이 운동이 시작되기 전날 당시 미국의 펜스 부통령은 엘살바도르, 온두라스, 과테말라의 대통령에게 이들이 자국에 머물도록 촉구했고 이는 오히려 역효과를 냈다. 10월 20일에 5천 명 이상이 버스를 타고 과테말라-멕시코 국경의 수치아테(Suchiate) 강을 넘었다. 이는 국경 통제 질서 및 글로벌 질서에 항의하는 시민불복종 운동의 한 형태였다. 즉, 국경을 건너는 것은 새로운 삶의 가능성으로의 진입이었고, 안전에 대한 요구였으며, 절박하게 주의를 환기하는 것이었다. 또한 집단적인 행위는 이주의 비용을 줄이는 방식이었고, 밀입국자를 통한 값비싼 이주 방식을 회피하는 것이었으며, 새로운 이주 방식을 창출하는 것이었다.

많은 이주민의 운집은 그 자체로서 국경에 대한 도전에 있어서 힘의 균형을 창출해냈다. 2018년 10월부터 2019년 2월까지

3만 명 이상의 카라반 이주민들이 멕시코의 남부 국경에 운집했고 수천 명이 불법적으로 입국했다. 카라반운동은 중앙아메리카로부터 생존을 위한 주민들의 엑소더스를 유발했다. 2000년대 초반 이후 40만 명의 주민들이 온두라스, 엘살바도르, 과테말라에서 미국으로 이주해왔다. 부패한 권위주의 정부, 갱과 마약 카르텔을 비롯한 토착 세력의 다양한 폭력, 신자유주의적 착취 모델의 악영향이 주요한 요인이었다.

그러나 이러한 집단적 이주는 단조로운 방식으로 보아서는 안 된다. 카라반운동은 다양한 상황들이 병렬된 것으로 이동 과정에서 계속 변형되어왔다. 어떤 사람들은 멕시코에 도착하면서 체류자격을 정규화하여 체류를 택했고, 일부는 좀 더 국경 북부까지 올라가는 쪽을 선택해서 멕시코나 미국을 목표로 했다. 이 운동의 책임이 누구에게 있는가는 많은 논쟁과 논의의 대상이었다. 상당한 논의는 이 운동을 이용하고자 했고 이 운동을 격하하려는 어조를 띠었다. 이 운동에 참여했던 사람들은 종국적으로 미국에 입국할 수 있다는 보장이 없다는 것 또한 알고 있었다. 오직 지금 이곳을 떠나는 것만이 유일한 생존의 선택이라는 것은 확신하고 있었다.

멕시코 정부는 인도주의적 수용, 구금과 추방, 또는 미국으로의 적극적인 이주 촉진이라는 3가지의 선택 사이에서 갈팡질팡했다. 미국과 멕시코의 이러한 조치는 오히려 '이주 위기'의 상황을 도리어 초래하고야 말았다. 유엔인권이사회(UNHRC)는 미국의 펀딩을 받아 이들이 멕시코에 난민 절차를 받도록 촉진했으며, IOM의 경우에는 국경횡단의 위험을 알리고 이주민의 귀환을 오히려 촉진하는 접근을 택했다. 멕시코에서의 유일한 선택은 난민 신청을 하거나 아니면 돌아가는 것 중의 하나였다. UNHCR의 관리들은 미국에서 난민으로 받아들여질 가능성이 낮다는 점을 강조하면서 IOM과 마찬가지로 다시 고향으로 귀환하는 것이 낫다는 입장을 견지했다. 미국에서는 대규모의 난민을 받아들일 수 있는 법적 근거나 조항이 없다는 입장이었다.

멕시코시티에서는 인도주의적 실천의 일환으로 스타디움에서 카라반이 머물도록 허락했는데, 이는 집단적 자기 조직화의 효과를 드러낸 것이었다. 또한 먼저 이주해서 정착했던 사람들과의 네트워크는 머무르기에 보다 안전한 장소를 택하는 데에 도움이 되었다. 현장의 카라반 이주민들은 원거주지를 중심으로 모임을 가졌고, 모임별로 별도의 정보 전달, 요구사항 전달, 모임별 인원 현황 파악 등의 활동을 했다.

1990년대 초반부터 2000년대 초반까지 수백만 명의 미등록 멕시코인들이 미국으로 유입되었는데, 2000년에는 국경 경찰이 160만 명의 멕시코인을 체포하기까지 했다. 그 이후 15년 동안 멕시코 출신 밀입국자 수는 지속적으로 감소해서 2017년에는 12만7천 명으로 체포자 수가 급감했다. 『월스트리트저널』에 따르면 멕시코에서 미국으로의 불법 이주민 유입 규모는 90% 감소했다. 2014년 현재 미국 국토안보부는 미국 내에 1,200만 명의 미등록 이주민이 체류하고 있고 이 중 660만 명이 멕시코인인 것으로 추정하고 있다.

중앙아메리카 출신 이주민은 멕시코에 비해 교육수준이 높고, 경제적 입국자보다는 난민으로 입국을 희망한다는 점에서 차이가 있다. 온두라스와 엘살바도르인은 조국에서의 범죄와 폭력 증가가 삶의 질 향상보다 더 중요한 요인이라고 할 수 있다. 오늘날 미국 국경을 통해 유입되는 사람들은 개인 단위가 아닌 가족 단위로 도착하고 있는데, 실제 난민이라고 할 수 있는 사람들의 비중은 20~30%에 불과하므로, 미국 내에서 남쪽으로부터의 침공이라는 담론은 정치적으로 이용되는 경향이 있다. 특히 2018년 트럼프 대통령은 재선 운동 과정에서 난민의 침공이 미국의 문화적 쇠퇴, 백인 멸종에 대한 불안, 미국의 집단 자살 등과 연관된 수사 속에서 난민 문제를 다루었다.

2018년 11월에는 멕시코 남부에서 봉쇄되었던 것이 북부 멕시코 국경에서도 똑같이 반복되었다. '멕시코 잔류 계획(Plan Remain Mexico)'은 이후 '이주민 보호 계획(Migration Protection Plan)'이라는 이름으로 바뀌었는데, 이는 멕시코에 난민 신청을 해서 체류하거나 아니면 귀환하는 방향으로 이주민을 이끌었다. 몇 달 후에는 카리브해, 아프리카, 아시아로부터 유사한 형태의 조직화가 일어났다. 미국-멕시코 국경의 외부화(externalization)로 인해 이주 카라반이 등장했다. 카라반과 코요테(밀입국 이주를 돕는 브로커)는 이주민들이 병행해서 사용하는 전략인데, 카라반운동은 정치적 행동 가능성을 갖고 있다. 이민에 대한 감시 강화로 인해 사람들은 다른 선택지가 없이 이주 카라반에 모이게 된 것이다.

카라반운동으로 인해 이제 멕시코는 전 영토가 사실상 국경지

사막지대를 가로지르는 미국-멕시코 국경장벽(2019)

대로 변화했다고 해도 과언이 아니다. 더 많은 사람이 경찰, 군대, 이민 당국자들에 의해 쫓겨 그림자 속으로 밀려나고 있다. 중앙아메리카 이주민들은 2010년대 초반까지만 하더라도 많은 경우 코요테의 도움을 받지 못했다. 화물 열차 위에 올라 여행하는 것은 비용이 저렴하기 때문에 이를 통해 많은 사람들이 멕시코 북부까지 올라오고, 그 후에 코요테의 도움을 받아 국경을 건너기도 했다. 또한 코요테의 도움을 받지 않고 이주를 감행했던 72명이 몰래 살해당했는데, 이는 카르텔 조직이 자신들을 통하지 않고서는 미국으로의 밀입국이 불가능하다는 메시지를 준 것으로 해석한다. 사실상 밀입국업자를 통하지 않고서는 감금, 납치, 공격 등의 위험에 노출된다. 이에 따라 이민자들이 국경을 넘기 위해 지불하는 비용은 크게 증가하게 되었다. 2015년 멕시코가 북부 국경지대 보호정책을 실시한 이후 미국보다 더 많은 중앙아메리카 출신 이주민들을 강제 추방했다. 또한 보다 최근 멕시코는 온두라스, 과테말라, 엘살바도르 외에도 베네수엘라, 쿠바, 아이티 출신의 이주민들 및 아프리카 및 아시아 이주민들이 유입되는 경로의 문지기 역할을 하고 있다.

경유이주(transit migration)의 공간에서 카라반은 특징적인 사례이다. 이 운동은 항의와 동참이 혼합된 운동이자, 은밀한 이주 경관을 항행하는 사람들에게 있어서 모빌리티의 전략이기도 하다. 이 운동은 그 자체로서 비자, 여권 등이 없는 사람들에게 안전과 안보를 제공하는 수단으로, 당국이나 조직의 폭력으로부터 안전을 확보하는 수단이며 적극적인 저항의 수단이다. 2018년 카라반은 '국경 없는 사람들(People without Borders)'이라는 뜻의 시민단체인 'Pueblo Sin Fronteras(PSF)'가 적극적으로 조직화를 이끌었고 '카라반'이라는 용어도 고안해냈다. 그러나 PSF는 2014년에 발생했던 일련의 카라반운동에 바탕을 두고 조직화된 결과이기도 하다. 어떤 연구자들은 이 운동이 2018년 온두라스에서 시작되었다고도 말한다. 카라반 운동은 2011년부터 2014년까지 계속되었고, 프로젝트로서 카라반은 이주에 뿌리를 두고 있는데, 이는 "경유공간(space of transit)"이라고 정의할 수 있다.[7] 카라반은 밀입국업자에 대항하는 전략이자 은밀한 이주산업으로부터의 자유를 선언하는 것이기도 했다.

미국은 카라반운동이 밀입국업자들에 의해 조직화된 것으로 범죄적이라고 낙인을 찍었다. 밀입국업자들이 본질적으로 착취적이고 폭력적이라고 보기보다는, 국가기구와 법적 기구 등이 구조적으로 이주민들을 희생양으로 만든다고 보는 것이 정확하다. 온두라스 출신의 한 이주민은 고향에서 갱들은 가족이 운영하는 작은 가게로부터 상납금을 더욱 지속적으로 높이 요구했다. 한 달 기간에 걸쳐 멕시코를 관통하며 티후아나에 도착했을 때, 카라반 참가자들은 목표를 달성했다는 열망으로 환호했다. 그들은 시위를 벌이고, 미디어와 인터뷰하고, 쉼터 확보를 둘러싸고 협상하고, 변호사와 상담하고, 난민 신청을 준비했다. 그러나 미국의 국경 장벽은 굳게 닫혀 있었다.

2) 시리아의 난민 위기

‘아랍의 봄’의 영향으로 2011년 3월부터 시리아에서도 남부 지역을 중심으로 반정부 시위가 시작되었다. 당시 시리아는 2000년부터 바샤드 알 아사드 대통령이 반이스라엘, 반미 정부를 이끌고 있었는데, 그는 1971년에 대통령이 되었던 하피즈 알 아사드의 아들이었다. 그는 2000년에 대통령에 당선될 때만 하더라도 근대화, 개방, 개혁을 이끌겠다고 선언했지만, 실제로는 반정부 인사를 검열, 탄압하고, 정부와 연계된 정실 자본주의를 강화하여 부와 불평등을 가중시켰고, 권위주의에 입각한 독재 정권을 유지하고 있었다. 또한 환경적으로도 시리아는 2006년부터 지속적인 최악의 가뭄으로 농업과 농촌이 몰락하여 수많은 사람이 도시의 판자촌으로 대량 이주했다. 시리아 난민들은 주로 튀르키예, 레바논, 요르단, 이라크 등으로 옮겨가 살고 있으며, 시리아 난민의 90%가 빈곤선 이하의 생활을 하고 있다. 이와 더불어 2023년 2월 6일 두 차례의 강력한 지진이 시리아 난민이 집중되어 있던 시리아 북부와 튀르키예 남동부를 강타하여 지역의 가옥과 기반 시설이 파괴되어 난민에 가혹한 영향을 끼쳤다.

시리아에서 난민이 발생하게 된 사건의 발단은 시리아 남부의 위치하여 오랜 가뭄에 시달리고 있던 요르단에 인접한 작은 마을인 다라(Daraa)에서 반정부 낙서 혐의로 체포된 10대가 고문을 당하자, 이들을 지지하는 공개 시위를 정부가 폭력적으로 진압하고 총격을 가하면서 시작되었다. 정부 보안군이 이를 폭력으로 진압하자 분쟁은 빠르게 확대되었고 내전으로 발전했고 2011년부터 민병대가 조직되었다. 시위대는 수니파가 다수였으나 정부군과 비정규 민병대는 소수집단인 알라위파(Alawite)였다. 초창기에는 종파 간 분열이 뚜렷하지 않아서 많은 중산층 및 노동계급 알라위파도 특별한 이익을 누리지 못해 정부에 불만을 가졌다. 점차 시위가 격화되자 아사드 정권은 야당과 시위 세력이 알카에다와 같은 극단적인 수니파로서 시리아 정부를 교란하려는 외부 세력과 연계하고 있다고 선전했다.

시위의 규모와 강도가 거세지자 정부군은 바니야스(Bāniyās)나 홈스(Homs)와 같은 시위 거점도시를 탱크, 포병, 헬리콥터 등으로 공격했고, 시위대 또한 무장 세력으로 발전했으면 많은 난민이 튀르키예로 도망갔다. 2011년 가을에는 카타르, 튀르키예, 사우디아라비아가 반아사드 블록을 결성했고 미국, EU, 아랍연맹은 아사드 정권의 고위 구성원을 대상으로 제재를 도입했지만, 이란, 러시아, 중국은 아사드 정권을 지지하는 쪽을 택했다. 아랍연맹과 UN이 내전을 종식하려고 개입했으나 순탄하게 진행되지 않았고, 2012년 11월에 이르러 '시리아 혁명군과 반대 세력을 위한 국가연합'이라는 시리아 국민의 합법적인 대안 연합정부를 이스탄불에서 결성하게 되었다. 2012년 여름 반군은 시리아 북부와 동부를 장악했고, 최대 도시인 알레포(Aleppo)를 장악해 동부에 거점을 마련하게 되었다. 그러나 교전이 교착되어 많은 사상자가 속출하게 되었다. 교착 상태에서 시리아 내전은 국제전의 양상을 띠어 튀르키예, 사우디아라비아, 카타르는 반군을 노골적으로 지원하게 되었고, 시리아 정부는 이란과 레바논의 무장단체인 헤즈볼라에서 무기와 군인을 공급받게 되었다. 아사드는 반군 세력을 서양의 침공으로 포장했다.

2013년 비이슬람 세력이 내분으로 흔들리자 알카에다 계열의 누스라 전선(Nusrah Front)이라는 조직이 시리아 내에 개입했으며, 2013년 4월 이라크 알카에다의 지도자인 아부 바크르 알바그다디는 이라크와 레반트 이슬람국가(ISIS, ISIL)라는 이름으로 이라크와 시리아에 있는 군대를 통합하겠다고 선언했는데, 오히려 그 내부에서 충돌이 발생하여 서로 싸우게 되었다. 시리아 동부에서 ISIL은 알라카(Al-Raqqah)를 중심으로 유프라테스 계곡을 점령했으며, 이라크와 시리아를 아우르는 광범위한 영토에 대한 통제권을 장악하고자 했다. ISIL이 이라크 북부의 쿠르드 자치지역으로 침공하자 미국은 이라크에 대한 대대적인 공습에 나섰다. 2015년 여름 러시아는 라타키아(Latakia) 근처 공군기지에 군사장비를 지원하여 적극적인 역할에 나섰고 반군에 대한 공급을 감행했다.

2016년 9월 반군 세력이 약화되자 러시아와 시리아 정부군은 알레포에 대한 대대적인 공격에 나섰다. 2016년에 이르러 ISIL, 쿠르드족과 미국의 동맹군 그리고 이란, 러시아, 튀르키예가 지원하는 시리아 내 친아사드 세력 등 3개 세력이 대치하기에 이르렀다. 2017년에는 쿠르드족 위주의 시리아민주군이 미국의 지원을 받아 ISIL의 실질적인 시리아 수도인 알 라카에 대한 공격을 시작했고, 2017년 11월 ISIL을 데이르 알자우르(Dayr al-Zawr)에서 몰아냈다. 이스라엘은 2018년 시리아 내 이란군을 공격했고, 이란은 골란고원에 대한 포격을 가했다. 2018년 6월 시리아 정부군은 다마스쿠스와 홈스 주변 지역에 대한 장악력을 확고히 했고, 이들리브(Idlib)는 반군이 장악한 마지막 거점이 되었다. 튀르키예는 반군을 지원하여, 튀르키예와 시리아 국경 사이에 대치가 발생했다. 2020년 2월 이들리브 지역에 대한 정부군의 공세는 러시아의 지원을 힘입어 성공을 거두었고 튀르키예가 러시아와 휴전하면서 분쟁이 마무리되었다.

1946년 시리아는 프랑스의 통치를 종식하기 위해 프랑스와 조약을 체결하고, 프랑스 군이 철수했다. 1948년 이스라엘은 독립을 선언하고 시리아를 포함한 주변 아랍 국가들의 공격을 받았으나 아랍 군이 패배하여 시리아는 충격에 빠졌고 정부에 대한 불만이 커졌다. 1949년부터 1966년까지 일련의 쿠데타가 발생했고 민간정부와 군사정부의 번갈아 권력을 장악하여 혼란스러운 정국이 지속되었다. 1967년 이집트, 요르단, 시리아가 이스라엘과의 6일 전쟁에서 패배해서 시리아는 골란고원을 이스라엘에 내주었다. 1970년 아사드는 쿠데타로 권력을 장악했다. 1976년 시리아는 레바논 내전에 개입하여 거의 30년 동안 레바논 정치에 상당한 영향력을 행사했다. 1980년에는 아사드 정권에 대한 이슬람주의자들의 저항이 커져 세속주의 반대 단체들이 전국적으로 시위와 폭동을 조직했고, 내전이 발생했다. 1990년 시리아는 이라크의 쿠웨이트 침공 이후 미국이 주도하는 대이라크 연합군에 합류했다. 1994년에 바샤르(Bashar)가 아사드의 후계자가 되었고, 2000년 6월에 하피즈 알아사드가 사망하자 국민투표를 통해 대통령으로 당선됐다. 아사드는 개혁주의 정치인과 활동가에 대한 새로운 탄압을 시작했고, 2004년 UN은 레바논에서 시리아 군 철수 결의안을 통과시켰고, 시리아는 2005년 4월 군대를 철수했다.

3) 기타 지역의 난민

우선 아프가니스탄의 경우 2001년부터 미국의 테러와의 전쟁 이후 붕괴했던 탈레반 정권이 2021년 8월 카불을 다시 점령하면서 난민이 급속하게 증가했다. 이는 2020년 2월 미국의 트럼프 행정부는 탈레반과의 협정을 체결하여, 텔레반이 알카에다 등 테러 집단과의 교류를 단절하는 대가로 2021년 5월까지 철군을 완료한다고 약속했기 때문이었다. 2021년 바이든 정부는 철군 시한을 9월로 늦추기로 결정하고 아프간 정부를 계속 지원하기로 했으나, 아프간 정부의 무능과 부패 등으로 인해 탈레반과의 교전에 패배를 거듭하며 8월에 카불을 내주었다. 이슬람 근본주의에 기반을 둔 급진적인 탈레반 세력의 집권으로 인해 많은 아프가니스탄 난민이 파키스탄과 이란을 중심으로 체류하고 있고, 미국 등 UN에 적극 협력했던 국민은 유럽, 북미 등으로 이주했으며, 우리나라에도 일부 아프가니스탄 난민이 체류하고 있다.

아프가니스탄은 지난 35년간 내부 실향민이 급격히 늘어나고 있다. 이에 따라 스웨덴의 경우 아프가니스탄으로부터 35,000건의 망명 신청을 받았고 이 중 66%인 23,000명을 받아들였다. 많은 아프가니스탄 난민이 스웨덴을 선택한 이유는 스웨덴에서의 교육 기회 그리고 아동에 대해 보다 관대하고 권리 존중하는 접근으로 인한 것이었다. 그러나 최근 스웨덴도 난민 신청을 용인하는 절차를 더욱 엄격하게 변경했다. 특히 아동에 대한 이주 절차에 연령 확인을 위해 무릎이나 치아에 대한 X선 촬영이 도입했고, 망명 신청을 거절당한 사람들에 대한 인도주의적 체류 허가를 중단했다. 그리고 강제 출국 명령을 강화함과 동시에 아프가니스탄 정부와 망명자들의 안전한 귀환을 보장하는 협정을 체결하기도 했다.

둘째, 남수단에서도 내전으로 인해 많은 난민이 발생하고 있다. 오랫동안 수단 북부의 아랍인들은 나일강 유역에 왕국의 건설한 후 남부 내륙 주민을 착취, 지배하려고 시도해왔다. 영국 또한 식민주의 시기 수단을 지배할 때 북부와 남부에 대한 분리 통치 정책을 실시했는데, 1956년 독립 이후 북부의 지배가 계속되어 남부에서는 불만이 가중되었고 1983년 제2차 수단 내전은 남부의 원유에 대한 통제권을 둘러싸고 발생했고 이슬람 정권에 대한 반군이 결성되었던 것이다. 2011년 7월 남수단은 UN에 193번째 가입국이 되어 50년에 걸친 인종, 종교 갈등 끝에 수단으로부터 독립했다. 경제적으로 낙후된 곳이지만 원유 등 지하자원이 풍부해 경제발전도 기대되었다. 그러나 남수단 독립 투쟁의 오랜 동지였던 살바 키르 대통령(딩카족)과 리에크 마차르 부통령 세력(누에르족) 간의 다툼이 내전의 원인이 되어, 사실상 실패국가로 전락한 후 기초적인 생필품 부족과 기반 시설의 파괴로 많은 난민이 발생했다. 이에 더불어 수단에서는 2019년 아랍의 봄의 일환으로 민주화 시위가 발생하여 정부군과 서쪽을 근거지로 한 쿠데타 세력 간에 분쟁이 발생했다.

셋째, 미얀마의 로힝야족 또한 동남아시아에 있어서 중요한 난민 문제로 부상했다. 로힝야족은 영국의 미얀마 식민 지배 시기에, 미얀마 북부와 서부의 라카인주를 중심으로 이주, 정착한 사람들이다. 이들은 영국 식민 지배의 입장에서 미얀마 지배를 위한 중간관리자로 고용되었다. 1948년 미얀마의 독립 이후 군사정권이 들어선 후 로힝야족은 줄곧 탄압을 당해왔으며 1982년부터는 아예 미얀마 시민권을 박탈당했다. 로힝야족은 외부 이슬람 세력의 지원을 받아 무장투쟁을 벌이고 있으며, 2017년 8월 로힝야족의 반군 공격이 빌미가 되어 로힝야족에 대한 대대적인 인종청소가 시작되었다. 로힝야족은 미얀마 서부의 나야파라와 쿠투팔롱 등 방글라데시 지역에 난민캠프를 형성하여 체류하고 있다.

방글라데시에 체류하고 있는 로힝야 난민은 2018년 10월 현재 90만 명에 달하고, 난민캠프는 30곳에 이르는데 대부분 콕스바자르(Cox's Bazar) 해안 지역인 방글라데시 남동부에 밀집해 있다. 유엔아동기금(UNISEF)에 따르면 4~14세 사이 인구가 62만 명에 달한다. 방글라데시는 인도주의적 차원에서 교육을 위해 1,898개의 학습센터를 구축하여 이들을 지원하고 있고 여기에서 교육받은 아동들은 14만 명에 달한다. 로힝야족 인구 중 15~24세 청소년기 인구 중 아무런 교육을 받지 못한 인구가 98%에 달하기 때문에, 교육은 각별히 중요하다. 교실에서는 두 명의 여성 교사가 교육을 하는데, 한 명은 방글라데시 현지인 다른 한 명은 로힝야족으로 구성하고 있고, 영어와 버마어로 수업을 진행한다. 방글라데시 모국어인 방글라어로 교육하는 것은 금지되어 있다. 왜냐하면 방글라어를 가르치면 영구적인 정착을 유도할 수 있기 때문이다.

넷째, 베네수엘라의 난민 위기는 2012년 차베스 정부 시절부터 계속되고 있는 사회, 경제, 정치 등 총체적 위기로서, 차베스와 마두로 정부가 추진해온 이른바 '볼리바르 혁명'이라는 정책 추진이 부진해지고 2015년 저유가 사태로 마두로 정권 하에서 급속히 사회, 경제가 불안정해졌기 때문이다. 2010년 차베스 정권은 식료품을 비롯한 생필품 부족과 가격 상승 문제를 해결하기 위해 '경제 전쟁'을 선포하며 가격 통제를 실시했고, 이 때문에 달러화를 비롯한 외환 유출과 급격한 인플레이션이 발생하게 되었다. 유가 하락에도 불구하고 정부는 예산 감축에 실패했고, 정부 정책에 항의하는 야당 등 반대 세력에 대한 유혈 진압을 실시했다. 차베스와 마두로의 지지자들은 경제 문제가 베네수엘라에 대한 경제 전쟁의 결과이며 원유 가격의 하락, 국제 제재, 비즈니스 엘리트 계급으로 인해 발생했다고 보았다. 반대 세력은 이를 정부의 경제 통제 실패와 부패 때문이라고 보았다. 2018년의 경우 베네수엘라 인구의 90%가 빈곤선 이하인 것으로 추정되고 있고, 부패, 생필품 부족, 기업 도산, 실업, 생산성과 경쟁력 하락, 범죄, 석유 의존적 경제구조의 심화 등이 사태 해결을 더욱 어렵게 만들고 있다.

4. 난민 위기의 지정학

'모빌리티'는 인간의 자유에서 가장 중요한 능력 중 하나다. 우리가 '장애인'이라고 하면 흔히 상해, 질병 또는 고령으로 인해 영어로 'dis-abled'라고 부르는 것처럼, 이동할 수 있는 능력은 인간의 능력 중 가장 중요한 부분 중 하나다. 역사적으로 노인, 하인, 빈곤층, 여성, 어린이, 노인 등은 권력으로 인해 이동할 수 있는 능력에 제약을 받아 왔다. 이처럼 이동의 자유는 지배, 억압, 통제로부터의 탈출과 사회질서의 전복을 의미하기도 한다. 현대의 국가도 여전히 이러한 권력을 실행하고 있다. 노숙자를 범죄시하거나, 피고용인은 고용주에 모빌리티를 통제받으며, 복지에 의존하는 가난한 가족은 도시 내 주택 가격이 저렴한 지역으로 내몰리고 있다. 이들은 모두 '바람직하지 않은' 사람들을 규율하고 사회의 지배적 질서 하에 두려는 정책이다.

앞 장에서 살펴본 바와 같이, 오늘날 부유한 국가들은 '시민권'을 문자 그대로 입찰시켜서 국경을 통과할 수 있는 자격을 특정한 계급에 부여하는 반면 그렇지 않은 사람들을 국경 밖에 방치하고 있다. 이에 따라 난민과 같은 '비정규' 이주민은 위험한 여행을 감수하거나 불법으로 체류할 수 있는 가능성을 안고 있다. 그러나 선진국의 이러한 모빌리티의 정치는 비단 최근 갑작스레 등장한 것은 아니다. 역사적으로 거슬러 올라가면, 17~19세기 사이 유럽의 식민주의자들은 아시아나 아프리카의 땅을 식민화하는 과정에서 단순히 그들의 자원을 수탈하거나 잉여가치를 착취한 것만이 아니라 원주민의 모빌리티를 제한함으로써 식민 권력을 창출하고 강화했다. 국경(border)이라는 개념 자체도 사실 유럽에서 민족국가의 출현하면서 탄생한 개념으로서, 당시 아시아나 아메리카의 원주민 사회는 땅을 선분으로 분할될 수 있는 대상물로 간주하기보다는 연속적이고 매끄럽고 관계적인 것으로서 주체와 늘 함께 있는 존재로 다루었다. 이에 따라 땅은 기하학적 '선(line)'의 개념이 아니라 주체의 행동반경, 힘의 범위, 생활세계의 장(field)으로서 '영역(territory)'으로 다루어졌다.

그러나 유럽의 식민주의는 기하학적인 경계의 개념을 식민지 땅 위에 그음으로써 원주민의 자율적·주체적 모빌리티를 제한할 수 있는 권력과 권위를 획득했다. 권력에 의한 모빌리티의 제한과 통치성(governmentality)는 자연스럽게 땅에 대한 원주민의 권리를 박탈할 수 있었고, 유럽의 식민주의자들은 피식민지인들로부터 땅에 대한 권리를 빼앗아 자신들의 '소유'로 전유(appropriation)할 수 있게 되었다. 따라서 원주민들은 풍부한 토지와 물자 속에서 오랫동안 살아왔지만, 식민주의자들은 이들의 모빌리티를 제한함으로써 해당 토지에 대한 원주민의 지식 체계, 문화적 전통과 가치, 경제적 생태계 등을 무력화하여 땅의 무한한 잠재적 가치에 대해 원주민을 무지한 존재로 만들어버렸다.

뿐만 아니라 식민주의자들은 열대 식민지에 담배, 설탕 농장을 만들고, 울타리를 만듦으로써 모빌리티를 제한할 수 있는 다양한 물리적·제도적 장치를 고안함과 동시에, 특정한 사람만이 통과하여 외부에서 식량을 가져오거나 교역품을 들여올 수 있는 '권한'을 부여하여 이윤을 극대화했다. 이런 측면에서 보자면 현대 선진국이 난민을 비롯한 '바람직하지 못한 타자'를 배척하고 그들의 모빌리티를 '국경'이라는 선분으로 제한하려고 하는 시도는 역사적으로 식민주의의 연장선에 있다고 볼 수 있다. 결국 '이동할 수 있는 능력'으로서의 모빌리티는 문명화의 능력이자 그 사람이나 집단이 권력을 보여주는 기술(technique)이었다. 따라서 식민주의 시기 원주민의 모빌리티를 제약하는 것은 그 사람의 행위성을 제약하는 것이고, 그 사람의 주체적 가능성을 부인하는 것이었다.

난민에 대한 국경 통제가 최근의 갑작스러운 변동이 아니라는 점은 이탈리아의 역사나 집시의 역사에서도 잘 드러난다. 이탈리아는 다른 서유럽 국가에 비해 산업화가 늦은 후발 자본주의 국가였기 때문에, 1861년 독립 이후 줄곧 이주민 유출의 핵심 지역이었고 이는 파시스트 정권이 권력을 갖게 되는 계기가 되었다. 1920년대와 1930년대에 파시스트 정부는 현지 노동자와 외래 노동자를 엄격하게 구분한 인구 제도와 고용 허가 제도를 만들어서, 정부에 공식적으로 등록된 거주자들만이 일자리를 얻을 수 있게 했다. 이에 따라 도시에서 일하고 거주할 수 있는 권리를 박탈당한 나머지 주민들은 농촌지역 등 주변부로 몰려들게 되었다. 이는 파시스트 정권을 추종하는 핵심 세력이었던 이탈리아의 중상류층, 지주 계급, 상공업자를 외부에서 유입된 가난한 이민자로부터 보호하기 위한 조치였다.

그 결과 1939년 무솔리니는 반-도시법(anti-urban law)을 제정했다. 흥미로운 사실은 제2차 세계대전이 끝난 다음에도 반-도시법이 사실상 1960년대까지 지속되었다는 점이다. 이로 말미암아 도시에서 저렴한 대규모 노동을 필요로 하던 상공업자와 기업가 집단은 도시 내부에 농촌이나 인근 주변부로 유입되는 비정규 고용을 이용하는 유연적 산업의 증가를 낳았고, 도심 인근의 저소득층 근린 지구에서는 이들로 구성된 엔클레이브가 등장했다. 이탈리아가 이주노동자들에게 의료보험과 사회권을 제공한 것은 1990년에 들어서였고, 1998년이 되어서야 이탈리아에 처음으로 이민법이 만들어져서 외부로부터 공식적인 절차에 따라 이주민의 유입이 가능해지게 되었다. 그러나 2009년에는 과거의 '반-이민법' 제도가 다시 부활했다. 중앙정부가 각 도시 및 지방정부의 시장들로 하여 안전과 관련된 이슈에 대해 전적인 권한을 행사할 수 있도록 권한이양(devolution)을 했고 갖게 되었고, 각 행정구역에서 특정한 주민을 고용 가능 리스트에서 배제할 수 있는 권한을 갖게 되었다.

또한 흔히 집시의 경우 모빌리티의 문화를 갖고 있다고 생각하나 대부분은 선택이 아니라 강요된 경우이다. 우리나라를 비롯하여 많은 사람이 집시(Roma, Romani people)에 대해서 가지고

정교도인 두 집시(2003, 루마니아)

있는 주된 편견은, 집시는 '유목민적' 문화와 전통을 갖고 있어서 방랑 생활을 즐긴다는 것, 특히 제2차 세계대전을 전후하여 사회주의 국가가 성립되면서 동유럽 및 슬라브족 영토에서 정부에 의해 흡수되었다는 것 그리고 사회주의 정권의 몰락과 자본주의 세계로의 편입 그리고 오늘날 글로벌 자본주의의 확장과 유럽연합의 등장에 의한 국경 장벽의 소실로 집시의 지리적 이동이 과거와 비교할 때 훨씬 자유로워지게 되었다는 것 등이다. 이 때문에 집시들은 점차 서유럽으로 이동하면서 일자리를 빼앗고 사회복지 프로그램을 이용하며 고갈시키고 있다고 인식된다. 집시에 대한 이러한 인식으로 인해 오늘날 유럽에서는 '집시의 침입'이라는 공포가 확산되고 있다.

더군다나 오스만 시기에 집시는 전쟁과 같은 나쁜 조짐의 표상으로 여겨졌다. 왜냐하면 집시가 몰려들어 오면 머지않아 오스만 군대가 쳐들어올 것이라고 생각했기 때문이었다. 제2차 세계대전 동안 집시의 90%가 사망했고, 사회주의 국가에서는 집시는 한곳에 집중하지 못하도록 여러 지역으로 축출당하여 오늘날 집시의 '모빌리티'가 탄생하게 되었다. 오늘날 많은 집시는 출생증명서 등 기본 서류를 갖고 있지 않기 때문에, 법적으로 가시화될 수 있는 근거 자체를 상실한 상태이다. 이들은 사실상 국가 없는 민족(state-less nation)이며, 이들의 모빌리티는 오히려 다른 국가 내의 시민보다 지극히 제한되어 있다.

유럽에서의 이러한 국경 통제와 바람직하지 못한 타자를 배제하려는 시도는 다양한 국가에서 다양한 정책으로 재탄생하고 있다. 이러한 시도는 국가의 '주권'과 '안보'를 방패막이 삼아서 작동하는데, 대개 경성 권력이기보다는 연성 권력의 형태를 취하고 직접적이기보다는 간접적인 방식을 취하고 있다. 가령 캐나다에서는 2015년 4월부터 '누적 체류 규칙(cumulative duration rule)'을 실시하면서 4년 동안 노동 허가 비자를 받은 사람이 영주권을 취득하지 못한 경우 다시 입국하기 위해서는 4년 동안 해외에서 체류해야 한다는 방침을 실시하고 있다. 이는 영구적인 정착이 캐나다의 정체성을 훼손할 수 있고, 사회보장제도에 의존해서 살아가는 인구를 증대시켜 장기적으로 국가의 복지 기반을 축소할 것이라고 가정하기 때문이다. 이러한 조치로 말미암아 이러한 이주민의 학령기 자녀는 시민권을 갖고 있더라도 그 부모가 영주권을 갖고 있지 않으면 해외로 함께 떠나야 하는 일이 빈번히 발생하고 있다.

또한 캐나다에서는 워킹홀리데이 외에 일시적으로 노동할 수 있는 프로그램으로 계절제 농업 노동 프로그램(Seasonal Agricultural Worker Program, SAWP), 입주형 돌봄 노동 프로그램(Live-In Caregiver Program, LICP) 그리고 임시 이주노동자 프로그램(Temporary Foreign Worker Program, TFWP) 등 다양한 방식으로 이주를 제한하는 제도적 장치를 운영하고 있다. 이 중 SAWP는 1966년에 가장 먼저 생긴 프로그램으로 자메이카와 쌍무적으로 맺어졌는데, 정부가 노동 도입 및 관리 책임을 맡고 있다가 1987년부터 노동시장 시스템에 위탁하여 오늘날 '해외 농업자원 관리 서비스'라는 이름의 민간 조직이 통제하고 있다. 또한 LICP는 가사노동 부문에서 일할 수 있는 여성 이주민 대상 프로그램으로서 시민권을 취득할 수 있는 길이 열려 있다는 점에서 다른 프로그램보다 이주민에 우호적이지만, 2년 동안 가사노동 서비스 부문에 연속해서 종사해야 한다는 단서 조항이 있다. 대부분의 캐나다 이주노동자들은 TFWP의 적용을 받는다. TFWP가 처음으로 시행된 2002년만 하더라도 대부분 고학력 이주노동자가 신청하여 유입 규모가 10만 명 정도였던 것이 계속 증가하여 오늘날 연간 30~40만 명으로 늘어났지만, 비숙련 노동의 비중이 크게 높아졌다.

그 외에도 이탈리아의 시칠리아에서는 루마니아 출신 이주민들과 북아프리카 등으로부터 난민들이 유입되어 비공식적으로 이탈리아 주변부의 농업노동자로 유입되고 있다. 정부는 이러한 난민의 유입을 인지하고 있음에도 불구하고 정책으로 이를 가시화하는 정책을 취하지 않고 있다. 더군다나 시칠리아 농업 부문에 종사하는 많은 이주노동자는 여성들이기 때문에 노동 착취 외에도 성 착취와 성폭력에 빈번히 노출되는 것으로 알려져 있다. 또한 싱가포르에서도 매년 100만 명에 달하는 이주노동자가 노동 허가를 받아 거주하고 있다. 이 중 50% 정도가 건설업 부문에, 25% 정도가 가사노동에, 나머지 25%가 '3D' 업종이 필요로 하는 노동을 공급하고 있다. 필리핀 이주노동자들의 경우 노동 허가는 받았지만, 일자리를 얻기 위해서는 고용주의 목소리가 크며, 고용주는 온정주의적인 책무를 강요하기 때문에 자신의 목소리를 내기 어렵다. 이는 싱가포르의 노동 허가 시스템이 중동 지역의 악명 높은 카팔라 시스템과 유사하기 때문이다. 방글라데시, 인도, 미얀마, 중국, 필리핀 출신의 이주민은 사실상 고용주에 의해 예속되어 있고, 고용주는 언제라도 이들의 고용을 취소하여 본국으로 송환할 수 있는 권력을 지니고 있다.

중동의 카팔라(Kafala) 시스템에서는 고용주가 피고용인의 동의 없이 다른 고용주로 이관할 수 있는 권한이 주어져 있다. 국가가 국가권력을 고용주에게 이전한 것이므로 사적 영역에 국가가 개입할 수 없게 되어 있다. 가사노동은 특히 고용법의 규제를 받지 않는다. 일부 여성들은 카팔라 시스템을 어기면서 공식적 고용 관계를 맺지 않고 해당 가정을 떠나서 일하는 프리랜서의 형태로 일하기도 한다. 현대판 노예제 또는 인신매매라고도 불리는 상황을 모면하기 위해서 많은 여성은 체포나 추방의 위험을 감수하고 프리랜서로 일한다. 노예화의 과정에는 공간적인 충동이 깊이 자리 잡고 있다. 그들을 특정한 장소에 위치시키고, 이동을 통제하고 관리함으로써 행위성을 제한하는 것 말이다. 현대판 글로벌 서발턴은 재현 과정에서 자신들의 목소리를 내지 못하고 있다.

5. 나가며

오늘날 '이주의 시대'에 선진국의 입장에서 '난민'은 미디어와 정치인 및 정치집단에서 가장 집중적으로 관심을 두고 예민하게 반응하는 이슈이다. 난민 발생의 지리적 배경과 원인, 난민이 박탈당한 권리, 난민 신청 상태에서 생활하고 있는 수용소나 캠프에서의 일상, 난민 아동이 경험하는 각종 편견과 폭력 등은 가시화되지 못한 채, 자국의 국경과 안보를 위협하는 '위험한 타자'로 재생산되고 유포된다. 이런 측면에서 대런 스미스(Darren Smith)는 이른바 '이주의 정치화(politicization of migration)' 현상에 주목한 대표적인 연구자로서 글로벌 북부를 중심으로 이주를 둘러싼 담론이 어떠한 정치적 지형에서 생산, 유통, 소비되는지를 추적하고 있다.[8] 스미스에 따르면 많은 경우 통제되지 않은 이주민의 유입이 사회에 해악을 끼친다는 담론과 분노에 찬 코멘트가 도처로 퍼지고 있는 동시에, 이주의 긍정적 담론은 인구의 다양성, 저임금 노동력의 유입, 유연적 노동 등과 관련하여 강조되고 있기도 하다.

미국의 트럼프 대통령 선거나 브렉시트 국민투표에서 볼 수 있듯 이주는 뚜렷한 정치적 의제이고, 많은 경우 '침입' 모티브를 통해 보수표를 결집할 수 있는 효과적 수단이다. 유럽에서도 북아프리카와 아시아로부터의 난민 유입으로 도시 사회는 더 분절화되어가고 있고, 미국 남부, 동해안 일대에서도 히스패닉의 증가로 전통적인 미국의 경관이 변모하고 있다. 기존 도심을 중심으로 하는 내부 도시로부터 더 안전하고 쾌적한 교외 지역을 향해 이탈한 '백인의 탈주(white flight)' 현상도 결국 탈도시화 현상이 자연적인 인구학적·공간적 변동이라기보다는 인종적 결합과 도시의 분열로 변모하는 정치적 현상이라고 볼 수 있다.

글로벌 북부를 중심으로 이주민에 대한 인종-공간 정치가 첨예한 문제로 부각된 상황에서, 백인우월주의(white supremacy), 토착민 중심주의(nativism), 반이민정서(anti-immigrant sentiment) 및 이주민의 범죄화(criminalization of immigrants) 등이 이주 정치와 관련된 주요 용어로 각종 미디어와 학계에서 널리 사용되고 있다. 최근에는 인종화된 차이에 대한 적대감이 주요 화두로 부상하고 있다. 미국에서는 1882년의 《중국인 배척법(Chinese Exclusion Act)》, 1924년의 《존슨-리드법(Johnson-Reed Act)》에 의한 인종적 위계화, 제2차 세계대전 중 발효된 1942년 일본계 미국인의 구금 및 집단 수용 등의 역사를 지니고 있다. 최근에는 라티노를 위험하게 간주하는 경향과 불법 이민자에 대한 적대감이 증폭되고 있다. 이주민의 인종화와 관련해서는 '좋은 이민자'와 '나쁜 이민자'의 이분법이 공존한다는 점이다. 또한 최근에는 이슬람 혐오도 주요 화두로 떠오르고 있다. 미국의 중서부나 특히 남부의 사례에서와 같이 이주민들의 정착지가 다변화되고 있는 한편 새로운 정착지에서 주민들의 이주민에 대한 반응은 적대적인 경우가 많다.[9] 이는 단순히 인구학적 변동에 대한 우려만이 아니라, 전통, 민족성 등 기존의 가치에 대한 훼손에 대한 우려와 관련되어 있다.

제8장

이주국가의 부상[1]

1. 들어가며

네팔은 심각한 저개발과 빈곤 상태에 처해있다. 이 때문에 2025년 네팔에서는 심각한 경제 불평등과 기득권층의 부패에 분노한 젊은 세대가 중심이 되어 정권 교체 운동이 발생하기도 했다. UNDP가 2019년 12월에 발표한 『2019년 인간개발보고서』에 따르면 네팔의 인간개발지수(HDI)는 0.579로서 전 세계 189개국 중에서 147위에 해당하며, 아시아에서는 가장 낮은 수준이다. 2018년 현재 네팔 인구의 기대수명은 70.5세이고, 기대 교육 연수와 평균 교육 연수는 각각 12.2년과 4.9년에 불과하며, 1인당 국민소득(PPP)은 2,748달러이다.[2] 이러한 총량적인 지표만이 아니라 개별 가구 수준에서 경험하는 빈곤의 상태 또한 심각한 상황이다. 가령 2018년에 네팔 정부가 스탠퍼드대학교의 빈곤·인간개발연구소(OPHI)와 협동으로 발표한 다차원적 빈곤 지수(MPI)에 따르면 네팔의 전체 인구 중 28.6%가 만성적인 영양실조나 교육기회의 차단 등의 다차원적 빈곤에 처해 있다.[3] 또한 중등 및 고등교육에 있어서도 기술력을 갖춘 숙련노동의 창출이 제한적인 상태다. 정부 당국과 교육 부문 ODA 사업의 확대로 초등교육 등록률은 90%를 넘어섰지만, 중등학교 등록률은 여전히 60%에 불과하여 숙련노동의 생산이 여전히 취약한 상태이다.[4] 이는 내륙국의 특성상 생산비용이 높고 시장 경쟁력이 취약하기 때문에 제조업의 발달이 제한적이어서 2차 산업 부문의 안정적인 고용 성장이 이루어지지 않고 있기 때문이다. 따라서 산업구조 측면에서 숙련노동시장의 규모가 제한적이기 때문에 3차 산업 부문이 취약하며 제한적이다. 네팔 정부가 최근 발간한 노동 보고서에 따르면 네팔 인구의 실업률은 2018년 현재 11.4%로 추정되고 있다.[5]

네팔의 저개발과 빈곤 문제는 공간적 차원에서 심각한 불균등 발전의 형태로 나타나고 있다. 네팔의 빈곤층 대부분은 촌락에 거주하는데, 이는 네팔의 경제에서 농업 생산이 네팔 GDP의 35%에 달할 정도로 비중이 높음에도 불구하고 관개시설 등 인프라의 부족으로 농업 생산성과 시장 접근성이 낮기 때문이다. 또한 농가의 78% 정도가 자급자족형 농업에 종사하고 있지만, 토지 소유의 불균형이 크기 때문에 토지 규모가 작은 소농 및 빈농은 생계를 유지하는 것 자체가 매우 어려운 상태에 처해 있다. 전체 토지 보유 농가 중 무려 75%가 1헥타르 미만의 토지를 소유하고 있고, 더군다나 이들이 소유한 토지 규모는 점차 감소하는 추세에 있다.[6] 소농 및 빈농은 농업 자본이 빈약하기 때문에 관개시설 등에 투자할 수 없고 농기계 등을 활용할 수 있는 최소한의 규모의 경제를 구현하지 못하고 있다. 특히 1990년대 이후 네팔 내 정치 소요로 인한 내전 또한 네팔의 빈곤을 가중시켰다.

왕정에 반대하는 공산당 반군의 입장에서는 저소득층의 사람들을 전쟁에 동원하는 것이 보다 경제적이고 효과적이었기 때문에, 내전에 따른 사망자와 부상자의 수나 경제적 피해는 가난한 지역에서 훨씬 크게 나타났다.[7]

한편 2015년 4월 네팔 북부에서 발생한 규모 7.8의 강진은 8,898명의 사망자, 22,303명의 부상자, 무려 70억 달러에 달하는 경제적 피해를 남겼다.[8] 네팔 전체 국민의 25%가 직·간접적 피해를 입었는데, 특히 수도 카트만두를 중심으로 하는 중부 지역의 피해도 커서 도시 지역의 빈곤도 심각하다.[9] 특히 최근의 연구는 이러한 피해가 단기적이고 물리적인 피해에 그치지 않고, 가구 및 커뮤니티 단위에서 불안감과 불확실성의 만연 등 보다 정신적이고 만성적이고 일상적인 피해를 주고 있다는 점을 강조하고 있다.[10]

이런 이유로 네팔의 주민들은 해외이주노동을 통해 자국 내의 정치적·경제적 불안과 빈곤을 극복해오고 있다.[11] 네팔 정부 또한 네팔의 경제발전에 있어서 이주노동자 송출을 중요한 요소로 간주하고 있다. 네팔에서는 19세기 후반부터 인도를 비롯한 주변 국가로의 이주를 통해 가족 및 커뮤니티의 생계를 유지해오는 이주의 문화가 발달해왔다.[12] 네팔 중서부 산악지대의 구르카(Gurkha) 주민들은 이미 19세기 초반부터 영국군의 용병으로 고용되기 시작해서 지금까지 이어지고 있고 델리와 뭄바이 등 인도의 대도시 지역에서 육체노동자로 종사해오고 있다.[13] 용병이 된 것은 가족과 커뮤니티에서 큰 영예로 간주될 정도로 국외로의 이주는 경제적 기회를 찾는 이상적인 과정으로 간주되어왔다. 이는 오늘날 네팔인의 국제이주의 특성을 보여주는 단적인 사례다.

세계은행에 따르면, 2015년 현재 네팔 해외이주노동자들의 송금액은 7조 319억 원(6,990억 루피)에 달하며, 이 송금액의 비중은 네팔 GDP 대비 31.43%에 달한다.[14] 이 비율은 남태평양의 소국가인 통가 다음으로 세계에서 두 번째로 높은 비율이다.[15] 가족 중 해외이주노동자를 보낸 1가구당 연간 약 8,000달러에 달하는 송금을 받고 있는데, 이는 2018년 네팔의 1인당 GDP 840달러의 거의 9배에 육박하는 규모다.[16] 오늘날 네팔 출신의 해외 디아스포라는 2018년 현재 인도와 말레이시아를 비롯하여 153개국에 걸쳐 대략 350만 명이 분포하고 있고, 이는 네팔 전체 인구의 약 12%에 달하는 규모로서 이 비율은 세계에서 가장 높은 수준이다.[17]

이처럼 국제이주노동은 심각한 저개발 상태에 직면한 네팔 국민들이 가족의 생계를 유지하는 핵심적 수단일 뿐만 아니라, 네팔 정부의 입장에서도 산업 기반이 취약한 자국의 경제를 지탱하기 위한 돌파구가 되어가고 있다. 오늘날 네팔을 포함한 세계의 많은 개발도상국은 신자유주의적 글로벌화가 야기하는 국가 및 지역 간 양극화를 극복하기 위해서 국제이주노동을 통해 탈영역적 네트워크와 자원을 자국의 경제를 위해 동원하고 있는데, 이러한 국가를 감렌(Gamlen)은 '이주국가(emigration state)'라고 명명한 바 있다.[18] 그에 따르면, 이주국가란 자국민의 국제이주노동을 적극 장려하고 이들의 탈영역화된 국제 네트워크 형성을 적극적으로 촉진하고 그 자원을 국가의 발전을 위해 재영역화하는 국가를 가리킨다. 이주국가의 메커니즘은 다양한 법률, 제도, 프로그램, 기구 등을 통해 주로 2가지 차원에서 작동하는데, 하나는 국내 인구의 해외이주를 촉진하거나 노동인력의 송출에 직접적으로 관여하는 것이고 다른 하나는 해외의 디아스포라 커뮤니티가 지닌 경제적·사회적·문화적 자원을 본국으로 끌어들이려는 메커니즘이다.[19]

이와 유사하게 홀리필드(Hollifield) 또한 미국, 캐나다, 오스트레일리아 등과 같은 기존의 서양 '이민국가(immigration state)'와는 달리 초국가주의를 특징으로 하는 개발도상국의 부상을 '이주국가(migration state)'의 출현으로 제시한 바 있다.[20] 그에 따르면, 현대 자본주의 국가는 자유무역을 촉진하는 자유주의 경제 논리를 따르면서도 영토에 기반을 둔 국가 체제를 수호해야 하는 이른바 자유주의적 역설(liberal paradox)을 벗어날 수 없으며, 네팔이나 필리핀과 같은 현대의 이주국가는 이러한 모순을 가장 뚜렷하게 드러낸다. 기존의 국제이주 모델은 산업화에 따른 국제 노동 수요가 유발하는 인구이동에 초점을 두었다면, 현대 이주국가의 부상은 신자유주의적 글로벌화, 국가 및 지역 간 불균등 발전, 개발도상국 정부의 거버넌스 약화 등이 복잡하게 얽혀 있기 때문에 나타나는 현상이다.[21] 초국적 민족주의의 부상과 국가 이민 정책의 신자유주의화 경향 또한 이러한 맥락에서 해석될 수 있다.[22]

이 장의 내용은 크게 3가지로 구성되어 있다. 첫째는 네팔이 이주국가로서 부상하게 된 지리적 배경을 자연환경, 민족구성, 경제(산업구조) 그리고 정치의 4가지 측면에서 간략하게 고찰하고 네팔의 국제이주 현황을 살펴본다. 여기에서는 연구 지역의 농업 및 정주 여건 등에서의 다양한 배출요인, 연쇄이주 등을 포함하는 이주의 문화, 이주에 관한 정보 접근성, 귀환이주자의 생활패턴 등에 초점을 둔다. 둘째, 네팔에서의 국제이주노동의 현황 및 특색을 살펴보고 특히 네팔의 국제이주노동이 정부의 어떠한 제도 및 정책과 관련되어 있는지에 초점을 두어 이주국가의 제도적 특징을 살펴본다. 즉, 네팔의 국제 노동 송출에 관여하는 국가 제도가 어떻게 이주민에 대한 관리와 모니터링을 제도화하고 있는지가 주요 내용이다. 셋째, 네팔 정부의 이주 정책과 그에 따른 개별 이주민의 행태(가령 네팔에서 귀환이주자의 유입이나 이들의 국제 송금 유입액 등)가 네팔에 어떠한 영향을 끼치고 있으며, 이의 잠재적인 문제점에는 무엇이 있는지를 살펴본다.

2. 네팔의 지리적 여건과 이주노동

네팔이 저개발로 인해 이주노동이 활성화된 지리적 배경은 크게 자연환경, 민족 구성, 산업구조, 정치의 4가지 측면에서 살펴볼 수 있다.

우선 네팔의 자연환경은 지형적으로 히말라야산맥의 북쪽 고지대에서부터 남부 저지대 평원까지 남북으로 고도의 차이가 크고 기후대 또한 온대에서 한대까지 스펙트럼이 넓은데, 남쪽부터 크게 저지대 평원인 테라이(terrai), 구릉대 그리고 산악지대로 구분된다.[23] 국토의 20%를 차지하는 테라이는 해발 700m 미만의 범람원 지역으로서 토양이 비옥하기 때문에 대부분 경작지이며, 농업 인구가 많아 구릉대 및 산악지대에 식량을 공급해왔지만, 외부로부터 인구 유입이 지속되어 현재 과포화 상태에 처해 있어 빈곤 상태가 좋지는 않다.[24] 구릉대는 주로 해발고도 700~3,000m 지역으로서 전체 국토의 50% 정도를 차지하는데, 네팔의 수도인 카트만두 계곡과 관광도시인 포카라 계곡이 핵심 지역이다. 이 지역은 재배 작물의 기후 한계로 옥수수, 기장, 감자, 콩 등이 재배되어왔지만, 최근 값싼 농산물의 수입과 대도시로의 인구 유출로 인해 농업 생산성이 약화되고 있다. 나머지 30%를 차지하는 해발 3,000m 이상의 산악지대는 산맥 남사면으로 경사가 급하고 거주에 불리하여 거주 인구의 비율이 매우 낮다.[25] 이처럼 네팔은 국토의 규모는 작은 편이지만 생태 환경이 지리적 격차가 큰 대표적인 기후 취약 국가이다. 뿐만 아니라 지진, 가뭄, 산사태 등 여러 자연재해에 취약하기 때문에 농산물의 생산량과 가격 변동성이 높으며, 결과적으로 주민 생활의 기반이 되는 농업 소득의 안정성이 낮다.[26] 이처럼 네팔의 정주 환경이 척박하기 때문에 오래전부터 이주를 통해 생계를 유지하는 문화가 형성될 수 있었다.

둘째, 네팔은 인도로부터 유입된 아리안 계통의 민족이 다수를 차지하지만, 티베트로부터 유입된 몽골계통의 민족과 네팔의 토착민인 네와르(Newar) 민족을 비롯하여 60여 개 민족으로 이루어진 다민족 국가이다.[27] 국지적으로 발달한 계곡과 분지를 중심으로 형성된 이러한 민족집단의 다양성과 지리적 특성으로 인해 지역별 또는 민족집단별로 관습과 문화가 상이하여 안정적인 사회 제도를 형성하는 것이 어려운 편이다. 특히 네팔 국민의 87%가량이 힌두교를 신봉하는 등 힌두문화의 영향이 강하게 남아 있으며, 카스트 제도에 따른 계급의식 및 차별이 관습상 상존한다. 따라서 각 지역의 생활 기반을 이루는 농업 부문의 노동은 수직적이고 폐쇄적인 사회 계층 구조로 인해 특정한 달리트(Dalits)와 같은 하위계급에 집중되어 있지만, 토지나 기타 생산수단이 상류층에 집중되어 있기 때문에 강력한 정부 주도의 재분배 정책 없이는 하위계급의 소득수준을 높이는 것이 어려운 실정이다.[28] 뿐만 아니라 네팔은 도로 및 철도 인프라의 발달이 미약하기 때문에 지역 간 교류가 제한적이고 행정 체계에서 로컬 지배층의 영향력이 강한 편이다. 따라서 로컬 스케일에서 이러한 주변 집단은 이주를 수단으로 하여 경제적 지위 상승을 도모하고 있다.[29]

셋째, 네팔은 인도와 중국 사이에 위치한 내륙국(landlocked country)으로서 국제 무역을 통한 경제성장이 제한적이기 때문에 오래전부터 이주의 문화가 발달해왔다. 왜냐하면 원료와 부품의 공급이 주로 인도 북동부로부터 육로를 통해 이루어지기 때문에 가격이 높아 자국 내 제조업 경쟁력이 취약할 뿐만 아니라, 대외 수출에 있어서도 노동비가 저렴함에도 불구하고 역외 운송비의 비중이 높고 관세 장벽이 이중으로 적용되므로 수출 상품의 가격 경쟁력도 중국과 인도에 비해서 낮다. 산업구조는 농업, 제조업, 서비스업이 각각 36.1%, 15.4%, 48.5%로서 자급자족형 농업을 중심으로 하기 때문에, 산업 경쟁력이 대량생산을 기반으로 하는 인도나 중국과 비교할 때 매우 취약하다. 제조업은 설탕, 맥주, 의류 등 기술 및 자본집약도가 제한된 소비재 경공업을 중심으로 이루어지고 있고, 주요 수출품은 일부 농산물이나 가내수공업의 형태로 생산되는 섬유 등 저부가가치 상품이어서 재정 건전성이 낮다.[30] 2012년에 들어 관광산업 진흥 정책과 해외이주노동자의 송금으로 적자를 보전하면서 흑자를 기록하고 있지만, 오랫동안 네팔의 경상무역수지는 지속적인 적자를 기록해왔고, 이 결과 네팔의 1인당 국민소득은 동남아시아 지역에서 가장 낮아 세계적으로도 162위 수준에 불과하다.[31]

넷째, 네팔의 정치적 불안 또한 네팔 주민들이 해외이주를 선택하는 데에 큰 영향을 끼치는 요인으로서, 특히 1990년대에 민주주의 혁명이 시작되면서 해외이주노동자 규모가 급속히 증가하게 되었다.[32] 원래 네팔은 소수의 왕조로 구성되어 있다가 18세기 말 산악 지역을 중심으로 성장한 구르카 왕국에 의해 통일된 이후 지배층인 힌두교도와 피지배층인 토착 부족 사이에 위계가 형성되었다.[33] 이후 영국의 식민 지배를 받았고 1948년에 독립된 이후 정치적 불안을 겪다가 1962년부터 1990년까지 국왕이 입법, 사법, 군대, 행정을 모두 통솔하는 이른바 강력한 왕정 체제를 경험하지만 정치적 불안과 독재로 네팔 민중과의 갈등이 증폭되었다. 이 결과 1990년에는 왕정 체제가 붕괴되고 헌법 제정으로 다당제, 다종족, 다언어 체제를 근간으로 하는 민주국가로 전환되었지만 네팔 민중의 지지를 받지 못했고, 1996년에 민족자치와 지역자치를 당론으로 하는 마오이스트 공산당의 봉기로 저항이 일어났다.[34] 이후 10여 년에 걸친 내전으로 네팔의 정치가 극도로 불안해졌다. 2006년에 공산당을 중심으로 연립 정권이 내전에서 승리하여 왕정을 종식시켰고, 2008년에 공화국 수립이 선포되었으며, 2013년 11월 총선에서 네팔의회당이 집권하여 2015년에 새로운 헌법을 제정하고 대통령제를 시작해 정치적 안정을 찾아가고 있다.

이처럼 네팔은 취약한 자연환경, 다원적 민족 구성, 1차 산업

위주의 산업구조, 정치적 불안 등의 복합적 취약성으로 인해 농업의 토지 생산성이 낮고 농경지 중에서도 미경작지나 휴경지의 비중이 높다. 이 결과 식량자급률이 낮고 농산물 수입에의 의존도가 크기 때문에, 채소나 곡물 등 식료품 가격은 매우 높고 그 변화폭도 커서 세계식량기구(FAO)는 네팔을 식량 위기 국가로 지정한 상태이다. 네팔의 농업에서 곡물이 전체 경작지에서 차지하는 비율은 80%로서 작물 다양성과 농가 소득이 낮다.[35] 채소, 과일, 향신료, 차 등의 상업 작물 재배가 증가하고는 있으나 저장, 운송, 가공 등의 설비가 갖추어져 있지 않아 생산성 증가가 더딘 상황이다. 또한 내륙국의 특성상 농업 투입물과 생산물 모두 인도를 통해 물류가 이루어지고 있기 때문에 수입 농산물의 가격이 높은 점 또한 주요 취약점 중의 하나다.[36]

이보라·김교성은 네팔의 빈곤을 교육, 주거, 건강, 생활의 4가지 부문에서 다차원적 빈곤 지수(MPI)로 측정한 바 있다.[37] 이 연구에 따르면, 우선 다차원적 빈곤에 영향을 미치는 요인은 젠더, 혼인상태, 가구원 수, 카스트 등의 인구·사회적 특성과 지역, 지형, 지리 등의 공간적 특성이었다. 특히 여성 가구주 가구는 남성 배우자의 해외이주노동에 따른 송금액을 받을 뿐만 아니라 각종 국제 원조 프로그램의 여성 표적화의 성과 덕분에 다차원적 빈곤이 낮게 나타났다. 반면 기혼자 가구의 다차원적 빈곤이 미혼자보다 높게 나타났고 가구원 수가 증가할수록 빈곤 가능성은 상승했다. 또한 평야나 구릉 지역의 MPI 지수가 산악 지역보다 높았는데, 이는 평야나 구릉대의 농업 기반이 상대적으로 양호하여 생계를 해결하기가 용이할 뿐만 아니라 파키스탄이나 인도와 인접해 있어 다른 지역에 비해 다양한 산업이 발달했기 때문이다.[38] 산간 지역은 경작지가 부족하고 지형적인 문제로 인해 농업이 어려워 생계 여건이 열악하다. 둘째, 빈곤 감소에 있어 가장 시급한 부문은 주거 부문이었다. 주거 부문에서 빈곤을 경험하는 가구는 다른 부문의 빈곤에 비해 훨씬 높게 측정되고 있는데, 이는 네팔 사회에서 주거가 일상적 빈곤 상태에 영향을 미치는 가장 기본적이고 결정적인 토대일 뿐만 아니라 건강이나 교육 등 다른 부문에 영향을 미치는 중요한 영역이기 때문이었다. 셋째, 공간적 분포에서 카트만두와 포카라를 중심으로 하는 중앙 및 서부 지역에 비해 지방, 산간지역, 중서부와 극서부 지역의 MPI 지수가 상대적으로 높게 나타났다.

이러한 빈곤의 특징은 네팔의 이주노동 특성에 2가지 점에서 중요한 영향을 끼친다. 우선 이러한 빈곤의 특성으로 인해 네팔 이주노동자의 상당수가 카트만두와 같은 도시 지역 출신이기보다는 낙후된 지방이나 산간 지역 출신이라는 점과 관련되어 있다. 또한 도시의 경우에는 이주노동 프로그램을 통한 인구 유출뿐만 아니라 유럽이나 북아메리카 등 선진국으로의 해외 유학을 통한 이주의 비중도 상당히 높다. 둘째, 해외에서 본국의 가족에게 송금되는 상당한 자본은 새로운 사업을 위한 투자 용도로 사용되기보다는 일차적으로 토지를 구입하고 주택을 짓는 데에 소요된다. 이는 네팔의 저소득층 주민들은 여전히 주거 여건이 열악하기 때문에 최소한의 빈곤을 벗어나기 위한 선제적인 전략이라고 할 수 있다. 이 결과 전체적으로 개발 지표들은 대도시 지역, 이주노동자의 비중이 상대적으로 높은 지역 그리고 외국인과의 접촉 경험이나 국제이주 경험이 풍부한 지역에서 대체로 높은 편이다.[39]

3. 네팔의 이주 현황 및 특성

위에서 살펴본 바와 같이 네팔 주민들은 고유의 지리적 환경으로 인해 19세기 초반부터 여성, 자녀, 노인 등 가족을 남겨 두고 외부로 이주해서 일자리를 구해 고향의 가족을 부양하는 전통이 계승되어왔다. 흡인-배출요인의 관점에서 보면 네팔 주민들의 국외 이주는 자국 내 배출요인이 주도해왔다.[40] 주요 배출요인은 네팔의 취업 기회 부족, 낮은 임금과 빈곤, 열악한 교육 환경, 계층 이동이 제한적인 폐쇄적인 수직적 사회구조, 정치적 불안과 부패, 불량한 주거 및 생활환경 등이며, 보다 나은 여건을 지닌 이주 목적지들의 흡인요인은 네팔보다 높은 임금을 받을 수 있는 해외의 취업 기회와 양호한 고등교육 여건이다.

네팔 이주민들은 초기에는 주로 부채나 빈곤 등의 이유로 영국 군인으로 고용되었다가 20세기 중반에 들어서면서 남아시아, 동남아시아, 동아시아 그리고 중동 지역으로 확대되어왔는데, 전통적으로 네팔 이주민들이 가장 많이 집중했던 곳은 인도였다.[41] 왜냐하면 인도는 네팔에서 지리적으로 가장 가깝고 교통이 양호할 뿐만 아니라, 문화적·종교적·언어적으로 유사하기 때

일하고 있는 네팔 여성들(2019)

문에 네팔 이주민들이 활발히 왕래하면서 농업에서부터 서비스업에 이르는 다양한 일자리를 구할 수 있기 때문이었다. 이 때문에 1981년만 하더라도 인도로 유입된 네팔 이주민들은 전체 네팔 이주민의 93.1%에 달했다. 1970년대에는 인도로 대규모 농업 이주를 떠나는 네팔 주민들이 늘어났고, 1990년대에는 사우디아라비아, 카타르, UAE 등의 중동 국가들과 신흥 공업국으로 부상한 말레이시아 그리고 이주노동 프로그램을 운영하고 있는 한국과 홍콩으로 이주가 확대되었다. 이 결과 인도로 유입된 네팔 이주민의 비중이 1991년에는 89.2%를 차지하다가, 2001년에는 77.3%로 감소했으며 2011년에는 37.6%로 큰 폭으로 감소했다.[42] 이는 네팔 이주민들이 본국과 가깝지만 소득수준이 상대적으로 낮은 인도를 선호하기보다는 본국에서 멀어 불확실성과 위험도가 높지만 상대적으로 임금이 높은 말레이시아나 중동 또는 한국을 포함한 선진국을 선호하는 경향이 나타났기 때문이다.

네팔 정부의 노동고용부 통계에 의하면, 2008년 이후 10년간 총 3,509,633명에 달하는 네팔 이주민들이 해외 노동인력으로 고용되었다. 이들 인력의 대부분은 말레이시아와 걸프협력회의(Gulf Cooperation Council; GCC) 국가들로 송출되었다.[43] 우리나라 또한 2007년에 네팔과 고용허가제에 대해서 협약을 맺은 후 이주노동자를 도입해오고 있다. 네팔의 국제이주노동자 규모는 2008년에 219,965명이었고 그 이후 2013~2014년까지 지속적으로 증가하다가, 지진이 발생했던 2015년 이후 네팔 내부의 사회적·경제적 불안정성 증대로 인해 다소 감소 추세에 있다가 최근 다시 증가하려는 움직임을 보이고 있다.[44] 네팔의 해외이주노동자 규모는 2000년대 중반에 들어 20만 명을 넘어서기 시작했으며 지금까지 30만 명 이상을 유지하고 있다.[45] 네팔 전체 인구가 3천만 명이므로 연간 송출되는 이주노동자는 전체의 1%를 상회하며, 해외의 장기 체류 이주노동자 규모는 200만 명으로 추산된다. 또한 네팔의 국제 이주노동에서 주목할 점은 해외이주노동자 중 남성이 비율이 압도적으로 높다는 점인데, 이는 네팔의 힌두 문화가 갖는 남성중심주의 문화를 반영하고 있다.

단기 체류 이주노동자는 대부분 인도에서 일하고 있으며,

순위	국가	인구(명)	비중(%)	누적 비중(%)
1	말레이시아	489,400	24.1	24.1
2	카타르	399,100	19.6	43.7
3	사우디아라비아	381,900	18.8	62.5
4	인도	288,200	14.2	76.7
5	UAE	214,700	10.6	87.3
6	쿠웨이트	56,900	2.8	90.1
7	미국	31,100	1.5	91.6
8	일본	29,100	1.4	93.0
9	한국	23,200	1.1	94.1
10	오스트레일리아	21,000	1.0	95.1
11	바레인	16,400	0.8	95.9
12	영국	12,400	0.6	96.5
13	기타	70,700	3.5	100.0
계		2,034,100	100.0	100.0

<표8-1> 네팔의 장기 체류 이주노동자의 국적별 인구 및 비중
자료) Zwager and Sintov, 2017, 22를 토대로 수정했음

2017년 시점에서 1년 이상 해외에 체류 중인 장기 체류 이주노동자는 약 200만 명이고 50만 명이 1년 미만의 단기 체류 이주노동자로 추산된다. 이와 아울러 해외에서 유학 중인 인구가 약 84,700명으로 추산되는데 이들은 대개 인도, 오스트레일리아, 일본, 미국 등에서 체류하고 있다.[46] 지역별로 보면 카트만두를 중심으로 하는 중부 지역과 포카라를 중심으로 하는 서부 지역 출신의 이주노동자 비중이 전체의 67% 정도를 차지하며, 민족 집단으로 볼 때 구릉 지역에 거주하는 자나자티(Hill Janajati) 민족 집단 출신이 40%를 차지하고 있고, 불가촉천민 집단은 9%로 가장 낮은 비중을 차지한다.[47]

한편 장기 체류 이주노동자 중 말레이시아, 카타르, 사우디아라비아, 인도, UAE, 쿠웨이트가 차지하는 비중이 전체의 90.1%에 달할 정도로 높다(〈표8-1〉 참조). 말레이시아와 인도를 제외하면 GCC 국가들의 비중이 50%에 육박할 정도로 높다는 점이 특징이다. 주요 국가들의 비중을 연도별로 살펴보면 쿠웨이트와 사우디아라비아의 비중은 2016년에 들어 감소한 반면, 카타르는 꾸준하게 증가 추세를 보이고 있다.

앞서 언급했던 바와 같이 네팔의 GDP 대비 해외 송금액의 비중은 2015~2016년에는 남태평양의 소국인 통가 다음으로 높은 세계 2위였으며, 2018년 통계로는 세계 4위에 해당하는 높은 수준이다. 네팔의 해외 송금액은 2000년대 중반 이후 가파른 속도로 성장하고 있다. 2007년 당시 송금액은 1,400억 루피였지만, 2016년 하반기부터 2017년 상반기까지 네팔 본국으로 송금된 규모는 6,000억 루피(50억 달러)로서 2007년 대비 4.5배 증가한 규모다. 또한 네팔의 GDP에서 송금 유입액이 차지하는 비중은 전 세계적으로 가장 높은 수준으로서, 2007년 당시 네팔 GDP에서 송금 유입액이 차지하는 비중은 17.5%에 불과했으나 2016년에는 29.6%에 달했다.[48] 2016년 자료에 따르면 이주노동자의 연소득은 평균 7,188달러이며 이 중 74%인 5,316달

연도	응시자 수	합격자 수			신청자 수	고용자 수		
		남성	여성	계		남성	여성	계
2008	31,525	6,406	380	6,786	6,587	2,733	81	2,814
2009	선발시험 없음					1,847	64	1,911
2010	36,203	3,734	446	4,180	4,096	1,917	422	2,339
2011	50,043	14,080	1,598	15,678	15,678	3,846	137	3,983
2012	선발시험 없음					5,937	395	6,332
2013	44,122	7,336	715	8,051	7,778	4,863	183	5,046
2014	58,746	3,463	200	3,663	3,478	5,587	441	6,028
2015	51,137	7,789	701	8,490	8,370	5,460	406	5,866
2016	60,626	3,183	334	3,517	3,464	7,501	578	8,079
2017	68,383	–	–	12,108	–	6,085	333	6,418
합계	400,785	45,991	4,374	62,473	49,451	45,776	3,040	48,816

<표8-2> 한국 고용허가제 신청 및 고용 현황
자료) Ministry of Labor and Employment, 2018, 9

러를 본국의 송금을 위해 저축했으며, 네팔 전체 이주노동자의 95%가 정기적으로 본국의 가족에게 송금한다.[49]

이러한 이유로 인해 네팔 정부는 2012년부터 해외이주노동 과정을 관리하고 자국 노동자를 보호하기 위해서 인력송출업체(manpower agencies)를 통한 해외이주를 장려하고 있다. 2012년 이전까지만 하더라도 인력송출업체를 통한 해외이주노동 비율은 70% 수준이지만 개별적으로 해외이주노동자로 진출하는 비율도 30%로 높은 편이었다. 그러나 2012년 이후 개인적으로 해외 이주노동 허가를 받는 사람들의 비중은 10% 이내로 급속히 감소하는 추세에 있다. 이는 네팔의 국제이주노동이 한편으로는 제도권 내의 거버넌스에 포섭되어 안전이 보장되고 인권침해 등의 위험이 줄어드는 것으로 해석될 수도 있지만, 이와 동시에 이주노동이 국가적 관리의 포섭 대상이 되어 국제이주나 송출에 있어서 국가의 통제가 더욱 강화되고 있다는 점을 동시에 내포한다.

한편 네팔의 잠재적 이주노동자들에게 있어서 한국의 고용허가제(Employment Permit System; EPS)는 이들이 가장 선망하는 국제이주노동 프로그램이다.[50] 왜냐하면 한국의 경우 체류외국인 56만 명을 대상으로 평균 연봉은 2,510만 원에 달하는데 이는 네팔의 1인당 국민소득 대비 8배에 달하는 수준이기 때문이다.[51] 뿐만 아니라 EPS에서 대부분의 제조업 및 농업 부문 사업장은 숙박과 식사를 제공하기 때문에 네팔 노동자들이 부담해야 하는 고정비용이 적어 상당한 돈을 본국으로 송금할 수 있을 뿐만 아니라, GCC 국가들에 비해 근로 환경이 양호하고 보다 안전하기 때문이기도 하다.[52] 네팔은 2007년에 한국과 EPS 실행 양해각서를 체결한 후 2008년부터 2017년까지 총 48,816명의 이주노동자를 파견해오고 있다(〈표8-2〉 참조).

2008년에는 2,814명에 불과했지만, 2012년 이후 연간 6,000명 수준으로 크게 증가했다. EPS의 중요한 기준인 한국어능력시험에 응시하는 네팔 주민들은 연간 도입 근로자 수의 10배에 달하는 6만 명 수준을 보이고 있어 산술적으로 10:1의 높은 경쟁률을 보이고 있다. 한편 다른 국가들과 마찬가지로 EPS로 한국에 유입되는 네팔 남성 이주노동자의 비율은 여성에 비해 압도적으로 높다. 또한 한국의 입장에서 볼 때, 2008년 이후 E-9 비자로 입국한 외국인 근로자 중 네팔은 베트남, 캄보디아, 인도네시아, 태국보다 적은 규모를 유지하다가, 2015년부터 캄보디아 다음으로 많은 2위 국가가 되었으며, 2018년부터는 캄보디아를 넘어 한국에 가장 많은 외국인 근로자를 송출하는 국가가 되었다.[53]

4. 해외이주노동 정책 및 제도화의 특징

네팔 정부는 영국으로부터 독립한 이후 95%에 달하는 높은 문맹률, 높은 출생률과 사망률, 각종 전염성 질병, 도로망을 비롯한 인프라의 부족, 숙련노동의 부족 등을 극복해야 했다. 네팔의 경제는 1956년에 제1차 국가경제발전 5개년 계획의 시작과 더불어 체계적으로 추진되기 시작했는데, 미국, 인도, 중국 및 기타 선진국으로부터 ODA를 받아들이면서 발전하기 시작했으며, 민간 부문의 시장을 수용하면서도 국가가 전체적인 개발 관리와 주도권을 갖고 발전시켜 왔다. 이는 1960년 왕실 쿠데타로 인해 의회정치가 종결되면서 왕실이 추진한 결과였다. 이후 의회정치와 민주주의에 대한 요구가 강해지면서 정치적 불안정성이 증대되었고, 1979년 투표에서 다시 왕실이 다른 정당정치에 대해 10% 이상 승리하면서 계도적 왕정이 지속되었다. 1980년대에 선진 공여국의 재정적 어려움으로 네팔은 부채 위기에 직면했고, 1985년에 IMF로 차관을 도입하고 구조조정 프로그램을 수행하게 되었다.[54]

네팔의 해외이주노동 정책은 1985년 당시 왕정에 기반을 둔

판차야트(Panchayat) 체제 하에서 궁핍한 자국의 경제 상황을 모면하기 위해 제정한 해외고용법(Foreign Employment Act; FEA)에서 시작된다. 이 법률은 1972년 이후 줄곧 네팔을 독재 통치했던 비렌드라 왕조가 해외이주노동을 장려하기 위해 만들어졌다. 이 법률은 네팔 주민들이 법률적 근거 없이 인도로 왕래하면서 이주노동에 종사하던 관행을 정부 정책 하에 제도화하되, 네팔 여성들의 이주노동을 금지하면서 네팔의 힌두-가부장적 전통을 수호하는 데에 초점을 두었다. 이 법률은 5년마다 네팔의 해외이주노동 정책에 대한 전면적인 가이드라인을 제시하는 것을 규정하기도 했다. 이후 네팔은 1990년대까지 정치적으로 불안했지만, 네팔은 다당제를 채택하게 되어 민주주의의 저변이 확대되었고, 1990년대 후반 경제 자유화를 추진하면서 해외 국가로의 이주노동에 민간 부문이 이주 과정에 개입하는 것을 합법화했다.[55]

네팔은 2000년대에 들어 정치적 안정을 찾기 시작하면서 국가 주도의 적극적인 국제 노동인력 송출 정책을 추진하기 시작했고, 2007년 네팔의 이주 정책은 정부가 해외이주노동을 적극적으로 관리하고 노동자의 권익을 보호할 필요성을 강조하면서 전환기를 맞게 되었다. 이러한 정책은 2007년에 개정된 해외고용법과 이의 시행령인 해외고용규칙(Foreign Employment Rules; FER)으로 수렴되었는데, 이는 네팔 정부의 해외이주노동 정책을 총괄하는 중축이 되었다. FEA와 FER은 해외이주노동자의 안전과 복지를 수호하기 위해 이주노동자의 권리를 보호하는 규정을 두고 있고, 이주 과정에 관여하는 민간 인력송출업체들을 관리하고 감독하는 책임을 명시하고 있다. 이런 규정에는 해외고용을 관리하기 위한 제도적 메커니즘의 수립을 포함하고 있는데, 여기에는 이주노동자의 복지기금 조성, 의료보험 보장, 출국 전 오리엔테이션 및 연수, 이주노동자 및 가족에 대한 보상, 이주노동자의 구출 및 본국 송환 등에 관한 규정을 담고 있다. 이에 따라 국제공항의 지원시설 구축, 고충을 수집, 조사, 판결할 수 있는 메커니즘 수립, 개별 사건을 판결해서 가해자를 처벌할 수 있는 심판위원회를 두고 있다. 또한 2007년의 개정 법률은 해외고용촉진위원회와 노동고용부 산하에 해외고용과를 설립하도록 규정함으로써, 해외이주노동을 독립적으로 관리할 수 있는 시스템을 구축했다.

2012년에 들어 네팔 정부는 『해외고용정책(Foreign Employment Policy; FEP)』을 수립하여 국제 노동인력을 송출하는 것뿐만 아니라, 국제 노동인력을 관리, 지원하고 자국으로 유입되는 송금을 제도적으로 관리하기 위한 정책을 추진하기 시작했다. 2012년에 발표된 이 해외고용정책은 이주노동의 사회적·경제적 차원에의 영향을 처음으로 논의한 정책으로서 이주 준비에서 귀환에 이르는 이주민의 전체 이주 사이클을 관리하면서 해외고용에 대한 전반적인 거버넌스를 마련한 것이었다.

이 정책은 이주노동 과정을 관리함에 있어서 바람직한 거버넌스가 구축되지 않았기 때문에 많은 문제가 발생하고 있다는 인식 하에서 출발했다. 이는 개별 이주노동자들이 인력 도입 국가에 대한 정보도 제한적이고 이해를 충분하게 하지 못하고 있기 때문에 현지에서 노동 착취를 당할 위험성이 높고 취약한 상태에서 살아가고 있다는 점에 근거한 것이었다. 특히 여성 이주노동자의 경우 합법적인 해외이주노동 루트가 아닌 불법적인 방식으로 이주하는 경우가 많음에 따라, 해외에서 많은 문제를 경험하고 있음을 인식하고 있다. 또한 이 정책은 본국에 남은 가족 관련 문제에도 주목하고 있고, 귀환이주자들의 재통합에도 관심을 두고 있다. 이 정책의 목표는 "안전하고 조직적이며, 존중할 만하고 신뢰할 만한 해외고용을 보장함으로써 해외고용의 경제적·비경제적 이익을 통해 지속가능한 경제적·사회적 개발을 달성하여 빈곤 감소에 기여하는 것"을 목표로 하고 있다.[56] 이 정책의 7개의 핵심 정책은 다음과 같다.

- 국제 노동시장에서의 고용 기회 발굴 및 촉진
- 숙련된 인적 자원을 개발하고 경쟁력을 강화함으로써 해외고용의 이익을 최대화함
- 해외고용 절차를 단순하고 투명하며 조직적이고 안전하게 이루어지게 만듦
- 여성 이주노동자 관련 이슈의 이해와 이주 전 과정에 있어서 권익 보호
- 해외고용에 대한 좋은 거버넌스 구축
- 해외고용 관리를 위한 지역적·국가적·국제적 자원 조직화와 부문 간 파트너십 강화를 위한 협력 촉진
- 해외이주노동자들이 자신의 송금을 가능한 한 자신의 개발

에 맞게 이용할 수 있도록 돕는 것

위에서 알 수 있는 바와 같이 네팔 정부의 2010년 해외고용정책은 자국 내 노동시장의 질적·양적 한계를 돌파하기 위해 자국민의 국제 노동시장으로의 진출을 적극적으로 모색하는 데에 초점을 두고 있는데, 이는 해외고용 촉진 및 이에 대한 정부의 거버넌스 강화로 요약될 수 있다. 표면적으로 네팔 정부는 보다 안전한 해외이주노동을 촉진하고, 이주노동자의 권리를 보호하며, 이주노동이 네팔에 미치는 사회적·경제적 선순환을 촉진하기 위한 명목을 내세웠지만, 실제적으로는 본격적인 이주국가로서의 제도적 토대를 구축한 것이었다. 현재 네팔의 국제이주노동을 제도화하고 있는 핵심적인 행위자에는 노동고용부, 해외고용촉진위원회, 해외고용과 그리고 기타 해외고용재판소 및 노동담당관 등이 포함된다. 네팔 정부 보고서를 기초로 하여 이들 행위자의 주요 활동 목적과 상호 관계를 요약하면 다음과 같다.[57]

첫째는 고용노동부다. 노동고용부(Ministry of Labour and Employment; MOLE)는 2012년에 노동교통관리부(Ministry of Labour and Transport Management)에서 독립 부서로 분리, 창립되었다. 해외고용정책은 MOLE의 주요 역할을 2가지로 규정하고 있는데, 하나는 네팔 내에서 양질의 일자리를 창출하고 실업 및 불완전 고용을 줄이는 것이고, 다른 하나는 해외고용에 있어서 노동자의 안전과 존엄성을 관리, 유지하는 것이다. MOLE는 노동 및 고용과 관련된 정책, 계획, 프로그램을 개발, 실행, 조정, 관리, 평가하는 것을 주요 업무로 한다. MOLE 내에서는 특히 해외고용·국제노동관계부(Foreign Employment and International Labour Relations Division)가 해외고용과 관련된 사항을 총괄하고 있는데, 이의 주요한 활동은 다음에 초점을 두고 있다.

- 해외고용 촉진을 위한 정부의 전반적인 제도적 메커니즘 강화와 확대
- 해외에 파견된 네팔 근로자를 보호하고 모니터링하기 위한 현지 노동담당관 지명 및 네팔 근로자 커뮤니티와 협력 관계 유지
- 해외 국가들과 쌍무협정을 체결하여 이주노동 과정을 법률에 입각한 거버넌스에 포섭
- 이주노동자들이 공식 채널을 통해 송금할 수 있게 촉진하여 네팔에서보다 생산적으로 투자될 수 있게 함으로써 국내 경제발전과 고용을 촉진하는 것
- 이주노동의 기회에서 배제되어 있는 취약 및 주변 집단에 대해 해외고용 기회를 촉진하기 위한 정보를 제공하고 기술 교육 프로그램을 운영
- 이주에 필요한 초기 투자 자본을 제공하기 위해 금융 기관과 협력하고 해외고용과 관련된 정보 관리 체계를 강화하는 것
- 송출국의 문화에 관한 지식, 노동자 보호 제도, 건강 요건 등의 정보 제공 확대

네팔은 2007년 이후 카타르, UAE, 한국, 바레인, 일본, 이스라엘, 요르단 등과 해외고용과 관련된 쌍무협정을 체결해왔는데, 각 협정에 있어서 아래의 사항에 대해 공통적으로 협력할 것을 명시했다. 여기에는 출국 전 네팔 정부의 관할 책임, 노동자 모집 과정, 노동자의 여비 및 모집 비용, 계약 내용과 형식, 노동 쟁의 발생 시 해결 방식, 협약에 대한 모니터링, 협약의 유효기간과 철회에 관한 사항 등이 명시되어 있다. 한편 MOLE는 2015년에 5년에 걸친 『국가전략행동계획(2015~2020)』을 발표했는데, 여기에는 국내 빈곤을 줄이고 사회적·경제적으로 지속 가능한 발전을 촉진하기 위한 해외고용 정책의 7가지 정책을 실현하는 구체적인 이행 사항을 포함하고 있다. 여기에서 노동고용부는 '무료 비자, 무료 항공권' 정책 실시를 통해 이주노동자의 경제적 부담을 완화하고 사기를 방지하는 정책이 포함되어 있다. 또한 2015년 7월 노동고용부는 행정 명령을 통해 바레인, 쿠웨이트, 말레이시아, 오만, 카타르, 사우디아라비아, UAE에 대해 인력송출업체가 비자와 항공권 비용을 부담하게 했다.

둘째는 해외고용촉진위원회(Foreign Employment Promotion Board; FEPB)로, 이는 2007년 FEA의 38조 조항에 의해 설립된 위원회이고 노동고용부 장관이 위원장이다. 23명으로 구성된 위원회에는 다른 부처 장관, 네팔 국립은행장, 시민사회단체, 학자, 근로자 대표, 인력송출업체 등 정부, 금융, 학계, 시민사회 출신의 여러 행위자들이 포함되어 있다. 이를 통해 알 수 있는 바와 같이, 표면적으로 FEPB의 주요 기능은 해외고용을 촉진하고 이주노동자의 사회적 보호와 안전을 보장하는 것을 목적으로 하지만 실질적으로는 네팔의 국제이주노동에 대한 포괄적 민관협력 거버넌스로 기능하면서 해외이주를 '촉진'하는 역할을 수행한다. FEPB의 주요 기능은 다음의 7가지로 요약할 수 있다.

- 국제 노동시장과 관련된 연구를 수행하고 새로운 송출국을 탐색하는 것
- 해외고용 일자리를 촉진하기 위한 정보 수집 및 제공
- 해외고용복지기금(Foreign Employment Welfare Fund; FEWF) 관리
- 귀환이주노동자의 기술 및 자본을 국가적 이익을 위해 활용할 수 있는 프로그램 기획, 관리, 조정, 평가
- 출국 전 오리엔테이션과 연수 기획 및 승인
- 해외고용의 안전을 보장하고 고용의 질을 향상할 수 있는 체계적인 정책을 개발, 수행하고, FEA의 실행을 전반적으로 관리하며 정부에 제안을 건의하는 것
- 해외 노동 관련 서비스 요금이나 비용을 책정하여 정부에 제안하는 것

여기에서 가장 중요한 점은 바로 국제이주노동을 관리하기 위한 기금인 FEWF의 운영 및 관리에 있다. 네팔 정부 당국에 따르면 FEWF는 이주노동자, 귀환이주노동자 및 그 가족의 사회보장과 보호를 위한 기금인데, 이는 주로 다음의 5가지 부문을 재원으로 한다. 첫째는 이주노동자가 출국할 때 예치하는 금액으로서

3년간의 노동 허가는 1,500루피, 5년간 노동 허가는 2,500루피를 일시 납부한다. 둘째는 인력송출업체가 고용 면허를 획득, 갱신할 때 납부하는 예치금의 이자 수익이다. 셋째는 네팔 정부가 민간 인력송출업체에게 면허를 발급, 갱신할 때 납부하는 수수료이다. 넷째는 현지어 교육 등과 관련된 다양한 연수 기관이 면허를 취득하거나 갱신할 때 납부하는 수수료이다. 다섯째는 해외고용 서비스를 운영하는 기관이 납부하는 요금이다. 이 외에도 기타 기부금이나 보조금이 재원으로 사용되기도 한다.

네팔 정부는 FEWF의 용도를 해외이주노동자의 기술 연수, 해외이주노동자가 고용 상태에서 상해를 입거나 사망했을 때 또는 산업재해 등의 불리한 조건으로 인해 중도 귀환하는 경우 해당 이주노동자나 그 가족에 지급하는 보상금, 이주노동자가 상해를 입거나 계약상의 조건이나 규정을 불가피하게 위반했을 때 노동자의 본국 송환 비용, 이주노동자가 사망했을 때의 본국 송환 비용과 해당 가족에게 지급하는 보조금, 해외고용 및 보다 안전한 이주에 대한 인식을 홍보하고 촉진하는 활동, 귀환이주자들의 고용을 위한 프로그램 운영비 등으로 규정하고 있다. FEWF는 상당 부분 해외이주노동자 및 그 가족의 안전과 경제적 안정을 보장하기 위해서 사용되고 있다. FEWF에 대한 네팔 정부 당국의 직접적인 개입은 이주국가로서 해외이주노동의 제도화된 거버넌스 구축에 핵심적 역할을 담당하고 있다.

셋째, 해외고용과(Department of Foreign Employment; DOFE)는 기존의 노동고용진흥과(Department of Labour and Employment

Promotion)를 DOFE와 노동과로 분리하면서 창설되었다. DOFE는 네팔 정부에서 해외고용을 촉진하고 조정하는 핵심 기구로서, 이주노동의 안전과 질적 향상 그리고 해외이주노동 기회 증진을 목적으로 하는 기구다. 또한 DOEF는 이주노동 관련 인력 송출업체들이 공정하게 활동할 수 있도록 관리, 조정한다. 주요 업무는 정책 활동과 조정 활동의 2가지로 구성되어 있다. 우선 정책 활동에는 FEA의 조정, 명령, 행정 절차 등과 관련된 정책 수행, 이주노동 관련 국내외 시민사회단체의 협력을 통해 인력 도입 국가와의 협약 체결, 해외고용 및 국제이주와 관련된 문제 조정 및 협력이 포함된다. 둘째는 조정 활동으로서 인력 송출업체에 면허를 발급, 갱신, 취소 등을 통해 관리, 해외고용 오리엔테이션 및 연수를 하는 기관에 면허를 발급하고 이를 관리하는 것, 해외고용 관련 민원 등록, 등록된 민원 조사 및 기소, 이주노동자에 대한 보상 조정, 해외 현지로부터 이주노동자 구출 등이 포함된다.

해외의 일자리는 주로 인력 송출업체를 통해 수집된 후 네팔로부터 근로자를 요청하는 청구서의 형식으로 DOFE 시스템에 등록된다. DOFE는 노동 계약 조건 등을 검토한 후에 해당 일자리에 대해 이를 승인하는 허가서를 발급한다. 이후 이주노동자가 해당 일자리에 고용되어 계약서에 서명을 하면 인력송출업체는 해당 이주노동자를 DOFE에 등록하여 해외여행 허가를 요청하며, 이때 인력송출업체는 DOFE에 해외고용 업체가 발행한 지명서(appointment)를 제출하는데, 이 지명서에는 노동 계약이 명시되어 있어야 한다. 그리고 최종적으로 이주노동자의 여권에 이주노동 승인 스티커가 부착된다. 인력송출업체는 회사법(Company Act) 하에 설립된 민간업체들로서 해외고용을 촉진하는 서비스 부문의 면허를 받은 업체들이다. 이들은 주로 해외고용 기회를 찾아내고 잠재적 이주노동자들의 고용 절차를 도와주는 업무를 하고 있다. 또한 이 외에도 사전 오리엔테이션과 훈련 서비스를 제공하는 면허를 갖춘 업체들도 있고 이주노동자의 건강을 검진하는 업체들도 있다. DOFE는 이런 민간 업체들을 관리하고 있다.

한편 해외이주노동과 관련된 민원이나 불만이 등록되면, FEA 43~59조 조항을 위반했는지를 DOFE가 검토하며, 관할 범위를 넘어서는 사건은 해외고용재판소에 이송된다. 가령 합법적인 해외고용 절차를 밟지 않고 개인적으로 이루어진 해외고용의 사건은 재판소로 자동적으로 이송된다. 또한 DOFE는 해외고용정보관리시스템(FEIMS)라는 DB를 운영하여, 이 내부에 노동 허가 신청서, 해외 노동 허가서, 해외 노동 관련 민원 등록에 관한 정보를 포함하고 있다.

노동고용부는 2013년에 이주노동 절차를 효율화하기 위해서 이른바 'Labor Village'를 카트만두에 조성해서 잠재적 이주노동자들이 보다 부드러운, 양질의, 정확한, 투명한 서비스를 원스톱 창구에서 해결하도록 하고 있다. 'Labor Village'에는 이주노동의 핵심 기구인 DOFE 사무실이 위치하여 여러 행정 업무를 소화하고 있는데, 이곳에서는 말레이시아를 비롯해 카타르 및 사우디아라비아 등 주요 송출 국가별로 사무실 창구가 마련되어 운영되고 있다. DOFE 내에는 이주정보센터(Migration Resource Center)를 운영함으로써 이주노동자들에게 해외 업체 및 이주노동에 관한 정보를 제공하고 법적 자문을 받을 수 있게 되어 있다. 또한 'Labour Village'에서는 은행과 보험업체들이 밀집해 있기 때문에 이주노동 행정 절차에 필요한 각종 민간 서비스도 이용할 수 있다.

그 외의 관련 정부 행위자로서는 네팔의 해외이주 정책을 뒷받침하는 기구로 해외고용재판소와 노동담당관제도가 있다. 우선 해외고용재판소(Foreign Employment Tribunal; FET)는 2007년 FEA에 의해 설립된 준사법기구로서, 네팔 내 해외고용과 관련된 각종 형사 범죄를 최종 판결하기 위해서 만들어진 기구다. 특히 최근에 들어 네팔에서는 개별 이주보다는 인력 송출업체를 통한 이주노동 신청 및 허가가 이루어지는데 이들의 수는 네팔 전역에 3,000여 개에 달한다. 이 중 일부 인력 송출업체들은 법적 허가가 없이 근로자를 송출하는 브로커로 활동하면서 중개료를 편취하는 경우가 발생하는데, FEA는 이러한 이주노동 프로세스를 모니터링하면서 제도적 테두리 외부에 있는 인력 송출업체들에 제재를 가한다. FEA의 주요 활동에는 인력 송출업체가 정부의 면허 없이 운영하는 경우, 노동 허가 없이 이주노동자를 송출해서 이익을 보는 경우, 미성년자를 송출하는 경우, 정부가 지정하지 않은 국가로 노동자를 송출하는 경우 그리고 사업상 목적으로 서류나 기록을 위조하는 경우에 대해 10~30만 루피의 벌금형과 6개월~1년간의 징역형을 부여하고 있다.

한편 DOEF는 네팔 이주노동자가 5천 명 이상 체류하고 있는 현지 국가에 노동담당관을 지명, 파견하고 있다. 이들은 현지의 노동, 고용, 이주 환경에 관한 정보 및 노동자 보호 절차에 관한 정보를 본국 정부에 제공하고, 해외이주노동자를 송출하는 과정과 관련하여 이주노동자와 해외고용 업체 간의 분쟁 조정을 지원하며, 고용 기간 동안 어려운 처지에 있는 네팔 노동자를 구제하는 절차에 필요한 일을 수행한다. 이 외에도 네팔 노동자의 기술에 적합한 해외의 일자리 정보 제공, 사망한 이주노동자 유해의 본국 송환 관리, 노동 계약 기간 동안 건강 및 복지와 관련된 정보 제공 등의 서비스를 제공한다. 한편 DOFE 산하에는 고충신고조사부가 별도로 구성되어 있는데 이주노동자는 이 기구를 통해 인력송출업체 및 해외고용 업체에 대한 고충을 제시할 수 있다.

5. 이주국가에 대한 비판적 고찰

2000년대부터 네팔이 추구해온 적극적인 이주노동 송출 정책은 오늘날 네팔 GDP의 30%에 달하는 해외 송금액의 유입이라는 결과를 낳고 있지만, 이에 대해 네팔 사회가 지불하고 있는 기회비용과 대가는 적지 않다.[58] 가령 한국에서 외국인 근로자로 생활한 후 네팔로 돌아간 귀환이주자를 연구한 박정석에 따르면, 네팔 귀환이주자들은 한국에서의 체류자격이나 노동 경험의 다양성에도 불구하고 귀환 이후의 행태에서 일종의 주변적 존재로서 살아간다는 점에서 유사한 패턴을 보였다.[59] 귀환이주자들은 대개 자기 소유의 토지와 주택을 마련하여 최소한의 안정적 생활을 위한 기반은 마련했지만, 많은 경우 본국에서 안정적인 일자리를 갖지 못한 채, 재이주에 대한 기회를 찾고 있었다. 선진국에서의 오랜 체류 기간 동안 소비 행태나 가치관에서도 변화가 나타났기 때문에 네팔에서의 소득에 만족하지 못해 실업 상태에 머무르고 있는 경우도 많았다. 또한 토지나 주택 구입 이외에는 대체로 가족의 생계비, 결혼 자금, 학비, 또는 의료비 등 소모성 경비로 지출되었기 때문에, 소규모 자영업을 운영할 수 있는 기반을 갖추는 것도 쉽지 않았다.

이처럼 네팔 정부가 추진해온 해외이주노동의 제도화는 표면적으로는 송금 유입액의 증가라는 성과를 거두었지만, 실제 주민들의 생활에 있어서는 여러 한계와 문제점을 내포하고 있다.[60] 현지 면담 조사를 기반으로 할 때 이는 크게 6가지로 요약할 수 있다. 여기에는 송금액에 의존하는 이주국가 본연의 경제구조적 한계, 해외 일자리의 비숙련노동 편중성, 토지 및 주택에 대한 민간자본의 투자 집중, 네팔에 대한 부정적 인식과 해외이주의 이상화라는 이분법적 이주 담론의 형성, 관료주의와 고객-후견주의 강화, 비저소득층 및 여성 이주노동자에 대한 차별과 위험 등이 포함된다. 이를 차례로 살펴보면 다음과 같다.

첫째는 해외 송금에 대한 GDP의 비중이 높은 송금 의존적 경제구조에서 비롯된 근본적인 구조적 문제이다. 해외이주노동자들의 송금이 모국 가족의 생계, 의료, 교육, 주거 등에 막대한 도움을 주는 것은 사실이지만, 해외로부터의 송금은 네팔 루피화의 환율 하락에 지배적인 영향을 끼친다. 네팔 정부는 환율 하락으로 인해 수입품에 대한 관세를 높이 부과할 수 있기 때문에 상당한 세입을 창출할 수 있다. 그러나 달러를 비롯한 막대한 외환 송금 유입은 수입 제품의 가격을 낮추고 관세 수입을 높이는 점은 분명하지만 자국 생산품의 수출 경쟁력을 약화시키는 결과를 낳는다.[61] 내부 고용이 없는 상태에서는 (특히 제조업 부문의) 부가가치의 증식이 어려운데, 외환 유입으로 인한 실질 임금의 상승으로 인해 네팔 내부의 생산비가 상대적으로 높은 경향이 있기 때문이다. 결과적으로 네팔 제조업 부문의 생산성과 성장이 주변의 인도나 중국 대비 무역에 있어 비교우위를 갖기에는 근본적인 가격 경쟁력에서 한계가 있다.

이러한 송금 의존적 경제구조로 인해 네팔의 민간 자본은 수입품에 대해 자국 생산품이 절대적 열위에 있다고 판단하기 때문에 제조업 부문을 포함한 2차 산업에 대한 투자를 회피하게 된다. 이에 따라 (뒤에서 살펴보겠지만) 대부분의 민간 자본은 토지 매입이나 주택 건축 또는 관광객을 대상으로 하는 음식·숙박업에 투자되는 경향이 있다. 이처럼 네팔의 대외 경제 경쟁력이 취약하고 민간 자본의 산업 투자가 위축되어 있기 때문에, 네팔 정부도 공공부문 및 인프라에 대해 과감히 투자하여 산업 기반을 조성할 계획을 추진하기 어려운 상황에 있다. 많은 네팔인은 사업을 영위하기에는 기초 자본이 부족해서 한국을 포함한 해외로 이주노동을 다녀오는 것이 필수적이지만, 귀환 후에도 저축된 돈을 사업 부문에 투자하여 정착하기보다는 다시 이주 기회를 찾아 나서고 있다.[62]

또한 송금에 대한 높은 의존도는 해외 경제의 불확실성에 대한 노출도가 높음을 의미한다.[63] 네팔 전체 인구의 18%가 해외에 거주하고 있고 이 중 16%가 인도와 카타르, 사우디, UAE 등 GCC 국가들에 거주하고 있기 때문에, 인도와 GCC 국가에 대한 높은 의존도는 불확실성이 높은 인도 경제 상황과 원유 가격의 불확실성에 노출된 중동 경제의 경제 상황에 따라 네팔의 경제가 크게 영향을 받는다. 그뿐 아니라, 네팔의 환율 또한 해외 송금 유입액의 규모에 따라 움직이기 때문에, 각종 원자재의 가격과 수급이 불안정할 뿐만 아니라 인도로부터 수입되는 막대한 소비재의 물가 변동도 심하다.

둘째는 해외의 취업 기회가 비숙련노동에 편중되어 있다는 점 또한 이주국가의 취약점이다. 해외로 진출한 많은 네팔의 이주노동자들은 선진국에서의 노동 경험이 자신의 기술 습득에 도움이 되어 귀환 후 더 나은 일자리를 얻을 수 있을 것이라는 기대감을 갖고 있지만, 실제 해외의 제조업 부문의 일자리가 대부분 단순하고 반복적인 미숙련 노동인 경우가 많고 가사노동이나 단순노무 직종에 종사하는 비율도 높기 때문에 귀환 후에도 보다 나은 취업 및 창업 기회를 갖지 못하는 경우가 많다.[64] 지난 10년간 네팔 인구 중 연평균 39만 명이 해외이주노동 허가를 받고 출국했지만, 이 중 75%가량이 대체로 임금이 낮고 노동환경이 열악한 비숙련노동에 종사해왔다. 물론 말레이시아의 경우 네팔 이주노동자들의 59.5%가 제조업 부문에 종사하고 여성 또한 85%가 제조업 부문에서 일하고 있지만, 대부분 팜유, 고무, 전자공업 부문을 위한 원자재 생산이나 단순 조립에 종사하는 경우가 많다.[65] GCC 국가들 또한 가사노동, 제조업, 건설업, 소매업, 서비스업 등에 종사하는 비중이 높다.

직종별로 살펴보면 말레이시아에 체류 중인 네팔 이주노동자들의 경우 제조업의 비중이 가장 높고 일반 노무직 및 경비업의 비중이 그다음으로 높다. 카타르, 사우디아라비아, UAE, 쿠웨이트 등 GCC 국가들에 체류하고 있는 네팔 이주노동자들의 직종별 구성 또한 상당히 유사한데 일반 노무직의 비중이 가장 높고 건설업, 운전기사, 청소업의 비중이 그다음으로 높다. 특히 청소업에 종사하는 네팔 여성 이주노동자의 비율은 카타르가 69%, 사우디아라비아가 96.7% 그리고 UAE는 72.1%에 달할 정도로 압도적으로 높다. 네팔 정부에서는 최근 들어 이주노동자의 숙련도를 높이기 위해 연수, 훈련 및 자격증을 부여하고 있지만, 이 자격증이 해외 현지에서 인정을 받고 있다고 보기는 어렵다.[66]

셋째는 토지 및 주택에 대한 민간 자본의 투자 집중 현상으로 부동산 가격 및 물가가 높은 수준을 유지한다는 점이다. 네팔에서는 주택을 구입하는 것이 사회적 안전망이 취약하기 때문에 안전을 확보하는 데에 중요한 역할을 한다.[67] 또한 토지나 주택을 구입하는 것은 단순한 과시적·상징적 자본으로서의 역할뿐만 아니라 자산의 가치를 증식함으로써 미래의 경제적 불확실성에 대비하는 데에 중요한 역할을 한다. 면담 결과에 따르며, 대개 현재 귀환이주자 중 80% 정도가 해외에서 벌어들인 소득을 토지 구입과 주택 건설에 투자하며, 나머지 20%는 이미 본인 또는 그 부모 세대가 해외이주를 다녀와서 주택을 구입한 경우이다. 이러한 민간 부문의 부동산 투자 집중성은 2가지의 문제점을 안고 있다. 첫째는 부동산 가격이 높기 때문에 2차 및 3차 산업 부문의 고정비용 부담이 높고 인건비에 대한 하방 압력은 강하지만 소비자 물가는 전반적으로 높을 수밖에 없다. 특히 카트만두를 중심으로 하는 중앙 구릉 지역은 부동산 가격이 높은 것으로 악명이 높으며, 많은 사람들은 토지 및 주택 거래를 통해 차익을 실현하는 데에 참여하고 있다.[68] 둘째는 많은 귀환이주자들이 축적한 자본이 부가가치가 높은 부문에 투자되지 않기 때문에, 산업구조의 토대가 취약할 수밖에 없다는 점이다.

결국 네팔에서는 산업구조의 한계로 인해 이주를 통해 습득한 기술 등을 통해 취업이나 창업을 하는 것이 지극히 제한적일 수밖에 없다. 민간자본의 투자가 부동산에 집중되어 있고, 제조업은 취약하며, 유통업이나 관광업과 등 소비자서비스업 부문의 저임금 일자리 위주로 경제가 형성되어 있기 때문이다. 실제 일반적인 네팔 주민들의 월평균 임금은 20만 원(2만 루피) 정도에 불과하다.[69] 많은 귀환이주자들은 시멘트 제조업이나 의류 제조업 등을 경영하고자 하지만 대부분 관광객을 대상으로 하는 소규모 소비자서비스업종인 레스토랑이나 술집 등을 운영하고자 한다. 소규모 가내 수공업에 해당되는 양념 제조업, 비누, 샴푸, 향수 등 소비재 제조업의 기반조차도 현재로서는 매우 열악한 상태이다.

이에 따라 네팔의 경우 귀환이주자의 취업률은 이주 경험이 전혀 없는 사람에 비해 훨씬 낮은 경향이 있다.[70] 왜냐하면 귀환이주자는 다시 이주하려는 열망을 갖고 있고, 농업을 비롯하여 이주하기 전에 종사하던 직업에 필요한 숙련도를 상실했기 때문이다.[71] 뿐만 아니라 일부 귀환이주자는 토지나 가축을 매입해서 자본을 확대하여 농업에 다시 종사하는 경우도 있지만, 대부분의 네팔 귀환이주자들은 자영업을 운영하고자 한다. 그러나 귀환이주자는 대부분 상업용 부동산을 소유하고 있지 않기 때문에 자영업을 운영하기 위해서는 높은 임대료를 감당해야 하며, 그렇기 때문에 다시 해외로 이주하려는 경향을 갖고 있다. 또한 귀환이주자들이 자영업을 시도하기는 하지만 은행으로부터 필요한 자금 지원을 받지 못하는 경우가 많고, 네팔 자영업 종사자 중 단 8%만이 은행으로부터 대출을 받고 있다.[72]

한편 최근에는 부모 세대가 해외이주를 다녀온 가구의 자녀들이 해외이주로 떠나는 제2차 이주 사이클이 시작되고 있다.[73] 일반적으로 해외이주노동을 다녀온 1세대들은 주로 토지를 구입하거나 주택을 지어 기본적인 생활의 토대를 마련하는 경향이 있지만, 이들 새로운 세대들은 해외에서 새로운 기술을 습득해서 귀환 후 자영업이나 사업을 하려고 하는 경향이 있다. 중상류층의 경우에는 해외로 유학을 가는 경우가 많고, 공부를 마친 후 부모 세대의 사업을 물려받거나 독자적인 사업을 기획하는 경로를 밟기도 한다.

넷째는 이주 담론이 생산하는 모국에 대한 회의론이다. 네팔 정부의 적극적인 해외이주노동 송출 정책은 해외이주에 대한 긍정적이고 바람직한 인식과 불가분의 관계에 있기 때문에 역설적이게도 모국 사회에 대한 부정적인 인식을 동반하는 이분법적 이주 담론을 형성한다.[74] 대중매체나 친족이나 이웃 또는 동료를 통해서 유포되는 성공적인 해외이주노동의 사례, 지역사회에서 직접 목격, 경험하는 이주 가정의 부의 축적, 중앙정부가 추진하는 각종 이주 정책 홍보 그리고 인력송출업체나 해외 유학원 등 국제이주와 관련된 민간 업체들의 홍보 등은 선진국에 대한 '상상의 지리'와 그에 대한 긍정적이고 이상적인 이미지를 생산한다.[75] 특히 청년층에게 농업이 매력적이지 않은 이유는 단지 농업의 경제적 소득이 낮기 때문이 아니라 전근대적이고 후진적이며 전통적인 것으로 간주되기 때문이기도 하다. 따라서 이들은 국제이주와 송금을 단지 가족의 생계를 부양하는 수단으로 간주하는 것뿐만 아니라 고향을 멀리 떠날 수 있는 수단으로 간주하기도 한다.[76] 이런 담론으로 인해 농촌은 과거와 관련된 공간으로 재현되며 도시는 열망과 비전으로 가득한 미래의 공간으로 재현된다. 또한 이의 연장선상에서 도시로의 이주는 교육이나 봉급생활의 기회를 얻기 위한 이주로서 개별 청년과 사회 전반적 변화에 큰 영향을 미친다. 따라서 이주는 물리적 이주일 뿐만 아니라 '이데올로기적' 이주이기도 하다. 이처럼 개발 담론은 농촌과 도시를 대비하여 재현함으로써 이주하는 당사자와 그 가족뿐만 아니라 커뮤니티에도 영향을 미친다.

이주 담론으로 인해 네팔에서의 일상생활은 남성들이 기존의 지역사회에서 힌두 문화의 전통적인 이상적 남성성 모델을 달성할 수 있는 역량을 매우 제한하고 있다.[77] 농촌에서의 생활이나 인도로의 이주는 바람직하지 않으며, 도시 내에서 좋은 일자리를 얻거나 보다 부유한 국가로 이주할 수 있는 기회는 매우 제한되어 있기 때문이다. 이러한 기회를 얻지 못한 네팔 청년층 남성들은 '게으른'을 뜻하는 현지어인 '팔투(phāltu)'로 불리는데, 이는 이들을 열등하고 부정적으로 간주하는 표현이다. 이주는 가족 부양을 위한 경제적 기회뿐만 아니라 자본주의의 세계, 소비의 세계 그리고 모더니티의 세계로 진입할 수 있는 기회이다.[78] 따라서 해외이주의 선택은 단순히 해당 지역의 사회경제적 빈곤이나 열악함 또는 환경적 취약성으로 인해 나타난다기보다는, 이주 및 모더니티와 관련되어 있는 관념과 경험에 노출되어 있는지, 곧 문화적 자본을 얼마나 갖고 있는지와 깊이 관련되어 있다.

카트만두 일대의 네팔 중앙 구릉 지역에서는 해외이주노동이 광범위하게 나타나고 있는데, 이곳 지역 주민 간 대화에서 이주노동에 대한 열망, 계획, 조직, 혜택, 비용 등은 가장 중요한 주제이다.[79] 이주노동은 생계의 불안을 극복하기 위한 중요한 적응 전략이며, 여기에는 경제적 계산뿐만 아니라 젠더화되어 있는 사회문화적 관념, 발전과 모더니티, 소비의 차원 등이 복잡하게 개입되어 있다. 1990년대 이후 중앙 구릉 지역은 네팔의 자본주의 시스템 확장 과정에 편입되어왔는데, 여기에는 토지와 노동의 상품화, 화폐 경제 그리고 개발 관념 등이 지역사회에 큰 영향을 미치고 있다. 특히 이주노동에 따른 소득은 자급자족형 농업과 더불어 지역 주민들의 생계를 유지할 수 있는 두 중축이다. 이처럼 개인, 가족, 근린 지구 단위에서 외부로의 이주에 대한 열망이 강해서 일상적으로 이주의 경험, 계획, 혜택 등에 관한 대화가 이루어지고 있고, 일상생활의 생산 및 소비 활동에서 이주의 영향을 크게 받고 있는 이른바 '이주의 문화(cultures of migration)'가 강하게 나타나고 있다.[80]

다섯째는 네팔의 관료주의와 고객-후견주의이다. 네팔 내부에서는 능력보다는 친·인척 네트워크 등을 기반으로 하는 고객-후견주의(patron-clientelism)가 발달해 있다.[81] 이는 위계적인 관료구조 및 부패와 직결되어 있다. 고객-후원 네트워크(client-patronage networks)를 통해 지배 엘리트 계급이 이익을 전유하는 것이 한계로 제시되고 있다. 실제로 카트만두 일대의 많은 이주민들은 네팔의 정치지도자보다 관료와 공무원의 부패와 후견주의를 강하게 비판하고 있다. 오랜 기간에 걸친 내부 정치적 갈등으로 인해 네팔 정부의 각종 법률과 제도는 실제 네팔의 시민사회에서 실행되는 단계에서 많은 문제점을 노출하고 있다. 가장 대표적인 원인은 최상층 정부 당국과 시민사회를 연결하는 정부 관료들이다.[82] 이들은 자신들의 지위를 유지하기 위해 게이트키퍼로서의 역할을 제도적 실현에 장애로 작동하고 있다. 따라서 교육수준이 높은 상당수의 네팔 주민들은 네팔의 관료주의와 부패에 대해 환멸감을 느끼면서 '제도가 보다 투명하고 합리적으로 작동하는' 선진국으로 이주하려는 열망을 갖고 있다.

실제로 면담 대상자 중 한 명이 네팔 정부의 관료주의와 부패를 "돈이냐 힘이냐(source or force)"라고 표현했던 것처럼, 경제적 부나 정치적 권력을 갖지 않은 기층의 많은 시민들은 계층의 사다리를 올라가는 데에 많은 어려움을 겪고 있다. 이 때문에 많은 네팔인들은 현재의 경제적 어려움뿐만 아니라 네팔의 미래 비전에 대한 실망과 불확실성으로 인해 네팔을 떠나고 있다. 이 때문에 네팔은 현재 심각한 두뇌 유출(brain drain)을 경험하고 있다. 실제 많은 네팔 주민들은 기회의 평등을 강조하고 있다. 정부가 약하기 때문에 작은 위기나 외부의 충격에도 쉽게 흔들릴 수 있을 뿐만 아니라, 정책이 집행되도록 강제하는 데에 여러 어려움을 겪고 있다. 이주가 네팔에 미치는 영향력은 긍정적인 측면과 부정적인 측면을 동시에 갖고 있으며, 새로운 기술이나 경험을 갖고 귀환한 이주자들은 실제 농촌 사회의 경우 새로운 기술을 도입하거나 온실과 같은 설비를 통해 생산력을 향상시키는 데에 중요한 기여를 하고 있다.

특히 네팔은 힌두 문화가 강력하게 자리 잡고 있기 때문에 카스트제도 하에서 우월적 지위에 속한 집단은 교육과 일자리의 기회를 위해 도시나 해외로 이주할 수 있는 최소한의 자본, 정보에 접근할 수 있는 사회적 네트워크 그리고 실행의 성공을 도와줄 수 있는 정치력을 갖고 있지만, 하위 카스트 집단은 자신들의 열망을 실현할 수 있는 자본 접근성이 낮다.[83] 여전히 네팔 내부에서의 일자리 기회는 제한적이어서 GCC 국가들과 말레이시아로의 이주가 인기가 높은데, 인력송출업체에 지불해야 하는 이주 중개료와 항공료 등의 높은 비용을 지불할 수 있어야 가능하다. 델리, 뭄바이, 방갈로르, 펀자브 등 인도의 대도시로 이주하여 육체노동자로 생활하는 것은 매우 보편화되어 있지만, 이는 말레이시아나 GCC 국가로의 이주나 도시의 정규 일자리보다는 그 수요가 낮다. 네팔 사람들은 인도에서의 일자리를 쓸모없거나 변변치 않은 직업으로 표현하지만, 여전히 인도로의 이주는 농촌 마을을 떠날 수 있는 중요한 수단이며 기회의 공간으로의 이주라는 점에서 여전히 네팔에 정착하는 것보다 선호되는 경향이 있다.

마지막 문제점은 이주 기회에 있어서 저소득층이나 여성과 같은 취약 집단의 경우 상류층이나 남성에 비해 이주 기회가 양적·질적으로 지극히 제한되어 있다는 점이다. 우선 인도나 GCC 국가들로 해외이주를 선택하는 사람들은 주로 중·하류층 주민들이라고 할 수 있다.[84] 네팔의 이주는 농촌에서 소도시로, 소도시에서 대도시로, 그리로 대도시에서 다시 해외로 이주를 선택하는 연쇄적 과정에 있다. 농촌에서의 노동 환경이 열악하고 소득이 지극히 제한되어 있기 때문에, 많은 청장년층은 도시와 해외를 찾아 이주하는 경향이 나타난다. 또한 초기 해외이주노동자로 승인받는 데에 필요한 비용이 인도 이외에 다른 국가들은 매우 높기 때문에, 저소득층의 경우 인도 이외의 국가로 진출함에 있어서 초기 비용을 조달할 수 있는 금융 지원이 필요하다.[85] 반면 일부 상류층이나 교육수준이 높은 계층에서는 이미 2000년대 초반부터 유럽이나 북아메리카를 대상으로 유학을 가는 경우가 많았다. 최근 오스트레일리아에서 취업과 학업을 병행할 수 있는 유학 비자가 발급되고 있어서 오스트레일리아 유학이 계층적으로 보다 확대되고 있는 편인데, 유학을 가기 위해 초기에 소요되는 비용은 2천만 원에 달한다. 저소득층은 이러한 초기 자본을 마련하기도 어렵고 영어 구사 능력 등 기본적인 학력 자본이 취약하기 때문에 해외 유학의 기회에서 차단되어 있다.

또 다른 중요한 문제는 여성의 이주 기회가 제한적일 뿐만 아니라 여성 이주노동자에 대한 차별이 상존한다는 점이다. 네팔 이주노동자 중 여성은 전체의 10% 미만이지만 해외의 체류국에서나 귀환 후 네팔에서 여러 위험과 차별 등에 노출되어 있고, 2007년 해외고용법 개정 이후 네팔 여성의 해외이주가 완만하게 증가하면서 이러한 위험 및 차별 사례도 점차 증가하는 추세에 있다. 특히 네팔 이주 여성의 대부분은 GCC 국가들에서 가사노동자로 일하고 있는데 이들은 중동 지역의 카팔라(Kafala) 제도로 인해 인권을 침해당하는 사례가 많다.[86] 카팔라 제도는 대부분의 GCC에서 운영되는 이주노동자 관리제도로서 이주노동자의 노동 비자 발급을 고용주가 보증하는 것을 핵심으로 한다. 따라서 네팔의 여성 이주노동자들은 고용주의 동의 없이 직장을 이전하거나 쉽게 그만두는 것이 어려운 상황이다. 또한 임금체불이나 근로계약에 대한 불이행 등의 상황이 발생하더라도 이에 제대로 항의할 수 있는 지위를 보장받지 못하고 있기 때문에 사실상 고용주의 노예 신분으로 하락시키고 있다는 비판을 받기도 한다.

네팔 카트만두에 본부를 두고 있는 네팔 여성이주민지원단체인 '포우라키(Pourakhi)'는 이러한 여성 이주노동자의 인권과 안전을 보장하기 위해 활동하고 있는 대표적 시민사회단체이다. 네팔어로 포우라키는 '자립'을 의미한다. 포우라키 프로그램 구성원들은 90%가 귀환 여성들로서 기본적으로 인신매매 담론이나 국가의 가부장제 시각과는 매우 다른 인식을 갖고 있다. 주요 목적은 여성 이주노동자의 권리 향상이며 해외이주의 준비에서 귀환까지 이르는 전 과정에서 여성 이주노동자의 권리와 완전을 보장하는 것을 사명으로 하고 있다. 등록, 모집부터 이주까지 전 과정을 제도적으로 감독, 규정하고, 해외노동과 현지에 대한 오리엔테이션 및 기술 교육을 실시하며, 일정한 규모 이상의 여성들이 이주한 지역에서는 해외 모니터링 담당관을 두고 안전한 이주를 위한 정보를 제공하는 것을 포함한다. 또한 네팔 내부에서의 경제적 생존 문제 해결을 위해, 창업 프로그램, 기술 훈련, 신용협동조합 운동을 벌이고 있다. 봉재, 미용, 수공예, 가축 사육, 버섯 등 채소 재배, 과일 가게 등 소매상 그리고 고학력 여성들이 어린이집 교사를 하도록 보육 기술 훈련도 병행하고 있다.

포우라키를 운영을 책임지고 있는 담당 활동가와의 면담에 따르면 네팔로서는 현재 이주노동이 불가피한 선택이기 때문에 이주의 사이클에서 벌어지는 인권침해나 여성들이 겪는 불이익, 차별을 철폐하는 데에 초점을 두고 활동하고 있다. 그녀는 네팔의 경제발전에 있어서 총체적이고 장기적인 정책 제시가 필요하고, 나아가 해외의 기업과 국가의 투자를 유치하는 것이 중요하며, 해외이주에 있어서 숙련노동을 중심으로 정책을 전환하여 해외에서 기술 및 지식을 취득한 노동자들이 재유입하여 경제발전과 연동되는 것이 중요하다는 점을 지적했다. 이런 점에서 향후 포우라키의 활동은 이주를 통한 네팔 사람들의 경제발전과 안정적인 생활 보장으로 확대될 것으로 추정된다.

6. 나가며

이제까지 네팔을 대표적인 '이주국가'의 사례로 설정하여 정부의 이주 정책 제도화를 근간으로 하는 네팔의 국제 노동이주 현황과 특성을 살펴보았고 이의 잠재적 문제점에 대해서 고찰해보았다. 이주국가는 자국민의 국제이주노동을 적극적으로 촉진하는 제도적 틀을 갖추고 이주노동에 따른 자국으로의 송금을 확대하는 것에 그 특징이 있다. 이런 점에서 네팔은 2007년 이후 해외고용법과 이에 기반을 둔 장기 프로그램인 해외고용정책을 통해 지속적인 이주노동의 제도화 정책을 구축함으로써 전형적인 이주국가의 제도적 틀을 갖추어 나가고 있다. 특히 노동고용부에 소속되어 있는 해외고용과(DOFE)는 이러한 이주국가의 제도화에 있어서 핵심적인 제도적 행위자로 기능하고 있다. 이 결과 네팔은 이주노동에 따른 송금액의 비중이 무려 GDP 대비 30% 수준으로서 세계에서 두 번째로 높은 국가로 부상했다.

이러한 이주국가의 제도적 틀은 네팔의 경제 및 산업구조라는 거시적인 차원에서나 네팔 주민들이 경험하는 일상생활이라는 미시적인 차원 모두에서 일정한 한계와 문제점을 안고 있다.

본 장에서는 이를 6가지로 제시했고, 여기에는 해외 송금에 대한 네팔 경제의 의존도가 높아 불확실성이 높고 수출 경쟁력이 취약하다는 점, 해외의 이주노동 일자리가 비숙련노동 중심으로 이루어져 있어서 이주노동자가 귀환 이후에 민간 부문의 경제발전에 기여할 수 있는 바가 제한적이라는 점, 송금액의 유입에 따라 확대된 민간 자본이 산업 부문이 아니라 토지 매입과 주택 건설이라는 부동산 부문에 치중되어 있다는 점, 해외이주를 촉진하는 이주 담론이 자국에 대한 부정적인 인식을 확대하여 사회관계의 불확실성을 높이고 '이주를 위해 잠시 모국에 체류하는' 이른바 이주의 문화를 형성하고 있다는 점, 네팔 고유의 관료주의와 고객-후견주의로 인해 계층 이동이 제한되어 있어 두뇌 유출을 야기하는 배출 압력이 강하다는 점 그리고 저소득층 및 여성 등 사회 취약집단이 이주노동에 참여할 수 있는 기회가 제한되어 있으며 귀환 후에도 사회적 차별이나 위험에 노출되어 있다는 점을 제시했다.

이와 유사한 맥락에서 최근 세계은행에서도 개발론적 입장에서 네팔이 저발전에서 탈피하기 위해 해결해야 할 문제점을 3가지로 제시한 바 있다.[87] 첫째는 민간 부문의 성장을 위해 투자되는 공공부문의 투자가 매우 낮은 수준에 머물러 있다는 점이다. 둘째는 현재 정치구조가 상당히 배타적이고 중앙집권적이어서, 로컬 수준에서의 정치인들이 카스트에 기반을 두고 오랫동안 활동해왔기 때문에, 실질적인 정치적·경제적 개혁이나 변화가 발생하기 힘들다는 점이다. 셋째는 네팔이 지진, 산사태, 기후변화 등에 취약한 자연환경임에도 불구하고 복지 지출은 여전히 미약한 수준이라는 것이다. 따라서 네팔 국민들은 자연재해에 따른 위험에 대처하려면 각 개인과 가족의 자구적인 노력에 의존할 수밖에 없다. 세계은행은 이런 맥락에서 네팔이 정치적 포용성을 확대하고 투명성을 제고함으로써 후견주의를 제거해야 하고, 일자리 창출을 위해 민간자본의 투자를 촉진할 수 있는 정부의 정책적 가이드라인이 필요하고, 네팔인의 기회 평등을 보장하고 인적 자원을 개발해야 하며, 송금을 보다 생산성이 높은 부문에서의 투자로 연결할 수 있도록 귀환이주자의 사업가적 투자를 확대해야 한다는 등의 정책적 방향을 제언했다.

오늘날 글로벌 스케일에서 정책 이전(policy transfer) 네트워크가 공간적으로 매우 확대되어 있기 때문에, 네팔 정부 당국이 추진해나가는 국제 노동이주 정책은 필리핀, 캄보디아, 라오스 등 이주노동의 비율이 높은 국가들에 의해서도 채택, 발전되어갈 가능성이 높다. 이런 측면에서 세계에서 향후 네팔이 국제 이주노동에 따른 송금액의 유입으로 인해 나타나는 거시적·미시적 문제점과 한계를 어떻게 돌파할 것인가는 다른 이주국가들에 있어서도 중요한 시금석이 될 것으로 생각된다.

제9장

귀환이주민과 지역 개발

1. 들어가며

제1부에서 다룬 바와 같이, 경제적 동기의 노동이주는 이주민 당사자와 (본국 또는 정착지의) 그 가족, 정착 국가뿐만 아니라 이주민이 송출했던 본국(모국)의 입장에서도 다양한 경제적·사회적 편익을 얻는다. 실제, OECD 고소득 국가의 경우 전체의 약 20~50%에 해당하는 출신 국가로 돌아간 사람들은 출국 전보다 더 나은 삶을 살고 있다.[1] 이 때문에 선진국을 위주로 한 국제사회는 개발도상국의 빈곤 퇴치나 개발을 위해서 귀환이주를 촉진하려는 정책이 오래전부터 실시되었다.

원래 귀환이주(return migration)에 대한 학술적·정책적 관심이 본격화된 것은 1980년대였다.[2] 그 배경으로 2가지를 들 수 있다. 첫째, 제2차 세계대전이 끝난 후 1970년대 후반까지만 하더라도 아프리카, 아시아, 라틴아메리카의 신생독립국가로부터 정치적 혼란이나 경제적 궁핍을 피해 유럽 및 북아메리카를 향한 이주민의 흐름이 주류였지만, 1980년대에 들어 이들 국가가 점차 정치·경제적 안정을 찾아감에 따라 개발도상국으로의 유턴 현상이 나타났기 때문이었다. 둘째는 1960년대 이후 단순히 개발도상국의 총량적 성장을 목표로 했던 선진국의 국제개발협력 패러다임이 1970년대에 들어 개발도상국 주민들의 주거, 생계, 보건, 교육 등 기초수요를 충족하는 방향으로 변화함에 따라, 선진지식과 기술을 보유하고 있으면서도 개발도상국의 실정을 잘 알고 있는 귀환이주민의 역할이나 기능이 ODA에서 중요한 부분으로 부상했기 때문이다.

또한 오늘날 국제이주는 교통 및 통신의 발달로 영구적 이주나 영구적 귀환이 아니라 '이주-귀환-재이주'을 주기적으로 (심지어 작은 지리적 스케일에서는 일상적으로) 반복하는 순환이주(circular migration)나 초국적 이주를 특징으로 하므로, 어떤 측면에서는 이주민의 '귀환'을 특정하고 이를 정의하는 것이 쉽지 않다. 특히 9장에서 살펴보았던 네팔과 같은 초국적 이주국가는 국제이주가 너무나 빈번하고 일상화된 곳이어서 순환이주 개념이 분석에 적절하다.

그러나 사하라 이남 아프리카 국가들의 사례를 보면, 2000년대 초반까지만 하더라도 주요 이주 정책은 주로 선진국으로의 이주노동자 송출을 통해 외환 송금의 유입을 기대하던 노동 수출 정책에 주안점을 두었으나, 최근 이들은 해외의 디아스포라 인력을 고국으로 유입시켜 이주 기업가정신을 통해 본국의 개발을 촉진하는 귀환이주를 촉진하는 '디아스포라 정책'으로 선회하고 있다. 디아스포라 정책은 재외국민과 동포의 송금과 투자를 본국 유입을 촉진하고, 이들의 사회, 문화적 정체성을 강화, 유지하여 본국 출신 이주민들의 초국적 네트워크를 강화하는 정책을 포함한다. 왜냐하면 이주민은 본국에서 경제적으로 새로운 사업 기회를 포착하여 창업하고 사업의 규모를 확장하여 일자리를 창출하며, 해외에서 확보한 숙련된 기술이나 지식을 모국에 적용함으로써 기술혁신과 지역발전에 선도적인 기능을 하고 있다. 이뿐만 아니라 이주민은 귀환 시 사회적·문화적으로도 해외의 다양하고 자유로운 사고방식, 취향, 문화 등을 체화하고 있어서, 귀환 후 모국의 가족이나 커뮤니티 구성원과 상호 작용하면서 사회·문화적 역동성을 강화하는 데에도 이바지하기 때문이다.

특히 귀환이주민이 수행하는 진취적이고 과감한 창업과 투자는 개발도상국의 발전에 매우 중요하다. 가령 조지아의 경우 민간 부문 생산의 17% 정도가 유럽에 진출한 디아스포라 인구가 소유하고 있다. 이주민은 초국적 네트워크를 활용하고 있고 지리적 장벽을 넘어서는 정보력을 통해 유럽과 조지아 간의 여러 무역과 투자를 촉진하는 데에 앞장서고 있다. 또한 인도에서는 특히 벵갈루루나 하이데라바드와 같은 내륙 주변부가 IT 및 소프트웨어 등 첨단산업 중심의 신흥 산업 도시로 성장하게 된 것은 이 지역의 이주민이 유럽이나 북미에서 귀환한 후에 선진국에 각종 사업 서비스를 제공하는 비즈니스 프로세스 오프쇼어링과 회계 정리, 고객정보 관리, 법인세 및 임금 계산 등 후선업무(back-office) 오프쇼어링이 크게 발달했기 때문이다. 이러한 사업을 통해 현지에서 경험과 자본을 축적한 귀환이주민이 오늘날 인도 중부의 거대한 벤처자본을 형성해서 세계적으로 유망한 IT 및 소프트웨어 업체로 성장한 경우가 늘어나고 있다.

벵갈루루 비즈니스 지구 항공사진(2019)

물론 일부 개발도상국의 경우 정부나 관료조직의 부패가 심각해서 국가 주도의 디아스포라 정책에 관한 학계의 입장은 이따금 비판적인 태도를 띠기도 한다.[3] 그럼에도 경제지리학, 개발경제학, 지역개발학 등의 측면에서는 개발도상국의 디아스포라 정책에 있어서 국가 이외에 디아스포라 행위자들의 능동성에 초점을 두어 귀환이주민의 진취적인 기업가적 정신, 이익, 개발 간의 관계성을 이해하는 데에 주목하고 있다. 가령 세네갈은 귀환이주 정책에서 빈번히 언급되는 대표적 사례로서 이미 1970년대부터 전담 기구를 설립하여 재외이주민의 본국 유입을 촉진하는 디아스포라 귀환 프로그램을 실시했다. 2000년대에 들어 이주와 개발 간의 관계에 대한 국제적 관심 증가 등의 분위기 속에서 ODA의 일환으로 선진국이 지원하거나 세네갈 정부가 주도하는 다양한 귀환이주 프로그램도 운영되고 있다. 본 장에서는 귀환이주의 다양한 양상들을 살펴보고, 귀환이주민이 모국의 지역발전과 경제성장에 어떻게 이바지하는지 짚어본다.

2. 귀환이주에 대한 접근

귀환이주에 대한 접근은 크게 5가지로 요약할 수 있다.[4] 우선 신고전경제학에서는 국제이주가 임금 격차에 의해 발생하므로, 귀환이주는 본국보다 임금 수준이 높은 국가에서 자신이 원하는 소득을 얻지 못할 때 발생한다. 따라서 귀환이주는 임금 수준, 고용 상태, 체류 기간 등에 있어서 이주민이 원하는 수준에 도달하지 못해서 나타나는 실패의 경험이다.

둘째, 신노동이주경제학의 관점에서 귀환이주는 개인보다는 가구(가족) 단위에서 나타나는 "계산된 전략(calculated strategy)"의 결과이다. 또한 귀환이주는 해외에서의 성공적 이주 경험을 통해 자신의 목표를 달성한 이주민의 선택 결과이다. 송금은 가구의 소득 원천을 다양화하여 위험을 최소화하려는 전략의 일환이다. 따라서 귀환이주는 잘 준비된 이주 프로젝트의 한 과정으로서 더 높은 기술 수준이나 넓은 인적 관계를 통해 본국의 노동자들보다 높은 임금을 받을 수 있다. 따라서 해외에서의 기술 습득은 귀환의 가능성과 깊이 연관되어 있다. 신고전경제학자는 사람이 더 높은 임금을 받을 수 있는 곳으로 영구 이주한다고 보기 때문에 귀환이주는 변칙적 상황, 실패 경험으로 인해 우발적으로 나타나는 것이지만, 신노동이주경제학에서는 사람들이 귀환을 전제로 해서 일시적으로 이주를 선택한다고 본다.

두 접근은 귀환이주의 경험을 상반된 관점에서 접근하지만 귀환이주를 개인 및 개인적 동기와 연관시켜서 이해하기 때문에 송금이나 기술이 모국에서 사용되는 방식에 관해서는 설명하지 못한다. 뿐만 아니라 귀환이주민은 대개 해외로부터 발생한 소득을 지닌 금융중개인(financial intermediaries) 정도로 간주되는 경향이 있다. 또한 두 접근은 이주민이 언제 그리고 왜 귀환하는가에 관심을 두지만, 어디로 귀환하는가에 대해서는 설명의 틀을 갖지 못한다. 이는 모국의 경제적·정치적·사회적 환경에 대해 주목하지 않기 때문이다. 따라서 귀환이주를 왜 선택하는지의 문제와 아울러 개인이나 가족을 넘어선, 보다 넓은 사회관계에 주목할 필요가 있다. 또한 실패와 성공이라는 두 접근에서 귀환이주를 설명하려고 함에 따라 귀환이주현상을 모국의 상황에서 맥락적으로 이해하는 데에 한계가 있다.

셋째, 구조주의 접근은 모국의 사회적·경제적·제도적 요인을 고려하여 이주민이 모국의 변화된 상황과 현실과 어떻게 관계되어 있는가에 초점을 둔다. 이런 맥락에서 볼 때, 귀환이주민은 등질적인 집단이라기보다는 이주의 목표를 달성하지 못하거나 이민 사회에 정착하지 못한 '실패로서의 귀환', 목표로 한 소득을 받는 데 성공했지만, 원래의 목적대로 귀환하는 '보수적 귀환', 오랫동안 해외에 거주한 후 은퇴 나이가 되어 모국에 땅과 주거를 마련하여 재정착하려는 '은퇴 귀환' 그리고 이주 경험을 통해 목표로 했던 소득이나 기술을 습득한 후 모국을 변화시키려는 의지를 지닌 '혁신 귀환'이 있다. 물론 혁신 귀환자는 자신의 성공적인 상황과 전통적인 권력구조를 위험에 빠뜨리지 않기 위해서 모험적인 행위자가 되는 데에는 실패하는 경향이 있다. 구조주의 접근은 모국 상황에 대한 정보와 인식이 귀환 '이후에' 평가되기 때문에 귀환에 대한 준비가 완전하게 이루어지지 못한다고 보며, 귀환 이후에 모국의 현실 속에서 귀환이주민은 재조정(readjustment)된다고 본다. 이 경우 재차 외국으로 이주하는 결정이 내려지기도 한다. 구조주의 접근은 모국의 상황과 맥락적 요인이 귀환자의 혁신 역량이나 변화의 의지에 큰 영향을 미친다는 점에 주목한다.

구조주의 접근은 시간과 공간이라는 두 변수에 주목한다. 우선 시간적 측면에서는 해외에서 체류하는 기간으로 인해 이주민의 지위나 본국의 사회가 얼마나 변화했는가와 연관되어 있다. 이주 기간에 본국 사회의 문화적·정치적·경제적 변동에 대해서 이주민은 재조정을 해야 한다. 이주 기간이 짧으면 해외에서 충분한 경험이나 지식을 습득하지 못하고, 이주 기간이 길면 본국에서 소외될 수도 있고 적응에 어려움을 겪을 수도 있으며 영향력이 매우 작아질 수도 있다. 따라서 적절한 이주 기간 속에서 귀환의 시점을 탐색할 필요가 있다. 또한 공간적 측면에서는 귀환자는 해외에서의 변화된 인식과 동시에 모국의 커뮤니티와 사회의 영향을 받는다. 가령 귀환자는 큰 주택이나 비싼 자동차를 구입하는 등 이른바 '과시적 소비(conspicuous consumption)'를 하면서 자신의 지위를 사회적으로 과시하되 비생산적인 투자에 개입되는 경우가 적지 않다. 가족 외부로 금융자원이 확대되어 승수효과를 낳는 데에 한계가 있다. 결국 이주민이 처한 로컬리티가 귀환이주민의 영향력에 적지 않은 영향을 끼친다.

구조주의는 귀환이주 현상 그 자체보다는 모국의 로컬 권력구조 속에서 귀환자들이 어떻게 커뮤니티의 일원으로 받아들여지는지 그리고 그 속에서 경제발전을 혁신 행위자로서 추구하는지를 이해하는 데에 초점을 둔 경향이 있다. 따라서 구조주의는 귀환이주민이 축적한 경제 자본과 기술 경험에 초점을 두며, 모국과 정착국 사이의 이주를 일련의 연속적인 경험으로 간주하거나 공간적으로 연결되어 있다고 보는 데에는 한계가 있다. 또한 기술이나 자본 외에 다양한 유형, 무형의 사회적 자본, 경제적 자본 등을 다양하게 인식하는 데에도 한계가 있다. 대개 구조주의자들은 귀환이주민의 선도적 역할(initiative)을 비관적으로 이해하는데, 이는 그들의 영향이 하향식으로 발휘될 것이라고 생각하기 때문이다. 오랜 기간 해외에서 이주하기 때문에 모국의 전통적인 사고방식 바깥에 머물렀던 기간이 이들에게는 제한적이며, 로컬 사회적 관계에서도 오랫동안 유리되어 있다고 본다. 이들은 핵심부와 주변부 간의 관계를 근대사회와 전근대(전통)사회라는 이분법적 시각에서 보기 때문이다.

넷째, 초국가주의는 모국과 정착지 사이의 경제적·사회적·정치적 연계와 초국경적 활동에 초점을 두어 영구적 이주보다는 일시적 이주의 연속적인 관계에 초점을 둔다. 귀환은 이주 사이클의 마지막 단계라기보다는 초국적 사회, 경제 관계의 한 부분에 불과하다. 초국가주의는 주로 초국적 정체성과 초국적 이동성 두 가지에 초점을 둔다. 우선 초국적 정체성은 이중의 정체성, 혼성적 정체성에 초점을 두어 구조주의자들처럼 조정(adjustment)보다는 적응(adaptation)에 초점을 둔다. 적응은 반드시 기존의 정체성을 포기하는 것이 아니라 자신의 이익에 유익하도록 유연하게 선택하거나 양자의 어느 한쪽에 소속되지 않고 탈영역화된(deterritorialized) '디아스포라' 정체성을 갖는 것을 의미한다. 초국적 이주민들은 초국적 이동성을 활용해서 귀환을 잘 준비하고 귀환 후에도 더 효과적으로 적응할 수 있다. 또한 모국의 정부나 제도적 기구는 디아스포라의 자원을 적극 전유하여 귀환을 촉진하고 모국의 발전에 자원을 동원하려는 행위를 한다.

초국가주의 관점은 귀환이주에 대한 이분법적 구조주의 관점의 한계를 극복할 수 있고 순환적인 이주 사이클 속에서 귀환을 이해할 수 있는 장점이 있지만, 귀환이주민들이 이주민 커뮤니티와의 강한 연계를 어떻게 유지할 수 있고 이를 통해 어떻게 모국 내 전통적인 이익이나 가치관 또는 사회적 압력에 대해 효과적으로 대처할 수 있는지에 대해서는 설명에 한계가 있다. 또한 초국가주의 관점은 이중적·혼성적 정체성에 두어 초국경적 이동성을 강조할 수 있는 이점이 있지만, 디아스포라나 민족성을 토대로 하는 기회, 기대, 상호 의무의 프레임 속에서 이를 이해한다는 점에서 한계가 있다.

준비성	귀환자의 유형	귀환 이전 단계				귀환 이후 단계
		지위	동기	자원 동원	체류 기간	재통합 과정
높음	이주노동자, 난민, 고숙련 이민자, 학생, 망명 신청자	정착국에 거주할 수 있음 또는 부동산을 소유할 수 있음	이주 목표가 달성됨. 모국 노동시장의 긍정적 변화를 감지, 모국의 경제발전이 새로운 기회를 창출하고 인센티브가 귀환을 유도.	저축, 친분, 접촉, 지식, 기술, 전문성, 고등교육	평균 4년에서 15년	모국의 현실 특징에 대한 재발견 적응과 타협 독특성(특이성)
낮음	이주노동자 단기 난민 고숙련이민자 학생	없음	이주의 목적이 계획대로 달성되지 못했을 수 있음.	약간의 저축	대개 6개월에서 3년	가족이나 친족이 재정적 지원을 함. 이주 경험의 결과 약간의 제한적인 자원이 투자됨
없음	망명거부자 비정규적 이민	없음	이송, 추방, 비자 연장 거부	없음	대개 6개월 미만	모국의 어려운 상황, 재이주를 고려

<표9-1> 귀환이주민의 유형별 특성
자료) Jean-Pierre Cassarino, 2004

마지막으로 사회 네트워크(social network) 이론은 귀환이주민을 유형, 무형의 자원의 담지자로 보고 여러 국가의 다양한 장소들에 속한 자원들을 동원하는 점에 주목하는데, 디아스포라 커뮤니티처럼 민족성이나 가족 등 공통의 속성을 전제로 하지는 않는다. 이주민은 사회 네트워크에 반드시 소속되어 있다기보다는 선택적으로 조직화된다. 또한 사회 네트워크는 자원에 접근하거나 초국경적 연계망을 유지하려는 목적하에 자발적으로 선택되거나 호혜적인 관계성을 유지하기 위해 구성원의 동의가 필요하다. 사회 네트워크 이론에서는 귀환이주민의 사회적 자본의 하나라고 볼 수 있지만, 반드시 과거의 이주 경험에만 의존해서 설명하지도 않으며 귀환이주민을 하나의 등질적인 집단으로 간주하지도 않는다. 사회 네트워크는 조직적 패턴, 목표, 구성의 측면에서 초국가주의와는 다르다. 네트워크는 사람, 사물, 사건의 세트를 연결하는 관계로서 '상보성(complementarity)'의 원리를 근간으로 한다. 귀환이주민은 자신이 네트워크에 참여하고 있다는 것을 뚜렷하게 인식하고 있다.

이러한 5가지 접근은 국제이주의 다양한 발전 단계와 흐름을 보여준다. 초국가주의와 사회 네트워크 이론의 발달 덕분에 귀환은 이주 사이클의 마지막이 아니라 한 부분에 불과하다는 것이 뚜렷하게 드러나고 있다. 초국가적인 연계(transnational linkages)는 초국적 수준에서 자발적으로 발생하며, 민족성이나 친족성 등 속성의 공통점을 기반으로 하지만 사회 네트워크 이론은 초국적 네트워크의 부상은 맥락적·제도적 요인들에 대한 반응으로 형성되는 것이라는 점에서 차이가 있다. 따라서 사회 네트워크는 소속된 구성원들의 단순한 공통점을 넘어서서 형성된다.

이런 점에서 귀환이주를 개념적으로 다시 접근해야 하는 이유는 다음의 4가지로 정리할 수 있다. 첫째, 국제이주(노동자, 숙련노동, 난민, 교육이주 등)의 다양성이 확대되기 때문에 귀환이주에 대환 해석의 프레임 또한 확대되어야 한다. 둘째, 개발도상국에서 시장 자유화의 영향으로 민간 부문이 크게 성장하기 때문에 이주민의 다양한 경제활동을 이해할 수 있어야 한다. 셋째, 값싼 교통비를 토대로 초국적 이동성이 높아지기 때문에 귀환이 여러 단계를 거쳐서 발생한다는 점에 주목할 필요가 있다. 넷째, 의사소통의 기술적 수단이 발달함에 따라 정보의 흐름도 발달하고 있어서 귀환에 대한 준비가 더욱 잘 이루어지고 있다. 귀환이주자들의 세계관이 지적인 환경을 형성하는데, 이는 귀환이주자들이 양육하려는 독특성(distinctiveness)이라고 할 수 있다. 독특성은 전체에 대한 소속감의 느낌을 형성하며 자기-정체화(self-identification)의 한 과정이기도 하다. 독특성은 초국경적 사회적·경제적 네트워크에 참여한 행위자들의 주관적 인식을 드러낸다.

3. 귀환이주와 지역 개발

개발은 이주의 원인이면서도 이주의 결과이기도 하다. 이에도 불구하고 이주의 원인(발생)에 관한 연구와 이주의 결과(영향)에 관한 연구는 상당 부분 유리되어 있다. 그러나 개발의 관점에서 볼 때 이주는 개발의 광범위한 과정의 한 부분을 구성한다. 또한 이주는 그 자체로 내적 동학을 지니고 있어서 변동의 과정을 겪는다. 결국 이주는 개발에 대한 외생변수라기보다는 개발 과정의 중요한 부분을 구성하기 때문에, 이주가 개발에 미치는 영향도 근본적으로 매우 이질적이다. 이주가 개발에 미치는 영향에는 전통적으로 비관론과 긍정론이 공존해왔다. 비관론은 주로 마르크스주의적·구조주의적·국가중심적 관점과 불균형 성장론을 토대로 하나, 긍정론은 기능주의적·신고전주의적·신자유주의적 관점과 균형 성장론을 토대로 한다.

이주 긍정론	이주 비관론
기능주의	구조주의
신고전주의	신마르크스주의
근대화	분열(탈통합, disintegration)
북반구에서 남반구로의 이동	남반구에서 북반구로 이동
두뇌 유입	두뇌 유출
평등의 증진	불평등의 증진
송금 투자	소비
발전	종속
이주의 감소	이주의 증가

<표9-2> 이주와 개발에 대한 상반된 관점
자료) de Haas, 2010, 229

1) 귀환이주에 대한 긍정론

신고전 이주이론에서는 이주를 생산요소의 최적 할당의 형태로 이해하는 '균형 성장(balanced growth)' 관점을 중시하여, 농촌에서 도시로, 농업에서 산업으로, 개발도상국에서 선진국으로 이동에 초점을 둔다. 이주는 자유시장 시스템 내에서 발생하며, 요소 가격의 평형점에 도달하기 전까지 자본과 노동의 흐름이 상반된 방향으로 지속된다고 본다.

개발에 있어 이주의 역할은 요소 가격 균형화(factor price equalization)의 메커니즘을 통해 이루어진다. 신고전 이론에서 송금은 고려되지 않으며, 이주민을 원자적 존재, 효용 최대화를 추구하는 존재로 간주하며, 다른 동기들은 고려하지 않고, 이주민이 소속된 가구, 가족, 커뮤니티 등 사회집단에 대한 소속도 고려하지 않는다. 1950년대부터 1960년대까지만 하더라도 귀환이주민은 변화와 혁신의 핵심 행위자로 간주되었다. 귀환이주민은 해외로부터의 소득 외에 새로운 아이디어, 지식, 기업가적 채도를 갖춘 행위자로 간주되며, 개발도상국의 근대화에 있어서 이러한 자원을 바탕으로 핵심적인 역할을 하는 것으로 간주된다.

이러한 접근은 유럽으로부터 북미로의 이주에 대한 역사적 경험을 바탕으로 한 것으로 제2차 세계대전 이후부터 1960년대까지 지배적인 관점으로 개발론을 주도했다. 또한 개발에 대한 진화론적 관점을 토대로 신생 독립국은 과거 서양의 식민 지배국과 동일한 근대화, 산업화, 경제발전의 경로를 보일 것이라고 예상했다. 신생 독립국은 자본이 부족하므로 선진국으로부터 원조, 차관, 송금 등 대규모의 자본이 경제발전을 이끄는 마차의 역할을 할 것으로 기대되었다.

제2차 세계대전 이후 20여 년간 개발도상국으로부터 선진국으로의 대규모 노동이주의 흐름이 나타나기 시작했다. 가령 지중해 연안의 개발도상국은 적극적으로 해외로의 이주를 촉진하여 개발의 동력을 삼고자 했다. 보다 거시적인 수준에서 해외부터의 송금 유입은 모국의 발전을 촉진시킬 것으로 기대되었으며, 소득 분배의 촉진과 삶의 질 향상에 기여할 것으로 기대되었다. 더군다나 이주노동자 프로그램을 포함하는 노동이주민은 귀환 이후에 모국에서 상당한 재투자를 할 것이라고 기대되었다.

시기	연구 분야	정책 분야
1973년 이전	개발-이주 긍정론	개발론적 관점. 이주민에 의한 자본과 지식의 이전이 개발도상국의 도약에 도움이 됨
1973 ~1990	개발-이주 비관론 (종속, 두뇌 유출)	회의론의 증가. 두뇌 유출에 대한 우려. 귀환이주 정책에 대한 실험 이후 수용국에서의 통합으로 초점이 이동. 개발론에서 이주에 관한 논의가 사라지고 이민 정책이 엄격해짐
1990 ~2001	경험적 연구에 기반하여 보다 세밀한 관점으로 재조정됨 (신노동이주경제학, 생계 접근, 초국가주의)	비관론의 지속. 이주-개발 이슈가 거의 무시됨.
2000년대 이후	송금을 중심으로 연구 활발. 대체로 긍정적인 관점. 개발-이주의 연계 분리	송금의 부상으로 이주-개발 긍정론이 재부상하여 관점의 급격한 전환이 이루어짐. 송금, 두뇌 유입, 디아스포라가 개발의 중요한 도구로 활용됨. 순환이주나 귀환이주를 중심으로 개발에 대한 이주의 기여가 중요해짐

<표9-3> 귀환이주와 개발 정책
자료) de Haas, 2010

이주노동자는 모국의 산업화와 발전에 희망과도 같이 재현되었고, 이들은 정착국의 발전과 모국의 성장에 동시에 기여한다고 보았다.

1960년대에 들어 구조주의 발전론과 종속이론의 등장으로 이주-개발에 대한 긍정론이 점차 도전을 받기 시작했으며, 경험적인 연구 결과들도 이를 뒷받침하면서 발전의 수준에서 볼 때 이주가 공간적 불평등과 차이를 오히려 가중시킨다는 점이 분명해지게 되었다. 이러한 역사주의-구조주의 패러다임은 이주란 글로벌 자본주의의 팽창으로 인한 "빈곤으로부터의 탈출" 현상이며, 이러한 이주패턴은 건강하고, 역동적이며, 생산적인 숙련

노동의 유출인 이른바 두뇌 유출 때문에 오히려 저개발의 상태를 악화시키는 것으로 간주된다. 모국으로 유입되는 송금 또한 생산적인 기업 부문에 투자되기보다는 소비나 인플레이션을 유발하는 부정적인 영향이 더욱 강조된다.

이러한 비관론은 특히 뮈르달(Gunnar Myrdal)의 순환-누적인과모형(circular-causation model)에 잘 맞아떨어지는 것으로 평가된다. 순환-누적인과모형은 규모의 내부경제와 외부경제에 따른 승수효과와 집적을 강조하므로 공간적 불평등의 심화를 특징으로 하므로, 빈곤한 지역은 저발전의 악순환을 피할 수 없고 발전된 지역은 더욱 높은 성장률을 보이게 된다. 따라서 이주에 의해 인구와 자원이 외부로 유출되는 주변부는 부정적인 역류효과를 피할 수 없게 된다. 즉, 개발도상국은 두뇌 유출로 숙련노동을 상실하여 더욱 핵심부에 의존하게 되고, 송금은 이런 측면에서 핵심부에 대한 종속을 드러내는 증거이며, 이 과정이 더욱 해외로의 이주를 촉진하므로 신고전 이론에서의 균형 상태와는 반대로 저개발의 상태와 불균형이 심화하게 된다. 이는 '이주→저개발 심화→더 많은 이주'의 악순환 또는 '이주 신드롬(migrant syndrome)'이라 불린다.[5] '이주 신드롬'은 개발도상국에의 이주에 대한 의존도가 심화하여 정기적 이주노동을 통해 생업을 유지하면서도 이주노동을 통해 자본을 축적하거나 이를 농업이나 자영업에 재투자하지 않아 자국 내 발전에 도움이 되지 않는 상황을 말한다. 이 개념이 등장한 것은 1980년대 상황임에도 불구하고, 오늘날 네팔, 라오스 등 산업 기반이 지극히 취약하여 산업화 프로젝트에 본격적으로 이룩하지 못한 국가들에서도 나타나고 있다.

이런 측면에서 두뇌 유출(brain drain)과 아울러 젊고, 건강한 남성 육체노동 위주의 체력 유출(brawn drain)도 개발도상국의 저개발을 강화하는 요인이기도 하다.[6] 이러한 노동 유출 영향으로 농촌에서는 노동력이 부족하여 농업 생산성이 약화될 수 있고, 이외에 수공업이나 장인적 생산방식의 제조업에서도 유사한 문제가 나타날 수 있다. 귀환이주민이 귀환 후 모국에서 잠시 체류하는 동안 특별한 소일거리 없이 재이주를 기다리거나 나태하게 지내는 것 또한 개발도상국의 잠재적 성장을 악화시키는 요인이기도 하다.

더군다나, 모국에서 이민자들은 이미 일자리를 갖고 있거나, 보다 기업가적이거나, 개방적이고 보다 교육 수준이 높은 사람들이기 때문에, 송금이나 그 밖에 해외에서 획득한 자원은 이미 풍족한 사람들을 더욱 풍요롭게 만들기 때문에, 모국 내에서 불평등을 가중하는 결과를 가져온다. 따라서 이주는 빈곤 감소에 영향을 미치기보다는 이주의 경험이 없는 모국 내 빈곤층의 박탈을 증가시킨다.

또한 이주민과 그 가족들의 소득수준 증가는 수입품이나 위치재에 대한 과시적 소비를 증가시키거나 주택과 같은 비생산적 부문으로 흘러 들어가는 경향이 있다. 립턴(Lipton)에 따르면, 이주민들은 맨 먼저 대개 해외에서 벌어들인 소득으로 이주에 필요했던 부채를 상환하거나 자녀 교육에 사용한다. 둘째, 송금의 대부분은 일상적인 소비에 사용되는 경향이 있는데, 결혼에 필요한 지참금, 축제, 장례식, 또는 사치스러운 주택을 건축하는 데에 비용이 포함된다. 셋째, 가족 구성원의 재이주에 소득이 사용되기도 한다.

립턴의 연구에 따르면 송금이 투자에 사용되는 경우는 네 번째에 불과하며, 이 또한 자본 창출보다는 자본 이전(capital transfer)에 가까운 '소비적 투자'로서 부정적인 것으로 간주된다. 가령 토지의 구입, 관개나 개간 등 가족노동이 투입되던 것을 일꾼을 고용하는 것, 또는 생산량을 확대하거나 농업에 필요한 투입물을 보다 잘 사용하기보다는 노동을 기계로 대체하는 것 등이 이에 해당된다. 또 다른 연구들은 이주민의 투자가 창조성이나 혁신이 부족하다는 점을 지적한다. 식료품점, 작은 식당, 또는 인구 밀집 지역에서의 비공식 경제 등이 지배적이다.[7]

이러한 비관론적 프레임에서 볼 때, 이러한 비생산적인 소비는 지역 경제를 약화시키고 종속을 강화한다. 우선 이주민에 의한 소비 증가와 토지 매입은 인플레이션 압력을 증가시키고 토지 가격의 상승을 가져온다. 이 경우 부동산이나 주택을 소유하지 못한 저소득층의 타격이 가장 크다. 둘째, TV를 비롯하여 각종 가전, 냉장고, 의류, 건축재료, 장식, 현대적 식품, 비료 등의 상품은 현지 생산보다는 도시 지역이나 해외에서 수입된 것이 대부분이다. 이 때문에 전통적인 산업과 생산의 축소를 가져올 뿐만 아니라 핵심부의 경제를 강화하기 때문에 비대칭, 불균형 성장을 야기하고 지역 간 불균형을 심화시킨다. 셋째, 이주민이 생산 부문에 투자하더라도 이는 원래의 커뮤니티에서 떨어진 도시 지역에서 나타날 가능성이 크고, 이는 지역 간 불균형을 심화시킨다.

이주의 사회적·경제적 영향은 소비주의적·비생산적·송금-의존적 태도와 같은 부정적인 결과를 초래할 수 있다. 촌락 주민들의 문화나 기호를 바꾸기 때문에 로컬 산물에 대한 수요를 감소시키는 대신 다른 지역이나 해외로부터의 수입품에 대한 수요 증가를 가져와 부의 유출을 가져온다. 또한 이주는 전통적인 친족 시스템과 돌봄 구조의 분열이나 붕괴를 가져오고, 커뮤니티의 연대감을 저해하며, 사회경제적 통일성을 침해하며, 마을의 생활과 농업의 근간을 이루는 전통적인 제도의 붕괴를 가져온다. 젊은이들은 이주민들이 지닌 상대적 부와 성공을 부러워하면서 도시적 기호, 물질적 열망을 갖게 되며, 전통적인 커뮤니티 노동으로부터 이탈하여 이주를 추구하는 경향을 갖게 된다. 이러한 "이주의 문화" 속에서 젊은이들은 로컬 커뮤니티에서 일하고 자신의 미래를 찾는 것을 점차 포기하게 된다.

2) 긍정론에 대한 비판

1970~1980년대는 이주가 개발에 미친 영향에 대한 경험적 연구가 멕시코를 중심으로 하는 라틴아메리카와 지중해 연안을 중심으로 하여 대규모로 이루어졌다. 대부분의 연구는 비관론적 역사주의-구조주의 관점을 지지했다. 그리고 이주로 인해 발생

하는 많은 부작용은 해결되어야 하는 '문제'로 간주되었다.

그러나 이러한 결정론은 그 자체로 순환론적 접근이며 논리적 일관성이 없다는 점에서 비판받을 점이 있다. 우선 이런 이론의 결정론적·독단적 측면은 이주가 로컬 사회에 미치는 상이한 영향들을 고려하지 못한다. 어떤 이유로 긍정적인 파급효과가 역류효과에 미치는지를 예상하지만 설명하지는 못한다. 둘째, 주변부의 빈곤의 악순환과 핵심부의 성장이 영구적인 것으로 간주되어 그 변동이나 반대 경향을 설명하지는 못한다. 빈곤으로 인해 이주할 수 있는 능력을 지닌 사람들의 수는 점차 줄어들기 때문에, 결국 이주는 감소할 수밖에 없기 때문이다.

결국 이런 결정론에 따르면 발전의 수준과 외부로의 이주 수준 간에는 선형적인 역비례의 관계가 성립하지만 경험적 연구에 따르면 이주가 급속하게 증가하는 곳에서는 사회적·경제적 발전이 이주를 일으키기도 한다. 즉, 경제발전에 따라 외부로의 인구 유출은 선형적 정비례나 반비례 관계보다는 J커브나 역U자형 커브를 그린다. 또한 결정론의 접근에 따르면, 이주는 사회 내에서 더 부유한 집단 출신에서 나타난다고 보면서도, 모국이 빈곤해질수록 더 이주가 활발해질 것이라는 상반된 주장이 공존한다는 점도 문제다. 신고전 이론, 흡인-배출 모형, 장소-효용 이주 이론 등은 모국의 발전과 해외이주 사이에 부정적 관계를 전제로 한다는 점도 염두에 둘 필요가 있다. 마지막으로 1980년대와 1990년대에는 개발에 대한 이주의 영향이 근본적으로 이질적이라는 점 그리고 일정 조건에서 이주는 지역 및 모국의 발전에 긍정적인 역할을 한다는 점이 남부유럽 국가, 말레이시아 및 한국 등을 사례로 경험적으로 연구되었고, 이들은 송금 외에도 투자, 기업가정신, 공공 담론, 사회변동에도 긍정적 영향을 미친다고 보았다.

결국 긍정론과 비관론 중 결정적으로 옳은 것은 없다. 국제이주에 보편적이고 공리적인 메커니즘은 존재하지 않으며, 오히려 이주-개발 상호 작용의 이질성을 설명하는 여러 요인에 주목할 필요가 있다. 그러나 '모든 것이 로컬하며 모든 것은 특수하다'는 경험주의로 되돌아가지 않으려면 보다 체계적이고 이론적인 연구를 통해 공통의 인과관계를 설명할 수 있는 사회구조나 과정을 도출할 필요가 있다. 완벽한 신고전적 세계란 현실에 존재하지도 않지만, 구조적 제약이 인간의 자율성을 완전히 통제하는 것도 아니다. 행위성을 제한적이면서도 실제적인 역량으로 간주해서 구조를 바꾸거나 제약을 극복하는지를 고려할 필요가 있다.

3) 다원주의 관점

1980년대 후반과 1990년대부터 많은 연구들은 이주가 개발에 미치는 영향의 이질성을 강조해왔다. 기든스의 구조화이론과 같은 포스트모던 이론의 영향을 받은 많은 사회과학자들은 구조와 행위자 간의 상호 작용이 어떻게 다양한 결과를 가져오는지에 주목하게 되었다. 이런 관점은 크게 신노동이주경제학, 생계 접근 그리고 초국가주의 연구 3가지가 포함된다.

우선 신노동이주경제학(New Economics of Labor Migration, NELM)은 개별 이주민의 행태를 가구나 가족과 같은 보다 넓은 사회적 맥락 속에 위치시키는 것이 적절하다고 보고 이주민을 효용의 극대화를 추구하는 합리적 경제인으로 간주하기보다는 이를 둘러싼 다양한 요인들을 고려하고자 한다.[8] 우선 이들은 이주를 노동과 같은 자원을 다양화함으로써 가족이나 가구 단위에서 이루어지는 위험-분산, 위험-공유의 행위로 파악한다. 이런 점에서 이주민의 송금은 모국의 가족들의 입장에서는 소득의 보험과 같다. 심지어 위험 분산의 동기는 신고전이론이 주장하는 임금 격차가 없이도 이주가 발생할 수도 있다. 또한 이주는 다양한 시장의 한계를 극복하는 전략이기도 하다. NELM은 시장의 불완전성, 특히 개발도상국 시장의 불완전성을 인정하기 때문에, 저소득층이나 서민집단은 자본시장이나 보험시장에 접근하기 어렵다고 본다. 이런 점에서 해외로부터의 송금은 가족들이 시장의 한계를 넘어 생산활동에 투자할 수 있게 만드는 전략이자 자신들의 복지를 향상시키게 한다. 신고전이론은 송금을 간과하지만 NELM에서는 송금이 가장 중요한 이주의 동기라고 간주된다. 또한 NELM은 개발에 대한 이주민의 기여를 이주민의 귀환과 연관시키지만은 않는다. 해외의 이주민, 해외의 영주권자 그리고 그들의 후손도 송금을 통해 모국의 개발에 기여할 수 있다.

둘째는 가구의 생계유지 전략으로서의 이주이다. NELM은 생계전략과 놀라울 정도의 병렬적 관계에 있다. 1970년대에 개발도상국에 관한 미시적 연구를 수행하던 지리학, 인류학, 사회학 분야 연구자들은 신마르크스주의적 프레임을 넘어서서 다양하고 모순적인 결과들을 발굴하면서 발전시켰는데, 핵심적인 주장은 빈곤층은 글로벌 자본주의의 힘에 수동적인 희생양으로 환원되는 것이 아니라 생계 증진을 위해 능동적이고 적극적인 행위성을 수행한다는 점에 초점을 두었다.

생계란 생계를 유지하는 데에 필요한 역량, 물적·사회적 자산 그리고 활동을 총칭하는데, 소득 창출 활동뿐 아니라 사회적 제도, 가구 간 관계, 자원에 대한 접근 메커니즘 등을 아우른다. 생계 전략은 가구 구성원들이 이러한 다양한 활동을 전략적·의도적으로 선택하고 결합해서 생계를 유지, 확보, 향상시키는 것을 지칭한다. 그리고 이러한 선택은 자원에 대한 선택적 접근, 기회에 대한 인식, 행위자들의 열망을 토대로 하며, 가구 간, 개인 간, 커뮤니티 간 상이한 결과들이 나올 수 있다. 생계유지 전략은 기존의 연역적이고 이론적인 역사주의적·구조주의적 관점과는 달리 보다 경험적인 접근을 지향한다. 사람들은 경제적·정치적·환경적 불확실성과 고난 속에서 생계를 보다 광범위한 사회적 맥락 속에서 조정하는데, 많은 경우 가구 단위가 가장 적절한 분석 단위로 선택된다. 이런 맥락에서 볼 때 이주는 생계 전략의 핵심적인 요소로 부상해왔고, 이와 더불어 농업 집약도의 강화, 비농업적 활동 등의 전략들도 함께 구사된다. 따라서 이주는 농촌 주민들의 단기적 생존 전략이라기보다는 다양한 변수와 변동에 대응하는 정교한 의사결정의 결과이다. 이주는 미래의 충격과 스트레스에 대한 안전을 보장하기 위한 다양한 자산의 획득 수단의 하나이다.

이런 점에서 생계 접근은 국제이주를 광범위한 가구의 생계 전략의 하나로 간주한다는 점에서 NELM과 공유하는 바가 상당히 크다. 또한 1970년대와 1980년대에 구조주의적·기능주의적 관점들이 행위성과 구조의 상호 관계에 초점을 두는 방향으로 점차 수렴되어가는 방식과도 연관되어 있다. 이들은 구조적 한계나 시장의 불완전성이라는 맥락 속에서 인류학이나 지리학의 접근을 수용하여 가구 기반의 접근을 채택한다는 점에서 기존의 신고전주의적 행위자 중심적 접근과는 다르다. 가구 활동 전체의 포트폴리오를 고려하면서 다양한 부분들과 다양한 생계 활동 전략 속에서 이주를 맥락화한다. 또한 국내외 이주민들은 오랜 시간에 걸쳐 모국과 긴밀한 연계를 유지하는 경향이 있으며, 이는 모국의 발전이 반드시 이주민의 귀환과 연관되어 있지 않다는 것을 의미한다. 이주와 로컬 경제활동은 반드시 배타적이지 않고 오히려 혼합되어 나타난다. 이런 점에서 NELM과 생계 접근은 개발도상국의 많은 이주민의 일상적 현실을 사실적으로 보여준다.

셋째는 초국가주의 관점으로서 1990년대 말부터 글로벌화의 맥락 속에서 이주민과 그 가족은 초국적으로 연결되어 살아가면서 초국적 정체성을 채택하고 있다는 인식이 확산되었다. 특히 전화, 팩스, 인터넷, TV 등 의사소통기술의 발전과 국제 송금 시스템의 발전으로 모국과 정주국 간에는 지리적 분리에도 불구하고 활발한 상호작용이 유지되는 점이 부각되었다. 이러한 ‘초국적 전환’ 속에서 이주민의 통합에 대한 동화주의 관점이나 민족국가와 시민성에 대한 근대정치적 관점이 점차 경직되고 불완전한 것으로 드러남과 동시에, 모국과 정착국이라는 이분법, 영구적·일시적 이주의 이분법 그리고 귀환이라는 개념마저도 점차 불완전한 것으로 드러났다. 오히려 이주는 순환적인 것이 부각되었고, 두 개 이상의 국가와 커뮤니티에 동시에 소속되어 있고 참여하고 있는 유연적·초국적 관계들이 부상했다.

이는 이주–개발과 관련하여 중요한 함의를 지닌다. 왜냐하면 정착 국가에서의 통합이나 모국에의 재통합은 대체물이 아니라 상호 보완물로 인식되기 때문에 두뇌 유출이라는 개념의 적절성이 부정되기 때문이다. 모국의 발전에 대한 이주민의 기여는 귀환과 깊은 관계가 있는 것으로 더 이상 인식되지 못하며, 심지어 몇 세대에 걸친 오랜 디아스포라의 생활이나 관계 속에서도 모국과의 초국적 관계가 유지되기 때문이다. 모국에 대한 이주민의 참여는 정착 국가에서의 통합 실패와 무관하며, 정착 국가에 깊이 참여하는 것이 모국에 대한 관계의 약화를 의미하지 않게 되었고, 정반대의 경우가 나타나기도 한다. 초국가주의의 접근은 상당 부분 NELM이나 생계 접근과 병렬적이고 보완적인 관점을 지니고 있으며, ‘초국적 생계 전략’이라는 접근 속에서 이주를 다루는 것이 적절해지게 되었다.

이주와 개발에 대한 비관론적 관점과는 달리, 최근의 경험적 연구들은 이주가 소득의 위험 분산, 사회적·경제적 지위 향상, 로컬 발전의 한계 등을 극복하기 위한 의도적인 시도이자 전략으로 간주한다. 송금은 구조적 개발의 한계를 극복하는 데에 만병통치약이 더 이상 아니라는 점이 드러나고 있지만 여전히 모국의 생계 위험을 분산시키고 소득을 확대하는 중요한 원천이라는 점도 무시할 수 없다. 송금이 빈곤층이나 빈곤한 국가로 반드시 흘러 들어가지는 않지만, 개발도상국의 비이주민 집단은 송금의 유입과 송금의 지출로 인해 큰 영향을 받고 있다.

모국의 소득 불평등과 관련해서는 이주와 송금은 상반된 영향을 끼칠 수 있게 되었다. 초창기에 이주는 상대적으로 부유한 계층 출신이기 때문에 소득 불평등을 가중할 수는 있지만, 시간이 지남에 따라 이주 네트워크의 구축으로 이주의 비용과 위험이 감소하게 되어 이주 선택이 감소할 수 있게 되므로 소득 평등에 끼치는 송금의 영향력은 줄어들거나 감소할 수 있다. 일부 연구에 따르면 이주민 가구는 비이주민 가구에 비해 투자 경향성이 더 높은 것으로 나타나며, 소비적 지출이나 주택과 같은 비생산적 투자 또한 로컬, 지역 경제에 상당히 긍정적인 승수효과를 나타내기도 하여, 전체 커뮤니티나 지역에 고용 증가나 소득 증가를 가져온다. '생산적 투자'가 무엇인가에 대한 협소한 정의는 재구성되고 있고, 개발을 인간의 실질적 자유 확대라는 관점에서 보자면, 교육, 의료, 음식, 의약품, 주택 등에 대한 투자는 사람들의 복지와 역량을 향상한다는 점에서 발전적이라고 볼 수 있다.

앞서 실리콘밸리의 사례에서도 살펴본 바와 같이, 오늘날에는

두뇌 유출 가설 또한 적절성을 잃고 있다. 모든 이주민이 숙련노동력도 아니고, 매우 빈곤한 국가의 경우에서만 상당한 규모로 두뇌 유출이 일어나기 때문이다. 그뿐 아니라 두뇌 유출은 상당한 두뇌 유입과 동반되기 때문이다. 왜냐하면 해외로 이주하려는 열망이 본국에서의 높은 교육 열망을 일으키기 때문이다. 그러나 이와 동시에 교육을 통해서 소득을 높이기 어려운 미숙련 노동이나 비정규 이주의 경우에는 오히려 교육에 미치는 영향이 부정적으로 나타날 수 있다. 개발에 대한 이주의 잠재력은 근본

실리콘밸리(2016)

적으로 일반적인 투자 환경에 의존한다. 이주는 개발의 장애를 극복하는 전략이기도 하지만 이주가 단독으로 개발에 영향을 미칠 수는 없으며, 부패, 거시경제정책, 신용·보험시장의 실패, 불완전한 부동산 권리 등을 고려해야 한다.

다원주의 관점이 신고전주의, 구조주의 관점보다 훨씬 현실적이지만, 이는 가구의 '노동' 이주에만 초점을 둔다는 점에서 한계가 있다. 우선 가구 접근이 행위성과 구조를 상보적으로 다루기에 유리하지만, 이는 의지, 계획, 전략, 목표 등에 있어서 가구 그 자체를 물신화할 수 있는 위험을 지닌다. 가구는 단일한 단위도 아니며 가구 구성원들 모두에 이타적인 결정을 내리는 것도 아니다. 가구 구성원의 나이, 젠더, 그 밖의 불평등을 은폐할 수 있고, 커뮤니티 관계, 친구관계, 다른 이웃과의 관계도 충분히 고려하기에 한계가 있다. 둘째, 신노동이주경제학과 생계 전략 접근은 최초의 이주 동기와 전략을 이주의 최종적인 결과와 연관시키는 경향이 있다. 그러나 이주의 동기와 송금행위는 실제로는 변덕스러운 양상으로 나타난다. 해외로 이주하여 돈을 벌기 위해 떠난 이주민의 의도에도 불구하고, 모국의 정치적·경제적 상황이 악화되거나 가족 간 관계나 유대가 빠른 속도로 와해되는 경우 송금이 이루어지지 않기도 한다.

또한 초국가주의에 초점을 두는 연구들 외에도, 많은 연구는 정착국에 동화되어 초국적 관계를 상실하는 고전적인 유형의 이주민들이 나타난다는 점을 지적하기도 한다. 또한 난민과 같이 완전히 모국과의 관계를 단절시키기 위해서 떠난 사람들이 재차 모국과의 관계를 형성해서 송금을 하는 경우가 나타나기도 한다. 유학생들 또한 졸업 후에 귀환을 목적으로 했지만, 공부를 마치거나 실패하는 경우 현지에 정착하여 송금을 보내기도 한다. 이는 경제적 난민, 망명, 가족, 학생 등 기존의 이주민 범주들이 법적·관료적 범주들이어서 실제 복잡하고 유동적이며 변화무쌍한 이주민들의 동기를 포착하는 데에는 한계가 있다. NELM에서 "L"을 제외한 신이주경제학이라는 점에서 모든 이주의 이동성을 다루는 것이 적절해 보인다. 이는 이주란 반드시 투자를 통한 생계 향상을 위한 사전에 기획된 전략에 따른 결과로 나타나지는 않는다는 것을 말한다. 또한 신이주경제학은 최초의 이주 동기를 개발의 결과와 분리시켜 사고할 필요가 있다. 소득 격차라는 협소한 해석을 넘어 보다 넓은 맥락에서 이해할 필요가 있다.

4. 이주-개발의 현재

결국 신이주노동경제학, 생계 이주 이론, 초국가주의의 관점은 이주에 대한 보다 긍정적인 관점의 부상을 야기했다. 많은 연구가 이주–개발의 상호작용이 근본적으로 이질적이며 분석의 공간적·시간적 스케일에 따라 가변적이라는 점을 강조했다. 이 때문에 이주–개발 상호작용을 다룸에 있어서 이주를 '원인'이나 '요인'으로 또는 그 역으로 파악하기보다는 개발의 '내생 변수'로 다룸으로써 그 자체로서 개발의 한 변화의 부분으로 이해하기 시작했다. 이러한 '호혜적(reciprocal)' 관계를 통해 기존의 '영향'이라는 개념을 대체하고 있다.

'이주–개발' 연계의 기저 요인을 분석하려면 국가나 세계와 같은 거시적 수준에서 '일반적인 개발의 맥락', '로컬 및 지역 수준에서 개발의 맥락' 그리고 '이주와 이주가 가구, 커뮤니티, 가족 수준에서 연관된 사회경제적 환경과의 관계'를 구별해서 살펴볼 필요가 있다. 이 변수들은 상호 기능적 관계와 상호작용 메커니즘으로 얽혀 있다.

· 거시적 수준의 개발 맥락: 국가나 세계 등 지역 위의 상위 수준에서의 정치적·사회적·경제적 구조가 부분적으로 로컬 개발 맥락에 영향을 미친다. 이는 공공 인프라, 정책, 사회시설, 법률, 조세, 시장접근, 지역개발프로그램 등을 통해서 이루어진다. 거시적 맥락은 이주의 기회 정도를 느슨하게 결정하며, 이는 이민 정책, 노동수요, 소득수준 등을 통해서 나타난다. 이러한 기회 구조는 이주의 규모, 자격(미등록, 합법, 노동, 정치, 가족), 최초의 선택에 영향을 끼친다.

· 로컬 발전의 맥락: 로컬 맥락은 사람들이 가치롭게 여기는 생활을 얼마나 영위할 수 있고 그들이 로컬 생계를 통해 어떤 실질적인 선택을 증진할 수 있는지에 영향을 미친다. 이는 1960년대 국제개발에서 사용되던 인간 개발(human development)의 측면에서 그러하다. 이는 우선 이주에 대한 (1)열망에 영향을 미친다. 또한 로컬 맥락은 개발이 재정적·물적 자본, 사회적 자본 그리고 인적 자본을 통해 이주할 수 있는 (2)'역량'에 영향을 미친다. 따라서 사람들이 이주하려는 경향은 이주하려는 열망과 역량의 기능이라고 할 수 있는데, 로컬 생계의 기회보다 이주 열망의 증가 속도가 빠르게 증가하는 한 이주는 계속될 것이다.

· 이주와 사회경제적 환경과의 관계: 또한 이주는 로컬 발전의 맥락에서 노동 공급, 소비, 투자, 불평등, 사회적 층화, 상대적 박탈, 로컬 문화, 열망 등에 영향을 끼친다. 이런 영향은 공간적으로 이질적이며 로컬 맥락의 특징에 의존한

다. 이처럼 이주가 유발하는 사회, 경제 변화의 과정은 사람들의 열망(가령 상대적 박탈이나 불평등의 증가를 통해)과 이주 역량에 영향을 미친다. 또한 이주 네트워크가 형성한 사회적 자본은 추가적인 이동을 촉진하는 경향이 있다. 로컬 발전의 맥락에서 나타난 (이주로 인해) 변화는 개인적·가족적 커뮤티니 수준에서 나타나기 때문에 제한적이지만, 거시적 수준의 발전에 영향을 미칠 수도 있다.

이주가 거시적 측면에서 개발에 미치는 영향에 관한 연구는 결국 이주가 개발에 미치는 영향이 일방적이거나 천편일률적이지 않다는 결과로 귀결되고 있다. 이주와 송금이 가구의 생계 유지에 긍정적이라고 주장하는 것은 이주가 개발을 추동한다는 증거로 잘못 사용되기도 한다. 그러나 이는 미시적 수준의 분석을 거시적 수준의 분석으로 확장하는 오류라고 할 수 있다. 따라서 '이주와 송금이 개발의 만병통치약'이 아니라는 것을 염두에 둘 필요가 있다. 개발도상국이 일반적인 경제적·사회적 개발에 실패한다면, 이주와 송금은 지속 가능한 개발에 보탬이 될 수 없다. 이주를 보내는 국가의 발전은 이주민의 투자에 대한 전제조건이지 이주의 결과가 아니다.

1990년대 이후 이주-개발 연계에 관한 연구는, 이주-개발 연계를 통해 국가와 자본가 계급이 이주민의 자원을 전유하여 빈곤이나 불평등을 개선하는 데에 큰 도움이 되지 않는다는 점을 비판해왔다. 이주민의 송금은 경제 환경 변화나 경기침체에 매우 탄력적이기 때문에 해외 직접 투자나 직접적인 금융 이전보다 훨씬 중요할 뿐만 아니라 저소득층의 기본적인 생계를 유지하는 데에 훨씬 직접적인 영향을 끼친다. 사회적 송금 개념은 경제적 자본 흐름 외에 이주민의 지식, 사상. 정체성, 사회적 자본 등의 유입을 포괄적으로 지칭하는 개념이다. 일시적 이주가 경제발전과 성장에 미치는 요인은 크게 노동 공급, 인적 자본 축적, 금융자본 축적 및 기업가적 정신과 행동, 송금을 통한 복지 및 빈곤 감소, 제도 및 사회적 규범의 변화 등 5가지가 포함된다. 귀환이주는 해외 체류 선택권이 있더라도 원래 계획이기 때문에 발생할 수도 있고, 해당 국가에 체류하는 것이 법적으로 허용되지 않기 때문에 발생하기도 한다. 대개 여성, 고령층일수록 학력 수준이 높을수록, 체류 국가가 고소득 국가일수록, 저소득층일수록 귀국률이 낮다. 사하라사막 이남 아프리카 국가들의 경우 귀환율이 낮은 경향을 띤다. 알바니아 일부 남아시아에서는 귀환이주민의 노동시장 참여율이 낮지만, 세네갈에서는 그렇지 않다.[9]

두뇌 이득(brain gain) 효과는 귀환이주민의 유입은 본국의 교육을 촉진시켜 인적 자본 투자에 대한 내생적 발전을 촉발시키는 것을 의미한다. 이는 단기 체류자보다 장기 체류자가 귀환할 경우에 보다 뚜렷하게 나타난다. 두뇌 이득 효과는 본국의 경제발전으로 숙련노동자에 대한 수요가 증가할 때 나타난다. 네팔에서는 해외 영국군 복무에 대한 네팔인 육군 신병에 대한 교육 요건이 높아짐에 따라 네팔 남성의 평균 교육 수준이 증가했다.

필리핀 또한 해외 간호사 교육을 위한 여건이 늘어남에 따라 현지 여성들의 교육 수준도 증가하고 필리핀 간호사 규모도 증가했다. 고숙련 이주의 경우 모국의 인적 자본 증가와 깊은 연관이 있지만 저숙련 노동의 경우는 해외의 임금이 높기 때문에 오히려 교육적 성취에 대해서 부정적인 영향을 끼친다. 영국의 경우 이주 가정의 자녀는 고등학교를 성공적으로 마치는 가능성이 낮아진다.

기업가정신과 귀환이주민은 강한 연계성을 갖는 것으로 나타난다. 파키스탄이나 이집트의 경우 귀환이주민은 임금 고용보다 자영업을 선호하며, 튀니지에서는 귀환이주자들이 대개 해외에서 저축한 돈으로 사업 자금을 조달한다. 튀르키예 또한 독일 출신의 귀환이주민은 활발한 경제활동에 종사한다. 많은 사람들은 귀환이주민이 본국에서 자신이 만족할 만한 수준의 일자리를 찾기 어렵기 때문에 그 대안 또는 최후의 수단으로서 창업을 택한다고 생각한다. 그러나 실제 많은 이주민들은 임금 고용자보다 수입이 높고 노년기에도 그 소득수준을 유지할 수 있다는 장점이 있으며, 무엇보다도 이주 경험과 지식을 통해서 새로운 사업 기회를 창출할 수 있는 기업가적 태도가 강하기 때문에 창업을 택한다.[10]

저숙련 이민자는 고숙련 이민자에 비해 더 많은 송금을 보내고 있다. 송금으로 인한 복지 개선 효과는 라틴아메리카, 인도네시아, 네팔, 필리핀 등에 관한 연구에서 검증되었으며, 네팔의 경우 1995년부터 2004년까지 빈곤 감소의 25%가 이주노동의 송금에 의한 것으로 추정되었고, 2001년부터 2011년 사이에도 빈곤 감소의 40%가 걸프국가 및 말레이시아로부터의 이주 송금에 의한 것으로 기록되고 있다. 외국에서 교육받은 귀환이주민은 본국의 제도와 사회적 규범에 영향을 미치는 행위자로 기능한다. 모로코에서는 서유럽 국가 출신의 귀환이주민들로 인해 사회적·정치적 변화에 대한 요구가 증가했고, 정치 참여율과 선거에도 영향을 미친다.

5. 혁신 행위자로서의 귀환이주민

이주노동자가 모국을 떠나 정착지로 이동하는 것은 장소와 커뮤니티로부터 뿌리 뽑히는 고통을 수반하는 과정이지만, 모국으로의 귀환 또한 정착지 디아스포라에 대한 육체적·사회적 소속으로부터의 뿌리 뽑힘 과정이기도 하다. 특히 귀환이주노동자의 경우 재정착은 사회적·경제적 변화 외에도 새롭게 모국의 경제 속으로 편입되지 못하기 때문에 쉽지 않다. 이런 점에서 많은 이주노동자는 정착지에서 노동운동을 경험하기도 한다. 정착지에서 노동운동에 참여한 경험이 있는 이주노동자들은 귀국 후 모국에서도 이주노동 알선 브로커의 횡포를 고발하고 없애는 데에 동참하고 있고, 모국의 노동조합과 연계하여 해외의 이주노동자들에 대한 인권 보호 등에 협력하고 있으며, 디아스포라 공동체에서는 고향 마을에 장학금을 지원하고 도로나 수도를 건설하는 기금을 조성하는 등 개인적·지역적·국가적 차원에서 영향력을 확장했다.

일례로 한국에서의 노동운동 경험을 바탕으로 귀환 후 본국에서 노동운동 및 진보적인 협동조합 운동을 조직하고 확산한 사례인 네팔의 애커타(Ekata) 신용협동조합 운동을 들 수 있다.[11] '애커타'는 한국어로 '우리'라는 의미를 지닌 이는 투명하고 저비용의 이주노동을 담보하고 이주민들의 귀환 후에 자영업을 하거나 산업에 투자하여 고용을 촉진하는 등의 사업을 벌이는 운동이었다. 그러나 가족의 소비 규모도 함께 증가하기 때문에 귀환 후에 사업을 온전하게 정착시키지 못해서 다시 이주노동을 떠나는 경우가 많다. 애커타는 낮은 대출 이자율과 자본금으로 안정적인 위치를 확보하고 있다. 애커타는 이주 여성들의 경제 자립을 위해 봉제, 제과, 제빵 교육 등의 프로그램을 운영했다. 네팔과 같은 개발도상국에서는 ODA가 현지의 빈곤 감축과 인간 개발에 이바지한다는 것을 인정하면서도, 자원의 비효율적 분배와 이에 개입된 각종 부패, 유착, 비리 그리고 해외 기부자들의 개입으로 인한 자생적 풀뿌리 민주주의의 약화 등을 비판적으로 바라보는 시각이 있다.

이런 점에서 애커타는 영국 옥스팜(Oxfam)의 시도에서와 같이 현지 주민의 자립과 협력을 토대로 하여 개발의 선순환을 그릴 수 있는 전략을 취했다. 금융 지원 외에 별도로 봉제공장 협동조합과 빵 공장 협동조합을 설립해서 운영하고 있고, 특히 코로나19 이후 봉제공장을 마스크 가공 공장으로 전환했고, 빵 공장에서는 노숙자나 빈곤층에 공급하면서 생산 규모를 늘릴 수 있었다. 이런 점은 귀환이주노동자가 단순히 송금이나 사업적 측면만이 아니라 현지의 사회적·정치적 측면에서도 노동운동과 민주주의 의식을 이식할 수 있는 중요한 행위성을 가지고 있음을 시사한다.

한편 박경태의 필리핀 이주노동자의 가족과 공동체를 중심으로 한 사회적 연결망 연구는, 필리핀 귀환이주노동자 대부분 한국에서 번 돈을 귀환 후 재생산을 위한 자본으로 활용하지 못하고, 새집을 짓거나, 자녀들 학비, 각종 전자제품의 구매 등 생활비로 써버려 귀환 후 적당한 일자리를 찾지 못해 어쩔 수 없이 재이주를 시도할 수밖에 없는 이주의 연속성, 이주에 대한 의존성 그리고 빈곤의 악순환을 보여주고 있다.[12] 이는 과거 필리핀뿐만 아니라 네팔, 라오스 등을 비롯하여 산업 기반이 취약하고 일자리의 질적 수준이 낮기 때문에, 해외이주노동자의 송금에 의존하는 남아시아 및 동남아시아의 많은 국가에서 공통적으로 나타나는 현상이기도 하다. 고용허가제로 입국하기 전 현지에서 실시되는 사전교육에 '송금 관리' 교육이 이루어지고 있는 것도 이러한 재이주의 사슬을 끊기 위한 노력이라고 보았다.

또한 이주노동자 가정의 자녀들은 부모와 함께 살았던 날보다 떨어져 거주한 기간이 더 길어서 부모에 관한 별다른 추억이 없고, 정서적인 친밀감과 유대를 형성하지 못한 채 부모를 경제적 부양자로만 생각하는 경향도 있다. 그럼에도 한국에서 노동했던 이주노동자들은 자신의 이주 경험에 대해 정착의 성공 여부와 상관없이 긍정적인 경험으로 '재구성'하며 초국적 주체로 '재위치화(repositioning)' 한다. 귀환이주노동자들의 의식은 한국을 경험하기 이전과 다르며, 이주노동을 하지 않은 현지인과도 다르다. 이전에는 당연시했던 것을 귀환한 후에는 개혁해야 하는 문제적 대상으로 인식했다. 또한 그러한 변화를 가족이나 동료에게 요구하기도 하는 등 베트남에 속해 있으면서 사회적·문화적·정서적으로 베트남에 속해 있지 않은 문화적 혼성성(cultural hybridity)과 타자화를 경험하게 되었다.[13]

한편 베트남 귀환 노동자들의 경우 한국과의 연결망을 지속시키기 위해 한국인 기업이나 한국인 가게, 한국 사회에 접촉하기 위해 끊임없이 시도하고 있는데 이러한 노력이 오히려 자국에서의 정체성 재구성에 저해 요소가 되고 있다. 그러나 한국에서 이주 운동에 참여한 경험이 있는 귀환이주 활동가들은 한국 사회와 접촉하면서 초국적 사회자본을 이끌었고, 한국과의 사회관계망을 통해 현지에서는 희미했던 자신의 존재가 초국적 사회자본을 동원함으로 경제적 사회적 주체로 재탄생되고, 새로이 재형성된 정체성을 통해 다양한 사회운동들을 싹틔우고 있었다.

귀환이주민 활동가의 정체성은 기타 일반 귀환이주노동자의 정체성 재구성 과정에는 흥미로운 차이점이 발견된다. 아프리카 귀환이주노동자들의 경우 한국에서 노동자로 살았던 계급적 경험을 삭제하고 한국에서 번 돈으로 자동차 중고 부품이나 전자제품들을 컨테이너에 실어 자국에 보낸 경험만을 상기하며 사업가로서의 정체성을 강조했다.[14] 그러나 귀환이주민 활동가는 자신을 노동자로 인식하고 노동자로 살아온 삶의 경험을 가치 있게 여기며, 노동자라는 계급을 지워내기보다는 노동자라는 계급적 정체성 위에 귀환 후 재형성된 정체성을 채색하고 있었다. 노동자 운동에 깊이 관여한 경험에서 비롯된 계급의식은 더 이상 노동자가 아닌 생활 속에서도 노동자라는 프리즘을 통해 세상을 바라보는 기준을 갖게 해준 것이다.

6. 나가며

오늘날 많은 연구는 이주-개발 상호작용의 복잡성, 이질성, 사회적으로 차별화된 성격을 강조하고 있으며, 이는 개별 이주민이 구조적 한계를 극복하는 능력이 실질적으로 존재하나 제약되어 있다는 것을 보여주며, 개발의 일반론적 맥락을 이해하는 것이 중요하다는 것을 시사한다. 만일 모국의 개발이 근대화 이론에서처럼 이륙 단계에 접어들고, 정부에 대한 신뢰가 높아져서 경제성장이 시작되면, 이러한 기회를 인식하여 참여하는 것은 이주민들이 가장 빨리 알아차리게 되어 투자, 순환, 수익, 재투자 등의 긍정적인 흐름으로 강화되어갈 수 있으며, 이는 스페인, 대만, 한국 그리고 최근 튀르키예에서 나타난 변화라고 할 수 있다.

앞서 살펴본 바와 같이, 1950년대부터 1960년대까지의 신고전파 및 개발주의 관점에서는 이주를 노동력에 초점을 두어 생산요소의 공간적 최적화와 생산 효율성 향상의 과정의 일부라고 보았고, 1970~80년대의 신마르크스주의 관점은 개발도상국의 빈곤과 저개발을 탈출하는 도피의 과정으로 보았으며, 1990년대 이후 이른바 신이주노동경제학 관점에서는 개인보다는 가구에 초점을 두어 위험 회피, 기회 극대화, 적응 전략 등의 관점에서 접근해왔다. 보다 최근의 이주 연구는 초국가주의와 디아스포라 개념을 중심으로 하여 이주민을 단순한 노동력으로 간주하기보다는 사회적·문화적 가치를 지닌 적극적인 행위자로 간주하여 이들이 초국적 네트워크를 형성, 전유하는 방식과 모국 및 정주국에서 형성하는 장소 중심의 복잡한 사회관계와 커뮤니티를 설명하는 데에 초점을 두고 있다. 귀환이주와 관련하여 많은 연구들은 귀환이주민이 경제적 자본 이외에 다양한 자원과 역량을 통해 모국의 커뮤니티와 사회 전체에 중요한 영향을 끼치고 있다는 점을 강조해오고 있다.

오늘날 이주-개발에 관한 연구는 모국의 개발 촉진에 있어서 이주민에 의한 송금의 역할, 해외의 디아스포라가 모국 사회 및 공동체의 개발에 참여하는 네트워크와 방식, 귀환이주민의 지식과 기술이 어떻게 모국의 발전에 기여하는지 그리고 두뇌 유출의 관점에서 해외로의 숙련노동이주가 어떻게 모국의 발전을 저해하는지 등의 이슈를 중심으로 앞으로도 지속될 것으로 생각된다. 그런 점에서 볼 때, 귀환이주민의 역할은 개발도상국과 선진국을 연결하는 주요 초국적 행위자로서 중요한 역할을 할 것으로 기대된다.

제10장

지구온난화와 생태난민[1]

1. 들어가며

기후과학 및 이주 연구 분야를 중심으로, 20세기 이후 전 지구적 기후변화로 인한 이주의 발생과 이주패턴 변화의 관계성을 일컫는 이른바 '기후-이주 연계(climate-migration nexus)'에 대한 관심이 국제적으로 고양되고 있다.[2] 이러한 관심의 고양에는 몇 가지 이유가 있다. 우선 기후변화는 국제이주의 규모를 폭증시키고 있고, 이는 특히 인구학적 취약층에 집중적으로 나타나고 있다. 유엔난민기구는 2008년 이후 지금까지 홍수, 가뭄, 폭풍 등 자연재해로 연평균 2,150만 명의 기후난민이 발생했으며 2050년경까지 누적 12억 명에 달하는 기후난민이 발생할 것으로 추정하고 있다.[3] 특히 기후-이주 연계는 해수면 상승과 관련하여 개발도상국의 해안 및 저지대에서 중요한데, 해수면 상승에 따른 피해가 예상되는 해안 지역 거주 인구는 2억6천만 명이고 이 중 90%가 개발도상국에 거주하기 때문에 선진국을 향한 기후난민(climate refugees)이 발생할 것으로 예측한다.

또한 난민 발생 지역의 95%가 기후변화에 취약한 국가들로 분류되고 있는데, 이는 전쟁, 기아, 종교, 정치적 박해 등 난민 발생의 요인이 기후변화에 따른 위기나 재해와 직·간접적으로 관련되어 있음을 함의한다. 가령 무려 600만 명에 달하는 난민과 700만 명의 국내 실향민이 발생한 시리아의 경우 이슬람 종파 및 지역 갈등과 대외 정치가 주요 요인으로 알려졌지만, 일각에서는 2006년부터 2010년까지 계속된 가뭄으로 농작물의 수확량과 가축 규모가 급감함에 따라 식량 가격이 폭등하고 농촌의 생계 기반이 파괴되면서 많은 빈곤층이 생존을 위해 반정부군과 급진주의 테러단체에 가입한 것이 시리아 내전 및 난민 발생의 주요 원인으로 보기도 한다.[4]

그러나 다른 한편으로는 "기후위기가 [기후난민을 야기함에 따라 이들의 수용과 처리를 둘러싼] 국제분쟁을 키운다"는 기후결정론(climate determinism)이 얼마나 타당한지 그리고 기후난민이 얼마나 실제적인 현실인지에 대해서는 적잖은 반론도 공존한다.[5] UN을 비롯한 국제기구나 전문가들이 얼마나 많은 기후난민이 발생할 것인지의 예측치를 발표하고 있지만, 실제 이러한 통계와 모델이 기후와 이주에 영향을 미치는 생태적·지리적·기술적·사회적·경제적·인구학적 변인과 이들의 복잡한 상관관계 속에서 과연 얼마나 타당한 데이터와 모델을 근거로 했을지는 의심받고 있다.[6] 앞서 언급했던 시리아의 경우, 난민 발생의 원인을 기후변화에서 찾는 환경결정론적 시각은 시리아를 둘러싼 복잡한 지정학의 관계적 지리를 탈정치화함으로써 이를 우리와 연관된 문제가 아닌 '그들 자신의' 문제로 거리 두는 위험을 내포한다.[7]

후자의 측면에서 보자면, 이러한 기후난민 서사는 기후난민을 관리하고 통제할 수 있는 국제 거버넌스를 구축함으로써 지구온난화로 인한 파국을 막을 수 있다는 정치적 담론에 쉽게 연결된다. 이러한 관점은 기후위기론자들과 환경론자들의 '지구를 구한다'는 착각이나 거짓말이 얼마나 검증 불가능한 근거와 논리적 비약에 의해 정당화되며 어떻게 기후변화에 대한 개발도상국의 주체적 리질리언스를 저해하는지에 관한 일련의 저술과도 연관되어 있다.[8] 또 다른 사례로서, 코타리(Kothari)는 몰디브에서 200개 이상의 섬에 흩어져 살던 주민을 10~15개의 섬으로 재정착하도록 강제하여 국가적·민족적 통일이라는 정치적 목표를 달성하기 위해 어떻게 기후변화와 해수면 상승에 대한 과학적·기술적 서사가 이데올로기적으로 동원, 유포되었는지를 비판적으로 검토한 바 있다.[9] 그녀는 기후변화에 대한 탈정치적 담론은 언제나 정부 정책을 은폐하거나 강제하기 위해 동원될 수 있는 위험성이 있다고 지적했다.

이처럼 기후-이주 연계는 생태적으로나 사회적으로 중대한 이슈임이 분명하지만, 그 본질은 기후변화로 인한 환경-인간 상호작용의 자연적·필연적 귀결이라기보다는 기후이주민을 둘러싼 지정학적 관계나 국제정치의 수사(修辭)와 무관하지 않다는 점에서 투명하고 중립적 사실이라기보다는 '담론(discourse)'으로서의 성격도 갖고 있다. 즉, 녹아내리는 극지방의 빙하나 멸종해가는 북극곰의 이미지와 마찬가지로, 기후난민은 기후변화로 인한 전 지구적 위기를 즉각적으로 알리는 광산 갱도 속 카나리아

이자 종말의 시금석과 같은 기표로서의 성격도 지닌다. 따라서 기후–이주 연계는 환경위기를 중심으로 하는 기후변화에 관한 다양한 서사가 국제사회의 질서유지를 둘러싼 국제 거버넌스의 변동과 어떻게 접합되는가의 관점에서 접근할 필요가 있다.

이런 맥락에서 보자면 이주를 기후변화에 대한 단순한 종속변수로 간주하기보다는 사회적·정치적·경제적 차원에서 기후변화와 이주의 상호 관계성을 비판적인 관점에서 이해할 필요가 있다. 더 근본적인 차원에서 볼 때, 기후이주는 기후변화에 후행하는 사회적 결과라기보다는 오히려 기후변화로 인한 위험에 대응하기 위한 선제적·적극적 의사결정이기도 하다. 왜냐하면 인류학적으로 볼 때 이주는 기후변화로 인한 파국적 결과에 늘 선행했으며 그 과정에서 문명의 전파와 융합이 나타났고 문화적·사회적 다양성이 촉진되는 등 인류의 역사적 진보의 토대를 형성해왔기 때문이다.[10]

이 장에서는 기후이주에 대한 관점의 차이를 중심으로 크게 세 가지로 구별, 검토한다. 첫째는 1980~1990년대에 부상하여 지금까지 기후이주에 관한 서사에 강력한 영향을 미치고 있는 기후난민 담론이다. 이와 관련해 본 장에서는 기후난민 개념이 어떻게 등장했고, 이들에 대한 재현 특징이 무엇이며, 국제관계와 지정학적 상황에 따라 그 담론의 성격이 어떻게 달라졌는지에 주목한다. 둘째는 2000년대에 들어 기후난민 개념의 정치성에 대한 비판을 바탕으로 기후난민을 포함한 다양한 기후이주민을 환경 변화에 대한 적응 전략의 행위자로 보는 관점이다. 셋째는 적응 전략으로서의 기후이주에 관한 논의에서 뻗어 나 온 기후 모빌리티에 관한 논의인데, 이는 기후이주 연구뿐만 아니라 정주민 중심적 사고를 대척점으로 하는 모빌리티 패러다임의 등장과도 연관되어 있다. 이는 기후이주를 장기적이고 일방향적이며 초국경적인 이동으로 인식하기보다는 이주에 대한 열망과 역량을 중심으로 기후이주를 상이한 시간적·공간적 스케일에서 이해하는 관점이다. 본 장에서는 위 세 논의의 담론적 성격과 강점 그리고 그 논의의 한계를 지적하되, 특히 기후 모빌리티와 관련해서는 포스트식민 관점의 유의성을 부각하고자 한다.[11]

2. 기후난민 담론
: 불쌍한 타자에서 위협적 존재로

'기후난민'은 기후변화와 지구온난화에 대한 우려가 본격화된 2000년대부터 사용된 용어로서 UN을 비롯한 국제기구에서는 갑작스러운 기후변화와 그에 따른 자연재해로 인해 생활이나 생활환경에 위협을 받아 일시적 또는 영구적으로 터전을 잃고 국내외로 이주한 실향민을 총칭한다.[12] 흔히 기후난민은 환경난민이나 생태난민과 혼용되는데, 기후난민보다는 '환경난민'이라는 용어가 먼저 사용되었다. 환경난민은 1985년에 이집트 국립연구소 연구교수인 에삼 엘-힌나위(Essam El-Hinnawi)가 유엔환경계획(UNEP)에 제출한 보고서 〈환경난민(Environmental Refugees)〉에서 처음으로 사용한 용어로서, "생존을 위협하거나 삶의 질에 중대한 영향을 끼친 환경 파괴로 일시적 또는 영구적으로 고향을 강제로 떠난 사람"으로 정의했다.[13] 이 보고서가 정의했던 환경난민의 범주에는 일시적·영구적 난민 외에 보다 나은 삶의 질을 추구하는 이주민을 포함했으며, 환경난민의 요인으로서 가뭄, 홍수, 폭풍, 지진, 토네이도, 화산 등의 자연재해 외에 사막화와 토양 유실 등으로 인한 토지 기반 파괴와 공장 및 폐기물 처리와

동아프리카 가뭄으로 인한 케냐 기후난민캠프(2011)

연관된 환경오염 및 재난을 포괄적으로 일컬었다.

그러나 점차 지구온난화에 관한 논의가 심각해지고 기후변화에 대한 경각심이 높아짐에 따라 국제적으로 환경난민의 범주로부터 기후난민을 분리해서 별도의 개념으로 사용하기 시작했다. 즉, 기후난민의 규모가 증가했다기보다는 국제사회의 화두가 환경에서 기후 중심으로 전환되었기 때문이었다. 대표적으로 유엔환경계획에서는 1990년대부터 '환경난민'을 환경오염이나 환경파괴로 발생한 난민을 지칭하는 데에 국한하는 반면, 기후변화에 따른 폭염, 가뭄, 홍수, 지진, 침수, 폭풍, 산불 등의 자연재해로 인해 발생한 난민은 '기후난민'으로 구별하여 사용하고 있다. 즉, 환경난민은 국지적인 환경문제로 발생한 로컬 이슈로 사용되는 반면, 기후난민은 궁극적으로 지구온난화와 같은 전 지구적 기후변화가 야기한 글로벌 이슈로서 다루어지고 있다.[14] 이런 맥락에서 1990년대 이후 기후난민 개념은 기후변화가 인류에 미치는 치명적인 영향을 명시적이고 즉각적으로 보여주는 근거로 작동해왔다.[15] 지구온난화를 경고하는 각종 미디어가 폭염, 폭풍, 홍수, 가뭄, 산불 등 자연재해를 보도할 때 자연재해로 인해 터전을 잃은 절망적인 이재민의 모습은 디스토피아적 미래 인류 사회에 대한 기시감(旣視感)을 극적으로 불러일으키기 때문이다. 특히 기후난민을 형상화하는 이미지나 퍼포먼스는 기후변화의 파국적인 결과 시간적·공간적으로 저기 멀리의 문제가 아니라 (시간적으로) 즉각적이며 (지리적으로) 관계적이라는 것을 직관적으로 나타내는 데에 강력한 힘을 발휘하는데, 이는 지리적으로 특히 태평양과 인도양 일대의 소규모 도서 지역 국가들에서 나타나는 해수면 상승과 연관될 때 그러하다.

투발루와 몰디브는 이런 점에서 기후난민을 지리적으로 형상화하는 대표적인 사례일 것이다. 투발루는 2009년 10월 17일 몰디브 정부가 수중 각료회의를 개최하여 해수면 상승 공론화와 국제사회의 기후위기 대응을 촉구하는 성명서에 서명하는 모습으로 잘 알려져 있다. 그리고 몰디브의 경우에는 2021년 11월 5일 영국 글래스고에서 개최된 UN기후변화협약당사국총회(COP26)에서 발표할 기후위기 대응을 촉구하는 화상 연설을 녹화 중인 투발루 외무부 장관의 모습으로 유명하다. 이 이미지는 공통적으로 국제사회의 청중을 (특히 선진국에 거주하는 청중을) 대상으로 하는 정치적 퍼포먼스의 한 장면으로서, 자국의 영토를 기후난민 발생의 무대이자 기후위기의 증거로 재현함으로써 기후변화에 따른 해수면 상승으로 인해 자국의 영토가 더 이상 거주 불가능한 곳으로 되어 고향을 떠날 수밖에 없는 상황임을 보여준다. 즉, 기후변화가 기후난민이라는 재앙(문제)의 직접적인 발생 원인이라는 점, 기후난민이 기후변화에 대처하기 어려운 소규모의 취약한 개발도상국에서 발생한다는 점 그리고 삶의 터전을 근본적으로 상실할 수 있는 위험에 처해 있다는 점을 명시적으로 보여준다.

기후난민은 (다른 난민과 달리) 특정 지역이나 국가에 한정되지 않고 전 지구적 스케일에 걸친 외재적 요인에 의해 발생하며, 전 지구적 자본주의 시스템 체제의 팽창 역사와 관련되어 있다는 점에서 복잡성과 특이성을 갖고 있다. 그러나 이러한 기후난민 퍼포먼스와 이미지는 기후위기가 서양의 식민주의와 자본주의의 결과로 현재까지 지속되는 '식민적 현재(colonial present)'를 폭로하거나 기후위기의 복잡한 관계적 지리를 드러내기보다는, 주로 서양 선진국의 청중들을 대상으로 열대의 '순수한', '낙원과도 같은', '오염되지 않은' 아름다운 섬들이 사라져간다는 낭만주의에 호소하는 경향이 짙다.[16] 기후난민 개념이 지니는 이러한 담론적 속성으로 인해 기후–이주와 연관된 국제단체, 정부, 과학자 집단, 비정부기구 등 다양한 행위자들은 다양한 상징적 매개물을 통해 수사적 표현과 서사를 창출하여 특정한 목적을 달성하기 위한 수단으로 사용해오곤 했다.[17] 즉, 기후난민은 기후변화로 인한 불안한 미래를 연상시키고 전 지구적 기후변화에 대한 경각심을 불러일으키는 데에 효과적임에도 불구하고 (그리고 어쩌면 역설적이게도 '매우' 효과적이기 때문에), 기후변화가 야기한 결과(현상) 그 자체로서 이해되기보다는 상이한 지리적 스케일과 넓은 정치적 스펙트럼 상에서 기후변화에 관한 비관론적·종말론적 서사를 생성하는 데에 활용되어왔다.[18]

새도우스키-스미스(Sadowski-Smith)는 기후난민 개념을 허구적·상상적 산물로 비판하면서 현대 기후위기의 시대를 '인종적 자본세'로 규정하면서 기후이주민에 대한 낙인찍기 담론의 역사를 검토한 바 있다.[19] 그는 미국의 맥락에서 이러한 기후난민 담론의 역사를 반(反)이민 감정의 '녹색화'라고 지칭하면서, 1970년대부터 아시아, 라틴아메리카 출신의 이민자를 '자원의 파괴자'로 간주하는 경향부터 최근 기후난민을 "위협 승수"로 개념화하는 역사적 맥락을 비판했다.[20]

또한 지오반니 베티니(Giovanni Bettini)는 기후이주 논의에 개입된 여러 행위자들이 기후난민을 어떻게 수사적으로 활용하는지를 분석했다.[21] 그는 기후이주에 관한 논의를 과학 담론, 자본주의 담론, 시민사회 담론, (환경운동과 연관된) 급진 담론의 4가지로 범주화한 후 이에 대한 아카이브로 UN 산하의 기후변화에 관한 정부 간 협의체(IPCC)의 기후변화 평가보고서,[22] 스턴보고서,[23] 영국의 환경 관련 비정부기구인 환경정의기금과 크리스천

에이드의 간행물 그리고 기후변화에 대한 정부의 과감한 조치를 요구하는 풀뿌리단체인 세계기후변화민중회의(WPC)의 협약을 분석했다.[24] 연구 결과에 따르면 이들은 기후이주를 미래에 직면할 거대한 재앙으로 묘사하면서 이를 드라마틱하게 재현한다는 점에서 공통적이었다.[25] 1990년대만 하더라도 IPCC는 기후(환경)난민이 지구온난화가 야기할 심각한 재앙이라고 경고하는 입장이었으나, 2000년대에는 기후난민을 포함한 기후이주 전반에 대해 보다 중립적이고 완화된 입장으로 선회했다. 베티니는 기후난민에 대한 과학 담론에서 기후변화와 이주 발생의 상관성에 대한 전문가의 일치된 견해가 없을 뿐만 아니라, 기후난민이 복잡한 정치적 함의를 지닌 개념임을 드러낸다고 보았다.[26] 또한 기후이주는 기존의 이주패턴과 복잡하게 얽혀 있고 계층, 직업, 젠더, 연령, 문화에 따라 그 영향이 상이함에도 불구하고, 많은 보고서들은 기후-이주의 관계를 지나치게 단순화했고, 기후와 이주의 연관성을 뒷받침하는 데이터나 근거가 빈약하거나 부정확하다는 점을 은폐했다. 셋째, 기후이주에 관한 서사는 환경안보 개념과 연계되어 기후이주민들이 유럽과 북미를 비롯한 선진국의 국경과 안보를 위협하고 지역 갈등과 새로운 위기를 일으키는 위협요인으로 보고, 이를 통제하고 안보화(securitization)하는 국제 거버넌스가 필요하다는 정치적 주장으로 수렴되었다.

베티니의 담론분석 결과에서 특히 주목해야 할 점은 기후난민에 대한 국제사회의 안보화로 기후난민의 태도가 달라졌다는 점이다.[27] 즉, 2000년대에 들어 기후변화에 대한 컨트롤타워로서 IPCC를 비롯한 UN의 태도 변화로 인해 기후난민에 관한 담론이 '터전을 상실한 불쌍한 타자'의 이미지에서 '선진국의 국경과 안보를 위협하는 잠재적 침입자'의 이미지로 재현하는 방향으로 선회했기 때문이다. 실제, 유럽 및 선진국 내 보수진영은 개발도상국의 이민자 유입 문제를 중심으로 글로벌화에 대한 반발을 증폭시켜 왔고, 이는 2015년부터 중동 및 아프리카에서 발생한 대규모 난민 유입으로 빚어진 유럽 난민 위기로 나타났다.

2011년 시리아에서 발생한 난민 사태의 경우 이를 로컬 스케일에서 탈정치화하고 자연화하기 위해서 기후난민 담론이 이용되었던 것과 달리, 이러한 입장 선회는 난민 유입으로 인한 글로벌 스케일에서의 정치적 복잡성을 제거하기 위해서 기후난민 개념이 재정치화되었음을 보여준다.[28] 실제 UN을 비롯한 국제사회는 기후난민이 시급한 현안이라는 인식을 함께했음에도 불구하고 기후난민을 다루기 위한 다자적(multilateral) 제도 구성에 실패를 거듭해왔다. 왜냐하면 기후난민을 어떠한 형태와 방식의 국제 거버넌스로 통제, 관리할 것인가의 문제가 국가 간 이해관계와 연결된 첨예한 사안이기 때문이었다. 이 결과 2018년 3월 유엔인권이사회(UNHRC)에서는 기후라는 난민 발생 요인이 상당히 광범위할 뿐 아니라 기후와 이주의 직접적인 인과관계를 입증하기 어려워 난민 지위의 인정 여부를 법적으로 가리기 어렵기 때문에 기후난민을 인정하지 않는 것으로 결정한 바 있다. 따라서 기후난민은 다른 유형의 난민과 달리 1951년의 제네바

협약에 의한 국제법상 난민의 지위를 인정받지 못해 제도적 보호나 지원을 받지 못하고 있다.

기후난민에 대한 국제사회의 태도 변화가 2018년 UNHRC의 기후난민 배제 결정에 큰 영향을 미쳤다. 무엇보다, 최초 기후난민 신청자였던 키리바시(Kiribati) 출신 이민자 이오아네 테시요타의 난민 신청을 뉴질랜드 사법당국이 기각한 것과 연관되어 있다. 2007년부터 뉴질랜드에 이주민으로 체류해온 테시요타 가족은 해수면 상승으로 본국의 삶터를 박탈당한 '박해' 상태에 있음을 근거로 제네바협약 상 난민 지위를 신청했다. 그러나 뉴질랜드 정부는 테시요타에 대한 난민 지위 부여가 향후 태평양 도서 지역의 수백만 명의 잠재적 난민(비호) 신청자들의 유입을 부추길 것이라는 우려로 해당 신청을 기각했다.[29]

2015년 뉴질랜드 대법원의 이 확정 판결 이후 키리바시로 강제 송환된 테시요타는 뉴질랜드 정부의 추방 조치가 시민권과 정치권에 관한 국제협약을 위반한 것이었다고 UNHRC에 제소했는데, UNHRC에서는 "이론적 가능성" 이상의 위협을 받았거나 임박했다는 사실을 입증하지 못했다는 이유로 테시요타의 청구를 기각했다.[30] 보다 구체적으로, UNHRC에서는 청구인이 실제로 키리바시에서 토지를 상실했거나, 대안적 거처를 마련할 수 없거나, 식량 재배나 식수에 대한 접근이 불가능하거나, 생명을 위협하는 상태에 처해 있거나, 키리바시의 다른 주민들의 상태와 현저히 다르거나, 키리바시 정부가 기초생활 기반을 마련하기 위한 조치를 하지 않았다는 것을 입증하지 못했다고 보았다.[31] 물론 위원회에서는 뉴질랜드 정부 등 수용국이 "생명권 침해의 실제적 위험"을 지나치게 협소하게 해석하는 것보다는 생명권의 침해를 "합리적으로 예견된 위협이나 위협적 상황" 속에서 확대하여 해석, 적용해야 한다고 지적했지만, 궁극적으로 볼 때 난민 신청자가 기후난민으로 인정받으려면 기후변화에 의한 자신의 생명권 위협을 구체적으로 입증해야 한다는 점을 결과적으로 재확인한 것이었다.[32]

기후난민 담론이 지니는 문제점은 다음의 4가지로 요약할 수 있다. 첫째, 국제단체, 전문가 집단, 기업 등 시장 행위자들, 시민사회단체, 급진주의 운동 등은 서로 상이한 접근과 정치적 지향을 토대로 하고 있음에도 불구하고, 이들은 담론의 근친성으로 인해 '담론 연맹체'를 형성하여 기후난민에 대한 종말론적 서사를 재생산하고 강화함으로써 각 진영의 주장을 강화하는 데에 전유하고 있다는 점이다.[33]

특히 이러한 담론 연맹체가 문제적인 이유는, 기후난민 발생을 저개발과 연관된 병리적인 현상으로 간주함으로써 외국인 혐오를 강화하며, 난민의 발생과 유입을 선진국의 국가적 안보를 위협하는 통제 불능의 요인으로 상정함으로써 안보화를 위해 군사적 조치와 같은 예외적·권위적 수단과 정책이 동원되어야 한다는 주장을 정당화하기 때문이다. 종말론적 기후난민 담론은 '기후위기→안보불안→위기발생'으로 이어지는 논리적 연계를 토대로, 기후위기로 인해 열등하고 취약한 인구집단이 도태될 것이라는 디스토피아적 맬서스주의와 맥락을 함께한다. 기후난민의 유입에 대한 이러한 공포감은 개발도상국 출신 이주민에 대한 외국인혐오증과 인종차별주의와 연계되어, 이주민의 유입을 방어하고 국경 안보를 수호하기 위한 국수적·배타적·권위적·보수적 또는 군사적 정치를 강화할 가능성이 높다. 이런 점에서 기후난민 담론은 상이한 행위자들이 정치적 지향과 목적에 따라 도구적으로 동원하는 2차적(도구적) 이데올로기로 기능한다.

둘째, 2000년대 이후 선진국의 난민 위기를 중심으로 유포되는 기후난민의 정치적 담론과는 달리, 실제로 많은 연구들은 기후이주민은 장거리보다는 단거리 이주패턴이 주류를 이루고 있으며 국경을 넘은 난민보다는 국내 실향민이 대부분임을 지적하고 있다.[34] 실제로 지난 30년 동안의 기후이주 패턴을 지리적 특징(도시/농촌, 홍수 피해 유무 지역)과 이주 인구 특징(인구 규모, 전출입 지역, 기술 수준)에 따라 분석한 최근의 연구 결과에 따르면, 기후이주의 대부분은 국지적 또는 지역적 수준에서 나타난 반면, OECD 국가로의 이주민 유입은 전체 이주 인구의 6~9%에 지나지 않았으며 이마저도 대부분 두뇌 유출 현상과 관련되어 있었다.[35] 그뿐 아니라 저지대 도서 및 해안 지역에 큰 영향을 미치는 해수면의 변동은 국가 간 장거리 이주보다는 근린 지구나 마을 또는 지역 단위 등 로컬 스케일에서 단거리 이주와 관련이 깊었고, 기온 상승은 지역 내 이주와 더 많이 관련되어 있었다.[36]

셋째, 종말론적 기후이주 서사들은 공포를 조장하여 위기의식을 불러일으키지만, 역설적이게도 이러한 위기는 환경세 분담이나 탄소배출권 거래제와 같이 시장체제에 의해 포섭되어 다시 정상적인 것(관리되는 위기)으로 탄생한다. 선진국의 기후난민 담론은 난민 유입에 대한 공포의 정치를 통해 기후가 아닌 '난민'을 정치화하며, 이를 통해 기후변화와 산업자본주의의 관계, 국가 간 권력의 불균등성, 다국적기업의 지리적 분업체계와 같은 중요한 환경정치 이슈가 오히려 탈정치화되는 효과를 발휘한다. 따라서 기후난민에 대한 종말론적 서사는 기후위기가 전 지구적으로 연결되어 있다는 공존공생에 대한 의식과 지구온난화에 대한 경각심을 불러일으키는 데는 성공할 수 있으나, 난민의 잠재적 유입에 대한 공포와 혐오를 조장하여 선진국의 배타적·군사적 정치를 강화한다.

넷째, 거시적으로 볼 때 기후난민 개념은 포스트식민 담론의 연장선에 있기 때문에 기후난민의 능동적인 행위성이나 주체성은 인정받지 못하며, 대신 이들은 해수면 상승, 가뭄, 홍수 등에 '취약한' 개발도상국의 주민들로서 수동적인 희생양으로 서술되는 경향이 있다.[37] 이는 비단 전문적인 지식의 권위에 기대는 과학담론이나 선진자본주의 국가의 입장을 대변하는 자본주의적 정치 담론뿐만 아니라, 국제개발 원조를 후원하는 시민단체와 진보적인 환경운동단체 사이에서도 일부 공유되는 식민주의적 관점이다. 곧, 기후위기를 일으킨 책임이 근본적으로 서양에 있다는 인식과 기후난민을 '정상적인' 전 지구적 자본주의의 거버넌스로 포섭하여 질서 있게 통제해야 한다는 주장은 피상적으로는 각각 반성적·배타적 입장으로 상호 모순적이지만 포스트식민 관점에서 보면 '책임→권리'로의 지극히 자연스러운 논리적 귀결로 해독된다.

3. 적응 전략으로서의 기후이주

2000년대에 들어 일각에서는 기후난민을 제도적 거버넌스로 포섭하려는 정치적 채널을 비판하면서, 기후 유발 이주를 기후변화에 대한 인간의 '적응 전략(adaptation strategies)'이라는 관점에서 접근하는 흐름이 부상해왔다.[38] 이는 기후난민에 관한 논의를 탈안보화(de-securitization)하며, 기후–이주 연계에 관한 일방향적·일원론적 사고를 비판하면서 보다 근본적으로 지구환경의 변동과 이에 적응하기 위한 인간의 모빌리티(mobilities, 이동성) 간의 관계를 구체적으로 파악하고자 한다.[39] 적응 전략으로서의 기후이주 접근은 기후이주가 난민 이외에도 다양한 형태와 스케일에서 나타나고 있기 때문에 구체적인 기후–이주 연계의 실태를 정확하고 객관적으로 이해하려는 노력이 필요하며, 이를 위해 기후이주를 다양한 관점에서 접근하는 포괄적인 현상으로 본다. 기후난민 담론은 대규모 환경난민의 발생으로 인한 지정학적 갈등과 안보의 위기라는 부정적 결과를 일으키는 것으로 상상·설정되는 반면, 적응 전략으로서의 기후이주 접근은 이주민을 주체적인 행위자로 간주하여 환경에 대한 인간의 적응이라는 적극적·긍정적 대응 방식으로 논의되어왔다.[40] 즉, 기후난민 담론이 1980~90년대에 등장하여 개인의 행위성 및 사회, 정치, 역사, 문화적 맥락을 간과한 경고적(alarmist) 관점으로서 기후변화와 이주를 단선적 인과관계로 인식해왔다면, 적응 전략으로서의 기후이주 개념은 개별 가구나 커뮤니티가 이주를 통해 환경에 대응하는 방식에 초점을 두고 회복탄력성과 적응에 관심을 둔다.

적응 전략으로서의 기후이주 논의는 다음과 같은 몇 가지 이슈를 특징으로 한다.[41] 첫째는 다양한 이주의 형태 중 특히 '노동' 이주가 강조된다. 이는 기후변화가 개발도상국을 중심으로 농업이나 어업 등 1차 산업에 영향을 끼치므로 해외에서 계약노동을 통해 모국의 가족을 부양하는 초국가주의가 핵심적일 수밖에 없기 때문이다. 따라서 적응 전략으로서의 기후이주 개념에서는 기후이주민을 로컬 스케일에서의 환경위기를 보다 넓은 스케일에서 자원을 전유하는 적극적인 적응의 행위자(agents of adaptation)로 문제 설정함으로써 기후이주의 정치성보다는 노동이주와 국제 송금의 역할 등 개인이나 가족 단위의 적응에 초점을 두게 한다. 특히 결혼이주여성이나 이주노동자 등 풀뿌리 집단이 형성하는 아래로부터의 초국가주의는 기존의 기후난민 개념에서 포착될 수 없는 주변화된 집단의 적극적인 적응 전략과 역량을 탐색할 수 있다.[42]

따라서 이 접근은 대개 이주민 노동경제의 관점에서 가구 단위를 분석 대상으로 하며, 가구 내에서 특정한 가족 구성원이 순환이주(circular migration) 등을 통한 송금으로 생계를 지속하는 방식을 '바람직한' 과정으로 간주한다. 이때 송금은 위험감소 전략의 일환이며, 이주는 기후변화에 따른 위험과 불확실성을 회피하거나 줄이는 합리적 전략이 된다. 이러한 유형의 이주는 사회보장제도에 대한 접근이 제한적이고 자급자족형 경제로 인해 생계유지의 불확실성이 큰 개발도상국에서 뚜렷하게 나타나며, 이때 국제 송금은 로컬 스케일에서 나타나는 기후변화에 따른 불확실성에 영향을 받지 않고 안정적으로 생계유지를 할 수 있는 수단이다.[43] 이런 맥락에서 국제기구는 개발도상국 간의 순환이주를 우선시하고 있다. 뿐만 아니라, 기후이주민은 정착지에서 인적 자본이므로 젊고 건강한 남성 이주민이 대부분이어서, 사회적·금전적 자본의 측면에서 이주비용이 높고, 국제 송금이 빈곤층에게는 도움이 되지 못하며, 오히려 기존의 불평등과 취약성을 악화시키는 경우가 많다는 점 또한 중요하다.[44] 많은 기후이주 연구들은 기후이주를 적응 전략으로 문제설정하고 있다.[45] 이들은 이주는 임금이나 송금을 통해 금융자원에 대한 접근을 향상시키고, 기후변화와 대처 방안에 대한 지식과 정보를 제공하며, 지리적으로 분산된 네트워킹을 통해 사회적 자원을 부여하는 동시에 교육, 훈련, 보건에 대한 투자를 통해 인적 자본을 업그레이드하는 과정으로 이해한다.

그러나 적응 전략으로서의 기후이주 관점은 신자유주의 담론의 확대라는 거시적인 측면에서 보다 비판적인 관점에서도 접근할 필요가 있다. 왜냐하면 기후난민에서 강조되던 국가나 정부의 역할과 책임이 적응 전략으로서의 기후이주 논의에서는 약하기 때문에, 기후변화에 대한 책임에서 정치적 문제를 은폐하는 것이 더욱 용이해질 수 있기 때문이다. 이러한 비판은 3가지 차원으로 구체화할 수 있다. 첫째, 기후난민에서 다루어지던 인권을 둘러싼 책임의 문제가 적응 전략 논제에서는 '기회'의 문제로 치환된다는 점이다. 또한 기후난민 담론에서는 국가가 핵심 행위자였던 것이 적응 전략으로서의 기후이주 논의에서는 자발적인 가족 단위에서의 의사결정이 핵심 관심사이며, 국가는 촉진자나 시행자로 전환되는 대신 지방정부, 커뮤니티, 시민사회 단체, 친족 네트워크 등이 중요한 자원으로 간주된다. 불평등의 문제가 차이의 문제로 둔갑하고 기후변화에 대한 책임의 문제가 탈정치화됨에 따라, 정치적 책임의 문제와 정의의 문제가 사라지는 효과도 있다. 가령 사람들은 이주민이 세계에서 가장 곤궁한 사람들일 것이라고 생각하지만, 실제 전 세계 이주민 중 단 4%만이 저소득 지역 출신이다. 톰슨(Thompson)이 지적하는 것처럼, 이주민의 대다수는 교육수준이 높은 중산층으로서 이주에 소요되는 비용을 감당할 수 있는 사람들이다.[46] 이처럼 가족 단위의 적응 전략을 강조하는 것은 2000년대 이후 사회 저변으로 확산된 신자유주의의 반영이기도 하다.

둘째, 기후이주를 적응 전략으로 설정하는 것은 기후위기로 인해 발생하는 강제 이주민들에 대한 책임과 지원을 기후정의(climate justice)의 관점에서 어떻게 다룰 것인지에 관한 논의에 접근하는 데에는 제한적이다. 왜냐하면 이는 기후변화에 따른 이주를 한 개인이나 가구가 개별적으로 선택하는 적응의 문제로 다루는 경향이 있기 때문이다. 1990년대까지만 하더라도 서양의 자유주의적 개입주의(liberal interventionism) 관점은 자국의 영토 내에 거주하는 국민의 안보와 생존에 대해서는 국가가 책임져야 한다는 시각이 지배적이었다. 즉, 기후난민에 대한 인도주의적 입장과 선진국의 영토 안보를 우선시하는 안보주의 관점은 서로 대척점을 형성했음에도 불구하고 국가가 기후이주 문제에 직접적으로 개입해야 한다는 점에서는 공통적이었다. 그러나 2000년대 이후 급속도로 활발해진 초국적 기업의 국제 분업과 초국적 이주노동자나 숙련노동력의 전 지구적 모빌리티의 네트워크 형성에 따른 초국가주의의 양상으로 인해, 국제적 또는 지역적 스케일에서의 이주는 한 개인이나 가구가 글로벌 노동시장에서 특정한 위치를 점유하는 선택의 결과로서 도시 및 지역의 경제를 활성화하고 시장의 효율성과 투명성을 제고하는 데에 긍정적인 것으로 간주되어왔다. 결국 이주패턴과 양상은 기후변화에 대한 개인, 가구, 지역사회의 리질리언스를 가늠하는 수준점으로 간주되고 있다. 요컨대 기후난민의 문제는 기후이주와 모빌리티에 초점을 두는 양상으로 변화하고 있는데, 적응 전략 접근은 기후변화에 대한 '대응(반응)'을 '적응'으로 치환함으로써 기후이주의 문제를 탈정치화하고, 기후이주와 교차하는 지역, 계층, 젠더, 인종, 권력, 문화 등의 문제를 편평하게 만들고 단순화한다고 볼 수 있다.

셋째, 적응 전략으로서의 기후이주 담론에서 강조되는 회복탄력성 또한 문제적일 수 있다. 원래 리질리언스는 생태학과 경제학의 두 접근이 혼합된 용어로서 외적 충격을 견디거나 적응하거나 회복할 수 있는 개인이나 커뮤니티의 능력을 지칭하는데, 이는 2000년대에 들어 서양이 인권 보호를 위한 인도주의적 개입 정책으로부터 다원성, 자율성, 자주성을 중시하는 탈중심화된 정책으로 선회하는 데에 핵심 개념으로 활용되었다.[47] 회복탄력성은 시민이 사회·경제적 복지를 국가에 대한 의존하는 것이 아니라 시민 스스로 적극적·자율적으로 자신의 책무, 역량, 전략을 발휘하는 것을 가정한다. 따라서 개입주의에서는 '희생자'로 간주되는 기후이주민이 자유주의적 관점에서는 적응 전략을 구사하는 적극적 행위 주체로 거듭난다. 따라서 이데올로기적으로 개입주의는 온정주의, 인도주의를 강조하지만 적극적 시민으로서 권리의 주체를 강조하는 개인주의, 능력주의가 강조된다. 기후변화에 대한 국제사회의 노력에서 기후정의의 핵심 개념으로서, 기후변화에 대해 상호협력과 공동노력을 강조하면서도 책임의 차이를 중시한다. 기후정의에 대한 접근으로서는 오랫동안 탄소배출에 대해 국가별 역사적·총량적 책임을 강조하던 탄소국가주의(carbon nationalism)가 지배적이었으나 최근에는 구체적인 개인이나 기업 등 행위 주체의 책임을 강조하는 방향으로 이행되고 있다. 따라서 회복탄력성은 기후변화의 영향을 전 지구적 연결성으로부터 특정한 장소나 지역에 한정시키고, 기후이주에 대한 역사적·구조적 불평등의 문제를 수평적인 적응 능력의 '차이'의 문제로 삼는다는 점에서 비판의 여지가 있다.

요컨대 기후–이주 연계를 보다 포괄적으로 접근하는 적응 전략으로서의 기후이주에 관한 논의는 기후와 이주의 관계를 선형적인 인과성으로 이해하기보다는 이주민의 적극적인 의사결정과 행위성을 강조한다는 점에서 기후난민에 대한 종말론적·환경결정론적 접근과는 분명한 차이가 있다. 특히 보다 생태적인 관점에서 이주를 기후변화에 따른 단순한 결과로 이해하지 않고, 기후변화에 따른 위험과 취약성을 보완하고 분산시키는 자주적 회복탄력성에 입각한 행위로 이해함으로써 기후변화에 따른 이주가 얼마나 다양한 양상으로 전개되는지를 이해하는 데에 도움이 된다. 그러나 적응 전략으로서의 이주 개념은 개인이나 가족 스스로의 자율성을 우선시함으로써, 국가와 정부의 책임과 기후정의의 문제를 은폐시킬 수 있는 위험성을 내포한다. 동시에 기후–이주 연계를 생태적·환경적 현상으로 협소화함으로써, 중립적으로 탈정치화된 인식론을 유도한다는 점도 적응 전략 관점에 대하여 비판적 검토와 성찰이 필요한 이유이다.

4. 기후 모빌리티

1) 개념적 구성: 이주역량과 이주열망의 매트릭스

기후 모빌리티(climate mobility) 개념은 사회집단을 이해하는 데에 다양한 모빌리티의 양상들을 포착하는 모빌리티 패러다임 속에서 등장한 개념이지만, 특히 생물 종으로서 인류가 지구환경에 격변을 일으켜온 이른바 인류세(Anthropocene)라는 시대적 배경 속에서 모빌리티의 지리에 초점을 둔다.[48] 인류세라는 맥락 속에서 기후 모빌리티를 접근하면, 인간과 환경을 분리된 것으로 이해하지 않고 관계적·역동적인 것으로 파악할 수 있다. 따라서 기후 모빌리티 개념은 적응 전략으로서의 기후이주 논의를 보다 거시적·통합적·다차원적인 접근 속에서 재구성할 수 있도록 해준다. 특히 이주역량 및 이주열망과 사회구조와의 관계, 이주와 젠더, 계급, 지역, 민족집단 등과의 상호 관계, 기후환경의 변화와 이주의 다양한 시·공간적 스케일과의 관계, 정치·경제적 구조와 기후이주와의 관계, 이주에 관여하는 다양한 행위자와 맺는 다양한 상호 관계 등을 이해하는 데에 유익한 개념이다.

최근 일부 기후-이주 연계 전문가들은 기후이주에 관한 논의에서 기후 모빌리티 개념이 핵심이 되어야 한다고 주장하고 있다.[49] 이들의 주장에 따르면, 기후 '이주'라는 개념은 장거리의 영구적 이동을 전제로 하나 현실적으로는 단거리의 일시적(한시적) 이주가 지배적으로 나타나므로, '기후 모빌리티'가 상이한 시·공간적 스케일에서 나타나는 기후이주를 포함한 다양한 이동의 양상을 고찰하기에 적합하다. 또한 이주에 대한 기후요인은 정치적·경제적·문화적 요인들과 서로 엉켜있기 때문에 기후난민과 비(非)기후난민을 경험적 차원에서 엄밀하게 구별하는 것은 불가능하므로, 기후 모빌리티 개념은 이동이 반드시 한 방향으로만 나타나거나 어떤 한 가지 요인에 의해서만 발생하지 않는다는 점을 인식하는 데에 유리하고, 어떤 이동이 긍정적이거나 부정적이라는 이분법을 피하는 데에도 유용하다. 따라서 기후-이주 연계 연구자들은 대규모 기후이주의 규모나 패턴을 경험적 수준에서 예측하거나 기후변화에 따른 모빌리티를 선형적 모델로 수치화하려고 하는 것보다는 기후 모빌리티의 복잡성과 관계성에 주목하는 경향이 있다.

사회과학에서 모빌리티 패러다임의 주창자인 셸러(Sheller) 또한 '이동'이라는 인간의 기본권을 위협하는 '3중 모빌리티 위기(triple mobility crisis)'를 언급하면서, 기후변화, 도시화 그리고 난민에 대한 폭력 이 3가지를 '모빌리티 정의(justice)'의 위협 요소로 지적했다.[50] 셸러는 기후난민에 관한 논의가 난민에 대한 국경 통제와 관리를 중심으로 국제 거버넌스를 재배치하려는 정치

낮음		이주역량	
		높음	
이주 열망	높음	비자발적 부동성 (갇혔다는 느낌)	자발적 이동성 (대부분의 이주 형태)
	낮음	순응적 부동성	자발적 부동성 또는 비자발적 이동성 (난민, 재정착)

<표10-1> 이주열망과 이주역량 상태에 근거한 이동성(모빌리티)의 유형
자료) Alex de Sherbinin et al.. 2022. 12

적 논의가 진행된다는 점을 비판하면서, 기후난민을 기후변화에 대한 적응 전략의 일환으로 접근하면서 모빌리티의 복잡성을 구체적으로 설명하는 데에 주목해야 한다고 강조했다.[51] 실제로 기후 모빌리티는 기후변화의 속도나 양상에 따라 실향(displacement)에서부터 계절적 이주와 재정착에 이르기까지 다양한 형태를 띠고, 계층, 젠더, 민족, 인종, 섹슈얼리티 등 개인의 위치성에 따라 적응 역량도 상이하다. 또한 모빌리티는 어떠한 시·공간적 스케일에서 접근하는가에 따라서도 상이한데, 가령 장거리의 장기 이주는 환경에 대한 인간의 의존도가 매우 높거나 인간에 의한 환경악화가 심각한 지역에서만 주로 나타나는 경향이 있지만, 단거리의 단기 이주는 구체적인 로컬 환경 변화와 사회집단 간의 관계에 따라 복잡한 양상으로 나타난다.

그래서 피터 아데이(Peter Adey)가 주장하는 것처럼 존재하는 모든 것이 이동하기 때문에 모빌리티가 중요하다고 한다면, 사실상 모빌리티는 아무런 의미도 갖지 않는다.[52] 왜냐하면 무엇이, 왜, 어떻게 이동하는가의 문제는 결국 무엇이, 왜, 어떻게 이동하지 않는가의 관계 속에서 그 의미를 획득하기 때문이다. 달리 말해, 모빌리티가 중요하다고 설파하는 것보다는 모빌리티를 둘러싼 관계적 지리에 주목하는 것이 사회적 이슈와 문제를 찾아내고 분석하는 데 훨씬 중요하다. 따라서 기후 모빌리티 개념은 기후·환경 변화의 맥락에서 이동성(mobility)와 부동성(immobility)의 실천, 동기, 경험 등에 초점을 두고 언제, 왜, 어떻게, 어떤 조건에서 이동이 발생하는지에 관심을 둔다.[53]

이처럼 모빌리티 패러다임은 시·공간적으로나 사회적으로 차별화된다는 점에 주목하기 때문에, 기후 모빌리티 연구에서 이주의 역량(capabilities)과 열망(aspirations)이 핵심적인 개념으로 이용된다.[54] 왜냐하면 환경 변화의 압력에 대해 왜 어떤 사람들은 이주를 선택하며 왜 다른 사람들은 이주 대신에 잔류하게 되는가는 이주에 수반되는 각종 자원 등 역량 상태와 이주하고자 하는 적극적인 열망의 정도에 따라서 상이하므로, 이동성은 늘 부동성과의 관계 속에서 이해될 필요가 있기 때문이다. 〈표10-1〉은 이주–열망의 상태에 근거한 모빌리티의 유형을 도식적으로 나타낸 것이다.

우선 이주역량은 이동의 능력인데 이는 사람이나 집단마다 상이하다. 이에 모빌리티를 하나의 자본으로 간주하고 '모빌리티의 잠재력'을 의미하는 '이동력(motility)' 개념이 제시되기도 했다.[55] 이주역량은 접근(선택권과 조건), 능력(육체적 능력, 획득한 기술, 조직적 역량), 전유(행위자가 접근과 기술 위에서 해석하고 행동하는 것)의 3가지 요소로 이루어져 있는데, 이를 통해 특정 개인이 구조적 불평등에 얼마나 뿌리내리고 있는지 그리고 그에 따른 이주의 의사결정이 어떻게 다른지를 평가할 수 있다. 특히 '갇힌 인구(trapped populations)'에 초점을 두어 어떠한 물질적·비물질적 요인으로 인해서 기후변화에 따른 환경으로부터 탈출하지 못하는지 그리고 어떠한 계층, 젠더, 인종, 민족의 선분과 교차하고 있는지를 이해하는 데에 유용하다.[56]

다른 한편으로, 이주열망의 다양성도 고려해야 한다. 예를 들어 애덤스(Adams)는 페루의 가뭄피해 지역 주민을 대상으로 왜 특정 주민은 새로운 정착지로 이주한 반면 다른 이주민은 계속 머무르는 결정을 택했는지를 연구했는데, 여기에서는 기존 정착지에 가지고 있는 장소적 애착의 차이, 새로운 정착지에 대한 기대와 두려움의 차이가 상당히 큰 영향을 끼치고 있음이 밝혀졌다.[57] 또한 파보트코(Farbotko)는 투발루 주민을 대상으로 이들이 이주를 선택하지 않는 '자발적 부동성'의 이유를 장소애와 소속감 그리고 포스트식민적 주체성과 관련하여 설명했다.[58] 태평양 도서 지역과 관련해서는, 환경이주의 정치가 기후정의와 형성하는 관계에 주목한 연구도 있다.[59]

이주역량과 이주열망을 중심으로 기후 모빌리티를 고찰한다면, 기후난민 개념은 기후변화로 인한 취약성 때문에 특정 지역이 거주 불가능하게 되어 강제로 고향을 등지는 이주민에만 초점을 두는 셈이다. 그러나 이동성과 부동성이라는 보다 넓은 차원에서 접근한다면, 기후변화에도 불구하고 고향을 떠나지 못하는 이른바 '강제적 부동성(forced immobility)' 또한 중요한 이슈이다. 가령 강제적(비자발적) 부동성은 여성의 이주를 가로막는 가부장적 사회구조와 권력, 이주에 소요되는 비용이나 각종 수단을 감당할 수 없는 경제적 자원 부족, 지배집단에 의해 이동성을 박탈당한 소수민족집단 등에서 나타나므로, 모빌리티 개념은 기후에 따른 환경 악화를 젠더, 계급, 민족성 등 사회적 선분들과의 교차점에서 살펴보는 데에 용이하다.[60]

쿤딜(Cundill) 등은 모빌리티를 생계유지의 수단이자 위험 관리 전략으로 설정한 후, 가나, 인도 갠지스 강 하류, 방글라데시 등 해안 저지대에서 발생한 기후이주민의 지역 내 모빌리티를 조사한 후 몇 가지 중요한 결론을 내렸다.[61] 첫째는 기후변화가 매우 급진적으로 진행되는 곳이라고 해도 대개 이주의 일차적 요인으로 작용하지는 않았으며, 일자리, 교육기회, 결혼, 건강이 보다 중요한 요인이었다. 오히려 기후변화는 기존의 이주패턴을 가속화하는 등 간접적인 영향을 끼쳤으며 기존의 취약성을 보다 악화하는 위협의 승수효과를 지녔다. 둘째, 선진국이 개발도상국 출신 기후난민 유입을 우려하여 이를 정치적으로 통제, 관리하는 정책수단이 동원되는 상황에서, 실제 기후이주민 대부분은 국가 내부에서 또는 인근 지역에서 이동하는 역내 이주 경향을 보였다. 또한 이주 후에 생계수준이 향상되는 경우는 드물었으며, 오히려 이주는 기후변화가 야기한 취약성(가령 범람으로 인한 자급자족적 농업의 위험성)이 다른 취약성(비정기적이고 불안정한 저임금 일자리의 위험성)으로 대체(교환)되는 경우가 많았다. 셋째, 모빌리티는 특정 가구나 집단만 선택할 수 있는 대안이었으며, 젠더, 교육, 나이, 계급, 민족성, 인적 네트워크, 혼인 여부 및 기타 사회적 요인의 역할이 모빌리티에 결정적인 영향을 끼쳤다. 젠더의 경우 인도와 방글라데시에서는 토착 문화와 전통으로 인해 여성의 모빌리티는 남성에 비해 현저히 제한되어 있었고, 이와 반대로 가나에서는 남성들이 기존 커뮤니티에서 할 역할이 없기 때문에 외부로 이주해야 하는 불이익을 겪었다. 또한 이주에 소요되는 교통비와 새로운 거처 마련을 위한 정착비 등 경제력의 정도 또한 모빌리티에 큰 영향을 미쳤다.

이처럼 기후 모빌리티 접근은 기후라는 장기적·거시적 스케일에서의 모빌리티가 일상이라는 반복적·미시적 스케일에서의 모빌리티와, 또는 기존의 모빌리티와 어떻게 교차하는지를 파악하는 데에 효과적인 분석 틀이 될 수 있다. 또한 모빌리티 접근은 교통수단, 국경통제 방식, 이주에 필요한 네트워크 등 각종 이주 인프라나 제도와 같은 부동의 환경이 이주에 미치는 영향을 파악할 수 있는 틀이 될 수도 있다. 셸러가 지적한 바와 같이, 모빌리티는 "언제나 연결된, 관계적인, 상호 의존적인 것으로 이해함으로써 이를 이분법적 대립물이 아니라 다중 스케일과 동시적 실천과 관계적 의미의 역동적인 집합체로 인식해야 한다."[62]

2) 기후 모빌리티 개념의 위험성: 포스트식민주의

모빌리티를 강조하는 진영에서는 '모든 것은 이동한다'는 논제 하에 모빌리티 패러다임이 글로벌 자본주의의 탈영역화와 유동적인 근대성의 도래 그리고 정착민 중심주의에 대칭되는 유목민적 세계관의 부상을 반영하는 성배(聖杯)처럼 간주하는 경향이 있다. 그러나 모빌리티의 주창자들이 지칭하는 모빌리티는 사실 지리학에서 오래전부터 중시해왔던 이동의 지리, 특정 장소의 지리·역사적 궤적 그리고 장소 간 관계성을 간과한다는 점에서 자칫 지리학의 독배(毒杯)가 되지 않을까 우려된다. 즉, 모든 것은 이동한다는 자명한 사실 하나를 설파하기 위해 그것이 발 딛고 있는 지리의 풍요로운 역사를 상실하고야 마는 피루스의 승리(Pyrrhic victory)가 될 수도 있다. 또한 오랫동안 인류의 형성 과정에 필연적으로 동반되어왔던 이주 모빌리티의 오랜 역사를 현대 글로벌화의 시대에 예외적이고 특별한 현상처럼 간주하는 태도는, 오히려 서양의 경계 중심적인 정착민 식민주의에 근거한 사고임을 염두에 둘 필요가 있다. 이런 맥락에서 볼 때 인류세 하에서 기후 모빌리티 개념은 다음의 4가지 측면에서 보다 주의 깊은 사고를 필요로 한다.

우선 인류세는 자본주의와 불가분의 관계에 있기 때문에 자본주의로 인한 생태적 위기를 탈정치화할 수 있는 위험성을 안고 있다. 가령 무어(Moore)는 인류세 개념은 환경에 대한 자본주의 기반의 모더니즘을 탈정치화한다는 점에서 '자본세(Capitalocene)'

로 읽히는 것이 바람직하다고 주장했다.[63] 서양의 식민주의와 자본주의는 생물 종의 다양성을 파괴해왔고, 도시로의 이주를 강요하고 있으며, 지속가능성보다 효율성을 중시하여 기후변화를 초래했으므로, 인류세의 본질인 자본주의의 정치성을 문제 삼지 않을 수 없다는 것이다. 또한 나일(Nail)은 인류세라는 관점이 인류와 그 나머지를 이분법적으로 접근하여 인류를 생태계의 최상위 행위자로 인식하는 문제점을 지적하면서, 지구와 동·식물과 인류를 모두 아우르는 행성적인 유물론의 필요성을 제시하면서 '키노세(Kinocene)'라는 용어를 제시했다.[64]

둘째, 기후난민의 발생은 서양의 근대 식민주의와도 불가분에 관계에 있기 때문에, 포스트식민 관점에서 볼 때 인류세 개념은 두 가지 문제적 가정을 토대로 한다.[65] 첫째는 홀로세와 인류세의 구별이 지리적·역사적 맥락을 초월하여 전 지구적으로 보편적이라는 가정이다. 둘째는 홀로세가 생태적으로 안정적이었던 반면 인류세는 급격한 환경 변화와 위기를 일으키고 있다는 점이다. 이런 점에서 식민주의, 자본주의, 개발주의를 근간으로 하는 서양의 모빌리티를 특권 시 하는 것은 다양한 모빌리티를 침묵하게 만드는 인식론적 폭력이라고 할 수 있다. 서양의 식민주의는 서양 외부 세계에 대한 모빌리티의 식민화를 통해서 이루어졌으며, 지배자의 모빌리티를 벌목, 오염, 상품작물, 도시화 등을 통해 원주민의 모빌리티를 공간적으로 가두는 것이었다. 정착민 식민주의는 토착민의 모빌리티를 인정하지 않고 특정 공간에 가둠으로써 기존의 토착 모빌리티를 가능하게 하는 사회적·

경제적·문화적 맥락을 지워버렸다. 원주민의 생활세계를 고립적·단절적이고 환경과의 관계에서 적극적·능동적 모빌리티를 갖지 않은 것으로 다루는 이러한 모빌리티의 '봉쇄' 전략은 기존의 네트워크나 토착민의 생활반경을 좁힌다. 이런 점에서 난민, 이주, 재정착 등의 용어는 기후가 인간에 미치는 해악을 과장하는 경향이 있다.

셋째, 기후 모빌리티 정치경제의 포스트식민 역사성을 분명하게 인식할 필요가 있다. 가령 폴리네시아의 투발루는 기후난민 서사를 일상적 실천으로 나타내는 대표적인 사례로서, 지구온난화와 해수면 상승으로 대규모 실향과 그에 따른 국가적·민족적 파국이 임박한 곳으로 그려지며, 이에 대응해 투발루인은 세계시민의 기후변화 대응을 촉구하며 전체 지구를 위해 목소리를 내는 것으로 그려진다. 그러나 투발루의 9개 섬 모두 해발 4.5m 이하로 2060년경 완전히 침수될 것이라는 전망이 있는 것은 분명하지만, 일부 연구자에 따르면 투발루에서 생계가 어려워 기후이주민이 대규모로 발생한 원인은 과도시화와도 밀접한 관계가 있다.[66] 또한 이들에 따르면, 일부 환경단체는 기후난민으로의 운명이 불가피하다는 것을 강조하기도 하지만, 실제 현지 조사에 따르면 투발루 주민들은 기후변화로 인한 상실감이나 두려움을 갖는 경우는 적었다. 오히려 또 다른 로컬 환경단체들은 투발루의 침수된 해안가를 재생에너지 사용을 통한 환경위기 극복의 교육 장소로 삼고 있었다.

이 외에도 투발루에서는 기후난민 담론이 오히려 국제개발기구가 투발루에 대해 더 이상 추가적인 투자를 하지 않게 만드는 요인이기도 하다. 가령 키리바시는 호주의 기후협약 약속 불이행을 무마하는 대가로 개발 자금을 얻어냈지만, 투발루는 희생양 담론에 포섭되어 있기 때문에 호주 정부가 기후협약을 지키도록 강제하는 데에만 몰두할 수밖에 없었다. 따라서 투발루인의 목소리는 마치 복화술사와 같이 서양이 투발루를 통해 지구와 환경의 위기를 주창하는 목소리를 대신해서 내는 것과 비슷하다고 볼 수도 있는 셈이다.

넷째, 기후이주가 분명 인류세의 맥락에서 자본주의의 기후변화와 연관된 것은 주지의 사실이지만, 기후이주가 역사적으로 오랫동안 존속해왔던 인류의 적응 과정이었다는 점을 간과할 위험성이 있다. 가령 태평양 도서 지역은 인류세 기후변화의 불공정을 비추는 대표적인 공간이지만, 포스트식민 모빌리티의 정치가 가장 뚜렷한 지역 중 하나로 많은 학자들은 모아나(*Moana*)나 바아(*Va*)와 같은 토착 개념을 통해 이들의 모빌리티를 포착하려고 시도해왔다.[67] 이런 점에서 '바우나(*bauna*)'는 사람, 관습, 땅, 장소에 초점을 두는 개념으로 태평양 도서 지역의 시간과 공간을 모빌리티의 관점에서 재인식할 수 있는 저항적 개념이 될 수도 있다.[68] 바우나는 '시·공간을 횡단하는 총체적 체계를 구성하는 복잡한 이동성과 부동성의 네트워크'로서 사람, 조상, 별, 카누, 배, 섬, 대륙 등을 시·공간적으로 연결하는 우주의 역동적인 나침반이라고 할 수 있다.[69] 따라서 바우나는 태평양 도서 지역의 지역 간, 세대 간 문화 전통을 연결하는 사다리라고 할 수 있다. 바우나는 예술, 공연, 음악, 시, 춤뿐만 아니라 직접적 행동, 연설, 인터뷰, 블로그, 기사, 논문 등을 통해서도 드러난다. 태평양 도서 지역은 제4세계라고 할 수 있을 정도로 개발도상국에 관한 논의에서조차 배제되고 주변적인 공간이었으나, 바로 이러한 공간적·정치적 주변성을 토대로 인류세의 모빌리티를 포스트식민주의적 접근을 토대로 비판적으로 성찰할 수 있는 근거가 될 수 있다. 특히 기후-이주 연계에 대한 모빌리티 개념에 내재된 서양중심주의를 비판하면서 토착민, 토착 지식, 토착 문화 등을 강조하는 포스트식민주의 접근을 채택하고 있다. 곧, 기후변화는 태평양이라는 특수한 지역의 우주관과 새로운 정치적 상상 속에서 이해할 필요가 있다.

앞서 살펴본 바와 같이 서양 자본주의 국가들이 주도하는 국제단체는 대개 글로벌 정치제도는 서양중심적·국가중심적·정착민적·개발주의적·보편주의적 접근을 토대로 하며 원주민의 목소리는 '보편적 인류'가 아닌 특정한 역사적·지리적 위치에 갇혀 있는 '특수한 인류'로 간주하는 경향이 있다. 이런 관점에서 보자면 기후난민에 대한 국제사회의 거버넌스는 국경 통제에 대한 서양의 상상을 구현한 것이다. 그러나 태평양 도서 지역은 육지가 보이지 않는 상태에서 별, 바람, 구름, 해류 등을 토대로 태평양 일대를 횡단하며 여러 장소 간의 지리적 네트워크를 구축했던 최초이자 최후의 지역이다.[70] 이들에게 세계란 '늘 움직이는 세계'이며, 해양은 외래의 것, 정복할 것, 두려움의 대상이라기보다는 집 그 자체라고 할 수 있다.[71] 이런 점에서 바우나와 같은 포스트식민 모빌리티 개념은 이곳을 떠나면 죽음뿐이라는 서양에 의한 피식민지의 수동적 숙명론을 드러내는 것이 아니라, 서양의 식민주의와 정착민 중심주의를 주변화하고 이동의 역사를 중심부로 재위치시키는 능동적 선택이자 정치적 저항으로 볼 수 있다.

요컨대 기후과학을 중심으로 강조되고 있는 취약성이나 적응 전략을 강조하는 접근은 기후변화와 연관된 포스트식민 상황의 정치성을 희석·은폐하며, 인류세에 관한 논의 또한 토착 원주민들의 경험과 지식을 은폐하는 '거대 범주'로 작동하기도 한다. 기후 모빌리티에서는 지역 안보에서 이주의 대두, 국가안보의 중요성 강화, 이주에 대한 거버넌스의 중요성 심화, 난민 수용 시스템의 구축, 노동이주에 대한 통제 등을 주요 화두로 다루고 있지만, 정작 기후 모빌리티가 일상적 수준에서 주민들에게 미치는 영향은 경관, 장소, 장소애, 문화, 소속감, 직업 정체성, 묘지, 주택 등 일상적이고 구체적인 실천과 연관되어 있다. 키리바시의 전(前) 대통령 아노테 통(Anote Tong)이 주창했던 것처럼 국가안보나 지속 가능성보다 사람과 사람의 이주를 중시하는 접근이 필요하다. 모빌리티는 이동뿐만 아니라 '모빌리티 아상블라주'에 포함되는 행위자, 행동, 의미를 총체적으로 인식한다는 점에서 다르다.[72]

5. 나가며

최근 기후변화로 인한 자연재해와 기상이변의 발생 폭증으로 2050년 탄소중립 달성을 위한 국제사회의 노력이 탄력을 받는 가운데에, 기후난민을 포함한 기후이주민의 발생, 이동 과정 그리고 정착이 주요 이슈로 부각되었지만 이에 대한 상이한 관점들이 공존, 경합하고 있다. 〈표 10-2〉는 기후-이주 연계에 대한 이러한 다양한 논의와 관점을 정리한 것이다. 이를 간략하게 요약하면 다음과 같다. 우선 1980~90년대에 등장한 기후난민은 폭염, 침수, 폭풍, 염해, 사막화 등으로 삶터를 잃은 실향민으로서 실체적으로 존재하면서도, 환경위기 담론의 구성물로서 기후변화의 파국적인 결과와 디스토피아적 모습을 직관적으로 보여주는 효과적인 도구로 활용되어왔다. UN을 비롯한 국제단체에서부터 각 국가의 대중매체 보도나 NGO의 홍보물에 이르기까지 기후난민에 대한 인도주의적 관점을 토대로 기후변화에 대처하기 위한 국제적 지원을 호소하면서 미래 사회에 대한 종말론적·비관론적 서사를 강화했다.

그러나 2000년대에 들어 선진국에서는 기후난민이 잠재적

	기후난민 담론		적응 전략으로서의 기후이주	기후 모빌리티
	보호의 대상	국가안보의 위협		
대략적인 등장 시기	1980~90년대	2015년 유럽난민위기	2000년대 초반	2010년 이후
주요 이데올로기	인도주의	신보수주의	신자유주의, 탈간섭주의, 세계시민주의	인류세, 모빌리티 패러다임
핵심 개념	인권, 인간존엄성	국경 안보	적응 전략, 회복탄력성, 취약성	이주역량, 이주열망, 스케일, 관계적 지리
이주민에 대한 인식	인도주의적 도움과 보호가 필요한 대상	국경과 안보를 위협하고 지역갈등을 야기함	자기결정권과 행위성을 갖춘 인간	관계적 지리
규범적 함의	인간 존엄성 보장을 위한 국제 합의와 관리	기후난민 유입을 막기 위한 국경 통제 강화	기후이주민의 적응 방식의 존중과 지원	기후 모빌리티의 관계적 지리에 대한 이해가 중요

<표10-2> 기후-이주 연계에 대한 주요 접근
자료) 저자 작성

으로 유럽의 국경을 침입하고 안보를 훼손할 수 있는 위협요인으로 간주되기 시작했다. 특히 UN에서는 기후난민의 난민 지위의 인정 여부를 법적으로 명시적으로 정의할 수 없다고 보고 제네바협약에 의한 국제법상 난민에 대한 보호와 지원에서 배제했다. 양자는 기후난민이라는 '문제'에 대한 무게 중심을 달리하면서도, 기후이주민을 타자화하고 이들의 행위성을 충분히 인정하지 않고 있다는 점에서 공통점을 갖고 있다.

2000년대 초반 기후난민 개념을 비판하면서 등장한 적응 전략으로서 이주의 성격을 강조하는 접근은, 기후난민을 포함한 다양한 기후이주민을 문제나 위기로 볼 것이 아니라 환경 변화에 대한 적응의 일환이자 기회 확대와 소득원 다양화를 위한 가능성과 선택이라는 점을 강조하며, 영구적·일방적 이주가 아닌 순환적인 이주 같은 적응 전략으로서의 속성에 초점을 둔다. 이들에 따르면 기후변화가 반드시 이주를 야기하는 것도 아니고, 장기적인 이주보다 단기적인 이주가 빈번하게 발생하며, 빈곤한 국가에서 부유한 국가로의 이주가 지배적인 패턴으로 나타나는 것도 아니다. 개발론적 측면에서 보면, 이 관점은 국제 송금 등을 통해 초국적 스케일에서 형성되는 다양한 생계유지의 전략이나 가구 자산의 증식을 통한 위험 분산과 기후변화에 대한 회복탄력성 강화를 이해하는 데에 도움이 된다.[73] 그러나 이들이 강조하는 '적응'이라는 용어는 취약성을 가중하는 현존의 정치경제 구조보다는 개인이나 가구 단위의 독립적·개별적 역할과 책임을 강조한다는 점에서 비판받아 왔다. 또한 적응 전략으로서의 기후이주 접근은 이주의 긍정적 역할을 강조함에 따라 실제 기후변화에 사회적·지역적 구조나 보다 거시적인 정치·경제적 프레임을 간과할 수 있는 위험에도 노출되어 있다.

마지막으로 최근 주류적으로 부상한 모빌리티 접근은 단순히 기후이주민이 어디에서 발생해서 어디로 이동하는가의 선형적 관계에 대한 관심을 넘어, 인류세라는 거시적 맥락 속에서 이주 역량과 이주열망의 상호 관계 속에서 이주민과 정착민 간의 사회관계, 이들을 둘러싼 커뮤니티와 거시적인 사회구조, 이들이 경유하는 장소와 경로의 관계, 그 과정에서의 사회적 접촉과 사회관계의 변화 등에 관한 질문을 제기한다.[74] 즉, 사람들은 단순히 이동하는 것이 아니라 점진적·반복적·계절적·집단적 차원에서 그리고 다양한 스케일의 공간 위에서 이동한다는 것에 주목한다. 따라서 모빌리티의 차이와 상대성 파악할 때에야 비로소 모빌리티에 의해 현상과 사건이 어떻게 구조화되어 있는지를 이해할 수 있다.

그러나 모빌리티는 단순한 공간적 이동의 열망과 역량을 넘어 그에 배태되어 있는 개인적·집단적 의식과 문화적 의미 부여와 깊이 결부되어 있기 때문에, 이주와 환경 사이에 놓인 문화적·인식론적 영역을 블랙박스와 같은 것으로 간주할 수 있는 위험성을 안고 있다.[75] 따라서 기후 모빌리티를 강조하는 접근은 기후과학 및 기후이주에 관한 논의가 갖는 유럽 중심적 담론 속성에 유의해야 하며, 오히려 기후 모빌리티를 포스트식민적 관점에서 기후이주민을 성찰적 주체로 접근할 필요가 있다. 모든 것이 모빌리티라고 한다면 모빌리티는 아무것도 아니라는 아데이의 경고와 마찬가지 맥락에서, 기후 모빌리티는 정착민 중심주의에 대한 모빌리티의 승리를 경축하기보다는 모빌리티의 복잡한 관계적 지리와 이를 둘러싼 거시적·정치·경제적 맥락에 관심을 기울일 필요가 있다.[76]

결론

이주의 미래

1. 이주와 인류의 미래

인류 역사는 이주의 역사이고 이동성은 인간이 추구할 수 있고 인간에게 보장되어야 할 가장 기본적인 능력이자 권리이다. 이런 점에서 21세기 들어서 나타나고 있는 이주는 오랜 역사의 연장선에 있으면서도 신자유주의적 글로벌화가 야기한 새로운 정치적·경제적 지형 위에서 변화무쌍한 모습을 보인다. 이러한 포스트글로벌화 시대에서 벌어지는 이주3.5의 패턴은 다양한 지리적 스케일에서 세계의 여러 장소를 연결하는 초국가적 이주패턴을 특징으로 하면서도, GCM나 GCR과 같은 국제사회의 이주 레짐과 개별 국가의 국경 안보, 다문화적 통합, 민족주의 정책과 상호 작용하고 있다. 이 이주3.5 시대의 이주민은 여러 장소에 뿌리를 내림으로써 상이한 장소 간의 지리적 격차를 인식하고 있고 그 차이를 전유하며, 국가와 민족의 경계를 횡단하고 탈영역화된 사회적 장을 형성하고 글로벌 자본주의의 위험과 배제를 극복하기 위해 국가의 경계를 넘나들며 다양한 아래로부터의 초국적 전략을 통해 다양한 자원을 전유하고 위험을 회피할 수 있는 장치로 이용한다.

세계 곳곳의 기업가, 투자자, 고숙련 기술·전문가, 고학력자, 중·상류층 등 현대 이주의 '위로부터의' 물결은 다국적기업이나 해외직접투자와 같은 글로벌 생산 체계의 변동 속에서 선진국의 대도시나 첨단산업 집적 지구로 집중하고 있다. 이 결과 런던, 뉴욕, 도쿄와 같은 세계도시는 초부유층의 집적과 거대하고 사치스러운 건축 그리고 배타적인 커뮤니티를 특징으로 하는 '알파도시'를 형성하고 있다.[1] 이와 동시에 이 위로부터의 이주 물결은 기업의 학습과 기술혁신을 유발하는 지식 생태 환경을 형성하여 세계도시의 핵심 기능을 강화하고 대도시 내에 풍부한 사회적·문화적 자본을 뿌리내리게 하여 세계 경제를 추동하는 엔진 역할을 하기도 한다.

그러나 이러한 흐름은 이주노동자, 난민, 망명(신청)자, 실향민, 기후이주민 등 이른바 '아래로부터의' 거센 이주 물결과 동시에 나타나고 있다. 역사적으로 빈곤층, 여성, 어린이, 장애인, 노인 등은 모국과 정착지 모두의 입장에서 바람직하지 않거나 비생산적이거나 위험하거나 이질적이라는 이유로 이동할 수 있는 능력과 권리에 제약을 받아왔다. 이동의 자유는 특정한 지역이나 국가 내에서 벌어지는 폭력적인 지배, 억압, 통제로부터의 탈출과 권력에 대한 저항이나 전복을 의미하기도 한다. 이런 점에서 현대의 국가는 '위로부터의' 이주 물결에 대해서는 적극적인 유치 전략을 통해 국경의 장벽을 낮추면서도, 특히 난민이나 실향민과 같이 생존을 위해 유입되고 있는 '벌거벗은 생명'은 마치 신자유주의 자본주의의 예외적 공간에 방치되거나 버려지거나 비가시적인 상태로 남아 있게 만들고 있다.

이처럼 바람직하지 않다고 간주되는 이주민을 규율하고 배척하며 사회의 지배적 질서 하에 두려는 경향이 어쩌면 불가피할 수도 있을 것이다. 그러나 5장에서 살펴본 바와 같이 오늘날 부유한 국가들은 시민권을 문자 그대로 '입찰'시켜서 가장 높은 대가를 지불한 사람들에게 시민권을 팔고 그렇지 않은 사람들을 관문 너머에 방치한다는 점에서 무책임하고 이기적이며 근본적으로 비도덕적이다. 글로벌 자본주의가 양산한 개발도상국과 많은 실패 국가의 이주민은 위험한 여행을 감수하거나 '불법'으로 체류해야 하는 상황에서 글로벌 자본주의 그 자체에 의해 버림당하고 있다. 설령, 유럽의 남부나 미국-멕시코의 국경지대에 생존한 상태에서 도착하더라도 이민 당국의 관료주의라는 또 하나의 관문을 통과해야 한다. 그리고 다행스럽게 서양의 세계 속으로 설령 진입하더라도, 그 안에서 주류 집단과 그들이 만든 제도에 의한 배제, 차별, 착취를 감내하며 거주해야 한다. 이런 현실은 인신매매나 밀입국에 대한 주류 담론으로 인해 은폐되어 있고, 서양의 정부 당국은 그 책임을 인신매매 등에 관여한 밀수자들에게로 돌린다. 이러한 선진국의 '인신매매-밀입국(smuggling-trafficking)' 프레임은 '사람에 대한 보호'를 '이동에 대한 방지' 또는 '모국으로 되돌려 보냄'으로 치환하는 것을 정당화하는 데에 이용된다.

이런 점에서 이주3.5의 시대에 '불법 이민자'라는 관념에는 어떠한 자명한 것도 존재하지 않는다는 것을, 곧 '불법'이라는 것의

사회적 구성이라는 정치성을 염두에 둘 필요가 있다. 국경은 불법이주민을 생산하고 있으며, 밀입국 브로커에 의한 '희생양' 담론은 이주 불법화의 진짜 원인을 은폐하고 있다. 왜냐하면 결국 '불법' 이민자는 법률이나 법적 조치가 특정한 이주를 불법화할 때 발생하므로 정확하게 말해 '불법 이민자'가 아니라 '불법화된 이주민'이기 때문이다. 이 점은 2025년 미국 조지아 주에서 발생한 한국 국적의 파견 직원을 불법 체류자로 구금했던 사태에서도 명백히 드러난다. 또한 불법 여부를 결정하는 것은 법률 당국에서 비가시적으로 이루어지지만 아이러니하게도 이민자의 불법성은 국경을 몰래 넘나드는 언론의 보도 등을 통해서 가시화된다. 따라서 이주민은 늘 '송환(deportation)'의 위험성을 내재하

고 있다. 인신매매 및 밀입국 담론은 국가를 온정주의적·가부장적 입장에서 보호 도구의 지위로 격상시킨다. 결국 이주민을 희생양이나 기회주의적 범죄자 중 하나로 정형화하는 재현은 이주민의 행위성과 자기 결정성을 간과하는 것이다. 불법 이주민의 경우 이러한 행위성이나 자결의 역량을 갖지 못하고 있다는 재현은 그들의 자기통제나 민주적 시민권을 갖고 있지 못하다는 것을 드러내는 프레임이다.

이주3.5 시대에 위로부터의 그리고 아래로부터의 이주 물결은 특정한 근린 지구나 도시를 기반으로 하여 로컬 사회 및 경제조직과 접점을 형성하여 도시의 외연적 성장과 내포적 축적을 공고히 하는 데에 기여하고 있다. 이는 초국적 투자자나 엘리트 계급 또는 중상류층이 부동산 개발업자나 부동산 중개인과 일종의 레짐을 형성하여 기업가적 역할을 하는 것만이 아니라, 이주노동자와 같이 도시의 일상을 지탱하는 또 다른 이주민 집단이 살아가는 쇠락하거나 정체되었던 내부도시의 발흥과도 연관되어 있다. 20세기 말부터 중국이나 대만을 비롯한 동아시아의 부유층이 북아메리카 서부의 주택시장이나 빌딩 건축에 직·간접적으로 관여하는 현상뿐만 아니라 새로운 차이나타운, 새로운 고려인마을, 새로운 리틀마닐라가 선진국의 대도시의 쇠락한 커뮤니티와 지역사회에 활력을 불어넣고 있는 것이다. 이런 점에서 이주3.5시대의 이주의 물결은 기존의 정착민 기업가나 투자자가 할 수 없거나 하지 않았던 방식으로 도시 개발과 성장에 영향을 미치고 있다.

2. 이주3.5 시대의 장소와 국가

이주3.5의 시대에 '위로부터의' 그리고 '아래로부터의' 이주민은 이러한 극명하게 대비된 권력구조의 프레임 내의 대척점에 존재하면서도 여러 공통점을 갖고 있다. 무엇보다도 이들은 글로벌 자본주의가 낳은 초국가적 네트워크에 소속되어 있으면서도 '이와 동시에' 특정한 장소에 뿌리를 내리고 생활하고 있다. 그 장소가 런던이나 뉴욕과 같은 글로벌 대도시의 금융 지구이든 아니면 이를 뒷받침하는 노후화된 노동자 주택지구이든, 실리콘밸리와 같이 연구·개발 인력의 집중으로 세계의 기술혁신을 선도하는 지역이든 아니면 저임금 미숙련 노동이 필요한 소규모 제조업체의 기숙사나 우리나라의 농촌 비닐하우스이든지 말이다. 앞서 살펴본 것처럼 인류의 이주 역사를 볼 때도 이러한 초국적 이주민은 21세가 낳은 전적으로 새로운 이주민이라기보다는 유럽 식민주의 시대의 초국적 상업 상인 네트워크, 19세기 화교 상업 네트워크, 프랑스로 이주한 알제리 초국적 이민자 등의 사례에서와 같이 역사적으로 오랜 초국가주의 역사의 연장선에 있다.

이런 측면에서 많은 이주민은 단순히 이주 당국이나 글로벌 자본주의의 경제적·정치적·사회적 권력관계 속에서 수동적으로 머물러 있는 존재라기보다는 가족, 커뮤니티, 지역, 국가 등 다양한 지리적 스케일의 사회적 공간 속에서 생활하면서 사회적 교류, 호혜성, 연대의 진화를 적극적으로 달성해나가고 있다. 이런 점에서 이주3.5의 시대는 전에도 그랬던 것처럼 민족국가와 근대성이라는 '영토적' 감옥에 갇혀 있던 오랜 이주의 역사가 자율성과 행위성을 지닌 이주 주체와 변증법적으로 상호작용하는 시대임을 부정할 수 없다.

지난 30년 동안 자본주의 생산의 글로벌 과정과 그로 인한 불균등한 발전은 국제이주의 부상과 초국가적 사회의 형성이라는 현실 변화를 통해 주권, 자치, 국경 통제, 민주적 의사결정, 시민사회의 통합성 등을 특징으로 하는 민족국가의 특징에 변화를 일으키고 있다. 이에 선진국의 많은 이민 정책들은 초국가적 이주 세계에서 내적 정체성 정치로부터의 도전에 신속하고 유연하게 반응하고 있는데, 대체로 이원론적이고 모순적인 전략을 사용하여 파편화된 사회적 공간의 응집력을 제고하려고 노력하고 있다. 특히 원심력에 대한 전형적인 대응은 민족주의 이데올로기에 의존하여 탈영토화된 민족국가의 출현을 많은 국가에서는 경제발전을 위해 유입된 이주민과 역외 디아스포라의 사회경제적 자원을 전략적으로 전유하고 있다. 이 과정에서 민족주의는 거대하게 경쟁적인 세계화된 세계를 위해 디아스포라 공동체에 민족적 단결과 국가적 발전을 강력하게 호소하는 핵심 이념으로 부상하고 있다.

그러나 이러한 민족주의 전략은 사회문화적 다양성, 복수성, 차이를 강조하는 영토주의적 거버넌스 하에 수행되고 있다. 이는 국가 내의 이질적인 주체 간에 세계적이고 보편적인 버전의 시민권을 강조하는 것으로 시민권의 개념은 국가의 이익을 지향하는 것으로 설정된다. 예를 들어, 다문화주의의 본질은 문화적 차이와 다양성을 적극적으로 인식하는 데 있지만, 많은 국가에서는 외부 투자, 고숙련의 전문 노동자, 외국인 관광객 유치를 위해 다문화주의를 적극적으로 전유하고 있다. 이런 점에서 많은 국가에서 실행되고 있는 다문화주의 정책은 자신의 문화 정체성을 유지하면서 동시에 그 사회에 대한 소속감을 유지할 수 있다는 교리를 기반으로 하나, 경제발전과 국가경쟁력 향상을 위해 다양성과 차이를 보호하고 증식하며 수행된다는 점에서 글로벌 자본주의의 맥락에서 국가 자본주의의 발전과 밀접한 관련이 있다.

국경에 대한 보수주의적·민족주의적 이데올로기에 의존하지 않고서 '이주는 모든 인간의 기본적 권리'라는 진리를 기반으로 이주민에 대한 포용(inclusion)과 국가와 같은 공간적 체제 내에서의 사회 결속력(social cohesion)을 동시에 달성하기란 쉽지 않다. 왜냐하면 사회결속력이란 관용(tolerance), 공존, 연대(solidarity), 함께함(togetherness) 등의 개념과 혼용되지만, 일반적으로 신뢰나 공통의 사회규범을 바탕으로 하는 유대를 강화하는 것과 관련되어 있기 때문이다. 더군다나 이주민에 대한 포용 정책은 해당 이주민의 인구학적·사회적·경제적·인종적·문화적 속성 및 거주기간에 따라서도 다르고 정착 국가가 선진국이냐 개발도상국이냐 등 경제적 상황에 따라서도 다르다.

많은 연구가 제시한 바와 같이, 국가가 통합에 대해 취하는 태도는 동화주의, 다문화주의, 통합의 3가지 수준으로 일반화할 수 있다. 동화주의는 다양성이 사회적 결속력에 대한 위험 요인이라고 이해하고 이주민에 의한 적응을 높은 수준으로 요구하는 정책이나 태도를 지칭하는 반면, 다문화주의는 다양성의 가치를 중시하고 이주민에 의한 적응 정도를 낮은 수준으로 유지하되 수용국에 의한 적응 정도를 높게 유지하는 정책이다. 이런 점에서 제3의 길이라 할 수 있는 이주민에 대한 통합(integration)은 특정 지역이나 국가의 역사적·지리적 맥락에 따라 다르다. 따라서 통합 그 자체를 바람직한 선으로 간주하거나 궁극적인 목표로 간주하기보다는 해당 지역이나 국가에 어떠한 통합이 '성공적인 통합'인가에 착목할 필요가 있다. 이런 점에서 이주민에 대한 통합에서는 언어, 교육, 노동시장, 가족 재통합, 귀화 등이 주요 이슈로 작동하고, 다양한 궤적을 통해서 특정 장소에서 로컬 행위자들이 공유하는 "함께 내던져져 있음(thrown-togetherness)"에 대한 인식과 참여적 행동이 중요하다.[2] 결국 성공적인 통합은 위에서 아래로부터 이루어지는 것이 아니라 이주민이 스스로 적극적으로 참여하여 이주민의 행위성을 극대화할 때 가능하기 때문이다.

한편 사회적으로 포용의 대상이 되어 정착 국가의 사회와 문화에 통합된다고 해서 이는 반드시 기존의 자기 정체성이나 기존의 모국에 기반을 둔 커뮤니티 관계에 대한 훼손을 동반하는 것은 아니다. 따라서 전체론적 포용 정책을 채택하는 것은 포용 분야에 있어서 정책적 대응의 효율성을 강화할 수 있는 잠재력이 있음을 염두에 두어야 한다. 또한 포용적인 정책일수록 더욱 지속 가능하고 안정적인 사회 시스템을 운영할 수 있으므로, 로컬 행위자와 이주민의 역할을 강화하여 포용적 정책에 더 적극적으로 참여할 수 있게 하는 것이 효과적이다. 이런 점에서 포스트글로벌화 시대에 이주3.5의 제 현상으로 인한 이슈나 문제에 대해서는 지나치게 이주민의 모빌리티나 초국가적 속성을 강조하기보다는 늘 '장소' 중심적으로 다양한 관계적 지리를 생각할 필요가 있다. 이는 크게 다음의 세 가지 점에서 중요하다.

첫째, 초국적 이주민과 이들의 일상성에 대해 접근할 때 늘 초국가주의의 다면성과 다양성을 도시나 커뮤니티와 같은 장소의 프레임 속에서 다룰 필요가 있다. 이주에 관한 많은 연구는 이주민 집단이 갖는 차이나 이질성을 강조하거나 이주 그 자체의 공통점에 초점을 두는 이원적인 경향이 있으나, 모든 초국가주의는 다양한 초국가주의로 존재한다는 점을 염두에 두어야 한다. 앞서 살펴보았던 글로벌 자본주의 논리, 생산 영역에서의 기업 전략, 국가의 초국가적 정치·경제적 성격을 강조하는 '위로부터의 물결'은 전 세계의 많은 이주노동자가 뒷받침하고 있는 저임금 미숙련 노동, 모국으로의 송금, 유연한 정체성과 시민권, 정착 도시 내에서의 비판적 혼성성의 정치, 정주민 중심주의에 대한 도전과 함께 발생하는 동전의 양면과도 같다. 이런 점에서 이주3.5를 추동하는 글로벌 자본주의는 초국적 자본, 노동 그리고 장소의 상호작용을 통해서 존재하고 발전한다.

이런 점에서 이미 여러 연구에 걸쳐 사스키아 사센(Saskia Sassen)은 글로벌 자본주의의 맥락 속에서 이주의 네트워크와 장소의 관계에 주목하면서 자본주의 생산의 핵심 요소인 자본, 노동, 공간의 삼각관계라는 관점에서 현대의 이주를 사고할 것을 독려하고 있다.[3] 즉, 다국적기업을 비롯한 강력한 자본주의의 행위자가 비용 절감이나 시장 개척을 위해 구사하는 다양한 신국제분업의 전략과 의사결정이 민족국가 내의 공간에 (특히 세계도시와 같이 다양한 이주민이 밀집하고 있는 대도시에) 어떻게 영향을 미치고 상호 작용하는지에 초점을 두면서도, '이와 동시에' 이러한 글로벌 자본주의가 필요로 하는 이주노동자의 노동이 특정 장소에 뿌리를 내리고 상호작용하는 관계에 주목해야 한다는 것이다. 이런 점에서 이주민의 초국가적 공간은 국가와 민족에 대해 이주민이 상호 배타적이기보다는 오히려 상호 강화적이고 심지어 호혜적 관계에 있다는 점에 주목해야 한다.

초국적 이주민의 구체적인 삶은 초국적 자본과 투자자와 마찬가지로 임금, 일자리, 이윤, 노동조건 등 초국적 차이를 활용한다는 점에서 같은 토대 위에 있다. 그렇다면 우리는 도시라는 단순히 초국적 자본과 이주의 결절로서만 파악할 것이 아니라, 특정한 도시가 '장소'로서 유지될 수 있는 '일상성'에 주목해야 한다. 따라서 초국가주의를 이주민이나 초국적 자본에 국한된 장소 맹목적이고 추상적인 개념으로 다루기보다는 도시와 같은 장소의 일상성을 형성하고 다시 구조로서 개별 주체의 행위성에 영향을 미치는 생활세계 형성의 힘으로 다룰 필요가 있다. 이런 맥락에서 도시 내의 초국적 행위자들은 한편으로는 초국적 네트워크 속에서 이주민의 고용, 송금 수단, 문화적·물리적 자본의 획득, 소비 관행, 정치 조직 네트워크, 라이프스타일의 원천을 형성하면서도, 다른 한편으로는 스마트폰과 같은 의사소통 기술과 다양한 여행 수단을 이용해서 초국적 연결을 유지하고 도시 오랜 역사적·문화적 전통과 연관되어 온 아이디어, 이미지, 사회문화적 관행에 동시에 소속되어 있다.

둘째, 이주3.5의 시대에 이주민을 다룸에 있어서 '이주민'이라는 개념 자체를 본질주의적으로 접근함으로써 자칫 이들이 지닌 사회적·경제적·문화적 위치의 차이뿐만 아니라 이러한 차이가 특정 공간적 맥락에서 생산, 재생산, 변형되는 방식을 은폐할 위험에 빠져서는 안 된다. 즉, 이주란 본질적인 의미에서 특정한 시간적 맥락에서의 지리적 이동이라는 '사건'이므로 어떤 주체에게도 '이주'란 일시적인 행위이지 최종적인 결과가 아니다. 이런 점에서 흔히 장소와 장소 사이를 움직이는 '모바일' 이주민과 특정 장소에 고착된 '정착민'으로서의 원주민을 물질적 조건 자체가 다른 이원적이고 독립적인 주체로 이원화해서 간주하는 오류를 범해서는 안 될 것이다. 오히려 많은 연구가 이주민으로서의 주체성을 지나치게 강조함에 따라 그 이주민의 계급, 인종/민족성, 성, 나이, 출신 지역 등의 복합적이고 다중적인 위치성을 간과하는 경향이 있다.

가령 다국적기업의 기업가, 경영진 또는 고위 관리직, 국제단체나 정부의 관료와 정치인, 글로벌 기술 전문가, 미디어 부문에 종사하는 이른바 '초국적 자본가 계급'은 세계에 대한 일정한 통제력을 갖고 초국적 스케일에서 지배적인 위상을 갖고 이윤 동기 중심의 소비 문화를 통해 스스로 재생산하는 경향이 있으나, 이와 동시에 자신이 근거를 둔 로컬 지역사회나 도시 또는 국가에 있어서 빈곤, 실업률, 양극화의 증대 또는 환경 위기와 같은 자본주의 시스템의 지속 불가능성을 해결하기 위해 의식적으로 노력하는 주체이기도 하다.[4] 즉, '초국적 자본가 계급'이라는 개념은 글로벌 자본주의의 국제이주와 다국적기업, 국가와 정부, 기업가, 이데올로기 장치 등 다양한 차원에서 권력을 지닌 초국적 이주민에 접근하는 데 도움이 되기는 하지만 이들이 (비록 일시적이라고 할지라도) 지리적으로 '정박한(anchored)' 도시나 지역에서 위치한 관계적 지리를 간과할 수 있다. 이들은 같은 초국적 자본가 계급이더라도 하위집단을 경계하기보다는 동일 집단 내에서의 경쟁을 더욱 의식할 수도 있고, 지역이나 도시 내에서는 상이한 위치성을 갖고 행위성을 발휘하기도 하기 때문이다. 따라서 '초국적'이라는 형용사에 대한 지나친 일반화나 물신화로 인해 커뮤니티, 도시, 지역, 국가 등 '공간적 맥락'이라는 구조적 힘을 무시할 수 있다.

이런 점에서 지리적 맥락은 더 이상 강조되어도 지나침이 없다. 가령 싱가포르라는 '도시국가'의 맥락에서 정착민으로서 이주민의 일상과 이를 둘러싼 정치, 경제적 구조에 주목한 코와 켈리(Coe and Kelly)의 기념비적 연구는 싱가포르가 건설, 육아/가사,

제조업 분야에서 노동력을 제공하기 위해 일시적으로 수입된 저임금 미숙련 이주노동자 집단과 금융, 첨단기술, 창조산업 분야에서 고임금의 전문직 외국인이 어떻게 로컬 맥락에서 상호 교차하며 상호 의존하는지를 잘 보여준다.[5] 또한 앞서 살펴본 바와 같이, 1990년대 후반 밴쿠버와 토론토를 비롯한 캐나다 대도시에서의 도시 재개발 프로젝트는 모두 홍콩에 본사를 둔 엘리트 중국 기업 및 이와 연계된 대가족과 동료가 초국지적 성장연합(translocal growth coalition)을 형성하여 자기 이익을 추구하는 과정의 공간적 결과였다.[6] 즉, 중국의 초국적 기업과 이주민의 네트워크는 캐나다의 대표적인 두 도시 내의 부동산과 '로컬' 도심 주거 경관을 재편하는 결정적인 역할을 했던 것이다.

마지막으로 10장에서 살펴본 귀환이주민 및 디아스포라 자원에 대한 이른바 '이주국가'의 재영토화 전략에서 살펴본 것처럼 영토성(영역성)을 중심으로 하여 다공질적 경계를 새롭게 재편하여 구심력을 창출하는 민족주의와 같은 이데올로기의 차원을 무시해서는 안 된다. 21세기 들어 급속한 성장을 구가하고 있는 중국은 물론 최근 필리핀, 네팔, 베트남 그리고 말레이시아의 사례에서와 알 수 있는 바와 같이, 국가 권력은 국가의 영토적 경계에 국한된다는 지배적인 가정을 뒤로한 채 강력한 정치적 수사(rhetoric)와 민족주의 이데올로기를 통해 자국민과 그 후손이 정착한 곳이면 어디든 국가가 존재한다는 배타적인 주장이 부상하고 있다. 이런 점에서 '탈영토화된 민족국가'라는 개념은 이주 3.5의 시대에 이주민과 이주민이 형성하고 있는 사회관계를 분석하는 프리즘으로서 매우 중요하다. 앞서 살펴보았던 것처럼, 초국적 이주민의 자원을 국가가 적극적으로 동원하는 이유에는 사회경제적 자원의 국외로의 이탈 및 유출과 이와 연관된 초국적 이주 물결의 성장, 다국적기업과 초국가적 조직이 특정 민족국가에 미치는 영향력 증가와 국가의 권력에 대한 도전 그리고 날이 갈수록 양극화되어가는 국가 자본주의의 내적 갈등에 대한 봉합과 국가적 권위의 유지 등이 있다.

이러한 맥락에서 멕시코, 도미니카, 콜롬비아 등 라틴아메리카의 여러 국가는 미국을 비롯한 해외 영토에 거주하는 디아스포라 인구와 그들의 경제적·사회적 자본을 끌어들이기 위해 새로운 국가적 조직을 신설하거나 법률을 개정하는 등 적극적인 정책을 취하고 있다. 동아시아 국가의 이주민 재영역화 정책을 분석했던 글릭 실러(Glick Schiller, 1999)의 연구는 우리나라를 비롯하여 중국이나 일본이 수십 년 전부터 취했던 재외동포와 그들의 디아스포라 자원에 대한 적극적 전유의 전략이 어떻게 해외에 흩어진 '주변인'으로서의 재외동포와 그 후손을 자국의 통치하에 두기 위해 외교 정책을 시행했는지 잘 보여준다.[7] 필리핀, 네팔, 방글라데시, 인도네시아 등 노동 수출국은 앞서 살펴보았던 것처럼 임시 노동자로 출국했거나 다른 국가의 시민이 된 해외 인구를 되찾고 있다. 이런 과정에서 디아스포라 인구가 본국으로 송금하는 막대한 외환은 본국 가족이나 커뮤니티 삶의 질 향상뿐만 아니라 현지의 권위주의적 중앙정부의 권력을 공고히 하고 지배 세력의 통치를 강화하는 효과적인 수단이 되고 있다.

역설적인 사실은, 초국가적 민족국가라고 정의할 수 있는 이러한 이주3.5 시대의 새로운 유형의 통치 방식과 체제의 출현이 모국의 영토, 역사, 문화에 대한 지리적 상상력, 고정적이고 생물학적인 관념의 혈통적 유대와 같은 재현의 정치와 이데올로기에 기반을 두고 있다는 점이다. 이는 이민자의 후손이 더 이상 출신국가의 언어를 구사할 수 없고 그 문화와 역사에 익숙하지 않더라도 여전히 '모국'에 대한 소유권을 가진 재외국민 디아스포라의 일원일 수 있음을 보여준다. 이런 의미에서 다양한 계층의 이주민이 해외에 정착하여 가족 단위의 초국적 이주 전략에 참여하는 경우, 초국적 국민국가가 해외이주민을 '보호'하고 '대표'하려는 국가 담론은 정착지에서 (특히 유럽이나 북아메리카와 같은 백인 중심의 선진국이라는 맥락에서는) 반이민주의, 인종차별주의, 외국인 혐오와 같은 주류사회의 공격에 대항하는 데 도움이 될 수 있다. 또한 초국적 국가 형성 자체가 이민자 기업가들이 고국에 투자하고 초국적 사업을 개발하려는 노력에 도움이 될 수도 있다. 그러나 이러한 영토 기반의 민족주의 이데올로기와 이에 따른 디아스포라의 재식민화하는 정착지에서 사회 정의와 경제적 착취, 차별, 격리 등에 대항하는 장소 기반의 정치를 약화할 수 있는 문제점도 동시에 가지고 있다.

이처럼 디아스포라에 대한 모국의 이데올로기는 현지에서의 다양한 근거지 투쟁을 희석하거나 비가시화하는 장치로 작동할 수 있다. 그러함에도 불구하고, 모국 정부와의 강한 연계는 정착지에서 이주노동자뿐만 아니라 가족을 돌보는 중산층 이주자들을 통합하는 장소 기반의 초국적 정치로서 긍정적인 힘을 발휘할 수 있다. 이런 점에서 초국가적 민족국가의 이데올로기는 글로벌 자본주의의 논리이면서도 수많은 초국적 주체가 헤게모니 이데올로기에 도전하고 영토적 권력구조에 저항할 수 있는 정치적·사회적 공간을 열어준다.

3. 함의와 가능성

최근 부상하고 있는 복잡한 국제이주의 이슈에 접근할 때 다음의 사항을 분명히 고려할 필요가 있다. 우선 이주민은 본국과 정착지 모두에서 사회적·문화적·정치적·경제적으로 도시나 국가 등 영토적 단위 내에 갇히지 않은 외부의 새로운 정보와 지식 그리고 기회와 가능성에 대해 파이프라인과 같이 연결할 수 있는 통로로서 사회 변화를 일으키는 핵심 요인이 되었다. 이는 역사적으로 유럽의 식민주의와 산업혁명과 아시아계 이주민의 선진국으로 유입과 정착에서부터 런던, 뉴욕, 샌프란시스코, 파리 등을 비롯한 세계의 주요 선진 대도시에서, 권으로 유입된 개발도상국 출신의 고숙련 전문직 노동이주까지 여실히 입증되고 있다. 특히 이주민은 원주민과 비교할 때 기업가적 활동과 모험 그리고 진취성의 비율이 더 높은 경향이 있다는 점은 미국의 경우 구글이나 애플 등을 비롯한 실리콘밸리의 많은 IT 사업체의 인적 구성에서도 증명되고 있다.

이러한 블루오션의 성장과 더불어, 전통적인 제조업 부문에서도 최근 지정학적 위기와 대외 패권 경쟁으로 인해 기존의 공급망(supply chain)과 하청구조가 빠른 속도로 재편되고 있음을 고려할 때 저임금 고위험 미숙련 노동을 공급하는 이주노동자의 중요성이 다시 한 번 강조되고 있다. 이 아래로부터의 물결은 송출국인 개발도상국의 입장에서도 대외 경제 탄력성을 제공하는 중요한 원천이자 대비책(hedge)으로 작동하고 있다. 이런 점에서 고숙련 전문직 종사자와 저숙련 저임금 노동자의 국제이주는 이원적인 측면에서 볼 것이 아니라 특정한 장소나 지역이 갖는 관계적 위치 위에서 쌍방향적이고 상호구성적인 '과정'으로 다루어져야 한다. 이는 영토적·경제적·민족적·문화적 차원에서 계급적·인종적 편견에 갇혀 특정 부류의 이주민을 기존의 주류사회를 위협하는 존재로 간주하는 것은 정착지의 입장에서나 송출국의 입장에서나 그리고 세계 전체의 부의 증진에서나 옳은 선택이 되지 못한다.

둘째, 이주민이 수용국에 포용될 때 언어, 교육, 노동시장, 가족 재결합, 정치참여, 귀화 등에 있어서 한 정책 영역은 다른 정책 영역에 영향을 미친다. 따라서 이주민에 대한 접근은 취업, 교육, 안전 등 이주 요인과 출신 국가에 국한하여 다룰 것이 아니라, 특정 영역에서의 이주 동기와 과정을 문화, 사회, 환경, 정치 등과 관련하여 관계적으로 파악할 필요가 있다. 이와 더불어 이주민의 민족경제 또한 로컬 영역에서 주류 경제와 유리된 것으로 파악하기보다는 주류경제와의 관계 속에서 어떠한 상호작용을 형성하는지에 주목할 필요가 있다. 이런 점에서 포스트식민 현상으로서 디아스포라에 대한 장소 기반의 사회, 문화적 이해는 초국가주의에 토대를 두고 공간적이면서도 경제적인 차원의 관계와 연계해서 이해할 필요가 있다.

특히 한국과 같이 국토 불균형이 심각한 상태에 처한 많은 국가의 경우에는 중소도시에 활력을 가져올 수 있는 유일한 인적 자원은 이주민과 그들이 지닌 사회적·문화적 자본과 초국적 네트워크임은 분명하다. 과거에는 국내의 저임금 노동을 유인 요인으로 하여 해안가에 특구를 설치하여 자본을 유치하는 수출 플랫폼 경제로 산업화를 이끌었다면, 이제는 자본과 기술의 확보가 아닌 인적 자본의 적극적인 유치를 통해서 산업 기반의 유연성을 확보해야 한다. 이 점을 고려할 때 이주민에 대한 적극적인 사회적 통합은 사회적 비용을 선제적으로 줄이기 위한 투자이자 성장의 기회와 가능성을 확장하기 위한 중요한 정책임을 염두에 두어야 한다.

셋째, 이주민과 건강 간의 관계는 역동적이고 복잡할 뿐만 아니라 국가 전체의 건강 안보와 밀접하게 연결되어 있으므로 이에 대한 정밀한 관리와 거버넌스 구축이 필요하다. 이주-건강 연계는 현대 이주의 핵심적인 이슈로 부상했으며 이미 IMO뿐만 아니라 WHO와 ILO에서도 주요 의제로 다루고 있다. 특히 미등록 외국인은 '불법'이라는 법적 신분의 한계로 인해 각종 단속에 노출되거나 주요 서비스에 대한 접촉이 불가능한 이른바 안개 구조에 갇혀 있다. 이러한 비정규 이주민은 비공식적 노동, 범죄 및 지하경제에의 연루, 신분 도용 등 자신이 식별되지 않거나 NGO 등 조력 네트워크를 활용하여 생활하고 있으나 의료에 대한 접근에 있어서는 접근이 원천적으로 차단되어 있다.

이뿐만 아니라 최근 코로나19 바이러스와 관련된 각 국가의 안보 및 보건 정책의 보수화 경향으로 인해 비정규 이주민을 (심지어 이주노동자와 그 가족까지) 위험하고 오염된 행위자로 간주하는 태도가 공적 영역에서 빈번하게 드러나기 때문에 더욱 심각한 문제이다. 특히 미국의 경우 중국인을 비롯한 동아시아 출신 이주민에 대한 혐오범죄와 인종차별 행위의 비약적 증가는 이주민의 안전을 위협하는 사례로 등장한 점에서도 잘 알 수 있다. 미국뿐만 아니라 서유럽이나 북유럽 등 선진국의 사례에서도 알 수 있듯 시민권과 영주권 등 기존의 영토적 권리 개념을 기초로 하는 보건 정책으로 인해 미등록 노동자, 난민 신청자, 불법체류자 등 취약 이주민의 건강을 제도적 틀 속에서 보호할 수 있는 접근을 취하지 못했다는 점에서 문제이다. 우리나라의 국가 의료체계에서도 미등록 이주노동자나 법적 신분이 미비한 외국인 체류자에 대한 안개 구조를 좀 더 투명하게 만들기 위한 정책적 접근이 그 어느 때보다 중요하다. 물론 해수면 상승, 토양 유실, 환경오염, 식수 부족 및 기타 자연재해 등으로 발생하는 환경난민을 둘러싼 보호와 지원 제도의 문제도 국제적으로 중요한 이슈로 등장하고 있다.

넷째, 이 책에서 충분히 관심을 기울이지 못했지만, 개인의 생애주기에서 은퇴자가 주도하는 라이프스타일 이주의 흐름 또한 오늘날 국제이주에서 주목해야 할 현상이다. 라이프스타일 이주를 '현지인과 비교할 때 상대적으로 부유한 개인들이 여러 이유에서 삶의 질의 유지를 위해 일정 기간 체류하거나 영구 이주하는 현상'이라고 정의하는 것처럼 전통적으로는 대체로 선진국에서 개발도상국으로 유입되는 경향이 강하다. 2000년대 초반부터 주로 선진국의 백인을 중심으로 열대 해변 지역, 거대한 부동산, 각종 가사 서비스, 느린 생활 리듬 등을 특징으로 하는 라이프스타일 이주가 뚜렷한 흐름을 형성하고 있다. 라이프스타일 이주는 이미 1980년대 이후 탈산업화의 흐름에 부합하여 영국, 미국, 또는 유럽 대륙 내부에서의 이주를 중심으로 나타났으나, 2005년 이후로는 국제적 수준에서 이러한 이주패턴이 증가하고 있다.[8] 이들 인구집단은 대체로 교육 수준도 높고 중산층 이상으로서, 저렴한 생활비, 저렴한 의료비를 추구하는 과정에서 새로운 정착지를 결정한다. 기존의 전형적인 라이프스타일 이주민은 정착지의 거주지에서 대개 '바람직하지 않은' 외부로부터 일정한 거리를 두고 엔클레이브를 형성하며 기존 주거지로부터 사회적·물리적으로 단절되어 거주하는 경향이 강했다. 이 때문에 라이프스타일 이주민은 정착지에서 기존 주민에 대해 우월감에 토대를 둔 정체성을 갖는 경향이 있고, 정착지 내에서 다양한 사회적·공간적 분리와 격리의 양상을 보이고 있다.

라이프스타일 이주는 지리적 차이를 이용하여 가계 지출을 줄이면서도 양질의 어메니티를 확보하려는 일종의 '지리-차익거래(geo-arbitrage)'라 할 수 있다. 그리고 이러한 지리-차익거래의 양상은 최근 공간적 분절화와 불균등 발전의 심화로 인해 급변하는 추세에 있다. 즉, 최근의 라이프스타일 이주는 사회보장 시스템이 안정되어 있으면서도 상대적으로 물가가 저렴하고 자연환경이나 편의시설이 뛰어난 선진국 내부의 주변부로 향하는 경향이 대두되고 있다. 이를 주도하고 있는 것은 선진국 출신의 은퇴이민자와 고령층 디아스포라 인구이며, 일부 국가에서는 청장년층 중 귀농·귀촌의 이주 흐름이 동반되기도 한다. 앞선 비정규 이주민과 마찬가지로 특히 은퇴 이민자의 경우 사회적으로 생산적이지 못하고 국가 사회보장제도의 혜택만 입는 기회주의적인 사람으로 취급되는 경우가 적지 않다. 그러나 이들이 지닌 경제적·문화적 자본이 우리나라의 지방 중소도시에 가져올 수 있는 다양한 이점에 대해서도 충분히 숙고해볼 필요가 있다. 현재까지 주로 미국과 캐나다에서 은퇴한 재외동포 중 일부가 수도권 외에도 제주도로 꾸준히 유입되는 것으로 확인되고 있다.

초국가주의와 국가주의(민족주의)는 서로 대척점을 이루는 것이 아니다. 이주민이 형성하는 초국가적 사회 공간과 네트워크는 자본주의적 탈영토화를 통한 인간의 이동성 증가와 민족국가의 쇠퇴를 의미하는 것이 아니라, 초국적 자원, 새로운 행위자, 로컬 장소가 만나 전례 없는 새로운 지리적 변혁을 만들어내는 것을 포함한다. 이주3.5의 시대가 가져올 새로운 기회와 비용 그리고 위험과 가능성을 이주민, 자본, 문화/담론, 조직 등 다양한 관계의 관점에서 면밀히 이해할 수 있는 태도가 요구된다. 초국적 이주민과 자본이 로컬 장소를 기반으로 한 생산과 소비를 통해 국가적·지역적 네트워크에 뿌리내리는 과정에서 다양한 행위자들의 참여 가능성을 높이고 그 활동의 범위를 제도적으로 확

우리는 모두 이주민들이다

장하는 것이 중요하다. 이제까지 인류의 역사가 탈영토화와 재영토화의 동시적 과정을 동반한 이주의 역사 그 자체였던 것처럼, 앞으로도 이주3.5의 시대가 가져올 변화에 대해서 이원적·이분법적 태도보다는 관계적이고 과정적인 관점에서 국제이주가 이해되기를 바란다.

주

서론

1. Elizabeth Collier and Charles R. Strain, *Global Migration: What's Happening, Why, and a Just Response*(London: Anselm Academic, 2017); Elizabeth Mavroudi and Caroline R. Nagel, *Global Migration: Patterns, Processes, and Politics*(London: Routledge, 2016).

2. Yuval N. Harari, 조현욱 옮김, 『사피엔스』(파주: 김영사, 2015).

3. Jared Diamond, 김진준 옮김, 『총, 균, 쇠』(파주: 문학사상, 2013).

4. 이용균, 『글로벌 이주: 이동, 관계, 주변화』(광주: 전남대학교출판부, 2017); Peter Scholten, *Introduction to Migration Studies: An Interactive Guide to the Literatures on Migration and Diversity*(IMISCOE Research Series, Springer, 2022).

5. Ibid.

6. Michael Samers, 같은 책.

7. Stephen Castles and Mark J. Miller, 한국이민학회 옮김, 『이주의 시대』(서울: 일조각, 2013).

8. David Bartram, Maritsa V. Porus and Pierre Monforte, 이영민·이현욱·김수정·송정아·이화용·박현서 옮김, 『개념으로 읽는 국제이주와 다문화사회』(서울: 푸른길, 2017), 16쪽.

9. David Bartram, Maritsa V. Porus and Pierre Monforte, 같은 책, 17쪽.

10. Alice Kern and Ulrike Müller-Böker, "The middle space of migration: a case study on brokerage and recruitment agencies in Nepal," *Geoforum*, Vol. 65(2015), p. 158-169.

11. Francis L. Collins, "Geographies of migration I: Platform migration," *Progress in Human Geography*, Vol. 45, No. 4(2020), p. 867.

12. Ibid., p. 866-877.

13. Daria Davitti, "Biopolitical borders and the state of exception in the European Migration 'Crisis'," *The European Journal of International Law*, Vol. 29, No. 4(2018), p. 1173-1196.

14. Ibid.

15. 두 협약에 대해 미국, 이스라엘, 체코, 헝가리, 폴란드의 5개국은 반대했고, 오스트리아, 호주, 리비아 등 12개국은 기권했다. 이들 국가가 반대 또는 기권했던 논리에는 난민의 수용과 처우에 대해서는 국제협약에 앞서 국가의 주권과 안보가 더 충분하게 우선시되어야 한다는 주장이 밑바탕에 깔려 있었다.

16. Anna C. Casasampera, 2021. "A Foucauldian Reading of the Global Compact for Migration," *E-International Relations*, April 26.

17. 따라서 통치의 권력은 푸코의 입장에서 볼 때 일방적이고 파괴적인 권력이라기보다는 언제나 다방향적이고, 관계적이며, 네트워크적이다. 또한 마찬가지 이유에서 권력관계(power relations)에는 늘 저항의 가능성이 '이미' 내포되어 있다.

18. Didier Fassin, "Policing borders, producing boundaries: the governmentality in dark times," *Annual Review of Anthropology*, Vol. 40(2011), p. 213-226.

19. Anna C. Casasampera, op cit.

20. GCM은 국제이주에서 안전, 질서, 정규성(regularity)을 강조하는데, Casasampera은 이때 정규성이라는 개념은 기존에 사용되어왔던 '불법적인(illegal)'이라는 용어를 은폐, 순화하기 위해서 '비정규적인(irregular)'이라는 표현으로 치환한 것이라고 본다. 그리고 이러한 개념의 전략적 모호성은 선진국을 비롯한 국제사회의 거버넌스 주체들을 인도주의적인 행위자로 위치시키는데 효과적으로 작동한다고 본다. Ibid.

제1장

1. Michael H. Fisher, *Migration: A World History*(Oxford: Oxford University Press, 2013).

2. 보다 최근의 연구는 호모사피엔스의 출(出) 아프리카를 적게는 12만 5천 년 전에서부터 많게는 25만 년 전에서부터 시작되었다고 보기도 한다.

3. Yuval N. Harari, 조현욱 옮김, 『사피엔스』(파주: 김영사, 2015).

4. Michael H. Fisher, op cit.

5. Ibid.

6. Ellsworth Huntington, *The Pulse of Asia: A Journey in Central Asia Illustrating the Geographic Basis of History*(Houghton: Mifflin, 2007[1907]).

7. 브리튼섬은 훈족의 이동과 게르만족의 대이동으로 로마의 지배가 약해지자 앵글로색슨족이 선주민인 브리튼인을 정복하고 앵글로색슨족의 나라로 만들었다. 유목민을 빼고는 세계사를 논할 수 없다고 말한 것은 이처럼 유목민이라는 이민자가 세계사를 움직였기 때문이다.

8. Yuval N. Harari, 앞의 책.

9. Yuval N. Harari, 같은 책.

10. Yuval N. Harari, 같은 책.

11. Antonio Negri and Michael Hardt, 윤수종 옮김, 『제국』(서울: 이학사, 2001); Charles Hirschman, Philip Kasinitz and Josh DeWind, *Handbook of International Migration: the American Experience*. (New York: Russell Sage Foundation, 1999).

12. Michael H. Fisher, op cit.

13. Ibid.

14. Yuval N. Harari, 앞의 책.

15. 조일준, 『이주하는 인간, 호모 미그란스: 인류의 이주 역사와 국제이주의 흐름』(서울: 푸른역사, 2016).

16. Michael Samers, 이영민·박경환·이용균·이현욱·이종희 옮김, 『이주: 21세기 경제적, 정치적, 사회적, 문화적 논쟁들의 중심』 (서울: 푸른길, 2013).

17. Peter Stalker, 김보영 옮김, 『국제이주』 (고양: 이소, 2004).

18. Charles Hirschman, Philip Kasinitz and Josh DeWind, op cit.

19. Stephen Castles and Mark J. Miller, 한국이민학회 옮김, 『이주의 시대』 (서울: 일조각, 2013).

20. Charles Hirschman, Philip Kasinitz and Josh DeWind, op cit.

21. Marcelo J. Borges and Madeline Y. Hsu (eds), *The Cambridge History of Global Migrations Volume Ⅱ: Migrations, 1800-Present*(Cambridge: Cambridge University Press, 2023).

22. Charles Hirschman, Philip Kasinitz and Josh DeWind, op cit.

23. Jeannette Money and Sarah Lockhart (eds), *Introduction to International Migration*(Milton Park: Routledge, 2021).

24. Ibid.; Marcelo J. Borges and Madeline Y. Hsu (eds), op cit.

25. Charles Hirschman, Philip Kasinitz and Josh DeWind, op cit.

26. Scott Galloway, 박선령 옮김, 『거대한 가속: 포스트코로나 시대, 우리 앞에 다가온 역사의 변곡점』 (서울: 리더스북, 2021).

27. Klaus Schwab, 송경진 옮김, 『클라우스 슈밥의 제4차 산업혁명』 (서울: 메가스터디북스, 2016).

28. John L. Casti, 이현주 옮김, 『X이벤트 – 복잡성 과학자가 말하는 11가지 문명 붕괴 시뮬레이션』 (서울: 반비, 2013).

29. Michael Samers, 앞의 책.

30. 로랑 코르도니에, 「'새롭지 않은' 뉴노멀의 도래」, 『르몽드디플로마티크 한국어판』 제149호(2021), 12-33쪽; Mohamed El-Erian, 손민중 옮김, 『새로운 부의 탄생』 (서울: 한국경제신문, 2009).

31. Kerry Kennedy, "Neo-statism and post-globalisation as contexts for new times," in Alan Reid, Judith Gill and Alan Sears (eds),*Globalisation, the Nation-State and the Citizen: Dilemmas and Directions* *for Civics and Citizenship Education*(London: Routledge, 2010), pp. 223~229; Pol Antràs, "De-Globalisation? Global Value Chains in the Post-COVID-19 Age," *NBER Working Paper*, Vol. 28115(2020), p. 1-48; Terry Flew, "Post-globalisation," *Javnost – The Public*, Vol. 25, No. 1-2(2018), p. 102-109; "Globalization, neo-globalization and post-globalization: The challenge of populism and the return of the national," *Global Media and Communication*, Vol. 16, No. 1(2020), p. 19-39.

32. Finbarr Livesey, "Unpacking the possibilities of deglobalisation," *Cambridge Journal of Regions, Economy and Society*, Vol. 11, No. 1(2018). p. 177-187; Michael D. Bordo, "The Second Era of Globalization is Not Yet Over: An Historical Perspective," *NBER Working Paper No. 23786*(Cambridge: National Bureau of Economic Research, 2017), p. 1-21; Mofidul Hassan and M. P. Bezbaruah. "Inequality in the Dynamics of Development: Post-Globalisation Changes and 21st Century Challenges." *Space and Culture, India*. Vol. 8, No. 1(2020). p. 68-77.

33. Linda Basch, Nina G. Schiller and Cristina S. Blanc, *Nations Unbound: Transnational Projects, Postcolonial Predicaments, and Deterritorialised Nation-States*(London: Routledge, 1994); Nina G. Schiller, Linda Basch and Cristina Blanc-Szanton, *Towards a Transnational Perspective on Migration: Race, Class, Ethnicity, and Nationalism Reconsidered*(New York: The New York Academy of Sciences, 1992).

34. Neil M. Coe, Philip Kelly and Kris Olds, "Globalization, transnationalism, and the Asia-Pacific," in James Peck and Henry W. Yeung (eds), *Remaking the Global Economy: Economic-Geographical Perspectives*(Thousand Oaks: Sage, 2003), pp. 45-60.

35. Klaus Schwab, 앞의 책; Richard Susskind and Daniel Susskind, 위대선 옮김, 『4차 산업혁명 시대, 전문직의 미래』(서울: 와이즈베리, 2016).

36. Fiona McKenzie, "The Fourth Industrial Revolution And International Migration," *Lowy Institute Working Paper*(Sydney: Lowy Institute, 2017).

37. Dambar Uprety, "Immigration effects of trade protectionism: evidence from OECD countries," *The Singapore Economic Review*, Vol. 66, No. 3(2021), p. 1-30.

38. Catherine Saget, Adrien Vogt-Schilb and Trang Luu, *Jobs in a Net-Zero Emissions Future in Latin America and the Caribbean*(Washington D.C. and Geneva: Inter-American Development Bank and International Labour Organization, 2020).

39. Jason Schenker, 최진선 옮김, 『금융의 미래: 팬데믹 이후 10년, 금융세계를 뒤흔들 기술과 트렌드』(서울: 리드리드, 2021).

40. International Monetary Fund, "Policy Support and Vaccines Expected to Lift Activity," *World Economic Outlook Update January 2021*(Washington, D.C.: IMF. 2021).

41. Andy Pike and Jane S. Pollard, "Economic geographies of financialisation," *Economic Geography*, Vol. 86(2010), p. 29-51; Gerald A Epstein (ed), *Financialization and the World Economy*(Northampton: Edward Elgar Publishing, 2005); Costas Lapavitsas, *Profiting without Producing: How Finance Exploits Us All*(London: Verso, 2013).

42. David Harvey, *The Urbanization of Capital: Studies in the History and Theory of Capitalist Urbanization*(Baltimore: The Johns Hopkins University Press, 1985); *Rebel Cities: From the Right to the City to the Urban Revolution*(London: Verso, 2012); Karen Lai, "Financialisation of everyday life," in Gordon L. Clark, Maryann Feldman, Meric S. Gertler and Dariusz Wójcik (eds), *The New Oxford Handbook of Economic Geography*(Oxford: Oxford University Press, 2018).

43. Adrienne Roberts, "Household Debt and the Financialization of Social Reproduction: Theorizing the UK Housing and Hunger Crises," *Risking Capitalism*, Vol. 31(2016), p. 135-164; Desiree Fields, *From Property Abandonment to Predatory Equity: Writings on Financialization and Urban Space in New York City*(Doctoral Dissertation: Graduate Center of the City University of New York, 2013); John H. Mollenkopf and Manuel Castells (eds), *Dual City: Restructuring New York*(New York: Russel Sage Foundation, 1991).

44. BBC News, 2019, "Trade wars, Trump tariffs and protectionism explained." *BBC News*, May 19; Joseph E. Stiglitz, "Rethinking globalization in the Trump Era: US-China relations," *Frontiers of Economics in China*, Vol. 13, No. 2(2018), p. 133-146.

45. Anna-Lee Saxenian, *The New Argonauts: Regional Advantage in a Global Economy*(Cambridge: Harvard University Press, 2006).

46. Stephen Castles and Mark J. Miller, 앞의 책; Binod Khadria, *The future of international migration to OECD countries*(Paris: OECD Publishing, 2008).

47. Christian Dustmann and Yoram Weiss, "Return migration: theory and empirical evidence," *Center for Research and Analysis of Migration Discussion Paper Series CDP No. 02/07*(London: University College London).

48. 박경환·백일순, 「조기유학을 매개로 한 '분절가구 초국적 가족'의 부상」, 『한국도시지리학회지』 제15권, 제1호(2012), 17-31쪽.

49. 이용균, 『글로벌 이주: 이동, 관계, 주변화』 (광주: 전남대학교출판부, 2017).

50. 박경환, 「초국가주의 뿌리 내리기: 초국가주의 논의의 세 가지 위험」, 『한국도시지리학회지』 제10권, 제1호(2007), 77-88쪽; Johanna L. Water, "Flexible families? 'Astronaut' households and the experiences of lone mothers in Vancouver, British Columbia," *Social and Cultural Geography*, Vol. 3, No. 2(2002), p. 117-134; "Satellite kids in Vancouver: transnational migration, education and the experiences of lone children," in Michael, W. Charney, Brenda Yeoh and Tong Chee Kiong (eds), *Asian Migrants and Education: the Tension of Education in Immigrant Societies and Among Migrant Groups*(London: Springer, 2003), pp. 165-184; "Transnational family strategies and education in the contemporary Chinese diaspora," *Global Networks*, Vol. 5, No. 4(2005), p. 359-377.

51. Audrey Kobayashi and Valerie Preston, "Transnationalism through the life course: Hong Kong immigrants in Canada," *Asia Pacific Viewpoint*, Vol. 48, No. 2(2007), p. 151-167.

52. Elizabeth Collier and Charles R. Strain, *Global Migration: What's Happening, Why, and a Just Response*(London: Anselm Academic, 2017).

53. Elena Fiddian-Qasmiyeh, Gil Loescher, Katy Long and Nando Sigona, *The Oxford Handbook of Refugee and Forced Migration Studies*(Oxford: Oxford University Press, 2014); Elizatbeth G. Ferris and Katherine M. Donato, *Refugees, Migration and Global Governance: Negotiating the Global Compacts*(New York: Routledge, 2019); Maria C. Garcia, S*eeking Refuge: Central American Migration to Mexico, the United States, and Canada*(Berkeley: University of California Press, 2006).

54. Elizatbeth G. Ferris and Katherine M. Donato, op cit.

55. UNHCR. 2020. *Refugee Data Finder*, https://www.unhcr.org/refugee-statistics/

56. Elizatbeth G. Ferris and Katherine M. Donato, op cit.

57. Ian Brinkley, *In Search of the Gig Economy. Lancaster: The Work Foundation*(Lancaster University, 2016); Lizzie Richardson, "Performing the sharing economy," *Geoforum*, Vol. 67(2015), p. 121-129.

58. PWC, *The Sharing Economy, Consumer Intelligence Series*(Delaware: PWC LLP, 2015).

59. Ursula Huws, Neil H. Spencer and Simon Joyce, *Crowd Work in Europe: Preliminary Results from a Survey in the UK, Sweden, Germany, Austria and the Netherlands*(Hatfield: University of Hertfordshire, Foundation for FEPS and UNI Europa, 2016).

60. Giulia Sinatti, "Return migration as a win-win-win scenario? Visions of return among Senegalese migrants, the state of origin and receiving countries," *Ethnic and Racial Studies*, Vol. 38, No. 2(2015), p. 275-291.

61. Giulia Sinatti, "'Come back, invest, and advance the country.' Policy myths and migrant realities of return and development in Senegal," in Lisa Åkesson and Maria Eriksson-Baaz (eds), *The New Developers? Experiences of African Return Migrants*(London: Zed Books, 2015); Paolo Boccagni, "The framing of return from above and below in Ecuadorian migration: a project, a myth, or a political device?," *Global Networks*, Vol. 11, No. 4(2011), p. 461-480.

62. Giulia Sinatti, op cit; Wim Naudé, Melissa Siegel and Katrin Marchand, "Migration, entrepreneurship and development: Critical questions," *IZA Journal of Migration*, Vol. 6, No. 5(2017), p. 1-16.

63. International Organization for Migration, *World Migration Report 2022*(Geneva: IOM, 2022).

64. Avidan Kent and Simon Behrman, *Facilitating the Resettlement and Rights of Climate Refugees: An Argument for Developing Existing Principles and Practices*(London: Routledge, 2019); Laura Westra, *Environmental Justice and the Rights of Ecological Refugees*(London: Routledge, 2009)

65. Robert McLeman, Jeanette Schade and Thomas Faist, *Environmental Migration and Social Inequality*(London: Springer, 2016).

66. Avidan Kent and Simon Behrman, op cit.

67. Robert McLeman, Jeanette Schade and Thomas Faist, op cit.

68. 패스티는 원래 영국의 콘월(Cornwall) 지방에서 광부들이 작업 중 간편하게 식사할 수 있게 빵에 고기와 야채를 다져 넣은 음식이다.

69. Paul Knox and Steven Pinch, 박경환·류연택·정현주·이용균 옮김, 『도시사회지리학의 이해』(서울: 시그마프레스, 2012).

70. 수주드는 하루에 다섯 번 메카를 향해 기도하는 살라(무슬림의 예배)의 경배 자세로, 무릎을 꿇고 몸을 바닥에 낮추어 이마, 손, 무릎, 발가락 등 일곱 개의 신체 지점이 바닥에 닿도록 하는 절을 의미한다.

71. International Organization for Migration, op cit.

72. Ibid.

제2장

1. 일반적으로 국제이주민은 본국을 떠나 3개월 이상 해외에서 체류하는 사람을 지칭한다. 3개월 미만 해외에서 체류하는 자는 일시적 방문객(여행객)으로 간주된다. 국제이주민은 다시 단기이주민과 장기이주민으로 구분된다. 통상적으로 단기이주민은 3개월에서 1년 미만 외국에서 체류하는 자 그리고 장기이주민은 1년 이상 외국에서 체류하는 자로 정의된다.

2. Stephen Castles and Mark J. Miller, 한국이민학회 옮김, 『이주의 시대』(서울: 일조각, 2013).

3. Jeannette Money and Sarah Lockhart (eds), *Introduction to International Migration*(New York: Routledge, 2021).

4. Leslie Sklair, *The Transnational Capitalist Class*(New Jersey: Wiley-Blackwell, 2001); Thomas Faist, "Transnationalization in international migration: implications for the study of citizenship and culture," *Ethnic and Racial Studies*, Vol. 23(2000), p. 189-222.

5. Michael P. Smith, *Transnational Urbanism: Locating Globalization*(New Jersey: Wiley-Blackwell, 2001).

6. World Bank Group, *World Development Report 2023: Migrants, Refugees and Societies*(Washington, DC: The World Bank Group, 2023).

7. Ibid., p. 6.

8. Ibid.

9. International Labor Organization, *Global Estimates on International Migrant Workers – Third Edition*(Geneva: ILO, 2021).

10. International Organization for Migration, *World Migration Report 2022*(Geneva: IOM, 2022).

11. Ibid., p. 41.

12. International Organization for Migration, *World Migration Report 2020*(Geneva: IOM, 2019).

13. 이러한 모바일화폐 거래의 발달로 일부 국가에서는 외화 유출을 막기 위해서 ICT를 활용한 금융 흐름이 국경을 넘나드는 것을 차단하는 정책을 개발하고 있다.

14. International Organization for Migration, op cit.

15. UNHCR, 2020, *Refugee Data Finder*. https://www.unhcr.org/refugee-statistics/

16. Ibid.

17. World Bank Group, op cit.

18. International Organization for Migration, op cit; *World Migration Report 2024*(Geneva: IOM, 2024).

19. Ibid.

20. UNHCR, op cit.

21. World Bank Group, op cit., p. 44.

22. International Organization for Migration, op cit.

23. International Organization for Migration, op cit.

24. International Organization for Migration, op cit.

25. International Labor Organization, op cit; International Organization for Migration, op cit; OECD, International Migration Outlook(Paris: OECD Publishing, 2023); World Bank, op cit.

26. Avidan Kent and Simon Behrman, *Facilitating the Resettlement and Rights of Climate Refugees: An Argument for Developing Existing Principles and Practices*(London: Routledge, 2019).

27. Laura Westra, *Environmental Justice and the Rights of Ecological Refugees*(London: Routledge, 2009).

28. World Bank Group, op cit.

제3장

1. Jeannette Money and Sarah Lockhart (eds), *Introduction to International Migration*(Milton Park: Routledge, 2021); Marcelo J. Borges and Madeline Y. Hsu (eds), *The Cambridge History of Global Migrations Volume Ⅱ: Migrations, 1800-Present*(Cambridge: Cambridge University Press, 2023).

2. Michael H. Fisher, *Migration: A World History*(Oxford: Oxford University Press, 2013).

3. 우간다에서는 세계에서 가장 많은 난민이 체류하고 있는데, 이들은 자신뿐만 아니라 우간다 현지인을 대상으로 하는 사업들과 일자리를 창출하고 있다. 캄팔라(Kampala)의 난민 기업가들에 관한 연구에 따르면 난민 기업가들은 평균 2.4명을 고용하고 있다. 남아프리카공화국의 케이프타운과 림포포 지역에서는 난민을 포함한 이주민 기업가 중 각각 52%, 45%가 자기 업체에서 현지 인력을 고용하고 있고, 이 중 50% 정도의 업체들이 남아프리카 현지인들을 고용하고 있다. United Nations High Commissioner for Refugees, *Global Trends: Forced Displacement in 2020*(Copenhagen: UNHCR. 2021).

4. World Bank Group, *World Development Report 2023: Migrants, Refugees and Societies*(Washington, DC: The World Bank Group, 2023).

5. International Organization for Migration, *World Migration Report 2020*(Geneva: IOM, 2019).

6. Charles Hirschman, Philip Kasinitz and Josh DeWind, *Handbook of International Migration: the American Experience*(New York: Russell Sage Foundation, 1999).

7. 제품 재할당(product reallocation)은 민간 기업에서 혁신을 측정할 수 있는 대표적 지표로서 새로운 상품이 시장에 진입하는 대신 오래된 상품이 퇴출하는 현상을 말한다.

8. 1990년에 제정된 미국의 H-1B 비자는 가장 대표적인 고숙련 노동자 비자로 3년 동안 발급되며 한 번 갱신할 수 있고 H-1B 비자 소지자는 영주권 신분으로 전환할 수 있다. 매년 미국 의회에서 설정하는 H-1B의 한도는 최근까지 6~7만 명 정도로 유지되고 있고, 미국 대학에서 석사 이

상의 학위를 취득한 유학생 2만 명 정도가 추가된다. 고숙련 노동이 필요한 미국 내 많은 기술기업은 H-1B 소지자를 확보하기 위해서 높은 임금, 다양한 인센티브 등을 제공하고 있다. 한편 H-1B 외에도 '특별한 능력 또는 업적을 가진 개인'에 부여되는 O-1 비자, '회사 내 관리자'에 부여되는 L1-A 등이 고숙련 직종의 비자로 간주된다. Gaurav Khanna and Lee Munseob, "High-Skill Immigration, Innovation, and Creative Destruction," in Ina Ganguli, Shulamit Kahn and Megan MacGarvie (eds), *The Roles of Immigrants and Foreign Students in US*(Chicago: University of Chicago Press, 2018), pp. 73-98.

9. Charles Hirschman, Philip Kasinitz and Josh DeWind, op cit.

10. Alessandra Venturini, Fabio Montobbio and Claudio Fassi, "Are Migrants Spurring Innovation?," MPC Research Report *2012/11(*Fiesole: Robert Schuman Centre for Advanced Studies, European University Institute. 2012).

11. Katherine Gibson and Julie Graham, "Diverse economies: performative practices for 'other worlds'," Progress in Human Geography, Vol. 32, No. 5(2008), p. 1-20.

12. International Organization for Migration, op cit.

13. Ian Goldin, Andrew Pitt, Benjamin Nabarro and Kathleen Boyle, *Migration and the Economy: Economic Realities, Social Impacts, Political Choices*(Oxford: Citi Global Perspectives & Solutions, Oxford Martin School. 2018); Ian Goldin, Geoffrey Cameron and Meera Balarajan, *Exceptional People: How Migration Shaped Our World and Will Define Our Future*(Princeton: Princeton University Press, 2012).

14. McKinsey Global Institute, *People on ohe Move: Global Migration's Impact and Opportunity*(New York: McKinsey & Company, 2016).

15. Zsoka Koczan, Giovanni Peri, Magail Pinat and Dmitriy Rozhkov, "The Impact of International Migration on Inclusive Growth: A Review," *IMF Working Papers No. 2021/088*(Washington D.C.: IMF Institute for Capacity Development, 2021), p. 1-33.

16. Ian Goldin, Andrew Pitt, Benjamin Nabarro and Kathleen Boyle, op cit.

17. Mike Savage, "The politics of elective belonging," *Housing, Theory and Society*, Vol. 27, No. 2(2010), p. 115-161.

18. Jonathan V. Beaverstock, "Transnational Elites in Global Cities: British Expatriates in Singapore's Financial District," *Geoforum*, Vol. 33, No. 4(2002), p. 525-538; "Highly skilled international labour migration and world cities: expatriates, executives and entrepreneurs." in Ben Derudder, Michael Hoyler, Peter Taylor and Frank Witlox (eds), *International Handbook of Globalization and World Cities*(Cheltenham: Edward Elgar Publishing, 2011), pp. 240-250; Jonathan V. Beaverstock and Sarah Hall, "Competing for talent: global mobility, immigration and the City of London's labour market," *Cambridge Journal of Regions, Economy and Society*, Vol. 5, No. 2(2012), p. 271-288.

19. Alberta Andreotti, Patrick Le Galès and Francisco J. M. Fuentes, "Transnational mobility and rootedness: the upper middle classes in European cities," *Global Networks*, Vol. 13, No. 1(2013), p. 41-59.

20. Ibid.

21. Kyonghwan Park and Youngmin Lee, "Rethinking Los Angeles Koreatown: Multi-scaled Geographic Transition since the Mid-1990s," *Journal of the Korean Geographical Society*, Vol. 42, No. 2(2007), p. 196-217.

22. Alberta Andreotti, Patrick Le Galès and Francisco J. M. Fuentes, op cit., p. 47.

23. Crawford Spence, Andrew Sturdy and Chris Carter, "Professionals with borders: The relationship between mobility and transnationalism in global firms," *Geoforum*, Vol. 91(2018), p. 235-244.

24. Thomas Faist, "Migrants as transnational development agents: an inquiry into the newest round of the migration-development nexus," *Population, Space and Place*, Vol. 14, No. 1(2008), p. 21-42.

25. International Organization for Migration, *World Migration Report 2022*(Geneva: IOM, 2022).

26. Jonathan V. Beaverstock and James T. Boardwell, "Negotiating globalization, transnational corporations and global city financial centres in transient migration studies," *Applied Geography*, Vol. 20, No. 3(2000), p. 277-304.

27. Thomas Bauer and Astrid Kunze, "The Demand for High-Skilled Workers and Immigration Policy," *CEPR Discussion Papers No. 4274*(Paris and London: CEPR Press, 2004).

28. Doreen Massey, *For Space*(London: Sage, 2005).

29. Allan M. Williams, Vladimir Baláž and Claire D. Wallace, "International labor mobility nd uneven regional development in Europe: human capital, knowledge and entrepreneurship," *European Urban and Regional Studies*, Vol. 11, No. 1(2004), p. 27-46.

30. Thomas Bauer and Astrid Kunze, op cit.

31. Anna-Lee Saxenian, *The New Argonauts: Regional Advantage in a Global Economy*(Cambridge: Harvard University Press, 2006).

32. Thomas Bauer and Astrid Kunze, op cit.

33. Geoffrey DeVerteuil and David Manley, "Overseas investment into London: Imprint, impact and pied-à-terre urbanism," *Environment and Planning A: Ecology and Space*, Vol. 49, No. 6(2017), p. 1308-1323.

34. 피에타테르(pied-à-terre)는 런던 도심부를 장악하고 있는 글로벌 상위 1%의 사치스러운 (그러나 과시적이지 않은) 주거용 부동산을 지칭한다. Ibid.

35. Miriam Stewart et al. "Multicultural Meanings of Social Support among Immigrants and Refugees." *International Migration*. Vol. 46, No. 3(2008). p. 123-158.

36. Katharyne Mitchell, "Different diasporas and the hype of hybridity," *Environment and Planning D: Society and Space*, Vol. 15, No. 5(1997), p. 533-553; "Reworking democracy: contemporary immigration and community politics in Vancouver's Chinatown," *Political Geography*, Vol. 17, No, 6(1998), p. 729-750; "Hong Kong immigrants and the question of democracy: contemporary struggles over urban politics in Vancouver, B.C," in Gary G. Hamilton (ed), *Cosmopolitan Capitalists: Hong Kong and the Chinese Diaspora at the End of the 20th Century*(Seattle: University of Washington Press, 1999), pp. 152-166.

37. David Ley, "Transnational spaces and everyday lives," *Transactions of the Institute of British Geographers*, Vol. 29, No. 2(2004), p. 151-164; "Explaining Variations in Business Performance among Immigrant Entrepreneurs in Canada," *Journal of Ethnic and Migration Studies*, Vol. 32(2006), p. 743-764.

38. Lan-hung N. Chiang, "The Dynamics of Self-employment and Ethnic Business Ownership among Taiwanese in Australia," *International Migration*, Vol. 42, No. 2(2004), p. 153-173.

39. Christina Ho and Caroline Alcorso, "Migrants and Employment: Challenging the success story," *Journal of Sociology*, Vol. 40, No. 3(2004), p. 237-259.

40. 에라스무스 프로그램의 정식 명칭은 '유럽 지역의 대학생 이동을 위한 행동 계획'으로 1987년 제정된 EU의 교환학생 프로그램이다. 이와 더불어 에라스무스플러스 프로그램은 2014년부터 교육, 훈련, 스포츠 등을 모두 아우르는 새로운 프로그램으로 탄생한 것이다. 원래의 에라스무스 프로그램은 유럽연합의 창설 이후 1994년에 유럽위원회의 소크라테스 프로그램으로 통합되었다. 소크라테스 프로그램은 유럽연합 집행위원회에서 추진했던 고등교육 계획 중 하나로서 유럽이라는 거시적 스케일에서의 정체성 강화를 목적으로 민족 및 국가를 넘어서서 유럽의 문화, 경제, 언어,

전통을 폭넓게 배우기 위한 목적을 두고 실행되었다. 31개의 유럽연합 국가들이 이에 참여했고, 1994년부터 2006년까지 계속 유지되다가 그 이후 2013년까지 평생학습 프로그램으로 전환되었으며, 브렉시트 이후 동력을 잃게 되었다.

41. 김지송.「고숙련 노동자의 국제이주와 경제발전의 이론적 접근 : 실리콘밸리 인도 엔지니어들의 사례를 중심으로」.『현상과 인식』제41권, 제1/2호(2017), 138-173쪽.

42. 김지송, 같은 책.

43. 김지송, 같은 책.

44. Anna-Lee Saxenian, *Regional Advantage: Culture and Competition in Silicon Valley and Route 128*(Cambridge: Harvard University Press. 1996); "Silicon Valley's New Immigrant High-Growth Entrepreneurs." *Economic Development Quarterly*. Vol. 16, No. 1(2002). p. 20-31; *The New Argonauts: Regional Advantage in a Global Economy*(Cambridge: Harvard University Press, 2006).

45. Anna-Lee Saxenian, op cit.

46. Anna-Lee Saxenian, op cit.

47. Anna-Lee Saxenian, op cit.

48. Joost Jansen, Gilsbert Oonk and Godfried Engbersen, "Nationality swapping in the Olympic field: towards the marketization of citizenship?," *Citizenship Studies*, Vol. 22, No. 5(2018), p. 523-539.

49. Ibid.

50. Joost Jansen and Godfried Engbersen, "Have the Olympic Games become more migratory? A comparative historical perspective," *Comparative Migration Studies*, Vol. 5, No. 11(2017), p. 1-15.

51. Ibid., p. 10.

52. Sari P. Kerr, William Kerr, Çağlar Özden and Christopher Parsons, "High-Skilled Migration and Agglomeration," *Annual Review of Economics*, Vol. 9(2017), p. 201-234.

53. B. Linsay Lowell, "Flows of Students, Computer Workers, and Entrepreneurs," in Gail Cohen, Aqila Coulthurst and Joe Alper (eds), *Immigration Policy and the Search for Skilled Workers: Summary of a Workshop*(Washington, D.C.: The National Academies Press, 2015).

54. Thu Hien Dao, Frédéric Docquier, Christopher Parsons and Giovanni Peri, "Migration and Development: Dissecting the Anatomy of the Mobility Transition," *IZA Discussion Papers No. 10272*(Bonn: Institute for the Study of Labor. 2016).

55. Sari P. Kerr, William Kerr, Çağlar Özden and Christopher Parsons, op cit.

56. Ibid.

제4장

1. 투자자에게 발급되는 거주권(영주권)은 황금비자 또는 현금 비자라고 불린다.

2. 뒤에서 살펴보겠지만 투자이민 제도는 투자에 의한 거주로서 국가별로 상이하다. 스페인은 50만 유로의 부동산, 1백만 유로의 사업체, 또는 2백만 유로의 국채 투자를 최소 요건으로 하고, 그리스는 25만 유로의 부동산이나 40만 유로의 국채 투자를 요구한다. 한편 체류자격을 유지를 위해서 포르투갈은 1년에 7일 이상 체류, 스페인은 1년에 1일 이상 체류, 그리스는 체류 요건이 없는 등 국가별로 상이하다.

3. Owen Parker, "Commercializing Citizenship in Crisis EU: The Case of Immigrant Investor Programmes," *Journal of Common Market Studies*, Vol. 55, No. 2(2017), p. 332-348.

4. John R. Short, "Attracting Wealth: Crafting Immigration Policy to Attract the Rich," in Iain Hay and Jonathan V. Beaverstock (eds),

Handbook on Wealth and the Super-Rich(Cheltenham: Edward Elgar Publishing, 2016), p. 363-380.

5. 김봉철, 「골든비자 제도 관련 포르투갈 이민법의 동향」, 『강원법학』 제61호(2020), 1-26쪽.

6. Rowland Atkinson, *Alpha City: How London was captured by the Super-Rich*(London: Verso, 2020).

7. The Newcastle Social Geographies Collective, 박경환·심승희·이재열 옮김, 『경계넘기와 함께하기를 위한 사회지리학개론』(서울: 사회평론, 2023).

8. 이 외에 오스트리아, 코모로, 키프로스, 몰도바 등도 과거에 투자이민자에게 시민권을 부여했었지만 2023년 현재 폐지한 상태이다.

9. Jelena Džankić, "Immigrant investor programmes in the European Union(EU)," *Journal of Contemporary European Studies*, Vol. 26, No. 1(2018), p. 64-80; Joaquim Montezuma and Jennifer McGarriagle, "What motivates international homebuyers? Investor to lifestyle 'migrants' in a tourist city," *Tourism Geographies*, Vol. 21, No. 2(2018), p. 1-21; John R. Short, op cit; Peter J. Spiro, "The Equality Paradox of Dual Citizenship," *Journal of Ethnic and Migration Studies*, Vol. 45, No. 6(2019). p. 879-896.

10. John R. Short, op cit.

11. 임동진·이규홍, 「주요국의 투자이민제도의 비교분석 및 정책적 시사점: 미국, 캐나다, 호주, 홍콩의 사례를 중심으로」, 『한국이민정책학보』 제1권, 제1호(2016), 61-87쪽.

12. Jelena Džankić, op cit.

13. Ibid.

14. Ibid.

15. 임동진·이규홍, 앞의 글.

16. Joaquim Montezuma and Jennifer McGarriagle, op cit.

17. Alejandro Portes, "Social Capital: Its Origins and Application in Modern Sociology," *Annual Review of Sociology*, Vol. 24(1998), p. 1-24.

18. Antje Ellerman, "Human Capital Citizenship and the Changing Logic of Immigrant Admissions," *Journal of Ethnic and Migration Studies*, Vol. 46(2019), p. 2515-2532; Oded Stark, Christian Helmenstein and Alexia Fürnkranz-Prskawetz, "Human Capital Depletion, Human Capital Formation, and Migration: A Blessing in a "Curse"?," *Economic Letters*, Vol. 60, No. 3(1998), p. 363-367.

19. Kim Jaeeun, "'Ethnic Capital' and 'Flexible Citizenship' in Unfavourable Legal Contexts: Stepwise Migration of the Korean Chinese within and Beyond Northeast Asia," *Journal of Ethnic and Migration Studies*, Vol. 45, No. 6(2019), p. 939-957; Pablo Mateos and Jorge Durand, "Residence vs. Ancestry in Acquisition of Spanish Citizenship: A 'Netnography' Approach," *Migraciones Internacionales*, Vol. 23, No. 6(2012), p. 9-46.

20. Evelyn Yu, Almeida, Henrique and Morwenna Coniam, 2023, "Europe's 'Golden Visa' programs are dying out as housing costs rise," *Bloomberg*, May 3.

21. Ibid.

22. Maria D. F. Amante and Irene Rodrigues, "Mobility regimes and the crisis: the changing face of Chinese migration due to the Portuguese golden visa policy," *Journal of Ethnic and Migration Studies*, Vol. 47, No. 4(2021), p. 4081-4099.

23. Gül Üret, "Between Lifestyle Migration and Comfortable Exit Strategies: Turkish Golden Visa Investors in Greece," *Diaspora: A Journal of Transnational Studies*, Vol. 21, No. 2(2021), p. 166-187.

24. Sha Liu and Nicole Gurran, "Chinese investment in Australian housing: Push and pull factors and implications for understanding international housing demand," *International Journal of Housing Policy*, Vol. 17, No. 4(2017), p. 489-511.

25. David Pegg, Luke Harding and Simon Goodley, 2021, "Revealed: residency loophole in Malta's cash-for-passports scheme," *The Guardian*, April 22,

26. Ibid.

27. Ibid.

28. Iain Hay and Jonathan V. Beaverstock, *Handbook on Wealth and the Super-Rich*(Cheltenham: Edward Elgar Publishing. 2016).

29. 여기에는 유대계 튀르키예인의 이주 규모도 상당히 포함되어 있을 것으로 추정한다.

30. Raquel Huete, Alejandro Mantecón and Tomás Mazón, "Analysing the social perception of residential tourism development," *Proceedings of the IASK International Conference: Advances in Tourism Research*(Aveiro: IASK, 2008), p. 153-161.

31. Matthew Hayes, "'We Gained a Lot Over What We Would Have Had': The Geographic Arbitrage of North American Lifestyle Migrants to Cuenca, Ecuador," *Journal of Ethnic and Migration Studies*, Vol. 40, No. 12(2014), p. 1953-1971; "Moving South: the economic motives and structural context of North America's emigrants in Cuenca, Ecuador," *Mobilities*, Vol. 10, No. 2(2015), p. 267-284.

32. Michaela C. Benson and Karen O'Reilly. *Lifestyle Migration and Colonial Traces in Malaysia and Panama*(London: Palgrave Macmillan, 2018).

33. Michaela C. Benson, "Postcoloniality and privilege in new lifestyle flows: The case of North Americans in Panama," *Mobilities*, Vol. 8, No. 3(2013), p. 313-330; "Negotiating privilege in and through lifestyle migration," in Michaela C. Benson and Nick Osbaldiston (eds), *Understanding lifestyle migration: Theoretical Approaches to Migration and the Quest for a Better Way of Life*(London: Palgrave Macmillan, 2014), pp. 47-69; "Class, race, privilege: Structuring the lifestyle migrant experience in Boquete, Panama," *Journal of Latin American Geography*, Vol. 14, No. 1(2015), p. 19-37.

34. Gökçen Ertuğrul, "British migrants in the Turkish countryside: Lifestyle migration, loss of social status and finding 'true life' in

difference," *METU Studies in Development*, Vol. 43, No. 2(2016), p. 475-496.

35. Mari Korpela, "A postcolonial imagination? Westerners searching for authenticity in India," *Journal of Ethnic and Migration Studies*, Vol. 36, No, 8(2010), p. 1299-1315.

36. David Matarrita-Cascante, Aby Sene-Harper and Gabriela Stocks, "International amenity migration: Examining environmental behaviors and influences of amenity migrants and local residents in a rural community," *Journal of Rural Studies*, Vol. 38(2015), p. 1-11.

37. Karkabi, N. (2013). Lifestyle migration in South Sinai, Egypt: Nationalism, privileged citizenship, and indigenous rights. *International Review of Social Research*, 3(1), 49-66.

38. Matthew Hayes, op cit.; Tessa Wortman, Ronnie Donaldson and Guus van Westen, "'They are stealing my island': Residents' opinions on foreign investment in the residential tourism industry in Tamarin, Mauritius," *Singapore Journal of Tropical Geography*, Vol. 37, No. 2(2016), p. 139–157.

39. Santiago Bastos, "Territorial dispossession and indigenous rearticulation in the Chapala Lakeshore," in Michael Janoschka and Heiko Haas (eds), *Contested Spatialities, Lifestyle Migration and Residential Tourism*(London: Routledge, 2013), pp. 47-59.

40. Sharlene Mollett, "The Power to Plunder: Rethinking Land Grabbing in Latin America," *Antipode*, Vol. 48, No. 2(2016), p. 412-432.

41. Shanthi Robertson and Dallas Rogers, "Education, real estate, immigration: Brokerage assemblages and Asian mobilities," *Journal of Ethnic and Migration Studies*, Vol. 43, No. 14(2017), p. 2393-2407.

42. Sha Liu and Nicole Gurran, op cit.

43. FATF/OECD. *Misuse of Citizenship and Residency by Investment Programmes*(Paris: FATF. 2023).

제5장

1. 이 장은 박경환·백일순, 「조기유학을 매개로 한 '분절가구 초국적 가족'의 부상」, 『한국도시지리학회지』 제15권, 제1호(2012), 17-31쪽의 내용을 수정·보완한 것임.

2. Michael P. Smith, *Transnational Urbanism: Locating Globalization*(New Jersey: Wiley-Blackwell, 2001).

3. 고민경, 「초국가적 장소의 형성: 이태원을 중심으로 바라본 서울의 세계화」, 서울대학교 석사학위논문(2009); 박경환, 「광주광역시 초국적 다문화주의의 지리적 기반에 관한 연구」, 『한국도시지리학회지』 제12권, 제1호(2009), 91-108쪽; 「초국적 민족주의와 초국적 국가 기구의 부상: 한국의 사례」, 『대한지리학회지』 제44권, 제2호(2009), 146-160쪽; 박배균·정건화, 「세계화와 '잊어버림'의 정치: 안산시 원곡동의 외국인 노동자 거주 지역에 대한 연구」, 『한국지역지리학회지』 제10권, 제4호(2004), 800-823쪽; 정현주, 「공간에 덫에 갇힌 그녀들?: 국제결혼이주여성의 이동성에 대한 연구」, 『한국도시지리학회지』 제10권, 제2호(2007), 53-68쪽; 최재헌, 「저개발국가로부터 여성 결혼이주의 정주패턴과 사회적응 과정: 저개발국가로부터의 여성 결혼 이주와 결혼중개업체의 특성」, 『한국도시지리학회지』 제 10권, 제2호(2007), 1-14쪽; 최병두·임석회·안영진·박배균, 『지구·지방화와 다문화 공간』(서울: 푸른길, 2011).

4. 김은진·김현우. 「사교육으로서 조기유학의 문제 인식에 관한 소고」. 『고황논집』 제47권(2010), 67-78쪽.

5. Joanne P. Sharp, 박경환·이영민 옮김, 『포스트식민주의의 지리: 권력과 재현의 공간』(서울: 여이연, 2011).

6. 안영진, 「외국인 유학생의 이주 배경과 주요 배경 요인」, 최병두·임석회·안영진·박배균 편, 『지구·지방화와 다문화 공간』(서울: 푸른길, 2011), 414-447쪽.

7. 이혜경·정기선·유명기·김민정, 「이주의 여성화와 초국가적 가족: 조선족 사례를 중심으로」, 『한국사회학』 제40권, 제5호(2006), 258-298쪽.

8. Aihwa Ong, *Flexible Citizenship; The Cultural Logics of Transnationality*(Durham: Duke University Press, 1999), p. 71.

9. 장경섭, 「개발국가, 복지국가, 위험가족: 한국의 개발자유주의와 사회재생산 위기」, 『한국사회정책』 제18권, 제3호(2011, 63-90쪽.

10. 장경섭, 같은 글.

11. Gill Valentine, 박경환 옮김, 『사회지리학: 공간과 사회』 (서울: 논형, 2009).

12. George Lakoff, *Moral Politics: How Liberals and Conservatives Think(2nd ed.)*(Chicago: University of Chicago Press. 2002).

13. 장경섭, 앞의 글.

14. 장경섭, 같은 글. 83-84쪽.

15. 박소화, 「조기유학 경험의 초국가성에 대한 근거이론적 분석」, 충남대학교 박사학위논문(2010); 천세영·박소화, 「초국적 교육: Post-nationality의 관점에서 본 조기유학」, 『인문학연구』 제35권, 제2호(2008), 329-351쪽.

16. 박소화, 같은 글; 이윤미, 「공교육의 역사성과 교육의 공공성 문제」, 『교육비평』 제6권(2001), 12-31쪽.

17. 이윤미, 같은 글.

18. 박소화, 앞의 글.

19. 이윤미, 앞의 글.

20. Audrey Kobayashi and Valerie Preston, "Transnationalism through the life course: Hong Kong immigrants in Canada," *Asia Pacific Viewpoint*, Vol. 48, No. 2(2007), p. 151-167; Brenda S. A. Yeoh, Shirlena Huang and Theodora Lam, "Transnationalizing the 'Asian' Family: Imaginaries, Intimacies and Strategic Intents," *Global Networks*, Vol. 5, No. 4(2005). p. 307-315; Ronald Skeldon, 1994, "Reluctant exiles or bold pioneers: An introduction to migration from Hong Kong," in Ronald Skeldon (ed), *Reluctant Exiles? Migration from Hong Kong and the New Overseas Chinese*(New York: Routledge, 1995), pp. 3-20; Shirlena Huang and Brenda S. A. Yeoh, "Transnational families and their children's education: China's 'study mothers' in Singapore," *Global Networks*, Vol. 5, No. 4(2005), p. 379-400.

21. 천세영·박소화, 앞의 글.

22. Audrey Kobayashi and Valerie Preston, op cit.

23. 조혜영·최원기·이경상·Nancy Abelmann, 「청소년들은 어떻게 조기유학을 결정하게 되는가?: 미국 소도시 유학생들의 사례」, 『청소년학연구』 제14권, 제4호(2007), 115-143쪽.

24. 조혜영·최원기·이경상·Nancy Abelmann, 같은 글.

25. 유희연. 「조기유학의 초국가적 네트워크 특성과 정체성에 관한 연구」. 이화여자대학교 석사학위논문(2008).

26. 조혜영·최원기·이경상·Nancy Abelmann, 앞의 글.

27. 강지연. 「학부모의 교육의식과 자녀 조기유학 선택: 서울 강남 지역 학부모들을 중심으로」. 이화여자대학교 석사학위논문(2002); 권순선. 「조기유학 학생들의 한국 학교교육에 대한 인식 조사 연구」. 고려대학교 석사학위논문(2008); 김수매리. 「조기유학에 대한 초등학교 학부모의 인식 연구」. 서울교육대학교 석사학위논문(2006); 안병철. 「조기유학의 현황과 과제」. 『1996년 한국사회학회 후기사회학대회 발표문 요약집』(1996), 67-82쪽; 조명덕. 「조기유학 붐의 원인과 문제점 및 해결 방안」. 『현상과 인식』 제26권, 제4호(2002), 135-152쪽.

28. 김경순, 「조기 영어교육에 대한 어머니의 인식 및 양육스트레스 분석」, 아주대학교 석사학위논문(2010); 양용석, 「한국 학생들의 미국을 중심으로 한 영어권국가 대상 조기유학 연구: 특성, 결정 과정, 효과를 중심으로」, 한국외국어대학교 박사학위논문(2011); 차승연, 「한국의 조기유학 현상의 실태 조사」, 숙명여자대학교 석사학위논문(2008).

29. 강지연, 앞의 글; 김경근·윤혜준, 「교육적 동기에 의한 '탈한국' 개연성이 있는 가족의 특성」, 『교육사회학연구』 제15권, 제3호(2005), 29-50쪽; 김명혜, 「한국과 캐나다 거주 어머니들의 부모신념, 양육태도 및 아동의 사회적 유능감」, 숙명여자대학교 박사학위논문(2006); 김희정, 「부모의 교육전략으로서 문화적 자본의 성격분석: 1990년대 이후 여성잡지의 교육기사를 중심으로」, 한국교원대학교 석사학위논문(2010); 유희연, 앞의 글; 윤혜준, 「조기유학을 고려하는 학부모의 특성에 관한 연구」, 고려대학교 석사학위논문(2005); 조혜영 외, 앞의 글.

30. 강지연, 같은 글; 유희연, 같은 글; 조혜영 외, 같은 글.

31. 조혜영 외, 같은 글.

32. David Ley, "Transnational spaces and everyday lives," *Transactions of the Institute of British Geographers*, Vol. 29, No. 2(2004), p. 151-164.

33. Alejandro Portes, "Global villagers: the rise of transnational communities," *American Prospect*, Vol. 25(1996), p. 74-77; Ludger Pries(ed), *New Transnational Social Space: International Migration and Transnational Companies in the Early Twenty-First Century*(London: Routledge, 2001); Thomas Faist, "Transnationalization in international migration: implications for the study of citizenship and culture," *Ethnic and Racial Studies*, Vol. 23(2000), p. 189-222.

34. 박경환, 앞의 글.

35. David Ley, "Seeking 'Homo Economicus': The Canadian state and the strange story of the business immigration program," *Annals of the Association of American Geographers*, Vol. 93, No. 2(2003), p. 426-441; op cit.; James Tooley, *The Global Education Industry: Lessons from Private Education in Developing Countries*(London: Institute of Economic Affairs. 2001).

36. Francis L. Collins, "Bridges to learning: international student mobilities, education agencies and inter-personal networks," *Global Networks*. Vol. 8, No. 4(2008), p. 401.

37. Ibid.

38. Ibid.

39. Johanna L. Waters, "Flexible families? 'Astronaut' households and the experiences of lone mothers in Vancouver, British Columbia," *Social and Cultural Geography*, Vol. 3, No. 2(2002), p. 117-134; Shirlena Huang and Brenda S. A. Yeoh, op cit.

40. Shirlena Huang and Brenda S. A. Yeoh, op cit.

41. 김희정, 앞의 글.

42. 박소화, 앞의 글.

43. Michael P. Smith, op cit.; Shirlena Huang and Brenda S. A. Yeoh, op cit.

44. Shirlena Huang and Brenda S. A. Yeoh, op cit.

45. Ronald Skeldon, "Reluctant exiles or bold pioneers: An introduction to migration from Hong Kong," in Ronald Skeldon (ed), *Reluctant Exiles? Migration from Hong Kong and the New Overseas Chinese*(New York: Routledge, 1995), pp. 3-20; "Migrants on a global stage: the Chinese," in Peter J. Rimmer (ed), *Pacific Rim Development: Integration & Globalisation in the Asia-Pacific Economy*(Canberra: Allen & Unwin. 1997), pp. 222-239.

46. Ronald Skeldon, op cit.

47. Ibid.; Rogelia Pe-pua et al. *Astronaut Families and Parachute Children: The Cycle of Migration Between Hong Kong and Australia*(Canberra: Australian Government Publishing Service. 1996).

48. Johanna L. Waters, "Satellite kids in Vancouver: transnational migration, education and the experiences of lone children." in Michael W. Charney, Brenda Yeoh and Tong Chee Kiong (eds), *Asian Migrants and Education: the Tension of Education in Immigrant Societies and Among Migrant Groups*(London: Kluwer Academic Publishers, 2003). pp. 165-184.

49. Aihwa Ong, op cit.; Aihwa Ong and Donald Nonini (eds), *Ungrounded Empires: The Cultural Politics of Modern Chinese Transnationalism*(New York: Routledge. 1997); Ludger Pries, op cit.

50. Aihwa Ong, op cit.; Ronald Skeldon, op cit.

51. Aihwa Ong and Donald Nonini, op cit.

52. Aihwa Ong, op cit.

53. Katharyne Mitchell, "Multiculturalism, or the united colors of capitalism?," *Antipode*, Vol. 25, No. 4(1993), p. 263-294; "Different diasporas and the hype of hybridity," *Environment and Planning D: Society and Space*, Vol. 15, No. 5(1997), p. 533-553.

54. James Scott, *Weapons of the Weak: Everyday Forms of Peasant Resistance*, (New Haven: Yale University Press, 1985); Youngmin Lee and Kyonghwan Park, "Negotiating hybridity: Transnational reconstruction of migrant subjectivity in Koreatown, Los Angeles," *Journal of Cultural Geography*, Vol. 25, No. 3(2008), p. 245-262.

55. Johanna L. Waters, op cit.; "Transnational family strategies and education in the contemporary Chinese diaspora," *Global Networks*, Vol. 5, No. 4(2005). p. 359-377; Katharyne Mitchell, op cit.

56. Johanna L. Waters, op cit.

57. Aihwa Ong, op cit.; Johanna L. Waters, op cit.

58. Johanna L. Waters, op cit., p. 130.

59. Johanna L. Waters, op cit.

60. Audrey Kobayashi and Valerie Preston, op cit., p. 152.

61. David Ley, op cit.; Ronald Skeldon, op cit.

62. Youngmin Lee and Kyonghwan Park, op cit.; Shirlena Huang and Brenda S. A. Yeoh, op cit.

63. Audrey Kobayashi and Valerie Preston, op cit.

64. Shirlena Huang and Brenda S. A. Yeoh, op cit.

65. Ibid.

66. Aihwa Ong, op cit.; Ong, A. and Nonini, D., op cit.; Johanna L. Waters, op cit.

67. 김영희,「뉴질랜드 거주 기러기 어머니의 생활 실태 연구」,『대한가정학회지』 제43권, 제11호(2005), 141-152쪽; 안광복, 2004,「조기유학과 기러기 가족」,『철학과 현실』 제 60호(2004), 124-130쪽; 조명덕, 앞의 글.

68. 염지숙.「기러기 엄마와 조기유학 어린이의 삶」.『유아교육학논집』 제14권, 제5호(2010), 367-386쪽; Gill Valentine, 박경환 옮김,『사회지리학: 공간과 사회』(서울: 논형, 2009).

69. 이혜경·정기선·유명기·김민정, 앞의 글.

제6장

1. 이 장은 박경환, 「글로벌, 로컬, 스케일: 공간과 장소를 둘러싼 정치」, 『로컬리티 인문학』 제5호(2011), 47-85쪽의 내용을 수정·보완한 것임.

2. McKinsey Global Institute, *People on ohe Move: Global Migration's Impact and Opportunity*(New York: McKinsey & Company, 2016).

3. Marie Price and Lisa Benton-Short (eds), *Migrants to the Metropolis: The Rise of Immigrant Gateway Cities*(New York: Syracuse University Press. 2008).

4. David Ley, "Transnational spaces and everyday lives," *Transactions of the Institute of British Geographers*, Vol. 29, No. 2(2004), p. 151-164; "Explaining Variations in Business Performance among Immigrant Entrepreneurs in Canada," *Journal of Ethnic and Migration Studies*, Vol. 32(2006), p. 743-764.

5. Andrew E. G. Jonas, Eugene McCann and Mary Thomas, *Urban Geography: A Critical Introduction*(New Jersey: Wiley-Blackwell. 2015); Doreen Massey, *World City*(Cambridge: Polity. 2007); Saskia Sassen, *The Global City: New York, London, Tokyo*(Princeton: Princeton University Press. 2001); "The Global City: The De-Nationalizing of Time and Space," *Proceedings of the Wissenschaftliches Kolloquium in Bauhaus-Universität*, Vol. 14(2008), p. 18-24; *Cities in a World Economy(4th ed.)* (Thousand Oaks: Sage, 2011).

6. Saskia Sassen, op cit.

7. Doug Saunders, *Arrival City: How the Largest Migration in History Is Reshaping Our World*(New York: Knopf Doubleday Publishing Group. 2011).

8. Thomas Lacroix and Amandine Desille (eds), *International migrations and local governance: A global perspective*(London: Palgrave Macmillan. 2018).

9. Nina G. Schiller and Ayse Çağlar, "Towards a comparative theory of locality in migration studies: Migrant incorporation and city scale," *Journal of Ethnic and Migration Studies*, Vol. 35, No. 2(2009), p. 177-202.

10. Nina G. Schiller and Ayse Çağlar, op cit.

11. Saskia Sassen, op cit.

12. Nina G. Schiller and Ayse Çağlar, op cit.

13. Aleksandra Grzymala-Kazlowska and Jenny Phillimore, "Introduction: rethinking integration. New perspectives on adaptation and settlement in the era of super-diversity," *Journal of Ethnic and Migration Studies*, Vol. 44, No. 2(2018), p. 179-196; Fran Meissner and Steven Vertovec, "Comparing super-diversity," *Ethnic and Racial Studies*, Vol. 38, No. 4(2015), p. 541-555; Steven Vertovec, "Super-diversity and its implications," *Ethnic and Racial Studies*, Vol. 30, No. 6(2007), p. 1024-1054.

14. Helga Leitner, "Spaces of Encounters: Immigration, Race, Class, and the Politics of Belonging in Small-Town America," *Annals of the Association of American Geographers*, Vol. 102, No. 4(2012), p. 828-846.

15. Monika Salzbrunn, 2014, "How diverse is Cologne carnival? How migrants appropriate popular art spaces," *Identities*, Vol. 21, No. 1(2014), p. 92-106.

16. David. A. Cort, "Reexamining the ethnic hierarchy of locational attainment: Evidence from Los Angeles," *Social Science Research*, Vol. 40, No. 6(2011), p. 1521-1533; Sabine van der Greft and Joos Droogleever Fortuijn, "Multiple disadvantage of older migrants and native Dutch older adults in deprived neighbourhoods in Amsterdam, the Netherlands: A life course perspective," GeoJournal, Vol. 82, No. 3(2017), p. 415-432.

17. Valeria Bonatti and Zsuzsa Gille, "Changing registers of visibility: Immigrant labor and waste work in Naples, Italy," *International Labor and Working-Class History*, Vol. 95(2019), p. 114-129.

18. Axel Borsdorf, Rodrigo Hildalgo and Sonia Vidal-Koppmann, "Social segregation and gated communities in Santiago de Chile and Buenos Aires. A comparison," *Habitat International*, Vol. 54(2016), p. 18-27.

19. Douglas S. Massey and Nancy A. Denton, "American Apartheid: Segregation and the Making of the Underclass," in David Grusky and Jasmine Hill (eds), *Inequality in the 21st century*(New York: Routledge. 2018). pp. 142-149.

20. Antonio Negri and Michael Hardt, 윤수종 옮김, 『제국』 (서울: 이학사, 2001), 17쪽.

21. Antonio Negri and Michael Hardt, 같은 책, 81쪽.

22. Antonio Negri and Michael Hardt, 같은 책.

23. Saskia Sassen, op cit.

24. Saskia Sassen, op cit.

25. John Friedmann, "The World City Hypothesis," *Development and Change*, Vol. 17, No. 1(1986), p. 69-83; Paul L. Knox and Peter J. Taylor, *World Cities in a World System*(Cambridge: Cambridge University Press. 1995); Saskia Sassen, op cit.

26. 박경환, 「글로벌 시대 인문지리학에 있어서 행위자-네트워크 이론(ANT)의 적용 가능성」, 『한국도시지리학회지』 제17권, 제1호(2014), 57-78쪽.

27. 박경환, 앞의 글; Andrew Herod, 2010, Scale, Routledge.

28. 박경환, 「대안 정치를 위한 공간적 상상의 재고(再考): Doreen Massey(1944~2016)의 『공간을 위하여』(2005)에 대한 논평」, 『한국도시지리학회지』 제19권, 제1호(2016), 105-123쪽.

29. Doreen Massey, 박경환·이영민·이용균 옮김, 『공간을 위하여』 (서울: 심산, 2016), 164쪽.

30. Antonio Negri and Michael Hardt, 앞의 책, 81쪽.

31. Antonio Negri and Michael Hardt, 같은 책.

32. 박경환, 「소수자와 소수자 공간: 비판 다문화주의의 공간 교육을 위한 제언」, 『한국지리환경교육학회지』 제16권, 제4호(2008), 297-310쪽.

33. 박경환, 같은 글.

34. Katharyne Mitchell, "Hong Kong immigrants and the question of democracy: contemporary struggles over urban politics in Vancouver, B.C," In Gary G. Hamilton (ed), *Cosmopolitan Capitalists: Hong Kong and the Chinese Diaspora at the End of the 20th Century*(Seattle: University of Washington Press, 1999), pp. 152-166.

35. Katharyne Mitchell, "Different diasporas and the hype of hybridity," *Environment and Planning D: Society and Space*, Vol. 15, No. 5(1997), p. 533-553; "Transnational subjects: constituting the cultural citizen in the era of Pacific Rim capital," in Ong Aiwha and Donald Nonini (eds), *Ungrounded Empires: The Cultural Politics of Modern Chinese Transnationalism*(New York: Routledge, 1997), pp. 228-256; "Reworking democracy: contemporary immigration and community politics in Vancouver's Chinatown," *Political Geography*, Vol. 17, No. 6(1998), p. 729-750; *Crossing the Neoliberal Line: Pacific Rim Migration and the Metropolis*(Philadelphia: Temple University Press, 2004).

36. Katharyne Mitchell, op cit.

37. Katharyne Mitchell, op cit.

38. Katharyne Mitchell, op cit.

39. Katharyne Mitchell, op cit.

40. Katharyne Mitchell, op cit.

41. Katharyne Mitchell, op cit.

42. Homi K. Bhabha, *Nation and Narration*(London: Routledge. 1990); Stuart Hall, "Cultural identity and diaspora," in Jonathan Rutherford (ed), *Identity: Community, Culture, Difference*(London: Lawrence and Wishart. 1990). pp. 222-237.

43. 박경환, 「빈곤으로부터 가치 짜내는 방법: 로스앤젤레스 도시재개발국에 대한 제도민족지적 비판」. 『한국지역지리학회지』 제12권, 제2호(2006), 305~322쪽.

44. 박경환, 같은 글.

45. Doreen Massey, 앞의 책.

46. Doreen Massey, 같은 책.

47. Doreen Massey, 같은 책, 295~296쪽.

48. Doreen Massey, 같은 책, 296쪽.

49. 박경환, 위의 글.

제7장

1. Jeannette Money and Sarah Lockhart (eds), *Introduction to International Migration*(Milton Park: Routledge, 2021)

2. 송병준, 「2000년대 이후 유럽연합(EU)의 난민 정책」, 『공공정책』 제191호(2021), 69-72쪽.

3. 난민의 지위에 관한 협약(The Convention relating to the Status of Refugees)

4. 난민 지위에 관한 의정서(Protocol Relating to the Status of Refugees)

5. 정도희, 「난민법의 개정과 제언」, 『중앙법학』 제23집, 제3호(2021), 157-196쪽.

6. 2018년 10월 12일 수백 명의 사람들이 온두라스에 있는 샌 페드로 술라(San Pedro Sula) 버스 정류장에 모여서 '중앙아메리카 이주 카라반(Central American migrant caravan)'이라 불리는 버스에 올랐고, 몇 주일 후에 수천 명이 새로운 카라반 버스를 조직했다. 이는 안보와 범죄라는 시각으로 이주민과 난민 문제를 다루어왔던 미국 정부(당시 트럼프 행정부)의 지배적 시각에 반기를 든 것이었다.

7. Amelia Frank-Vitale, "Coyotes, caravans, and the Central American migrant smuggling continuum," *Trands in Organized Crime*, Vol. 26, No. 1(2023), p. 64-79.

8. Darren P. Smith, "Population geography II: The r/age of migration," *Progress in Human Geography*, Vol. 43, No. 4(2019), p. 729-738.

9. 지리학자 케이 앤더슨의 밴쿠버 차이나타운 연구가 이주민을 둘러싼 주류 집단의 장소-기반의 정치와 담론의 작동 방식을 보여주는 가장 대표적인 사례라 볼 수 있다. Kay Anderson, *Vancouver's Chinatown: Racial Discourse in Canada, 1875-1980*(Québec: McGill-Queen's Press. 1995).

제8장

1. 이 장은 김경학·신지원·이기연·신난딩·박경환, 「이주국가의 부상: 네팔의 국제 이주노동 제도화의 특징과 잠재적 문제점」, 『경관과 지리』 제30권, 제1호(2020), 73-97쪽의 내용을 수정·보완한 것임.

2. United Nations Development Programme(UNDP), *Human Development Report 2019: Beyond income, beyond averages, beyond today: Inequalities in human development in the 21st century*(New York: United Nations. 2019).

3. 다차원적 빈곤 지수(Multidimensional Poverty Index; MPI)는 스탠퍼드대학의 빈곤·인간개발연구소(Oxford Poverty and Human Development Initiative; OPHI)와 UNDP가 2010년에 공동 개발한 지표로서 기존의 지표가 화폐적 소득 및 소비 수준에 초점을 두고 빈곤을 평가하기 때문에 개별 국가나 지역의 환경을 충분히 고려하지 못한다는 점을 보완한다. MPI는 건강, 교육, 생활수준의 영역에서 개인 및 가구가 경험하는 여러 박탈의 정도를 평가하며, HDI와는 달리 가구 단위를 기반으로 한 동일한 조사에서 얻어진 데이터를 기반으로 한다. MPI는 각 개인 및 가구가 실제 생활에서 얼마나 다차원적인 박탈을 경험하고 있는지 그리고 이러한 박탈의 정도가 어느 정도인지를 알려준다.

4. 한국국제협력단.『KOICA ODA연구원 보고서: 네팔 교육 분야 현황』(성남: 한국국제협력단 ODA연구원, 2016);『KOICA ODA연구원 보고서: 네팔 보건 분야 현황』(성남: 한국국제협력단 ODA연구원, 2016).

5. Central Bureau of Statistics of Nepal and ILO Country Office for Nepal, *Report on the Nepal Labour Force Survey 2017/18*(Kathmandu: Central Bureau of Statistics of Nepal. 2019).

6. 한국국제협력단,『KOICA ODA연구원 보고서: 네팔 농촌개발 분야 현황』(성남: 한국국제협력단 ODA연구원, 2016).

7. Quy-Toan Do and Lakshmi Iyer, "Geography, poverty and conflict in Nepal," *Journal of Peace Research*, Vol. 47, No. 6(2010), p. 735-748.

8. Bina Limbu, Nabin Rawal, Manoj Suji, Prakash C. Subedi and Jeevan Baniya, *Reconstructing Nepal: Post-Earthquake Experiences from Bhaktapur, Dhading and Sindhupalchowk*(Kathmandu: Social Science Baha. 2019).

9. 한국국제협력단, 앞의 책.

10. Ruszcyk은 네팔 인구의 상당수가 인구 20만 명 내외의 중소도시에 거주한다는 점에 주목해서, 중앙 남서부에 위치한 도시인 바랏푸르(Bharatpur)를 사례로 2015년 지진의 피해를 조사한 바 있다. 이 연구에 따르면 네팔 지진은 주민들의 경제적 불안을 크게 가중시켰는데, 도시 자영업자에 비해 소득수준이 낮은 농촌 주민들의 경우 경제적 불안이 훨씬 강하게 만연했다. 이들은 이러한 경제적 불안을 줄이는 유일한 대안이 가족의 해외이주노동을 통해 송금을 받는 것이라고 생각하는 경향이 있었다. Hanna A. Ruszcky, "A continuum of perceived urban risk - from the Gorkha earthquake to economic insecurity," *Environment and Urbanization*, Vol. 30, No. 1(2018), p. 317-332.

11. Sanjay Sharma, Shibani Pandey, Dinesh Pathak and Bimbika Sijapati-Basnett, *Center for the Study of Labour and Mobility Research Paper VI: State of Migration in Nepal*(Kathmandu: Social Science of Baha, 2014).

12. National Planning Commission and United Nations Development Programme(UNDP), *Nepal Human Development Report*

2014: Beyond Geography Unlocking Human Potential(Kathmandu: National Planning Commission, Government of Nepal & UNDP, 2014).

13. Susan Thieme and Simone Wyss, "Migration Patterns and Remittance Transfer in Nepal: A Case Study of Sainik Basti in Western Nepal," *International Migration*, Vol. 43, No. 5(2005), p. 59-98.

14. World Bank Group, *Systematic Country Diagnostic: Nepal*(Washington D.C.: World Bank Group, 2018).

15. Ministry of Labor and Employment, *Labor Migration for Employment: A Status Report for Nepal 2015/2016~2016/2017*(Kathmandu: Ministry of Labor and Employment, Government of Nepal, 2018).

16. Ibid.; ILO Country Office for Nepal, *Nepal Labour Market Update.* (Kathmandu: ILO Country Office for Nepal, 2017).

17. Laxman S. Kumwar, "Emigration of Nepalese People and Its Impact," *Economic Journal of Development Issues*, Vol. 19, No. 1-2(2015), p. 77-82; Sanjay Sharma, Shibani Pandey, Dinesh Pathak and Bimbika Sijapati-Basnett, op cit.

18. Alan Gamlen, "The emigration state and the modern geopolitical imagination," *Political Geography*, Vol. 27, No. 8(2008), p. 840-856.

19. Ibid.

20. James F. Hollifield, "The Emerging Migration State," *International Migration Review*, Vol. 38, No. 3(2004), p. 885-912.

21. Fiona B. Adamson and Gerasimos Tsourapas, "The Migration State in the Global South: Nationalizing, Developmental, and Neoliberal Models of Migration Management," *International Migration Review*, Vol. 53, No. 4(2019), p. 113-128; Ibid.

22. Kyonghwan Park, "Transnational nationalism and the rise of the transnational state apparatus in South Korea," *Journal of the Korean Geographical Society*, Vol. 44, No. 2(2009), p. 146-160; "Neoliberalization of the National Institutional Framework of Immigration Policies in the Era of Transnationalism: The Case of

South Korea," *Journal of Korean Urban Geographical Society*, Vol. 15, No. 1(2012), p. 141-161.

23. 테라이 지역은 19세기까지 목재 등의 천연자원을 인도로 수출해오다가 1930년대부터 농산물 생산에 기반을 두는 산업화가 진전되면서 인도와 연결하는 인프라가 구축되었다. 저지대 테라이는 인도 비하르 주와 우타르프라데시 주와 맞닿아 있어서 주민들의 언어와 문화는 이 지역과 유사하며, 내륙부 테라이는 산맥의 말단부와 맞닿아 있는 삼림지대로서 국지적으로 고립된 농촌들이 분포한다. Central Bureau of Statistics of Nepal, *Population of Atlas of Nepal*(Kathmandu: Central Bureau of Statistics of Nepal, 2018).

24. KC Bal Kumar, "Migration, Poverty and Development in Nepal," *Asian and Pacific Migration Journal*, Vol. 13, No. 2(2004), p. 205~232.

25. Central Bureau of Statistics of Nepal, op cit.

26. Bina Limbu et al., op cit.; Douglas S. Massey, William G. Axinn and Dirgha J. Ghimire, *Population Studies Center Research Report 07-615: Environmental Change and Out-Migration: Evidence from Nepal*(Michigan: Population Studies Center, University of Michigan Institute for Social Research, 2007); Stéphanie Jaquet, Gitta Shrestha, Thomas Kohler and Gudrun Schwilch, "The Effects of Migration on Livelihoods, Land Management, and Vulnerability to Natural Disasters in the Harpan Watershed in Western Nepal," *Mountain Research and Development*, Vol. 36, No. 4(2016). p. 494-505.

27. Central Bureau of Statistics of Nepal, op cit.; David N. Gellner, *The Mahesh Chandra Regmi Lecture 2016: The Ideal of Nepal*(Kathmandu: Social Science Baha, 2016).

28. 김경학, 「국제이주와 달리트 카스트의 사회·경제적 관계의 변화: 네팔 '카브레-팔란초크 지구' 농촌지역을 중심으로」, 『문화역사지리』 제31권, 제2호(2019), 60-75쪽.

29. School of Arts, Kathmandu University, Interdisciplinary Analysts and the Asia Foundation, *A Survey of the Nepali People in 2018*(Kathmandu: School of Arts, Kathmandu University, Interdisciplinary Analysts and the Asia Foundation, 2019).

30. 국제개발협력위원회, 네팔 국가협력전략(CPS) (세종: ODA Korea, 2016).

31. 국제개발협력위원회, 같은 글.

32. 김경학, 「국내 네팔 이주노동자의 초국적 가족 유대」, 『남아시아연구』 제20권, 제 2호(2014), 25-57쪽; Trilochan Pokharel et al., *Political Economy Analysts of Post-Earthquake Reconstruction in Nepal: An Assessment of Emerging Role of Local Governments*(Kathmandu: Nepal Administrative Staff College and the Asia Foundation, 2018).

33. David N. Gellner, op cit.

34. 박정석, 「국민-국가와 종족 민족주의: 네팔 림부 종족을 중심으로」, 『인도연구』 제19권, 제2호(2014), 41-79쪽.

35. 국제개발협력위원회, 앞의 글.

36. 이에 따라 네팔은 최근 내륙국의 한계를 극복하기 위해 2016년 중국 내 항만 접근권에 대한 양해각서를 체결하면서 수출입 통로의 다원화를 추진하고 있다. 국제개발협력위원회, 앞의 글.

37. 이보라·김교성, 「네팔의 다차원적 빈곤」, 『한국사회복지조사연구』 제48권(2016), 57-84쪽.

38. Amina Maharjan, Siegfried Bauer and Beatrice Knerr. "Do Rural Women Who Stay Behind Benefit from Male Out-migration? A Case Study in the Hills of Nepal." *Gender, Technology and Development*. Vol. 16, No. 1(2012), p. 95-123.

39. KC Bal Kumar, op cit.

40. Maheshwor Shrestha, *Push and Pull: A Study of International Migration from Nepal*(Washington D.C.: World Bank Group, 2017).

41. Devandra Chhetry, "Understanding rural poverty in Nepal," in Christopher Edmonds and Sara Medina (eds), *Defining an Agenda for Poverty Reduction: Proceedings of the First Asia and Pacific Forum on Poverty(Vol. 1)*(Manila: Asian Development Bank, 2002).

42. Sanjay Sharma, Shibani Pandey, Dinesh Pathak and Bimbika Sijapati-Basnett, op cit.

43. 특히 네팔은 24세 미만의 여성에게는 이주노동자 허가서를 발급하지 않고 있기 때문에, 많은 젊은 네팔 여성들은 비공식적인 방법을 통해서 GCC 국가에서 가사노동자로 일하고 있다. 이에 따라 이주노동자 중 여성 이주노동자들이 비중이 상승하고 있으며, 이들은 사우디아라비아, 카타르, 쿠웨이트, UAE 등에서 가사 노동자로 생활하고 있다. 많은 네팔 이주여성들은 체류자격의 불법성으로 인해 임금 체불, 강제 노동, 육체적 또는 정신적 학대, 성폭력, 사기, 인신매매 등의 위험에 노출되어 있고, 최근 네팔 정부 당국은 여성 이주노동자에 대한 실태 조사에 나선 한편 여성 이주노동자의 송출을 제도권 내에서 합법적인 방식으로 이루어질 수 있도록 전환하고 있다. Nandita Baruah and Nischala Arjal, 2018, "Nepalese Labor Migration: A Status Report," *The Asia Foundation*, June 6.

44. Krishna P. Ojha, "Remittance Status and Contribution to GDP of Nepal," *NCC Journal*, Vol. 4, No. 1(2019). p. 101-112.

45. Ministry of Labor and Employment, op cit.

46. Nicolaas de Zwager and Ruslan Sintov, *Maximizing the Development Impact of Migration in Nepal: Comprehensive Market Study*(Kathmandu: International Organization for Migration(IOM) Nepal and International Agency for Source Country Information(IASCI), 2017).

47. Ibid.

48. Ministry of Labor and Employment, op cit.

49. Nicolaas de Zwager and Ruslan Sintov, op cit.

50. 김경학, 「'다중 지역'(multi-sited) 민족지적 연구를 통한 국내 네팔 이주노동자와 본국 가족원 간의 초국적 가족관계」, 『디아스포라연구』 제10권, 제1호(2016), 7-40쪽; 앞의 글.

51. 김수진, 2019, "[팩트체크] 외국인 근로자 임금 얼마나 받나?," 『연합뉴스』 6월 19일.

52. 김경학, 앞의 글.

53. 고용노동부, 2019, 고용허가제 외국인근로자(E-9) 국가별 도입 현황, https://kosis.kr/statHtml/statHtml.do?sso=ok&returnurl=https%3A%2F%2Fkosis.kr%3A443%2FstatHtml%2FstatHtml.do%3FtblId%3DDT_11827_N001%26orgId%3D118%26

54. Devandra Chhetry, op cit.

55. School of Arts, Kathmandu University, Interdisciplinary Analysts and the Asia Foundation, op cit.

56. Ministry of Labor and Employment, op cit., p. 41.

57. Ministry of Labor and Employment, op cit.

58. Sridhar Thapa and Sanjaya Acharya, "Remittances and Household Expenditure in Nepal: Evidence from Cross-Section Data," *Economies*, Vol. 5, No. 2(2017), p. 1-17.

59. 박정석, 「네팔 귀환이주자들의 이주경험과 귀환 이후 적응과정: 한국 노동이주 경험자를 중심으로」, 『디아스포라연구』 제9권, 제2호(2015), 89-119쪽.

60. World Bank Group, op cit.

61. United Nations Resident Coordinator and Humanitarian Coordinator Office(UNRCHCO), "Returnees From Migrant Labour: Welcome Home?," *Field Bulletin*, Vol. 17(2011), p. 1-5.

62. Sridhar Thapa and Sanjaya Acharya, op cit.

63. World Bank Group, *Migration and Remittances: Recent Developments and Outlook*(Washington D.C.: World Bank Group, 2019).

64. ILO Country Office for Nepal, op cit.

65. Ministry of Labor and Employment, op cit.

66. World Bank Group, op cit.

67. Bandita Sijapati et al., *Labour Migration and the Remittance Economy: The Socio-Political Impact*(Kathmandu: Social Science Baha, 2017).

68. Jaquet, Stéphanie, Thomas Kohler and Gudrun Schwilch. "Labour Migration in the Middle Hills of Nepal: Consequences on Land Management Strategies," *Sustainability*. Vol. 11, No. 5(2019). p. 1-19.

69. Jeevan Baniya, Sunita Basnet, Himalaya Kharel and Rajita Dhungana, *Center for the Study of Labour and Mobility Research Paper IX:*

Advancing Workers' Rights under SDGs: Policy and Situational Analysis of Decent Work in Nepal(Kathmandu: Social Science Baha, 2019).

70. 김경학, 앞의 글; Bandita Sijapati et al., op cit.

71. Matthew Maycock, "Masculinities, Remittances and Failure: Narratives from Far-West Nepal," *South Asia Research*, Vol. 37, No. 2(2017), p. 179-193.

72. Sridhar Thapa and Sanjaya Acharya, op cit.; World Bank Group, op cit.

73. Sanjay Sharma, Shibani Pandey, Dinesh Pathak and Bimbika Sijapati-Basnett, op cit.

74. Jeevan Sharma, "Practices of Male Labor Migration from the Hills of Nepal to India in Development Discourses: Which Pathology?," *Gender, Technology and Development*, Vol. 12, No. 3(2009), p. 303-323; Jeevan Sharma, "Culture of Migration in the Middle Hills in Nepal," in International Centre for Integrated Mountain Development Publication(ICIMOD) (ed), *Labor Migration: Opportunities and Challenges for Mountain Livelihoods.* (KathMandu: ICIMOD, 2011), pp. 18-20; Martin Piotrowski, "Mass Media and Rural Out-Migration in the Context of Social Change: Evidence from Nepal," *International Migration*, Vol. 51, No. 3(2013), p. 169-193; Stacy L. Pigg, "Inventing social categories through place: Social representations and development in Nepal," *Comparative Studies in Society and History*, Vol. 34, No. 3(1992). p. 491-513.

75. Martin Piotrowski, op cit.

76. 김경학, 앞의 글; Jeevan Sharma, op cit.

77. David N. Gellner, op cit.; Matthew Maycock, op cit.

78. Jeevan Sharma, "Marginal but Modern: Young Nepali Labour Migrants in India," *Young*, Vol. 21, No. 4(2013), p. 347-362.

79. Jeevan Sharma, op cit.

80. Jeffery H. Cohen, *The Culture of Migration in Southern Mexico*(Austin: University of Texas Press, 2004); Jeffery H. Cohen and Ibrahim Sirkeci, *Cultures of Migration: The Global Nature of Contemporary Mobility*(Austin: University of Texas Press, 2011).

81. UNDP, op cit.; World Bank Group, op cit.

82. World Bank Group, op cit.

83. Trilochan Pokharel et al., op cit.

84. Jeevan Sharma, op cit.; Nicolaas de Zwager and Ruslan Sintov, op cit.

85. United Nations Population Fund(UNFPA) Nepal, *Population Situation Analysis: With Respect to Sustainable Development*(Lalitpur: UNFPA Nepal, 2017).

86. 김정선, 「귀환이주여성들의 '이주 안전망' 만들기 : 네팔의 포우라키(Pourakhi) 액티비즘을 중심으로」, 『한국여성학』 제29권, 제4호(2013), 191-235쪽.

87. World Bank Group, op cit.

제9장

1. Laurent Bossavie and Çağlar Özden, *Policy Research Working Paper 9996: Impacts of Temporary Migration on Development in Origin Countries*. (Washington D.C.: Social Protection and Jobs Global Practice & Development Research Group, World Bank Group, 2022).

2. Jean-Pierre Cassarino, "Theorising Return Migration: The Conceptual Approach to Return Migrants Revisited," *International Journal on Multicultural Societies*, Vol. 6, No. 2(2004), p. 253-279.

3. 디아스포라 정책의 문제점은 크게 3가지로 요약할 수 있다. 첫째는 귀환이주의 역할과 기능에 대한 경제 환원주의적 관점으로서 귀환이주민이 보유한 다양한 자원과 역량을 경제적 관점에서 접근하는 관점이다. 둘째는 해외의 이주민들이 정착지에서 자원을 획득, 보유하여 모국으로 이전

하는 관점으로서 디아스포라 자원이 선진국, 정착국에서 개발도상국, 모국으로 이동한다는 주장이다. 그러나 실제 이주민의 초국적 네트워크에서 자원은 양방향으로 이동하는 경향이 있으며, 모국으로 귀환한 이후에도 이전 정착지에서의 다양한 주체들과 초국적 네트워크를 형성하고 있다. 셋째, 모국에 대한 귀환이주민의 잠재적 기여는 풍부한 자원, 선진 기술과 경험, 새로운 지식, 진취적 정신, 모험적 기질을 갖춘 '슈퍼기업가(super entrepreneurs)'로 간주하는 경향이 있지만, 많은 귀환이주민은 이러한 정형화된 이미지와는 거리가 있을 뿐만 아니라 귀환이주민의 사회적·문화적 특성이 갖는 모국에 대한 잠재적 기여 또한 부인하기 어렵다. Giulia Sinatti, "'Come back, invest, and advance the country,' Policy myths and migrant realities of return and development in Senegal," in Lisa Åkesson and Maria Eriksson-Baaz (eds), *The New Developers? Experiences of African Return Migrants*(London: Zed Books, 2015); "Return migration as a win-win-win scenario? Visions of return among Senegalese migrants, the state of origin and receiving countries," *Ethnic and Racial Studies*, Vol. 38, No. 2(2015), p. 275-291; Wim Naudé, Melissa Siegel and Katrin Marchand, "Migration, entrepreneurship and development: Critical questions," *IZA Journal of Migration*, Vol. 6, No. 5(2017), p. 1-16.

4. Jean-Pierre Cassarino, op cit.

5. Joshua S. Reichert, "The Migrant Syndrome: Seasonal U.S. Labor Migration and Rural Development in Central Mexico," *Human Organization*, Vol. 40, No. 1(1981), p. 56-66.

6. Rinus Penninx, "A Critical Review of Theory and Practice: The Case of Turkey," *International Migration Review*, Vol. 16, No. 4(1982), p. 781-818.

7. Michael Lipton, "Migration from the Rural Areas of Poor Countries: The Impact on Rural Productivity and Income Distribution," *World Development*, Vol. 8, No. 1(1980). p. 1-24.

8. Oded Stark, "Economic-Demographic Interactions in Agricultural Development: The Case of Rural-to-Urban Migration," in Rudolf Andorka et al. (eds), *Population and Agricultural Development:*

Selected Relationships and Possible Planning Uses(Rome: Food and Agriculture Organization of the United Nations, 1978), pp. 1-149; *The Migration of Labor*(Cambridge: Basil Blackwell, 1991).

9. Laurent Bossavie and He Wang, *Policy Research Working Paper 10180: Return Migration and Labor Market Outcomes: Evidence from South Asia*(Washington D.C.: Social Protection and Jobs Global Practice & Development Research Group, World Bank Group, 2022); Laurent Bossavie, Joseph-Simon Görlach, Çağlar Özden and He Wang, *Policy Research Working Paper 9740: Temporary Migration for Long-Term Investment*(Washington D.C.: Social Protection and Jobs Global Practice & Development Research Group, World Bank Group, 2021).

10. Dilip Ratha et al., *Leveraging Economic Migration for Development: A Briefing for the World Bank Board*(Washington D.C.: World Bank Group, 2019).

11. 양혜우, 「'이주노동 없는 공동체'를 위한 귀환이주노동자의 꿈: 네팔 다목적 협동조합 에커타(Ekata)를 중심으로」, 『민족연구』 제77호(2021), 147-175쪽.

12. 박경태, 「노동력 송출국에서 본 이주노동자의 사회적 연결망 : 필리핀의 가족과 공동체를 중심으로」, 『신학사상』 제113호(2002), 26-48쪽.

13. 채수홍, 「귀환 베트남 이주노동자의 삶과 동아시아 인적 교류」, 『비교문화연구』 제13권, 제2호(2007), 5-39쪽.

14. 한건수, 「본국으로 귀환한 아프리카 이주노동자의 사회문화적 적응과 정체성에 관한 연구: 가나와 나이지리아 노동자를 중심으로」, 『한국아프리카학회지』 제27권, 제1호(2004), 225-266쪽.

제10장

1. 이 장은 박경환·이재열, 「기후-이주 연계에 관한 비판적 고찰」, 『한국지역지리학회지』 제29권, 제4호(2023), 428-447쪽의 내용을 수정·보완한 것임.

2. Thomas Faist and Jeanette Schade, "The Climate-Migration Nexus: Reorientation," in Thomas Faist and Jeanette Schade (eds), *Disentangling Migration and Climate Change: Methodologies, Political Discourses and Human Rights*(London: Springer, 2013), pp. 3-28.

3. United Nations High Commissioner for Refugees, *Global Trends: Forced Displacement in 2020*(Copenhagen: UNHCR, 2021).

4. 조일준, 2015, "기후 변화가 시리아 내전 촉발," 『한겨레』 3월 3일; Colin P. Kelley et al., "Climate change in the Fertile Crescent and implications of the recent Syrian drought," *Proceedings of the National Academy of Sciences(PNAS)*, Vol. 112, No. 11(2015), p. 3241-3246.

5. 주영재, 2021, "기후위기가 국제분쟁 키운다," 『경향신문』 11월 28일.

6. Betsy Hartmann, "Rethinking climate refugees and climate conflict: Rhetoric, reality and the politics of policy discourse," *Journal of International Development*, Vol. 22, No. 2(2010), p. 233-246.

7. 김정수, 2017, "과학자들 "시리아 내전 발발 기후변화 원인론 근거 없다"," 『한겨레』 9월 11일; Christiane J. Fröhlich, "Climate Migrants as Protestors? Dispelling Misconceptions about Global Environmental Change in Pre-Revolutionary Syria," *Contemporary Levant*, Vol. 1, No. 1(2016), p. 38-50; Jan Selby, Omar S. Dahi, Christiane J. Fröhlich and Mike Hulme. "Climate change and the Syrian civil war revisited." *Political Geography*. Vol. 60(2017). p. 232-244.

8. Gregory Wrightstone, 박석순 옮김, 『불편한 사실: 앨 고어가 몰랐던 지구의 기후과학』 (서울: 어문학사, 2021), (Gregory Wrightstone, *Inconvenient Facts: The science that Al Gore doesn't want you to know*(Pittsburgh: Silver Crown Productions, 2017)); Michael Shellenberger, 노정태 옮김, 『지구를 위한다는 착각』 (서울: 부키, 2021), (Michael Shellenberger, *Apocalypse Never: Why Environmental Alarmism Hs All*(New York: Harper, 2020)); Steven E. Koonin, 박설영 옮김, 『지구를 구한다는 거짓말』 (서울: 한국경제신문, 2022), (Steven E. Koonin, *Unsettled: What Climate Science Tells Us, What It Doesn't, and Why It Matters*. (Dallas: BenBella Books, 2021)).

9. Uma Kothari, "Political discourses of climate change and migration: resettlement policies in the Maldives," *The Geographical Journal*, Vol. 180, No. 2(2014), p. 130-140.

10. Sonia Shah, *The Next Great Migration: The Beauty and Terror of Life on the Move*(London: Bloomsbury Publishing, 2020).

11. 기후-이주 연계에 대한 국내의 학술적 논의는 최근까지도 강제적 이주와 기후난민 발생, 기후난민의 인권문제, 이로 인한 국가안보 이슈 등을 중심으로 진행되고 있다. 김선희, 「기후난민의 인권 보호: 강제송환금지원칙을 중심으로」, 『세계헌법연구』 제28권, 제2호(2022), 127-156쪽; 박병도, 「기후변화와 인권의 연관성에 관한 국제법적 검토」, 『일감법학』 제42호(2019), 111-143쪽; 이태동, 「기후변화와 국제정치: 경제, 안보, 개발, 행위자 연구 아젠다」, 『국제정치논총』 제62권, 제1호(2022), 271-303쪽; 이태혁, 「기후변화와 강제이주: 온두라스를 중심으로」. 『한국과 세계』 제5권, 제3호(2023), 163-188쪽, 즉, 본 장에서 검토하는 첫 번째 담론이 국내의 기후-이주 연계 관련 지식의 형성을 지배하고 있는 상태에 있다. 반면 극히 일부의 예외적 연구를 제외하고, 적응 전략 및 모빌리티 관점의 분석적·실천적 유용성에 대해서는 충분한 검토가 이루어지지 못하고 있다. 이용균, 「인구 변화와 이주의 발생학적 이해: 캐나다 이누이트를 사례로」, 『한국도시지리학회지』 제22권, 제1호(2019), 27-45쪽; 하바라·정은아, 「가중되는 기후위기, 여성이주농업노동자, 쪽방촌여성」, 『여/성이론』 제45호(2021), 40-59쪽.

12. 최근의 기후변화 담론은 지구온난화를 넘어서 '지구보일링(global boiling)'에 대한 논의로 빠르게 전환되고 있다. 이러한 담론의 전환은 2023년 7월 역사상 최고의 월평균 기온을 기록한 맥락에서 UN 사무총장 안토니오 구테흐스(António Guterres)의 발언으로 촉발되었다. 실제로 2023년 7월 1일부터 23일까지의 기간은 1940년대 이후 "가장 뜨거운 3주"로 기록되었다. 우리나라 언론에서는 구테흐스의 지구보일링 발언을 '지구열대화'로 소개하며 대중의 관심을 자극하기도 했다. UN News, 2023, "Hottest July ever signals 'era of global boiling has arrived' says UN chief," *UN News*, July 27.

13. Essam E. El-Hinnawi, *Environmental Refugees*(Nairobi: United Nations Environment Programme(UNEP), 1985).

14. 한편 생태난민은 환경난민과 기후난민을 포괄하는 용어로 사용되곤 한다.

15. Betsy Hartmann, op cit.

16. Caleb Johnston and Geraldine Pratt, *Migration in Performance: Crossing the Colonial Present*(London: Routledge. 2019).

17. Carol Farbotko and Heather Lazrus, "The first climate refugees? Contesting global narratives of climate change in Tuvalu," *Global Environmental Change*, Vol. 22, No. 2(2012), p. 382-390.

18. Betsy Hartmann, op cit.

19. Claudia Sadowski-Smith, "Climate Migration Fiction and Multispecies Mobility in the Racial Capitalocene," *American Studies*, Vol. 60, No. 3-4(2021), p. 109-126.

20. Caitlin E. Werrell and Francesco Femia, "Climate Change as Threat Multiplier: Understanding the Broader Nature of the Risk," *The Center for Climate and Security Briefer*, No. 25(2015), p. 1-5.

21. 이 연구에서 Bettini는 어떠한 사건일지라도 가치의 진공 상태나 존재론적 중립 상태에서 발생하지 않는다는 포스트구조주의 관점을 채택하여, 범주의 사회적 구성과 정치성을 강조하는 Laclau and Mouffe의 담론 이론과 이를 도구적으로 발전시킨 Hajer의 논쟁담론분석(ADA: Argumentative Discourse Analysis) 기법을 이용했다. Ernesto Laclau and Chantal Mouffe, *Hegemony and Socialist Strategy: Towards a Radical Democratic Politics(2nd ed.)*(London: Verso, 2001); Ernesto Laclau and Roy Bhaskar, "Discourse Theory vs. Critical realism," *Alethia*, Vol. 1, No. 2(1998), p. 9-14; Maarten A. Hajer, "Doing Discourse Analysis: Coalitions, Practices, Meaning," in Margo van den Brink and Tamara Metze (eds), *Words Matter in Policy and Planning: Discourse Theory and Method in the Social Sciences*(Utrecht: Koninklijk Nederlands Aardrijkskundig Genootschap(KNAG), Netherlands Graduate School of Urban and Regional Research(NETHUR), 2006). pp. 65-74. 그는 의미적 총체를 구성하는 일련의 행위, 경험, 사건, 서사를 담론으로 정의하고, 이에 개입된 과장, 생략 등 수사적 전략에 대한 분석과 아울러 이러한 담론이 갖는 존재론적·인식론적 특징과 정치적 의미 등을 분석

했다. Giovanni Bettini, "Climate Barbarians at the Gate? A critique of apocalyptic narratives on 'climate refugees'," *Geoforum*, Vol. 45(2013), p. 63-72.

22. 1988년에 UN 산하의 전문조직으로 설립된 IPCC는 기후변화로 인한 전 지구적 위험을 평가하고 예측하는 대표적인 조직으로서 기후변화와 관련된 전문 보고서를 가장 많이 발간할 뿐만 아니라 정부, 학계, 미디어 등 여러 행위자들이 '과학적' 권위의 정당성을 확보하는 데에 빈번히 인용되고 있다.

23. 지구온난화에 따른 기후변화의 위험을 평가하려는 영국 정부의 의뢰로 런던정경대(LSE) 교수인 Nicholas Stern이 2006년에 발간한 보고서로 원제목은 <The Economics of Climate Change: the Stern Review>이다. Stern은 세계은행 부총재를 지낸 인물로서 경제학적 관점에서 기후변화 현상이 시장 작동의 실패라고 보았으며, 지구의 평균기온 상승이 선진국의 안보와 안전을 위협할 수 있고 시장의 붕괴를 가져올 수 있다고 경고했다. 그러면서 기후변화에 관한 글로벌 거버넌스의 관리 하에 '시장의 해법'을 통해 기후변화를 해결해야 한다고 제안했다. Nicholas Stern, *The Economics of Climate Change: The Stern Review*(Cambridge: Cambridge University Press, 2006).

24. WPC는 "기후변화와 어머니 지구의 권리에 관한 세계민중회의(World People's Conference on Climate Change and the Rights of Mother Earth)"의 약칭으로서 2010년 4월 볼리비아 정부의 주최로 100개국 이상의 정부 대표들과 시민사회단체가 코차밤바(Cochabamba)에서 개최한 공동모임이었다.

25. 보다 세부적으로 살펴보면, 스턴보고서는 기후이주 자체보다는 이 때문에 발생할 '파국적' 인구이동과 '지역 간 갈등'에 초점을 두었다. 시민사회담론에서는 기후변화의 불가피성을 대규모의 기후이주의 불가피성으로 치환하면서 '공포', '위협', '위험'과 같은 어휘들을 구사하면서도, 인도주의 관점에서 기후변화가 개발도상국의 개발을 가로막는 요인으로 부상하고 있다는 점을 강조했다. 급진담론에서는 기후변화의 영향이 가장 심각한 지역에서는 강제적 기후이주가 유일한 대응책일 수밖에 없다고 보면서, 기후변화에 대한 선진 자본주의 국가들의 책임과 기후정의의 실현을 촉구했다.

26. Giovanni Bettini, op cit.

27. Ibid.

28. Christiane J. Fröhlich, op cit.

29. Sandi Keane, 2013, "Kiribati and the coming climate refugee crisis," *Independent Australia*, November 29.

30. United Nations Human Rights Committee(UNHRC), *Views adopted by the Committee under article 5 (4) of the Optional Protocol, concerning communication No. 2728/2016 : Human Rights Committee*. (Geneva: UN, 2020), p. 8.

31. Ibid., p. 10.

32. Ibid., p. 9.

33. Giovanni Bettini, op cit.; "Where Next? Climate Change, Migration, and the (Bio)politics of Adaptation," *Global Policy*, Vol. 8, No. S1(2017), p. 33-39.

34. Uma Kothari, op cit.

35. Michal Burzyński, Frédéric Docquier and Hendrik Scheewel, "The geography of climate migration," *Journal of Demographic Economics*, Vol. 87, No. 3(2021), p. 345-381.

36. Cecilia Tacoli, "Crisis or adaptation? Migration and climate change in a context of high mobility," *Environment and Urbanization*, Vol. 21, No. 2(2009), p. 513-525.

37. Andrew Baldwin, "Racialisation and the Figure of the Climate-Change Migrant," *Environment and Planning A: Economy and Space*, Vol. 45, No. 6(2013), p. 1474-1490; "Premediation and white affect: climate change and migration in critical perspective," *Transactions of the Institute of British Geographers*, Vol. 41, No. 1(2016), p. 78-90.

38. Andrew Baldwin, op cit.; Andrew Baldwin, Christiane Fröhlich and Delf Rothe, "From climate migration to anthropocene mobilities: shifting the debate," *Mobilities*, Vol. 14, No. 3(2019), p. 289-297.

39. Giovanni Bettini, Sarah Haider-Nash and Giovanna Gioli, "One step forward, two steps back? The fading contours of (in)justice in competing discourses on climate migration," *Geographical Journal*, Vol. 183, No. 4(2017), p. 348-358.

40. Hanne Wiegel, Ingrid Boas and Jeroen Warner, "A mobilities perspective on migration in the context of environmental change," *WIREs Climate Change*, Vol. 10, No. 6(2019), p. 1-9.

41. Giovanni Bettini, Sarah Haider-Nash and Giovanna Gioli, op cit.

42. 박경환, 「초국가주의 뿌리 내리기: 초국가주의 논의의 세 가지 위험」, 『한국도시지리학회지』 제10권, 제1호(2007), 77-88쪽; Michael P. Smith and Luis E. Guarnizo, *Transnationalism from Below: Comparative Urban and Community Research*(New York: Routledge, 1998).

43. Jon Barnett and Michael Webber, *Policy Research Working Paper 5270: Accommodating Migration to Promote Adaptation to Climate Change*(Washington D.C.: Development Economics, Office of the Senior Vice President and Chief Economist, World Bank Group, 2010).

44. Robert McLeman and Barry Smit, "Migration as an Adaptation to Climate Change," *Climate Change*, Vol. 76(2006). p. 31-53.

45. Cecilia Tacoli, op cit.; Jon Barnett and Michael Webber, op cit.; Richard Black et al. "Climate change: Migration as adaptation," *Nature*, Vol. 478, No. 7370(2011). p. 447-449; Robert McLeman and Barry Smit, op cit.

46. Maddy Thompson, "Migration decision-making: a geographical imaginations approach," *Area*, Vol. 49, No. 1(2017), p. 81.

47. David Chandler, "Resilience and human security: The post-interventionist paradigm," *Security Dialogue*, Vol. 43, No. 3(2012), p. 213-219; *Resilience: The Governance of Complexity*(London: Routledge, 2014); Julian Reid, "The disastrous and politically debased subject of resilience," *Development Dialogue*, Vol. 58, No. 1(2012), p. 67-79.

48. Mimi Sheller and John Urry. "The New Mobilities Paradigm," *Environment and Planning A: Economy and Space*. Vol. 38, No. 2(2006). p. 207-226; Paul J. Crutzen and Eugene F. Stoermer. "The "Anthropocene"," *Global Change Newsletter*. No. 41(2000). p. 17-18.

49. Ingrid Boas et al., "Climate migration myths," *Nature Climate Change*, Vol. 9, No. 12(2019), p. 901-903.

50. Mimi Sheller, *Mobility Justice: The Politics of Movement in An Age of Extremes*(London: Verso, 2018).

51. Ibid.

52. Peter Adey, "If Mobility is Everything Then it is Nothing: Towards a Relational Politics of (Im)mobilities," *Mobilities*, Vol. 1, No. 1(2006), p. 75-94; *Mobility(2nd ed.)*(London: Routledge, 2017).

53. John Urry, *Mobilities*(Cambridge: Polity Press, 2007); Mimi Sheller and John Urry, op cit.

54. Tim Cresswell, "Towards a Politics of Mobility," *Environment and Planning D: Society and Space*, Vol. 28, No. 1(2010), p. 17-31.

55. Vincent Kaufmann, Manfred M. Bergman and Dominique Joye, "Motility: mobility as capital," *International Journal of Urban and Regional Research*, Vol. 28, No. 4(2004), p. 745-756.

56. Peter Adey, "Emergency Mobilities," *Mobilities*, Vol. 11. No. 1(2016), p. 32-48.

57. Adams Helen, "Why populations persist: Mobility, place attachment and climate change," *Population and Environment*, Vol. 37, No. 4(2016), p. 429-448.

58. Carol Farbotko, "Voluntary Immobility: Indigenous Voices in the Pacific," *Forced Migration Review*, No. 57(2018), p. 81-83.

59. Silja Klepp and Johannes Herbeck, "The politics of environmental migration and climate justice in the Pacific region," *Journal of Human Rights and the Environment*, Vol. 7, No. 1(2016), p. 54-73.

60. Richard Black et al.. "Migration, immobility and displacement outcomes following extreme events," *Environmental Science & Policy*. Vol. 27, No. 3(2013), p. S32-S43.

61. Georgina Cundill et al., "Toward a climate mobilities research agenda: Intersectionality, immobility, and policy responses," *Global Environmental Change*, Vol. 69(2021), p. 1-7.

62. Mimi Sheller, op cit. p. 1.

63. Jason Moore, 2017, "The Capitalocene, Part I: on the Nature and Origins of Our Ecological Crisis," *Journal of Peasant Studies*, 44(3), 594-630.; Jason Moore (ed), 2016, *Anthropocene or Capitalocene?: Nature, History, and the Crisis of Capitalism*, PM Press, Oakland.

64. Thomas Nail, 2019, "Migrant Climate in the Kinocene," *Mobilities*, 14(3), 375-380.

65. Kyle Whyte, Jared L. Talley and Julia D. Gibson, "Indigenous Mobility Traditions, Colonialism, and the Anthropocene," *Mobilities*, 14(3), 319-335.

66. 투발루는 1978년 영국으로부터 독립한 이후 경제자립을 위해 정부 주도로 관광객 유치를 위한 건축 및 관광인프라 구축으로 환경오염을 초래했으며, 수산자원 남획으로 인해 산호초 일대의 생태계가 파괴되었다. 2000년대 들어 수산자원 부족으로 외곽 주변부 섬으로부터 생계를 잃은 많은 빈곤층이 수도에 과도하게 집중하게 되었는데, 경기침체로 관광객의 유입 또한 줄어들게 되자 일자리 부족으로 기후난민이 발생했다. 이에 대해서는 Farbotko and Lazrus(2012)를 참고할 것. Farbotko, C. and Lazrus, H., op cit.

67. '모아나'는 하와이, 사모아, 통가, 타히티 등 폴리네시아에서 '저기 먼 곳', '대양', '깊은 바다' 등을 뜻하는 용어로서 3,500년 전 원주민들이 카누를 이용해 남태평양 전역을 항해하며 정착하며 형성한 네트워크 사회를 함의한다. 이는 2016년 디즈니에서 제작한 애니메이션의 제목이기도 하다. 바아(vā, wā, va'a, or vaha)는 사모아, 통가를 비롯한 태평양 도서 지역(폴리네시아)에서 '사이공간(a space in-between)'을 뜻하는 용어로서, 특히 장소, 사람 또는 환경 간의 호혜적 관계와 상호존중을 함의한다. 바아는 '빈 공간' 또는 '무엇을 나누는 공간'이 아니라, 분리된 실체와 사물을 서

로 묶어서 통일적인 관계를 형성하여 전체를 구성하며 그들 사이에 맥락과 의미를 부여하는 생성이며 역동적인 공간이다. 이런 점에서 문화, 가족, 전통 간의 차이는 바아를 통해서 창조되는 것이므로, 바아는 상이한 정체성 간의 복잡한 관계를 연결, 형성하는 '관계적 공간(relational space)' 또는 네트워킹의 공간으로 해석될 수 있다. Kumar, B., 2011, *The Potential of Vā: An Investigation of How 'Ie Tōga Cctivate the Spatial Relationships of the Vā, for a Samoan Diaspora Community*, Master's Thesis, Auckland University of Technology.

68. Samid Suliman et al. "Indigenous (Im)Mobilities in the Anthropocene." *Mobilities*. Vol. 14, No. 3(2019). p. 298-318.

69. Ibid.

70. Silja Klepp and Johannes Herbeck. "The politics of environmental migration and climate justice in the Pacific region." Journal of Human Rights and the Environment. Vol. 7, No. 1(2016). p. 54-73.

71. Ibid.

72. Mimi Sheller, op cit. p. 11.

73. Robert Stojanov, Sarah Rosengaertner, Alex de Sherbinin and Raphael Nawrotzki, "Climate Mobility and Development Cooperation," *Population and Environment*, Vol. 43, No. 2(2021), p. 209-231.

74. Jon Barnett and Celia McMichael, "The effects of climate change on the geography and timing of human mobility," *Population and Environment*, Vol. 39, No. 4(2018), p. 339-356; Joris Schapendonk and Griet Steel, "Following Migrant Trajectories: The Im/Mobility of Sub-Saharan Africans en Route to the European Union," *Annals of the Association of American Geographers*, Vol. 104, No. 2(2014), p. 262-270.

75. Laurie Parsons, "Structuring the emotional landscape of climate change migration: Towards climate mobilities in geography," *Progress in Human Geography*, Vol. 43, No. 4(2018), p. 670-690.

76. Peter Adey, op cit. p. 75.

결론

1. Rowland Atkinson, *Alpha City: How London was captured by the Super-Rich*(London: Verso, 2020).

2. Doreen Massey, *For Space*(London: Sage, 2005).

3. Saskia Sassen, *Globalization and Its Discontents: Essays on the New Mobility of People and Money*(New York: The New Press, 1999); "Cracked casings: towards an analytics for studying transnational processes," in Ludger Pries (ed), *New Transnational Social Spaces: International Migration and Transnational Companies in the Early Twenty-First Century*(London: Routledge, 2001); *The Global City: New York, London, Tokyo*(Princeton: Princeton University Press, 2001); "Three Emergent Migrations: An Epochal Change," *Sur-International Journal on Human Rights*, Vol. 13, No. 23(2016), p. 29-41.

4. Leslie Sklair, "Conceptualising and researching the transnational capitalist class in Australia," *Journal of Sociology*, Vol. 32, No. 2(1996), p. 1-19; "The Transnational Capitalist Class and Global Capitalism: The Case of the Tobacco Industry," *Political Power and Social Theory*, Vol. 12(1998). p. 3-43; *The Transnational Capitalist Class*(New Jersey: Wiley-Blackwell, 2001).

5. Neil Coe and Philip Kelly, "Distance and discourse in the labour market: the case of Singapore," *Area*, Vol. 32, No. 4(2000), p. 413-422.

6. Neil Coe, Philip Kelly and Kris Olds, "Globalization, transnationalism, and the Asia-Pacific," in Jamie Peck and Henry W. Yeung (eds), *Remaking the Global Economy: Economic-Geographical Perspectives*(Thousand Oaks: Sage, 2003). pp. 45-60.

7. Nina G. Schiller, "Citizens in transnational nation-states: The Asian experience," in Kris Olds et al. (eds), *Globalisation and the Asia-Pacific: Contested Territories*(London: Routledge, 1999), pp. 202-218.

8. 라이프스타일 이주라는 용어는 여러 가지로 혼용되고 있다. 초창기에는 주로 북유럽 출신 이주민이 남부유럽의 해안가나 농촌지역으로 이주하

는 현상을 설명하기 위해서 '주거이주(residential migration)' 또는 '주거관광(residential tourism)'이라는 용어가 사용되면서, 이러한 북유럽 이주민들이 형성하는 새로운 경관이 환경파괴, 사회·인구학적 변동의 가속화, 사회 인프라에 대한 압력 증가를 야기한다는 점이 주요 사회문제로 떠올랐다. 한편 이와 별도로 '어메니티 이주(amenity migration)', '기득권층 이주(privileged migration)', '은퇴 이주(retirement migration)' 등의 용어가 병행되기도 했다. 이와 관련해서 Emard and Nelson, 2020을 추가적으로 참고할 것. Kelsey Emard and Lise Nelson, "Geographies of global lifestyle migration: Towards an anticolonial approach," *Progress in Human Geography*, Vol. 45, No. 5(2020), p. 1-21.

참고문헌

국문 도서

• 이용균. 『글로벌 이주: 이동, 관계, 주변화』. 광주: 전남대학교출판부, 2017.

• 조일준. 『이주하는 인간, 호모 미그란스: 인류의 이주 역사와 국제이주의 흐름』. 서울: 푸른역사, 2016.

• 최병두·임석회·안영진·박배균. 2011, 『지구·지방화와 다문화 공간』. 서울: 푸른길, 2011.

국문 비도서

• 강지연. 「학부모의 교육의식과 자녀 조기유학 선택: 서울 강남지역 학부모들을 중심으로」. 이화여자대학교 석사학위논문(2002).

• 고민경. 「초국가적 장소의 형성: 이태원을 중심으로 바라본 서울의 세계화」. 서울대학교 석사학위논문(2009).

• 국제개발협력위원회. 『네팔 국가협력전략(CPS)』. 세종: ODA Korea, 2016.

• 권순선. 「조기유학 학생들의 한국 학교교육에 대한 인식 조사 연구」. 고려대학교 석사학위논문(2008).

- 김경근·윤혜준.「교육적 동기에 의한 '탈한국' 개연성이 있는 가족의 특성」.『교육사회학연구』 제15권, 제3호(2005).
- 김경순.「조기 영어교육에 대한 어머니의 인식 및 양육스트레스 분석」. 아주대학교 석사학위논문(2010).
- 김경학.「국내 네팔 이주노동자의 초국적 가족 유대」.『남아시아연구』 제20권, 제 2호(2014).
- ______.「'다중 지역'(multi-sited) 민족지적 연구를 통한 국내 네팔 이주노동자와 본국 가족원 간의 초국적 가족관계」.『디아스포라연구』 제10권, 제1호(2016).
- ______.「국제이주와 달리트 카스트의 사회·경제적 관계의 변화: 네팔 '카브레-팔란초크 지구' 농촌지역을 중심으로」.『문화역사지리』 제31권, 제2호(2019).
- 김경학·신지원·이기연·신난딩·박경환.「이주국가의 부상: 네팔의 국제이주노동 제도화의 특징과 잠재적 문제점」.『경관과 지리』 제30권, 제1호(2020).
- 김명혜.「한국과 캐나다 거주 어머니들의 부모신념, 양육태도 및 아동의 사회적 유능감」. 숙명여자대학교 박사학위논문(2006).
- 김봉철.「골든비자 제도 관련 포르투갈 이민법의 동향」.『강원법학』 제61호(2020).
- 김선희.「기후난민의 인권 보호: 강제송환금지원칙을 중심으로」.『세계헌법연구』 제28권, 제2호(2022).
- 김수매리.「조기유학에 대한 초등학교 학부모의 인식 연구」. 서울교육대학교 석사학위논문(2006).
- 김영희.「뉴질랜드 거주 기러기 어머니의 생활 실태 연구」.『대한가정학회지』 제43권, 제11호(2005).
- 김은진·김현우.「사교육으로서 조기유학의 문제 인식에 관한 소고」.『고황논집』 제47권(2010).

- 김정선. 「귀환이주여성들의 '이주 안전망' 만들기 : 네팔의 포우라키(Pourakhi) 액티비즘을 중심으로」. 『한국여성학』 제29권, 제4호(2013).
- 김희정. 「부모의 교육전략으로서 문화적 자본의 성격분석: 1990년대 이후 여성잡지의 교육기사를 중심으로」. 한국교원대학교 석사학위논문(2010).
- 로랑 코르도니에. 「'새롭지 않은' 뉴노멀의 도래」. 『르몽드디플로마티크 한국어판』 제149호(2021).
- 박경태. 「노동력 송출국에서 본 이주노동자의 사회적 연결망 : 필리핀의 가족과 공동체를 중심으로」. 『신학사상』 제113호(2002).
- 박경환. 「빈곤으로부터 가치 짜내는 방법: 로스앤젤레스 도시재개발국에 대한 제도민족지적 비판」. 『한국지역지리학회지』 제12권, 제2호(2006).
- ______. 「초국가주의 뿌리 내리기: 초국가주의 논의의 세 가지 위험」. 『한국도시지리학회지』 제10권, 제1호(2007).
- ______. 「소수자와 소수자 공간: 비판 다문화주의의 공간 교육을 위한 제언」. 『한국지리환경교육학회지』 제16권, 제4호(2008).
- ______. 「광주광역시 초국적 다문화주의의 지리적 기반에 관한 연구」. 『한국도시지리학회지』 제12권, 제1호(2009).
- ______. 「초국적 민족주의와 초국적 국가 기구의 부상: 한국의 사례」. 『대한지리학회지』 제44권, 제2호(2009).
- ______. 「글로벌, 로컬, 스케일: 공간과 장소를 둘러싼 정치」. 『로컬리티 인문학』 제5호(2011).
- ______. 「글로벌 시대 인문지리학에 있어서 행위자-네트워크 이론(ANT)의 적용 가능성」. 『한국도시지리학회지』 제17권, 제1호(2014).
- ______. 「대안 정치를 위한 공간적 상상의 재고(再考): Doreen Massey(1944~2016)의 『공간을 위하여』(2005)에 대한 논평」. 『한국도시지리학회지』 제19권, 제1호(2016).

• 박경환·백일순. 「조기유학을 매개로 한 '분절가구 초국적 가족'의 부상」. 『한국도시지리학회지』 제15권, 제1호(2012).

• 박경환·이재열. 「기후-이주 연계에 관한 비판적 고찰」. 『한국지역지리학회지』 제29권, 제4호(2023).

• 박배균·정건화. 「세계화와 '잊어버림'의 정치: 안산시 원곡동의 외국인 노동자 거주 지역에 대한 연구」. 『한국지역지리학회지』 제10권, 제4호(2004).

• 박병도. 「기후변화와 인권의 연관성에 관한 국제법적 검토」. 『일감법학』 제42호(2019).

• 박소화. 「조기유학 경험의 초국가성에 대한 근거이론적 분석」. 충남대학교 박사학위논문(2010).

• 박정석. 「국민-국가와 종족 민족주의: 네팔 림부 종족을 중심으로」. 『인도연구』 제19권, 제2호(2014).

• ______. 「네팔 귀환이주자들의 이주경험과 귀환 이후 적응과정: 한국 노동이주 경험자를 중심으로」. 『디아스포라연구』 제9권, 제2호(2015).

• 송병준. 「2000년대 이후 유럽연합(EU)의 난민 정책」. 『공공정책』 제191호(2021).

• 안광복. 2004, 「조기유학과 기러기 가족」. 『철학과 현실』 제 60호(2004).

• 안병철. 「조기유학의 현황과 과제」. 『1996년 한국사회학회 후기사회학대회 발표문 요약집』(1996).

• 양용석. 「한국 학생들의 미국을 중심으로 한 영어권국가 대상 조기유학 연구: 특성, 결정 과정, 효과를 중심으로」. 한국외국어대학교 박사학위논문(2011).

• 양혜우. 「'이주노동 없는 공동체'를 위한 귀환이주노동자의 꿈: 네팔 다목적 협동조합 에커타(Ekata)를 중심으로」. 『민족연구』 제77호(2021).

• 유희연. 「조기유학의 초국가적 네트워크 특성과 정체성에 관한 연구」. 이화여자대학교 석사학위논문(2008).

- 윤혜준. 「조기유학을 고려하는 학부모의 특성에 관한 연구」. 고려대학교 석사학위논문(2005).
- 이보라·김교성. 「네팔의 다차원적 빈곤」. 『한국사회복지조사연구』 제48권(2016).
- 이용균. 「인구 변화와 이주의 발생학적 이해: 캐나다 이누이트를 사례로」. 『한국도시지리학회지』 제22권, 제1호(2019).
- 이윤미. 「공교육의 역사성과 교육의 공공성 문제」. 『교육비평』 제6권(2001).
- 이태동. 「기후변화와 국제정치: 경제, 안보, 개발, 행위자 연구 아젠다」. 『국제정치논총』 제62권, 제1호(2022).
- 이태혁. 「기후변화와 강제이주: 온두라스를 중심으로」. 『한국과 세계』 제5권, 제3호(2023).
- 이혜경·정기선·유명기·김민정. 「이주의 여성화와 초국가적 가족: 조선족 사례를 중심으로」. 『한국사회학』 제40권, 제5호(2006).
- 임동진·이규홍. 「주요국의 투자이민제도의 비교분석 및 정책적 시사점: 미국, 캐나다, 호주, 홍콩의 사례를 중심으로」. 『한국이민정책학보』 제1권, 제1호(2016).
- 장경섭. 「개발국가, 복지국가, 위험가족: 한국의 개발자유주의와 사회재생산 위기」. 『한국사회정책』 제18권, 제3호(2011).
- 정도희. 「난민법의 개정과 제언」. 『중앙법학』 제23집, 제3호(2021).
- 정현주. 「공간에 덫에 갇힌 그녀들?: 국제결혼이주여성의 이동성에 대한 연구」. 『한국도시지리학회지』 제10권, 제2호(2007).
- 조명덕. 「조기유학 붐의 원인과 문제점 및 해결 방안」. 『현상과 인식』 제26권, 제4호(2002).
- 조혜영·최원기·이경상·Nancy Abelmann. 2007, 「청소년들은 어떻게 조기유학을 결정하게 되는가?: 미국 소도시 유학생들의 사례」. 『청소년학연구』 제14권, 제4호(2007).

• 차승연.「한국의 조기유학 현상의 실태 조사」. 숙명여자대학교 석사학위논문(2008).

• 채수홍.「귀환 베트남 이주노동자의 삶과 동아시아 인적 교류」.『비교문화연구』 제13권, 제2호(2007).

• 천세영·박소화.「초국적 교육: Post-nationality의 관점에서 본 조기유학」.『인문학연구』 제35권, 제2호(2008).

• 최재헌.「저개발국가로부터 여성 결혼이주의 정주패턴과 사회적응 과정: 저개발국가로부터의 여성 결혼 이주와 결혼중개업체의 특성」.『한국도시지리학회지』 제 10권, 제2호(2007).

• 하바라·정은아.「가중되는 기후위기, 여성이주농업노동자, 쪽방촌여성」.『여/성이론』 제45호(2021).

• 한건수.「본국으로 귀환한 아프리카 이주노동자의 사회문화적 적응과 정체성에 관한 연구: 가나와 나이지리아 노동자를 중심으로」.『한국아프리카학회지』 제27호(2004).

• 한국국제협력단.『KOICA ODA연구원 보고서: 네팔 교육 분야 현황』. 성남: 한국국제협력단 ODA연구원, 2016.

• ______.『KOICA ODA연구원 보고서: 네팔 농촌개발 분야 현황』. 성남: 한국국제협력단 ODA연구원, 2016.

• ______.『KOICA ODA연구원 보고서: 네팔 보건 분야 현황』. 성남: 한국국제협력단 ODA연구원, 2016.

영문 도서

• Adey, Peter. *Mobility(2nd ed.)*. London: Routledge. 2017.

• Anderson, Kay. *Vancouver's Chinatown: Racial Discourse in Canada, 1875-1980*. Québec: McGill-Queen's Press. 1995.

• Atkinson, Rowland. *Alpha City: How London was captured by the Super-Rich*. London: Verso, 2020.

- Baniya, Jeevan, Sunita Basnet, Himalaya Kharel and Rajita Dhungana. *Center for the Study of Labour and Mobility Research Paper IX: Advancing Workers' Rights under SDGs: Policy and Situational Analysis of Decent Work in Nepal*. Kathmandu: Social Science Baha. 2019.

- Barnett, Jon and Michael Webber. *Policy Research Working Paper 5270: Accommodating Migration to Promote Adaptation to Climate Change*. Washington D.C.: Development Economics, Office of the Senior Vice President and Chief Economist, World Bank Group. 2010.

- Bartram, David, Maritsa V. Porus, and Pierre Monforte. 이영민·이현욱·김수정·송정아·이화용·박현서 옮김. 『개념으로 읽는 국제이주와 다문화사회』. 서울: 푸른길, 2017.

- Basch, Linda, Nina G. Schiller and Cristina S. Blanc. *Nations Unbound: Transnational Projects, Postcolonial Predicaments, and Deterritorialised Nation-States*. London: Routledge, 1994.

- Bastos, Santiago. "Territorial dispossession and indigenous rearticulation in the Chapala Lakeshore." In Michael Janoschka and Heiko Haas (eds). *Contested Spatialities, Lifestyle Migration and Residential Tourism*. London: Routledge. 2013.

- Bauer, Thomas and Astrid Kunze. "The Demand for High-Skilled Workers and Immigration Policy." *CEPR Discussion Papers No. 4274*. Paris and London: CEPR Press. 2004.

- Beaverstock, Jonathan. "Highly skilled international labour migration and world cities: expatriates, executives and entrepreneurs." In Ben Derudder, Michael Hoyler, Peter J. Taylor and Frank Witlox (eds). *International Handbook of Globalization and World Cities*. Cheltenham: Edward Elgar Publishing. 2011.

- Benson, Michaela C. "Negotiating privilege in and through lifestyle migration." In Michaela C. Benson and Nick Osbaldiston (eds). *Understanding lifestyle migration: Theoretical Approaches to*

Migration and the Quest for a Better Way of Life. London: Palgrave Macmillan. 2014.

• Benson, Michaela C. and Karen O'Reilly. *Lifestyle Migration and Colonial Traces in Malaysia and Panama*. London: Palgrave Macmillan. 2018.

• Bhabha, Homi K. *Nation and Narration*. London: Routledge. 1990.

• Bordo, Michael D. "The Second Era of Globalization is Not Yet Over: An Historical Perspective." *NBER Working Paper No. 23786*. Cambridge: National Bureau of Economic Research, 2017.

• Borges, Marcelo J. and Madeline Y. Hsu (eds). *The Cambridge History of Global Migrations Volume Ⅱ: Migrations, 1800-Present*. Cambridge: Cambridge University Press. 2023.

• Bossavie, Laurent and Çağlar Özden. *Policy Research Working Paper 9996: Impacts of Temporary Migration on Development in Origin Countries*. Washington D.C.: Social Protection and Jobs Global Practice & Development Research Group, World Bank Group. 2022.

• Bossavie, Laurent and He Wang. *Policy Research Working Paper 10180: Return Migration and Labor Market Outcomes: Evidence from South Asia*. Washington D.C.: Social Protection and Jobs Global Practice & Development Research Group, World Bank Group. 2022.

• Bossavie, Laurent, Joseph-Simon Görlach, Çağlar Özden and He Wang. *Policy Research Working Paper 9740: Temporary Migration for Long-Term Investment*. Washington D.C.: Social Protection and Jobs Global Practice & Development Research Group, World Bank Group. 2021.

• Brinkley, Ian. *In Search of the Gig Economy. Lancaster: The Work Foundation*. Lancaster University, 2016.

• Casti, John L. 이현주 옮김. 『X이벤트 - 복잡성 과학자가 말하는 11가지 문명 붕괴 시뮬레이션』. 서울: 반비, 2013.

- Castles, Stephen and Mark J. Miller. 한국이민학회 옮김. 『이주의 시대』. 서울: 일조각, 2013.

- Central Bureau of Statistics of Nepal. *Population of Atlas of Nepal*. Kathmandu: Central Bureau of Statistics of Nepal. 2018.

- Central Bureau of Statistics of Nepal and ILO Country Office for Nepal. *Report on the Nepal Labour Force Survey 2017/18*. Kathmandu: Central Bureau of Statistics of Nepal. 2018.

- Chandler, David. *Resilience: The Governance of Complexity*. London: Routledge. 2014.

- Chhetry, Devandra. "Understanding rural poverty in Nepal." In Christopher Edmonds and Sara Medina (eds). *Defining an Agenda for Poverty Reduction: Proceedings of the First Asia and Pacific Forum on Poverty(Vol. 1)*. Manila: Asian Development Bank. 2002.

- Coe, Neil, Philip Kelly and Kris Olds. "Globalization, transnationalism, and the Asia-Pacific." In James Peck and Henry W. Yeung (eds). *Remaking the Global Economy: Economic-Geographical Perspectives*. Thousand Oaks: Sage. 2003.

- Cohen, Jeffery H. *The Culture of Migration in Southern Mexico*. Austin: University of Texas Press. 2004.

- Cohen, Jeffery H. and Ibrahim Sirkeci. *Cultures of Migration: The Global Nature of Contemporary Mobility*. Austin: University of Texas Press. 2011.

- Collier, Elizabeth and Charles R. Strain. *Global Migration: What's Happening, Why, and a Just Response*. London: Anselm Academic, 2017.

- Dao, Thu Hien, Frédéric Docquier, Christopher Parsons and Giovanni Peri. "Migration and Development: Dissecting the Anatomy of the Mobility Transition." *IZA Discussion Papers No. 10272*. Bonn: Institute for the Study of Labor. 2016.

- Diamond, Jared. 김진준 옮김. 『총, 균, 쇠』. 파주: 문학사상, 2013.

- Dustmann, Christian and Yoram Weiss. "Return migration: theory and empirical evidence." *Center for Research and Analysis of Migration Discussion Paper Series CDP No. 02/07*. London: University College London.

- El-Erian, Mohamed. 손민중 옮김. 『새로운 부의 탄생』. 서울: 한국경제신문, 2009.

- El-Hinnawi, Essam E. *Environmental Refugees*. Nairobi: United Nations Environment Programme(UNEP). 1985.

- Epstein, Gerald A. (ed). *Financialization and the World Economy*. Northampton: Edward Elgar Publishing, 2005.

- Faist, Thomas and Jeanette Schade. "The Climate-Migration Nexus: Reorientation." In Thomas Faist and Jeanette Schade (eds). *Disentangling Migration and Climate Change: Methodologies, Political Discourses and Human Rights*, London: Springer. 2013.

- FATF/OECD. *Misuse of Citizenship and Residency by Investment Programmes*. Paris: FATF, 2023.

- Ferris, Elizatbeth G. and Donato Katharine M. *Refugees, Migration and Global Governance: Negotiating the Global Compacts*. New York: Routledge, 2019.

- Fiddian-Qasmiyeh, Elena, Gil Loescher, Katy Long and Nando Sigona. *The Oxford Handbook of Refugee and Forced Migration Studies*. Oxford: Oxford University Press, 2014.

- Fisher, Michael H. *Migration: A World History*. Oxford: Oxford University Press, 2013.

- Gellner, David N. *The Mahesh Chandra Regmi Lecture 2016: The Ideal of Nepal*. Kathmandu: Social Science Baha. 2016.

- Hajer, Maarten A. "Doing Discourse Analysis: Coalitions, Practices, Meaning." In Margo van den Brink and Tamara Metze (eds). *Words Matter in Policy and Planning: Discourse Theory and Method in the Social Sciences*. Utrecht: Koninklijk Nederlands Aardrijkskundig Genootschap(KNAG), Netherlands Graduate School of Urban and Regional Research(NETHUR). 2006.

• Hall, Stuart. "Cultural identity and diaspora." In Jonathan Rutherford (ed). *Identity: Community, Culture, Difference*. London: Lawrence and Wishart. 1990.

• Harari, Yuval N. 조현욱 옮김. 『사피엔스』. 파주: 김영사, 2015.

• Harvey, David. *The Urbanization of Capital: Studies in the History and Theory of Capitalist Urbanization*. Baltimore: The Johns Hopkins University Press, 1985.

• ______. *Rebel Cities: From the Right to the City to the Urban Revolution*. London: Verso, 2012.

• Hay, Iain and Jonathan V. Beaverstock. *Handbook on Wealth and the Super-Rich*. Cheltenham: Edward Elgar Publishing. 2016.

• Hirschman Charles, Philip Kasinitz and Josh DeWind. *Handbook of International Migration: the American Experience*. New York: Russell Sage Foundation, 1999.

• Huete, Raquel, Alejandro Mantecón and Tomás Mazón. "Analysing the social perception of residential tourism development." *Proceedings of the IASK International Conference: Advances in Tourism Research*. Aveiro: IASK, 2008.

• Huntington, Ellsworth. *The Pulse of Asia: A Journey in Central Asia Illustrating the Geographic Basis of History*, Houghton: Mifflin, 2007[1907].

• Huws, Ursula, Neil H. Spencer and Simon Joyce. *Crowd Work in Europe: Preliminary Results from a Survey in the UK, Sweden, Germany, Austria and the Netherlands*. Hatfield: University of Hertfordshire, Foundation for FEPS and UNI Europa, 2016.

• ILO Country Office for Nepal. *Nepal Labour Market Update.* Kathmandu: ILO Country Office for Nepal. 2017.

• International Labor Organization. *Global Estimates on International Migrant Workers – Second Edition.* Geneva: ILO, 2018.

• ______. *Global Estimates on International Migrant Workers – Third Edition.* Geneva: ILO, 2021.

• International Organization for Migration. *World Migration Report 2020.* Geneva: IOM, 2019.

• ______. *World Migration Report 2022.* Geneva: IOM, 2022.

• ______. *World Migration Report 2024.* Geneva: IOM, 2024.

• International Monetary Fund. "Policy Support and Vaccines Expected to Lift Activity." *World Economic Outlook Update January 2021.* Washington, D.C.: IMF. 2021.

• Galloway, Scott. 박선령 옮김. 『거대한 가속: 포스트코로나 시대, 우리 앞에 다가온 역사의 변곡점』. 서울: 리더스북, 2021.

• Garcia, Maria C. *Seeking Refuge: Central American Migration to Mexico, the United States, and Canada.* Berkeley: University of California Press, 2006.

• Goldin, Ian, Andrew Pitt, Benjamin Nabarro and Kathleen Boyle. *Migration and the Economy: Economic Realities, Social Impacts, Political Choices.* Oxford: Citi Global Perspectives & Solutions, Oxford Martin School. 2018.

• Goldin, Ian, Geoffrey Cameron and Meera Balarajan. *Exceptional People: How Migration Shaped Our World and Will Define Our Future,* Princeton: Princeton University Press. 2012.

• Johnston, Caleb and Geraldine Pratt. *Migration in Performance: Crossing the Colonial Present.* London: Routledge. 2019.

- Jonas, Andrew E. G., Eugene McCann and Mary Thomas. *Urban Geography: A Critical Introduction*. New Jersey: Wiley-Blackwell. 2015.

- Kennedy, Kerry. "Neo-statism and post-globalisation as contexts for new times." In Alan Reid, Judith Gill and Alan Sears (eds). *Globalisation, the Nation-State and the Citizen: Dilemmas and Directions for Civics and Citizenship Education*. London: Routledge. 2010.

- Kent, Avidan and Simon Behrman. *Facilitating the Resettlement and Rights of Climate Refugees: An Argument for Developing Existing Principles and Practices*, London: Routledge. 2019.

- Khadria, Binod. *The future of international migration to OECD countries*. Paris: OECD Publishing, 2008.

- Khaldun, Ibn. 김호동 옮김. 『역사서설: 아랍, 이슬람, 문명』. 서울: 까치, 2003.

- Khanna. Gaurav and Lee Munseob. "High-Skill Immigration, Innovation, and Creative Destruction." In Ina Ganguli, Shulamit Kahn and Megan MacGarvie (eds). *The Roles of Immigrants and Foreign Students in US*. Chicago: University of Chicago Press. 2018.

- Knox, Paul L. and Peter J. Taylor. *World Cities in a World System*. Cambridge: Cambridge University Press. 1995.

- Knox, Paul L. and Steven Pinch. 박경환·류연택·정현주·이용균 옮김. 『도시사회지리학의 이해』. 서울: 시그마프레스, 2012.

- Koczan, Zsoka, Giovanni Peri, Magail Pinat and Dmitriy Rozhkov. "The Impact of International Migration on Inclusive Growth: A Review." *IMF Working Papers No. 2021/088*. Washington D.C.: IMF Institute for Capacity Development, 2021.

- Koonin, Steven E. 박설영 옮김. 『지구를 구한다는 거짓말』. 서울: 한국경제신문. 2022. (Koonin, Steven E. *Unsettled: What Climate Science Tells Us, What It Doesn't, and Why It Matters*. Dallas: BenBella Books. 2021).

- Laclau, Ernesto and Chantal Mouffe. *Hegemony and Socialist Strategy: Towards a Radical Democratic Politics(2nd ed.)*. London: Verso. 2001.

- Lacroix, Thomas and Amandine Desille (eds). *International migrations and local governance: A global perspective*. London: Palgrave Macmillan. 2018.

- Lai, Karen. "Financialisation of everyday life." In Gordon L. Clark, Maryann Feldman, Meric S. Gertler and Dariusz Wójcik (eds). *The New Oxford Handbook of Economic Geography*. Oxford: Oxford University Press, 2018.

- Lakoff, George. *Moral Politics: How Liberals and Conservatives Think(2nd ed.)*. Chicago: University of Chicago Press. 2002.

- Lapavitsas, Costas. *Profiting without Producing: How Finance Exploits Us All.* London: Verso, 2013.

- Limbu, Bina et al.. *Reconstructing Nepal: Post-Earthquake Experiences from Bhaktapur, Dhading and Sindhupalchowk*. Kathmandu: Social Science Baha. 2019.

- Lowell, B. Linsay. "Flows of Students, Computer Workers, and Entrepreneurs." In Gail Cohen, Aqila Coulthurst and Joe Alper (eds). *Immigration Policy and the Search for Skilled Workers: Summary of a Workshop*. Washington, D.C.: The National Academies Press, 2015.

- Massey, Douglas S., William G. Axinn and Dirgha J. Ghimire. *Population Studies Center Research Report 07-615: Environmental Change and Out-Migration: Evidence from Nepal*. Michigan: Population Studies Center, University of Michigan Institute for Social Research. 2007.

- Massey, Douglas S. and Nancy A. Denton. "American Apartheid: Segregation and the Making of the Underclass." In David Grusky and Jasmine Hill (eds). *Inequality in the 21st century*. New York: Routledge. 2018.

- Massey, Doreen. 박경환·이영민·이용균 옮김. 『공간을 위하여』. 서울: 심산, 2016.
- ______. *World City*. Cambridge: Polity. 2007.
- Mavroudi, Elizabeth and Caroline R. Nagel. *Global Migration: Patterns, Processes, and Politics*. London: Routledge, 2016.
- McKenzie, Fiona. "The Fourth Industrial Revolution And International Migration." *Lowy Institute Working Paper*, Sydney: Lowy Institute, 2017.
- McKinsey Global Institute. *People on ohe Move: Global Migration's Impact and Opportunity*. New York: McKinsey & Company, 2016.
- McLeman, Robert, Jeanette Schade and Thomas Faist. *Environmental Migration and Social Inequality*. London: Springer, 2016.
- Ministry of Labor and Employment. *Labor Migration for Employment: A Status Report for Nepal 2015/2016~2016/2017*. Kathmandu: Ministry of Labor and Employment, Government of Nepal. 2018.
- Mitchell, Katharyne. "Transnational subjects: constituting the cultural citizen in the era of Pacific Rim capital." In Ong Aiwha and Donald Nonini (eds). *Ungrounded Empires: The Cultural Politics of Modern Chinese Transnationalism*. New York: Routledge. 1997.
- ______. "Hong Kong immigrants and the question of democracy: contemporary struggles over urban politics in Vancouver, B.C." In Gary G. Hamilton (ed). *Cosmopolitan Capitalists: Hong Kong and the Chinese Diaspora at the End of the 20th Century*. Seattle: University of Washington Press. 1999.
- ______. *Crossing the Neoliberal Line: Pacific Rim Migration and the Metropolis*. Philadelphia: Temple University Press. 2004.
- Mollenkopf, John H. and Manuel Castells (eds). *Dual City: Restructuring New York*. New York: Russel Sage Foundation, 1991.

• Money, Jeannette. and Sarah Lockhart (eds). *Introduction to International Migration*. Milton Park: Routledge, 2021.

• National Planning Commission and Oxford Poverty and Human Development Initiative(OPHI). *Multidimensional Poverty Index: Analysis Towards Action 2018*. Kathmandu: National Planning Commission, Government of Nepal & OPHI. 2018.

• National Planning Commission and Oxford Poverty and Human Development Initiative(OPHI) and United Nations Development Programme(UNDP). *Nepal Human Development Report 2014: Beyond Geography Unlocking Human Potential*. Kathmandu: National Planning Commission, Government of Nepal & UNDP. 2014.

• Negri, Antonio and Michael Hardt. 윤수종 옮김. 『제국』. 서울: 이학사, 2001.

• OECD. *International Migration Outlook*. Paris: OECD Publishing, 2023.

• Ong, Aihwa. *Flexible Citizenship; The Cultural Logics of Transnationality*. Durham: Duke University Press. 1999.

• Ong, Aihwa and Donald Nonini (eds). *Ungrounded Empires: The Cultural Politics of Modern Chinese Transnationalism*. New York: Routledge. 1997.

• Pe-pua, Rogelia et al. *Astronaut Families and Parachute Children: The Cycle of Migration Between Hong Kong and Australia.* Canberra: Australian Government Publishing Service. 1996.

• Pokharel, Trilochan et al. *Political Economy Analysts of Post-Earthquake Reconstruction in Nepal: An Assessment of Emerging Role of Local Governments*. Kathmandu: Nepal Administrative Staff College and the Asia Foundation. 2018.

• Price, Marie and Lisa Benton-Short (eds). *Migrants to the Metropolis: The Rise of Immigrant Gateway Cities*, New York: Syracuse University Press. 2008.

• Pries, Ludger. (ed). *New Transnational Social Space: International Migration and Transnational Companies in the Early Twenty-First Century*, London: Routledge. 2001.

• PWC. *The Sharing Economy, Consumer Intelligence Series.* Delaware: PWC LLP, 2015.

• Ratha, Dilip et al. *Leveraging Economic Migration for Development: A Briefing for the World Bank Board.* Washington D.C.: World Bank Group. 2019.

• Saget, Catherine, Adrien Vogt-Schilb and Trang Luu. *Jobs in a Net-Zero Emissions Future in Latin America and the Caribbean.* Washington D.C. and Geneva: Inter-American Development Bank and International Labour Organization, 2020.

• Samers, Michael. 이영민·박경환·이용균·이현욱·이종희 옮김. 『이주: 21세기 경제적, 정치적, 사회적, 문화적 논쟁들의 중심』. 서울: 푸른길, 2013.

• Sassen, Saskia. *Globalization and Its Discontents: Essays on the New Mobility of People and Money*. New York: The New Press. 1999.

• ______. Sassen, Saskia. *The Global City: New York, London, Tokyo.* Princeton: Princeton University Press. 2001.

• ______. "Cracked casings: towards an analytics for studying transnational processes." In Ludger Pries (ed). *New Transnational Social Spaces: International Migration and Transnational Companies in the Early Twenty-First Century*. London: Routledge. 2001.

• ______. *Cities in a World Economy(4th ed.).* Thousand Oaks: Sage. 2011.

• Saunders, Doug. *Arrival City: How the Largest Migration in History Is Reshaping Our World.* New York: Knopf Doubleday Publishing Group. 2011.

• Saxenian, Anna-Lee. *Regional Advantage: Culture and Competition in Silicon Valley and Route 128*. Cambridge: Harvard University Press. 1996.

• ______. *The New Argonauts: Regional Advantage in a Global Economy*. Cambridge: Harvard University Press, 2006.

• Schenker, Jason. 최진선 옮김. 『금융의 미래: 팬데믹 이후 10년, 금융 세계를 뒤흔들 기술과 트렌드』. 서울: 리드리드, 2021.

• Schiller, Nina G. "Citizens in transnational nation-states: The Asian experience." In Kris Olds et al. (eds). *Globalisation and the Asia-Pacific: Contested Territories*. London: Routledge. 1999.

• Schiller, Nina G., Linda Basch and Cristina Blanc-Szanton. *Towards a Transnational Perspective on Migration: Race, Class, Ethnicity, and Nationalism Reconsidered*. New York: The New York Academy of Sciences, 1992.

• Scholten, Peter. *Introduction to Migration Studies: An Interactive Guide to the Literatures on Migration and Diversity*. Cham: Springer, 2022.

• School of Arts, Kathmandu University, Interdisciplinary Analysts and the Asia Foundation. *A Survey of the Nepali People in 2018*. Kathmandu: School of Arts, Kathmandu University, Interdisciplinary Analysts and the Asia Foundation. 2019.

• Schwab, Klaus. 송경진 옮김. 『클라우스 슈밥의 제4차 산업혁명』. 서울: 메가스터디북스, 2016.

• Scott, James. *Weapons of the Weak: Everyday Forms of Peasant Resistance*. New Haven: Yale University Press. 1985.

• Shah, Sonia. *The Next Great Migration: The Beauty and Terror of Life on the Move*. London: Bloomsbury Publishing. 2020.

• Sharma, Sanjay, Shibani Pandey, Dinesh Pathak and Bimbika Sijapati-Basnett. *Center for the Study of Labour and Mobility Research*

Paper VI: State of Migration in Nepal. Kathmandu: Social Science of Baha. 2014.

• Sharma, Jeevan. "Culture of Migration in the Middle Hills in Nepal." In International Centre for Integrated Mountain Development Publication(ICIMOD) (ed). *Labor Migration: Opportunities and Challenges for Mountain Livelihoods*. KathMandu: ICIMOD. 2011.

• Sharp, Joanne P. 박경환·이영민 옮김. 『포스트식민주의의 지리: 권력과 재현의 공간』. 서울: 여이연, 2011.

• Shellenberger, Michael. 노정태 옮김. 『지구를 위한다는 착각』. 서울: 부키, 2021. (Shellenberger, Michael. *Apocalypse Never: Why Environmental Alarmism Hs All*. New York: Harper. 2020).

• Sheller, Mimi. *Mobility Justice: The Politics of Movement in An Age of Extremes*. London: Verso. 2018.

• Shrestha, Maheshwor. *Push and Pull: A Study of International Migration from Nepal*. Washington D.C.: World Bank Group. 2017.

• Short, John R. "Attracting Wealth: Crafting Immigration Policy to Attract the Rich." In Iain Hay and Jonathan V. Beaverstock (eds). *Handbook on Wealth and the Super-Rich*. Cheltenham: Edward Elgar Publishing, 2016.

• Sijapati, Bandita et al. *Labour Migration and the Remittance Economy: The Socio-Political Impact*. Kathmandu: Social Science Baha. 2017.

• Sinatti, Giulia. "'Come back, invest, and advance the country.' Policy myths and migrant realities of return and development in Senegal." In Lisa Åkesson and Maria Eriksson-Baaz (eds). *The New Developers? Experiences of African Return Migrants*. London: Zed Books, 2015.

• Skeldon, Ronald. "Reluctant exiles or bold pioneers: An introduction to migration from Hong Kong." In Ronald Skeldon (ed).

Reluctant Exiles? Migration from Hong Kong and the New Overseas Chinese. New York: Routledge. 1995.

- ______. “Migrants on a global stage: the Chinese.” In Peter J. Rimmer (ed). *Pacific Rim Development: Integration & Globalisation in the Asia-Pacific Economy*. Canberra: Allen & Unwin. 1997.

- Sklair, Leslie. *The Transnational Capitalist Class*. New Jersey: Wiley-Blackwell. 2001.

- Smith, Michael P. and Luis E. Guarnizo. *Transnationalism from Below: Comparative Urban and Community Research*. New York: Routledge. 1998.

- Stalker, Peter. 김보영 옮김. 『국제이주』. 고양: 이소, 2004.

- Stark, Oded. “Economic-Demographic Interactions in Agricultural Develop- ment: The Case of Rural-to-Urban Migration.” In Rudolf Andorka et al. (eds). *Population and Agricultural Development: Selected Relationships and Possible Planning Uses*. Rome: Food and Agriculture Organization of the United Nations. 1978.

- ______. *The Migration of Labor*. Cambridge: Basil Blackwell. 1991.

- Stern, Nicholas. *The Economics of Climate Change: The Stern Review*. Cambridge: Cambridge University Press. 2006.

- Smith, Michael P. *Transnational Urbanism: Locating Globalization*. New Jersey: Wiley-Blackwell. 2001.

- Susskind, Richard and Daniel Susskind. 위대선 옮김. 『4차 산업혁명 시대, 전문직의 미래』. 서울: 와이즈베리, 2016.

- The Newcastle Social Geographies Collective. 박경환·심승희·이재열 옮김. 『경계넘기와 함께하기를 위한 사회지리학개론』. 서울: 사회평론, 2023.

- Tooley, James. *The Global Education Industry: Lessons from Private Education in Developing Countries*. London: Institute of Economic Affairs, 2001.

• United Nations Development Programme(UNDP). *Human Development Report 2019: Beyond income, beyond averages, beyond today: Inequalities in human development in the 21st century*. New York: United Nations. 2019.

• United Nations Population Fund(UNFPA) Nepal. *Population Situation Analysis: With Respect to Sustainable Development*. Lalitpur: UNFPA Nepal. 2017.

• United Nations High Commissioner for Refugees(UNHCR). *Global Trends: Forced Displacement in 2020*. Copenhagen: UNHCR. 2021.

• United Nations Human Rights Committee(UNHRC). *Views adopted by the Committee under article 5 (4) of the Optional Protocol, concerning communication No. 2728/2016 : Human Rights Committee*. Geneva: UN. 2020.

• Urry, John. *Mobilities*. Cambridge: Polity Press. 2007.

• Valentine, Gill. 박경환 옮김. 『사회지리학: 공간과 사회』. 서울: 논형, 2009.

• Venturini, Alessandra, Fabio Montobbio and Claudio Fassi. "Are Migrants Spurring Innovation?." MPC Research Report *2012/11*. Fiesole: Robert Schuman Centre for Advanced Studies, European University Institute. 2012.

• Waters, Johanna L. "Satellite kids in Vancouver: transnational migration, education and the experiences of lone children." In Michael W. Charney, Brenda Yeoh and Tong Chee Kiong (eds). *Asian Migrants and Education: the Tension of Education in Immigrant Societies and Among Migrant Groups*. London: Kluwer Academic Publishers, 2003.

• Westra, Laura. *Environmental Justice and the Rights of Ecological Refugees*. London: Routledge, 2009.

• World Bank Group. *Migrants, Refugees and Societies*. Washington, D.C.: The World Bank Group. 2023.

• ______. *Systematic Country Diagnostic: Nepal*. Washington D.C.: World Bank Group. 2018.

• ______. *Migration and Remittances: Recent Developments and Outlook*. Washington D.C.: World Bank Group. 2019.

• Wrightstone, Gregory. 박석순 옮김. 『불편한 사실: 앨 고어가 몰랐던 지구의 기후과학』. 서울: 어문학사, 2021. (Wrightstone, Gregory. *Inconvenient Facts: The Science that Al Gore doesn't want you to know*. Pittsburgh: Silver Crown Productions. 2017.)

• Zwager, Nicolaas de and Ruslan Sintov. *Maximizing the Development Impact of Migration in Nepal: Comprehensive Market Study*. Kathmandu: International Organization for Migration(IOM) Nepal and International Agency for Source Country Information(IASCI). 2017.

영문 비도서

• Adamson, Fiona B. and Gerasimos Tsourapas. "The Migration State in the Global South: Nationalizing, Developmental, and Neoliberal Models of Migration Management." *International Migration Review*. Vol. 53, No. 4(2019).

• Adey, Peter. "If Mobility is Everything Then it is Nothing: Towards a Relational Politics of (Im)mobilities," *Mobilities*, Vol. 1, No. 1(2006).

• ______. "Emergency Mobilities." *Mobilities*. Vol. 11. No. 1(2016).

• Amante, Maria D. F. and Irene Rodrigues. "Mobility regimes and the crisis: the changing face of Chinese migration due to the Portuguese golden visa policy." *Journal of Ethnic and Migration Studies*. Vol. 47, No. 4(2021).

- Andreotti, Alberta, Patrick Le Galès and Francisco J. M. Fuentes. "Transnational mobility and rootedness: the upper middle classes in European cities." *Global Networks*. Vol. 13, No. 1(2013).

- Antràs, Pol. "De-Globalisation? Global Value Chains in the Post-COVID-19 Age." *NBER Working Paper*. Vol. 28115(2020).

- Baldwin, Andrew. "Racialisation and the Figure of the Climate-Change Migrant." *Environment and Planning A: Economy and Space*. Vol. 45, No. 6(2013).

- ______. "Premediation and white affect: climate change and migration in critical perspective." *Transactions of the Institute of British Geographers*. Vol. 41, No. 1(2016).

- Baldwin, Andrew, Christiane Fröhlich and Delf Rothe. "From climate migration to anthropocene mobilities: shifting the debate." *Mobilities*. Vol. 14, No. 3(2019).

- Bal Kumar, KC. "Migration, Poverty and Development in Nepal." *Asian and Pacific Migration Journal*. Vol. 13, No. 2(2004).

- Barnett, Jon and Celia McMichael. "The effects of climate change on the geography and timing of human mobility." *Population and Environment*. Vol. 39, No. 4(2018).

- Beaverstock, Jonathan V. "Transnational Elites in Global Cities: British Expatriates in Singapore's Financial District." *Geoforum*. Vol. 33, No. 4(2002).

- Beaverstock, Jonathan V. and James T. Boardwell. "Negotiating globalization, transnational corporations and global city financial centres in transient migration studies." *Applied Geography*. Vol. 20, No. 3(2000).

- Beaverstock, Jonathan V. and Sarah Hall. "Competing for talent: global mobility, immigration and the City of London's labour market." *Cambridge Journal of Regions, Economy and Society*. Vol. 5, No. 2(2012).

- Benson, Michaela C. "Postcoloniality and privilege in new lifestyle flows: The case of North Americans in Panama." *Mobilities*. Vol. 8, No. 3(2013).

- ______. "Class, race, privilege: Structuring the lifestyle migrant experience in Boquete, Panama." *Journal of Latin American Geography*. Vol. 14, No. 1(2015).

- Bettini, Giovanni. "Climate Barbarians at the Gate? A critique of apocalyptic narratives on 'climate refugees'." *Geoforum*. Vol. 45(2013).

- ______. "Where Next? Climate Change, Migration, and the (Bio) politics of Adaptation." *Global Policy*. Vol. 8, No. S1(2017).

- Bettini, Giovanni, Sarah Haider-Nash and Giovanna Gioli. "One step forward, two steps back? The fading contours of (in)justice in competing discourses on climate migration." *Geographical Journal*. Vol. 183, No. 4(2017).

- Black, Richard et al. "Climate change: Migration as adaptation." *Nature*. Vol. 478, No. 7370(2011).

- ______. "Migration, immobility and displacement outcomes following extreme events." *Environmental Science & Policy*. Vol. 27, No. 3(2013).

- Boas, Ingrid et al. "Climate migration myths." *Nature Climate Change*. Vol. 9, No. 12(2019).

- Boccagni, Paolo. "The framing of return from above and below in Ecuadorian migration: a project, a myth, or a political device?." *Global Networks*. Vol. 11, No. 4(2011).

- Bonatti, Valeria and Zsuzsa Gille. "Changing registers of visibility: Immigrant labor and waste work in Naples, Italy." *International Labor and Working-Class History*. Vol. 95(2019).

• Borsdorf, Axel, Rodrigo Hildalgo and Sonia Vidal-Koppmann. "Social segregation and gated communities in Santiago de Chile and Buenos Aires. A comparison." *Habitat International*. Vol. 54(2016).

• Burzyński, Michal, Frédéric Docquier and Hendrik Scheewel. "The geography of climate migration." *Journal of Demographic Economics*. Vol. 87, No. 3(2021).

• Cassarino, Jean-Pierre. "Theorising Return Migration: The Conceptual Approach to Return Migrants Revisited." *International Journal on Multicultural Societies*. Vol. 6, No. 2(2004).

• Chandler, David. "Resilience and human security: The post-interventionist paradigm." *Security Dialogue*. Vol. 43, No. 3(2012).

• Chiang, Lan-hung N. "The Dynamics of Self-employment and Ethnic Business Ownership among Taiwanese in Australia." *International Migration*. Vol. 42, No. 2(2004).

• Coe, Neil and Philip Kelly. "Distance and discourse in the labour market: the case of Singapore." *Area*. Vol. 32, No. 4(2000).

• Collins, Francis L. "Bridges to learning: international student mobilities, education agencies and inter-personal networks." *Global Networks*. Vol. 8, No. 4(2008).

• ______. "Geographies of migration I: Platform migration." *Progress in Human Geography*. Vol. 45, No. 4(2020).

• Cort, David. A. "Reexamining the ethnic hierarchy of locational attainment: Evidence from Los Angeles." *Social Science Research*. Vol. 40, No. 6(2011).

• Cresswell, Tim. "Towards a Politics of Mobility." *Environment and Planning D: Society and Space*. Vol. 28, No. 1(2010).

• Crutzen, Paul J. and Eugene F. Stoermer. "The "Anthropocene"." *Global Change Newsletter*. No. 41(2000).

- Cundill, Georgina et al. “Toward a climate mobilities research agenda: Intersectionality, immobility, and policy responses.” *Global Environmental Change*. Vol. 69(2021).

- de Haas, Hein. “Migration and Development: A Theoretical Perspective.” *International Migration Review*. Vol. 44, No. 1(2010).

- de Sherbinin, Alex et al. “Migration Theory in Climate Mobility Research.” *Frontiers in Climate*. Vol. 4(2022).

- Davitti, Daria. “Biopolitical borders and the state of exception in the European Migration ‘Crisis’.” *The European Journal of International Law*. Vol. 29, No. 4(2018).

- DeVerteuil, Geoffrey and David Manley. “Overseas investment into London: Imprint, impact and pied-à-terre urbanism.” *Environment and Planning A: Ecology and Space*. Vol. 49, No. 6(2017).

- Do, Quy-Toan and Lakshmi Iyer. “Geography, poverty and conflict in Nepal.” *Journal of Peace Research*. Vol. 47, No. 6(2010).

- Džankić, Jelena. “Immigrant investor programmes in the European Union(EU).” *Journal of Contemporary European Studies*. Vol. 26, No. 1(2018).

- Ellerman, Antje. “Human Capital Citizenship and the Changing Logic of Immigrant Admissions.” *Journal of Ethnic and Migration Studies*. Vol. 46(2019).

- Emard, Kelsey and Lise Nelson. “Geographies of global lifestyle migration: Towards an anticolonial approach.” *Progress in Human Geography*. Vol. 45, No. 5(2020).

- Ertuğrul, Gökçen. “British migrants in the Turkish countryside: Lifestyle migration, loss of social status and finding ‘true life’ in difference.” *METU Studies in Development*. Vol. 43, No. 2(2016).

- Faist, Thomas. “Transnationalization in international migration: implications for the study of citizenship and culture.” *Ethnic and Racial Studies*. Vol. 23(2000).

- ______. “Migrants as transnational development agents: an inquiry into the newest round of the migration-development nexus.” *Population, Space and Place*. Vol. 14, No. 1(2008).

- Farbotko, Carol. “Voluntary Immobility: Indigenous Voices in the Pacific.” *Forced Migration Review*. No. 57(2018).

- Farbotko, Carol and Heather Lazrus. “The first climate refugees? Contesting global narratives of climate change in Tuvalu.” *Global Environmental Change*. Vol. 22, No. 2(2012).

- Fassin, Didier. “Policing Borders, Producing Boundaries. The Governmentality of Immigration in Dark Times.” *Annual Review of Anthropology*. Vol. 40(2011).

- Fields, Desiree. *From Property Abandonment to Predatory Equity: Writings on Financialization and Urban Space in New York City*. Doctoral Dissertation: Graduate Center of the City University of New York, 2013.

- Flew, Terry. “Post-globalisation.” *Javnost – The Public*. Vol. 25, No. 1-2(2018).

- ______. “Globalization, neo-globalization and post-globalization: The challenge of populism and the return of the national.” *Global Media and Communication*. Vol. 16, No. 1(2020).

- Frank-Vitale, Amelia. “Coyotes, caravans, and the Central American migrant smuggling continuum.” *Trands in Organized Crime*. Vol. 26, No. 1(2023).

- Friedmann, John. “The World City Hypothesis.” *Development and Change*. Vol. 17, No. 1(1986).

- Fröhlich, Christiane J. "Climate Migrants as Protestors? Dispelling Misconceptions about Global Environmental Change in Pre-Revolutionary Syria." *Contemporary Levant*. Vol. 1, No. 1(2016).

- Gamlen, Alan. "The emigration state and the modern geopolitical imagination." *Political Geography*. Vol. 27, No. 8(2008).

- Gibson. Katherine and Julie Graham. "Diverse economies: performative practices for 'other worlds'." *Progress in Human Geography*. Vol. 32, No. 5(2008).

- Grzymala-Kazlowska, Aleksandra and Jenny Phillimore. "Introduction: rethinking integration. New perspectives on adaptation and settlement in the era of super-diversity." *Journal of Ethnic and Migration Studies*. Vol. 44, No. 2(2018).

- Hartmann, Betsy. "Rethinking climate refugees and climate conflict: Rhetoric, reality and the politics of policy discourse." *Journal of International Development*. Vol. 22, No. 2(2010).

- Hassan, Mofidul and M. P. Bezbaruah. "Inequality in the Dynamics of Development: Post-Globalisation Changes and 21st Century Challenges." *Space and Culture, India*. Vol. 8, No. 1(2020).

- Hayes, Matthew. "'We Gained a Lot Over What We Would Have Had': The Geographic Arbitrage of North American Lifestyle Migrants to Cuenca, Ecuador." *Journal of Ethnic and Migration Studies*. Vol. 40, No. 12(2014).

- ______. "Moving South: the economic motives and structural context of North America's emigrants in Cuenca, Ecuador." *Mobilities*. Vol. 10, No. 2(2015).

- Helen, Adams. "Why populations persist: Mobility, place attachment and climate change." *Population and Environment*. Vol. 37, No. 4(2016).

• Ho, Christina and Caroline Alcorso. "Migrants and Employment: Challenging the success story." *Journal of Sociology*. Vol. 40, No. 3(2004). p. 237-259.

• Hollifield, James F. "The Emerging Migration State." *International Migration Review*. Vol. 38, No. 3(2004).

• Huang, Shirlena and Brenda S. A. Yeoh. "Transnational families and their children's education: China's 'study mothers' in Singapore." *Global Networks*. Vol. 5, No. 4(2005).

• Jansen, Joost, Gilsbert Oonk and Godfried Engbersen. "Nationality swapping in the Olympic field: towards the marketization of citizenship?." *Citizenship Studies*. Vol. 22, No. 5(2018).

• Jansen, Joost and Godfried Engbersen. "Have the Olympic Games become more migratory? A comparative historical perspective." *Comparative Migration Studies*. Vol. 5, No. 11(2017).

• Jaquet, Stéphanie, Gitta Shrestha, Thomas Kohler and Gudrun Schwilch. "The Effects of Migration on Livelihoods, Land Management, and Vulnerability to Natural Disasters in the Harpan Watershed in Western Nepal." *Mountain Research and Development*. Vol. 36, No. 4(2016).

• Jaquet, Stéphanie, Thomas Kohler and Gudrun Schwilch. "Labour Migration in the Middle Hills of Nepal: Consequences on Land Management Strategies," *Sustainability*. Vol. 11, No. 5(2019).

• Kaufmann, Vincent, Manfred M. Bergman and Dominique Joye. "Motility: mobility as capital." *International Journal of Urban and Regional Research*. Vol. 28, No. 4(2004).

• Kern, Alice and Ulrike Müller-Böker. "The middle space of migration: a case study on brokerage and recruitment agencies in Nepal." *Geoforum*. Vol. 65(2015).

- Kelley, Colin P. et al. "Climate change in the Fertile Crescent and implications of the recent Syrian drought." *Proceedings of the National Academy of Sciences(PNAS)*. Vol. 112, No. 11(2015).

- Kerr, Sari P., William Kerr, Çağlar Özden and Christopher Parsons. "High-Skilled Migration and Agglomeration." *Annual Review of Economics*. Vol. 9(2017).

- Kim, Jaeeun. "'Ethnic Capital' and 'Flexible Citizenship' in Unfavourable Legal Contexts: Stepwise Migration of the Korean Chinese within and Beyond Northeast Asia." *Journal of Ethnic and Migration Studies*. Vol. 45, No. 6(2019).

- Klepp, Silja and Johannes Herbeck. "The politics of environmental migration and climate justice in the Pacific region." *Journal of Human Rights and the Environment*. Vol. 7, No. 1(2016).

- Kobayashi, Audrey and Valerie Preston. "Transnationalism through the life course: Hong Kong immigrants in Canada." *Asia Pacific Viewpoint*. Vol. 48, No. 2(2007).

- Korpela, Mari. "A postcolonial imagination? Westerners searching for authenticity in India." *Journal of Ethnic and Migration Studies*. Vol. 36, No, 8(2010).

- Kothari, Uma. "Political discourses of climate change and migration: resettlement policies in the Maldives." *The Geographical Journal*. Vol. 180, No. 2(2014).

- Kumwar, Laxman S. "Emigration of Nepalese People and Its Impact." *Economic Journal of Development Issues*. Vol. 19, No. 1-2(2015).

- ______. "Transnational nationalism and the rise of the transnational state apparatus in South Korea." *Journal of the Korean Geographical Society*. Vol. 44, No. 2(2009).

- ______. "Neoliberalization of the National Institutional Framework of Immigration Policies in the Era of Transnationalism: The Case of

South Korea." *Journal of Korean Urban Geographical Society*. Vol. 15, No. 1(2012).

• Laclau, Ernesto and Roy Bhaskar. "Discourse Theory vs. Critical realism." *Alethia*, Vol. 1, No. 2(1998).

• Leitner, Helga. "Spaces of Encounters: Immigration, Race, Class, and the Politics of Belonging in Small-Town America." *Annals of the Association of American Geographers*. Vol. 102, No. 4(2012).

• Ley, David. "Seeking 'Homo Economicus': The Canadian state and the strange story of the business immigration program." *Annals of the Association of American Geographers*. Vol. 93, No. 2(2003).

• ______. "Transnational spaces and everyday lives." *Transactions of the Institute of British Geographers*. Vol. 29, No. 2(2004).

• ______. "Explaining Variations in Business Performance among Immigrant Entrepreneurs in Canada." *Journal of Ethnic and Migration Studies*. Vol. 32(2006).

• Lipton, Michael. "Migration from the Rural Areas of Poor Countries: The Impact on Rural Productivity and Income Distribution." *World Development*. Vol. 8, No. 1(1980).

• Liu, Sha and Nicole Gurran. "Chinese investment in Australian housing: Push and pull factors and implications for understanding international housing demand." *International Journal of Housing Policy*. Vol. 17, No. 4(2017).

• Livesey, Finbarr. "Unpacking the possibilities of deglobalisation." *Cambridge Journal of Regions, Economy and Society*. Vol. 11, No. 1(2018).

• Maharjan, Amina, Siegfried Bauer and Beatrice Knerr. "Do Rural Women Who Stay Behind Benefit from Male Out-migration? A Case Study in the Hills of Nepal." *Gender, Technology and Development*. Vol. 16, No. 1(2012).

• Matarrita-Cascante, David, Aby Sene-Harper and Gabriela Stocks. "International amenity migration: Examining environmental behaviors and influences of amenity migrants and local residents in a rural community." *Journal of Rural Studies*. Vol. 38(2015).

• Mateos, Pablo and Jorge Durand. "Residence vs. Ancestry in Acquisition of Spanish Citizenship: A 'Netnography' Approach." *Migraciones Internacionales*. Vol. 23, No. 6(2012).

• Maycock, Matthew. "Masculinities, Remittances and Failure: Narratives from Far-West Nepal." *South Asia Research*. Vol. 37, No. 2(2017).

• McLeman, Robert and Barry Smit. "Migration as an Adaptation to Climate Change." *Climate Change*. Vol. 76(2006).

• Meissner, Fran and Steven Vertovec. "Comparing super-diversity." *Ethnic and Racial Studies*. Vol. 38, No. 4(2015).

• Mitchell, Katharyne. "Different diasporas and the hype of hybridity." *Environment and Planning D: Society and Space*. Vol. 15, No. 5(1997).

• ______. "Reworking democracy: contemporary immigration and community politics in Vancouver's Chinatown." *Political Geography*. Vol. 17, No. 6(1998).

• Mollett, Sharlene. "The Power to Plunder: Rethinking Land Grabbing in Latin America." *Antipode*. Vol. 48, No. 2(2016).

• Montezuma, Joaquim and Jennifer McGarriagle. "What motivates international homebuyers? Investor to lifestyle 'migrants' in a tourist city." *Tourism Geographies*. Vol. 21, No. 2(2018).

• Naudé, Wim, Melissa Siegel and Katrin Marchand. "Migration, entrepreneurship and development: Critical questions." *IZA Journal of Migration*. Vol. 6, No. 5(2017).

- Ojha, Krishna P. “Remittance Status and Contribution to GDP of Nepal.” *NCC Journal*. Vol. 4, No. 1(2019).

- Park, Kyonghwan. “Postcolonial Geographies of Power, Desire, and Nomadic Subjects: Hybridity in Early Korean Migrants` Autobiographic Writings in the US, 1895~1940.” *The Geographical Journal of Korea*. Vol. 40, No. 1(2006).

- Park, Kyonghwan and Youngmin Lee. “Rethinking Los Angeles Koreatown: Multi-scaled Geographic Transition since the Mid-1990s.” *Journal of the Korean Geographical Society*. Vol. 42, No. 2(2007).

- Parker, Owen. “Commercializing Citizenship in Crisis EU: The Case of Immigrant Investor Programmes.” *Journal of Common Market Studies*. Vol. 55, No. 2(2017).

- Parsons, Laurie. “Structuring the emotional landscape of climate change migration: Towards climate mobilities in geography.” *Progress in Human Geography*. Vol. 43, No. 4(2018).

- Penninx, Rinus. “A Critical Review of Theory and Practice: The Case of Turkey.” *International Migration Review*. Vol. 16, No. 4(1982).

- Pigg, Stacy L. “Inventing social categories through place: Social representations and development in Nepal.” *Comparative Studies in Society and History*. Vol. 34, No. 3(1992).

- Pike, Andy and Jane S. Pollard. “Economic geographies of financialisation.” *Economic Geography*. Vol. 86(2010).

- Piotrowski, Martin. “Mass Media and Rural Out-Migration in the Context of Social Change: Evidence from Nepal.” *International Migration*. Vol. 51, No. 3(2013).

- Portes, Alejandro. “Global villagers: the rise of transnational communities.” *American Prospect*. Vol. 25(1996).

- ______. "Social Capital: Its Origins and Application in Modern Sociology." *Annual Review of Sociology*. Vol. 24(1998).

- Richardson, Lizzie. "Performing the sharing economy." *Geoforum*. Vol. 67(2015).

- Reichert, Joshua S. "The Migrant Syndrome: Seasonal U.S. Labor Migration and Rural Development in Central Mexico." *Human Organization*. Vol. 40, No. 1(1981).

- Reid, Julian. "The disastrous and politically debased subject of resilience." *Development Dialogue*. Vol. 58, No. 1(2012).

- Roberts, Adrienne. "Household Debt and the Financialization of Social Reproduction: Theorizing the UK Housing and Hunger Crises." *Risking Capitalism*. Vol. 31(2016).

- Robertson, Shanthi and Dallas Rogers. "Education, real estate, immigration: Brokerage assemblages and Asian mobilities." *Journal of Ethnic and Migration Studies*. Vol. 43, No. 14(2017).

- Ruszcky, Hanna A. "A continuum of perceived urban risk – from the Gorkha earthquake to economic insecurity." *Environment and Urbanization*. Vol. 30, No. 1(2018).

- Sadowski-Smith, Claudia. "Climate Migration Fiction and Multispecies Mobility in the Racial Capitalocene." *American Studies*. Vol. 60, No. 3-4(2021).

- Salzbrunn, Monika. 2014. "How diverse is Cologne carnival? How migrants appropriate popular art spaces." *Identities*. Vol. 21, No. 1(2014).

- Sassen, Saskia. "The Global City: The De-Nationalizing of Time and Space." *Proceedings of the Wissenschaftliches Kolloquium in Bauhaus-Universität*. Vol. 14(2008).

- ______. "Three Emergent Migrations: An Epochal Change." *Sur-International Journal on Human Rights*. Vol. 13, No. 23(2016).

- Savage, Mike. "The politics of elective belonging." *Housing, Theory and Society*. Vol. 27, No. 2(2010).

- Saxenian, Anna-Lee. "Silicon Valley's New Immigrant High-Growth Entrepreneurs." *Economic Development Quarterly*. Vol. 16, No. 1(2002).

- Schapendonk, Joris and Griet Steel. "Following Migrant Trajectories: The Im/Mobility of Sub-Saharan Africans en Route to the European Union." *Annals of the Association of American Geographers*. Vol. 104, No. 2(2014).

- Schiller, Nina G. and Ayse Çağlar. "Towards a comparative theory of locality in migration studies: Migrant incorporation and city scale." *Journal of Ethnic and Migration Studies*. Vol. 35, No. 2(2009).

- Selby, Jan, Omar S. Dahi, Christiane J. Fröhlich and Mike Hulme. "Climate change and the Syrian civil war revisited." *Political Geography*. Vol. 60(2017).

- Sinatti, Giulia. "Return migration as a win-win-win scenario? Visions of return among Senegalese migrants, the state of origin and receiving countries." *Ethnic and Racial Studies*. Vol. 38, No. 2(2015).

- Sharma, Jeevan. "Practices of Male Labor Migration from the Hills of Nepal to India in Development Discourses: Which Pathology?." *Gender, Technology and Development*. Vol. 12, No. 3(2009).

- ______. "Marginal but Modern: Young Nepali Labour Migrants in India." *Young*. Vol. 21, No. 4(2013).

- Sheller, Mimi and John Urry. "The New Mobilities Paradigm." *Environment and Planning A: Economy and Space*. Vol. 38, No. 2(2006).

- Sklair, Leslie. "Conceptualising and researching the transnational capitalist class in Australia." *Journal of Sociology*. Vol. 32, No. 2(1996).

- ______. "The Transnational Capitalist Class and Global Capitalism: The Case of the Tobacco Industry." *Political Power and Social Theory*. Vol. 12(1998).
- Smith, Darren P. "Population geography II: The r/age of migration." *Progress in Human Geography*. Vol. 43, No. 4(2019).
- Spence, Crawford, Andrew Sturdy and Chris Carter. "Professionals with borders: The relationship between mobility and transnationalism in global firms." *Geoforum*. Vol. 91(2018).
- Spiro, Peter J. "The Equality Paradox of Dual Citizenship." *Journal of Ethnic and Migration Studies*. Vol. 45, No. 6(2019).
- Stark, Oded, Christian Helmenstein and Alexia Fürnkranz-Prskawetz. "Human Capital Depletion, Human Capital Formation, and Migration: A Blessing in a "Curse"?." *Economic Letters*. Vol. 60, No. 3(1998),
- Stewart, Miriam et al. "Multicultural Meanings of Social Support among Immigrants and Refugees." *International Migration*. Vol. 46, No. 3(2008).
- Stiglitz, Joseph E. "Rethinking globalization in the Trump Era: US-China relations." *Frontiers of Economics in China*. Vol. 13, No. 2(2018).
- Stojanov, Robert, Sarah Rosengaertner, Alex de Sherbinin and Raphael Nawrotzki. "Climate Mobility and Development Cooperation." *Population and Environment*. Vol. 43, No. 2(2021).
- Suliman, Samid et al. "Indigenous (Im)Mobilities in the Anthropocene." *Mobilities*. Vol. 14, No. 3(2019).
- Surak, Kristin and Yusuke Tsuzuki. "Are golden visas a golden opportunity? Assessing the economic origins and outcomes of residence by investment programmes in the EU." *Journal of Ethnic and Migration Studies*. Vol. 47, No. 15(2021).

- Tacoli, Cecilia. "Crisis or adaptation? Migration and climate change in a context of high mobility." *Environment and Urbanization*. Vol. 21, No. 2(2009).

- Thapa, Sridhar and Sanjaya Acharya. "Remittances and Household Expenditure in Nepal: Evidence from Cross-Section Data." *Economies*. Vol. 5, No. 2(2017).

- Thieme, Susan and Simone Wyss. "Migration Patterns and Remittance Transfer in Nepal: A Case Study of Sainik Basti in Western Nepal." *International Migration*. Vol. 43, No. 5(2005).

- Thompson, Maddy. "Migration decision-making: a geographical imaginations approach." *Area*. Vol. 49, No. 1(2017).

- United Nations Resident Coordinator and Humanitarian Coordinator Office(UNRCHCO). "Returnees From Migrant Labour: Welcome Home?." *Field Bulletin*. Vol. 17(2011).

- Uprety, Dambar. "Immigration effects of trade protectionism: evidence from OECD countries." *The Singapore Economic Review*. Vol. 66, No. 3(2021).

- Üret, Gül. "Between Lifestyle Migration and Comfortable Exit Strategies: Turkish Golden Visa Investors in Greece." *Diaspora: A Journal of Transnational Studies*. Vol. 21, No. 2(2021).

- Waters, Johanna L. "Flexible families? 'Astronaut' households and the experiences of lone mothers in Vancouver, British Columbia." *Social and Cultural Geography*. Vol. 3, No. 2(2002).

- ______. "Transnational family strategies and education in the contemporary Chinese diaspora." *Global Networks*. Vol. 5, No. 4(2005).

- Wortman, Tessa, Ronnie Donaldson and Guus van Westen. "'They are stealing my island': Residents' opinions on foreign investment in the residential tourism industry in Tamarin, Mauritius." *Singapore Journal of Tropical Geography*. Vol. 37, No. 2(2016).

- van der Greft, Sabine and Joos Droogleever Fortuijn. "Multiple disadvantage of older migrants and native Dutch older adults in deprived neighbourhoods in Amsterdam, the Netherlands: A life course perspective." *GeoJournal*. Vol. 82, No. 3(2017).

- Vertovec, Steven. "Super-diversity and its implications." *Ethnic and Racial Studies*. Vol. 30, No. 6(2007).

- Werrell, Caitlin E. and Francesco Femia. "Climate Change as Threat Multiplier: Understanding the Broader Nature of the Risk." *The Center for Climate and Security Briefer*. No. 25(2015).

- Wiegel, Hanne, Ingrid Boas and Jeroen Warner. "A mobilities perspective on migration in the context of environmental change." *WIREs Climate Change*. Vol. 10, No. 6(2019).

- Williams, Allan M., Vladimir Baláž and Claire D. Wallace. "International labor mobility nd uneven regional development in Europe: human capital, knowledge and entrepreneurship." *European Urban and Regional Studies*. Vol. 11, No. 1(2004).

- Yeoh, Brenda S. A., Shirlena Huang and Theodora Lam. "Transnationalizing the 'Asian' Family: Imaginaries, Intimacies and Strategic Intents." *Global Networks*. Vol. 5, No. 4(2005).

기타(신문기사, 인터넷 사이트)

- 고용노동부. 2019. 고용허가제 외국인근로자(E-9) 국가별 도입 현황, https://kosis.kr/statHtml/statHtml.do?sso=ok&returnurl=https%3A%2F%2Fkosis.kr%3A443%2FstatHtml%2FstatHtml.do%3FtblId%3DDT_11827_N001%26orgId%3D118%26

- 김수진. 2019. "[팩트체크] 외국인 근로자 임금 얼마나 받나?" 『연합뉴스』 6월 19일.

- 김정수. 2017. "과학자들 "시리아 내전 발발 기후변화 원인론 근거 없다"." 『한겨레』 9월 11일.

- 조일준. 2015. "기후 변화가 시리아 내전 촉발." 『한겨레』 3월 3일.
- 주영재. 2021. "기후위기가 국제분쟁 키운다." 『경향신문』 11월 28일.
- Baruah, Nandita and Nischala Arjal. 2018. "Nepalese Labor Migration: A Status Report." *The Asia Foundation*, June 6.
- BBC News. 2019. "Trade wars, Trump tariffs and protectionism explained." *BBC News*, May 19.
- Casasampera, Anna C. 2021. "A Foucauldian Reading of the Global Compact for Migration." *E-International Relations*, April 26.
- Henley & Partners. *Investment Migration Countries.* https://www.henleyglobal.com/countries
- Keane, Sandi. 2013. "Kiribati and the coming climate refugee crisis." *Independent Australia*, November 29.
- Pegg, David, Luke Harding and Simon Goodley. 2021. "Revealed: residency loophole in Malta's cash-for-passports scheme." *The Guardian*, April 22.
- Shear, Michael D. and Helene Cooper. 2017. "Trump Bars Refugees and Citizens of 7 Muslim Countries." *The New York Times*, Jan 27.
- UNHCR. 2020. *Refugee Data Finder*, https://www.unhcr.org/refugee-statistics/
- UN News. 2023. "Hottest July ever signals 'era of global boiling has arrived' says UN chief." *UN News*, July 27.
- Visual Capitalist. 2023. *Mapping the migration of the World's millionaires 2023.* https://www.visualcapitalist.com/mapped-the-migration-of-the-worlds-millionaires-in-2023/
- Yu, Evelyn, Almeida, Henrique and Morwenna Coniam. 2023, "Europe's 'Golden Visa' programs are dying out as housing costs rise." *Bloomberg*, May 3.

찾아보기

가

나

다

라

마

바

사

아

자

차

카

타

파

하

기타

총서 知의회랑 arcade of knowledge 을 기획하며

대학은 지식 생산의 보고입니다. 세상에 바로 쓰이지 않더라도 언젠가는 반드시 인류에 필요할 지식을 생산하고 축적하며 발전시키는 일을 끊임없이 해나갑니다. 오랫동안 대학에서 생산한 지식은 책이란 매체에 담겨 세상의 지성을 이끌어왔습니다. 그 책들은 콘텐츠를 저장하고 유통시키며 활용하게 만드는 매체의 차원을 넘어, 인간의 비판적 사유 능력과 풍부한 감수성을 자극하는 촉매의 역할을 충실히 해왔습니다.

이와 같은 '책을 읽는다'는 것은 단순히 지식과 정보를 습득하는 데 멈추지 않고, 시대와 현실을 응시하고 성찰하면서 다시 그 너머를 사유하고 상상함을 의미합니다. 그러므로 '세상의 밑그림'을 그리는 책무를 지닌 대학에서 책을 펴내는 것은 결코 가벼이 여겨선 안 될 일입니다.

이제 우리는 다양한 방식으로 존재하는 지식과 정보, 그리고 사유와 전망을 담은 책을 엮어 현존하는 삶의 질서와 가치를 새롭게 디자인하고자 합니다. 과거를 풍요롭게 재구성하고 미래를 창의적으로 기획하는 작업이 다채롭게 펼쳐질 것입니다.

대학의 심장부에 해당하는 도서관이 예부터 우주의 축소판이라 여겨져 왔듯이, 그곳에 체계적으로 배치된 다양한 책들이야말로 이른바 학문의 우주를 구성하는 성좌와 다름없습니다. 우리는 그 빛이 의미 없이 사그라들지 않기를, 여전히 어둡고 빈 서가를 차곡차곡 채워가기를 기대합니다.

앎을 쉽게 소비하는 시대를 살고 있지만, 다양한 앎을 되새김함으로써 학문의 회랑에서 거듭나는 지식의 필요성에 우리는 공감합니다. 정보의 홍수와 유행 속에서도 퇴색하지 않을 참된 지식이야말로 인간이 가야 할 길에 불을 밝혀줄 수 있기 때문입니다. 앞으로 대학이란 무엇을 하는 곳이며, 왜 세상에 남아 있어야 하는 곳인지 끊임없이 되물으며, 새로운 지의 총화를 위한 백년 사업을 시작하겠습니다.

총서 '知의회랑' 기획위원

안대회 · 김성돈 · 변혁 · 윤비 · 오제연 · 원병묵

총서 知의회랑 arcade of knowledge 총목록

001 기업 처벌과 미래의 형법: 기업도 형법의 주체가 될 수 있는가
김성돈 지음 • 2018년 세종도서 학술부문

002 표상의 언어에서 추론의 언어로: 언어표현이 의미하는 것은 무엇인가
이병덕 지음 • 2018년 대한민국학술원 우수학술도서

003 동양 예술미학 산책: 동아시아 문인들이 꿈꾼 미의 세계
조민환 지음

004 한국 영화에 재현된 가족 그리고 사회: <미몽>에서 <고령화 가족>까지
강성률 지음 • 2018년 세종도서 학술부문

005 개인적 자유에서 사회적 자유로: 어떤 자유, 누구를 위한 자유인가
김비환 지음 • 2019년 대한민국학술원 우수학술도서 · 인재저술상 수상도서

006 시민종교의 탄생: 식민성과 전쟁의 상흔
강인철 지음 • 2019년 세종도서 학술부문

007 경합하는 시민종교들: 대한민국의 종교학
강인철 지음 • 2019년 대한민국학술원 우수학술도서 · 제1회 용봉최재석학술상 수상도서

008 식민지 문역: 검열/이중출판시장/피식민자의 문장
한기형 지음 • 2019년 세종도서 학술부문 · 제11회 임화문학예술상 수상도서

009 제러미 벤담과 현대: 공리주의의 설계자가 꿈꾼 자유와 정의 그리고 행복
강준호 지음 • 2020년 대한민국학술원 우수학술도서

010 세계관 전쟁: 근대 중국에서 과학신앙과 전통주의 논쟁
이용주 지음 • 2020년 세종도서 학술부문

011 빌리 브란트와 김대중: 아웃사이더에서 휴머니스트로
최영태 지음

012 충절의 아이콘, 백이와 숙제: 서사와 이미지 변용의 계보학
김민호 지음 • 2021년 세종도서 학술부문

013 중국인의 오브제: 답삿길에서 옛사람들의 눈과 마음을 읽는다
전호태 지음

014 고구려 벽화고분의 과거와 현재: 한국 역사문화예술 연구의 관문, 고구려 벽화고분들과 만나다
전호태 지음

015 동양의 광기와 예술: 동아시아 문인들의 자유와 창조의 미학
조민환 지음 • 2021년 세종도서 학술부문

016 조선 불교사상사: 유교의 시대를 가로지른 불교적 사유의 지형
김용태 지음 • 2021년 대한민국학술원 우수학술도서 · 제12회 원효학술상 · 제18회 붓다북학술상 수상도서

017 수용소와 음악: 일본 포로수용소, 아우슈비츠, 테레지엔슈타트의 음악
이경분 지음 • 2021년 세종도서 학술부문 · 제62회 한국출판문화상 최종 후보작(학술저술)

■ 총서 '知의회랑'의 모색과 축조는 진행형입니다

018 임진왜란: 2년 전쟁 12년 논쟁
김영진 지음 • 2021년 세종도서 학술부문 · 조선일보 선정 올해의 책10

019 한국의 여신들: 페미니즘의 신화적 근원
김화경 지음 • 2022년 대한민국학술원 우수학술도서

020 시인의 발견, 윤동주
정우택 지음 • 2022년 세종도서 학술부문

021 고대 한국의 풍경: 옛사람들의 삶의 무늬를 찾아서
전호태 지음 • 2022년 세종도서 교양부문

022 과거제도 형성사: 황제와 사인들의 줄다리기
하원수 지음 • 2022년 대한민국학술원 우수학술도서

023 동남아시아 도시들의 진화: 인간과 문화를 품은 바닷길, 열두 개의 거점들
한광야 지음 • 2022년 대한민국학술원 우수학술도서

024 감정의 귀환: 아리스토텔레스의 감정론 연구
한석환 지음 • 2022년 대한민국학술원 우수학술도서

025 학문이 서로 돕는다는 것: 현상학적 학문이론과 일반체계이론의 이중주
박승억 지음 • 2022년 세종도서 학술부문

026 로마 공화정 중기의 호민관: 공화 정치의 조정자
김경현 지음 • 2022년 세종도서 학술부문

027 문화 상징으로서의 인용음악: 현대음악의 상호텍스트성 미학
오희숙 지음 • 2023년 세종도서 학술부문

028 음악과 과학: 피타고라스에서 뉴턴까지
원준식 지음

029 일제 사진엽서, 시와 이미지의 문화정치학
최현식 지음 • 2023년 대한민국학술원 우수학술도서

030 중국사상과 죽음 이데올로기: 나는 존재하는가
정진배 지음 • 2023년 세종도서 학술부문

031 조선조 서예미학: 서예는 마음의 그림이다
조민환 지음

032 청대 중국의 경기변동과 시장: 전제국가의 협치와 경제성장
홍성화 지음 • 2023년 대한민국학술원 우수학술도서

033 반구대 이야기: 새김에서 기억으로
전호태 지음 • 2023년 세종도서 교양부문

034 증오를 품은 이를 위한 변명: 증오의 사회학, 그 첫 번째
엄한진 지음 •2023년 대한민국학술원 우수학술도서

035 전쟁자본주의의 시간: 한국의 베트남전쟁 담론과 재현의 역사
김주현 지음 • 2024년 대한민국학술원 우수학술도서 · 교육부 학술연구지원사업 우수성과 50선

총서 知의회랑 arcade of knowledge 총목록

036 민중, 저항하는 주체: 민중의 개념사, 이론
강인철 지음 • 2024년 대한민국학술원 우수학술도서

037 민중, 시대와 역사 속에서: 민중의 개념사, 통사
강인철 지음

038 문학이 정의를 말하다: 동아시아 고전 속 법과 범죄 이야기
박소현 지음 • 2024년 대한민국학술원 우수학술도서

039 중세 서유럽의 흑사병: 사상 최악의 감염병과 인간의 일상
이상동 지음 • 2024년 대한민국학술원 우수학술도서

040 일제 사진엽서, 식민지 조선을 노래하다
최현식 지음 • 2024년 세종도서 학술부문

041 한국 시화사
안대회 지음 • 2024년 대한민국학술원 우수학술도서

042 30년의 위기: 탈단극 시대 미국과 세계질서
차태서 지음 • 2024년 대한민국학술원 우수학술도서

043 근대를 살다: 한국 근대의 인물과 사상
김경일 지음

044 민중은 이야기한다: 20세기 한국 민중 서사
김경일 지음 • 2025년 대한민국학술원 우수학술도서 · 제6회 용봉최재석학술상 수상도서

045 광장의 문학: 격변기 한국이 읽은 러시아, 해방에서 개방까지
김진영 지음 • 2025년 대한민국학술원 우수학술도서

046 포크 모더니티의 언어들: 민속의 전회를 위한 분석 코드들
이영배 지음 • 2025년 세종도서 학술부문

047 닫힌 텍스트, 갇힌 여성들: 계몽의 시대, 여성 담론과 여성교육
김경남 지음 • 2025년 대한민국학술원 우수학술도서

048 지식과 조선: 사회를 읽는다
진재교 지음 • 2025년 세종도서 학술부문

049 도시마을의 진화: 참여를 통해 조화를 모색하는 공동체 공간의 재구성
한광야 지음

050 제국의 저항자들: 청대 중국의 비밀결사 천지회의 세계, 탄생에서 성장까지
이평수 지음

051 블랙 아메리카: 자유와 평등을 향한 미국 흑인의 여정
이영효 지음

052 전쟁과 양심: 세계와 한국의 양심적 병역거부
강인철 지음

053 평화의 전환: 공론화 이후 한국의 양심적 병역거부
강인철 지음

■ 총서 '知의회랑'의 모색과 축조는 진행형입니다

출간 예정

한국의 불평등	장상수
사대부가의 편지들, 신현의 가서	신현 외 /하영휘 외
조선 노장철학사	조민환
고대 로마 종교사	최혜영
음악은 우리 뇌와 몸을 변화시키는가	박정미
한국 아동 잡지사	장정희
조상을 위한 기도	심일종
성균관과 문묘 현판의 사회사	이천승
김태준, 식민지 국학	이용범
서양 중세 제국 사상사	윤 비
일제 강점기 황도유학	신정근
'트랜스Trans'의 한 연구	변 혁
위계와 증오	엄한진
조선 땅의 프로필	박정애
예정된 전쟁, 병자호란	김영진
북한 직업 사회사	김화순
제국 일본의 해체와 동아시아 영화	함충범
J. S. 밀과 현대사회의 쟁점	강준호
문학적 장면들, 고소설의 사회사	김수연
제주형 지역공동체의 미래	배수호
식민지 학병의 감수성	손혜숙
제국의 시선으로 본 동아시아 소수민족	문혜진
루쉰, 수치와 유머의 역사	이보경
남북한 공통-시 읽기	최현식
피식민자의 계몽주의	한기형
국가처벌과 미래의 형법	김성돈
제국과 도시	기계형
플라톤의 『테아이테토스』 연구	정준영
출토자료를 통해 본 고구려의 한자문화	권인한

지은이 박경환

서울대학교 사범대학 지리교육과와 동 대학원을 졸업하고, 미국 켄터키대학에서 박사학위를 취득했다. 2006년부터 전남대학교 사범대학 지리교육과 교수로 재직 중이며, 2024년부터 사단법인 한국도시지리학회 회장을 역임하고 있다. 그동안 초국가주의와 대도시의 민족경제에 초점을 두고, 사회지리학·경제지리학·도시지리학 분야에서 강의와 연구 활동을 해왔다.

주요 저·역서로 『도시지리학개론』(공저), 『경제지리학개론』(공역), 『사회지리학개론』(공역) 등이 있고, 주요 논문으로 「개발지리학과 국제개발협력의 부상」, 「촌락 재구조화 연구에 대한 비판적 검토와 함의」, 「글로벌 시대 인문지리학에 있어서 행위자-네트워크이론(ANT)의 적용 가능성」 등이 있다.

知의회랑
arcade of knowledge
054

이주의 풍경

포스트글로벌화와 이주3.5 시대

1판 1쇄 인쇄 2025년 12월 20일
1판 1쇄 발행 2025년 12월 30일

지 은 이 박경환
펴 낸 이 유지범
책임편집 현상철
편 집 신철호·구남희
마 케 팅 박정수·김지현
펴 낸 곳 성균관대학교출판부
등 록 1975년 5월 21일 제1975-9호
주 소 03063 서울특별시 종로구 성균관로 25-2
전 화 02)760-1254 팩스 02)762-7452
홈페이지 http://press.skku.edu

ISBN 979-11-5550-685-1 93330

값 38,000원

⊙ 잘못된 책은 구입한 곳에서 교환해 드립니다.

⊙ 이 저서는 2021년 대한민국 교육부와 한국연구재단의 저술출판지원사업의 지원을 받아 수행된 연구임(NRF-2021S1A6A4049691).